엑스포지멘터리

여호수아

Joshua

엑스포지멘터리 여호수아

초판 1쇄 발행 2010년 8월 14일
개정판 2쇄 발행 2023년 7월 25일

지은이 송병현

펴낸곳 도서출판 이엠
등록번호 제25100-2015-000063
주소 서울시 구로구 공원로 3번지
전화 070-8832-4671
E-mail empublisher@gmail.com

내용 및 세미나 문의 스타선교회: 02-520-0877 / EMail: starofkorea@gmail.com / www.star123.kr
Copyright © 송병현, 2023, *Print in Korea*.
ISBN 979-11-86880-59-3 93230

「이 도서의 국립중앙도서관 출판시도서목록(CIP)은 서지정보유통지원시스템 홈페이지(http://seoji.nl.go.kr)와
국가자료종합목록시스템(http://www.nl.go.kr/kolisnet)에서 이용하실 수 있습니다. (CIP제어번호:CIP2015000753)」

엑스포지멘터리

여호수아

Joshua

| 송병현 지음 |

EXPOSItory comMENTARY

EM Exposi
Mentary

한국 교회를 위한 하나의 희망

저의 서재에는 성경 본문 연구에 관한 많은 책이 있습니다. 그중에는 주석서들도 있고 강해서들도 있습니다. 그러나 그중에 송병현 교수가 시도한 이런 책은 없습니다. 엑스포지멘터리, 듣기만 해도 가슴이 뛰는 책입니다. 설교자와 진지한 성경학도 모두에게 꿈의 책이 아닐 수 없습니다. 이런 책이 좀 더 일찍 나올 수 있었다면 한국 교회가 어떠했을까를 생각해 봅니다. 저는 이 책을 꼼꼼히 읽어 보면서 가슴 깊은 곳에서 큰 자긍심을 느꼈습니다.

이 책은 지금까지 복음주의 교회가 쌓아 온 모든 학문적 업적을 망라하고 있을 뿐만 아니라 한국 교회 강단이 목말라하는 모든 실용적 갈망에 해답을 던져 줍니다. 이 책에서는 실제로 활용할 수 있는 충실한 신학적 정보가 일목요연하게 제시됩니다. 그러면서도 또한 위트와 감탄을 자아내는 감동적인 적용들도 제공됩니다. 얼마나 큰 축복이며 얼마나 신나는 일이며 얼마나 큰 은총인지요. 저의 사역에 좀 더 일찍 이런 학문적 효과를 활용하지 못한 것이 아쉽기만 합니다. 진실로 한국 교회의 내일을 위해 너무나 소중한 기여라고 생각합니다.

일찍이 한국 교회 1세대를 위해 박윤선 목사님과 이상근 목사님의 기여가 컸습니다. 그러나 이제 한국 교회는 새 시대의 리더십을 열어야 하는 교차로에 서 있습니다. 저는 송병현 교수가 이런 시점을 위해 준비된 선물이라고 생각합니다. 진지한 강해 설교를 시도하려는 모든 이와 진지한 성경 강의를 준비하고자 하는 모든 성경공부 지도자에게 어떤 대가를 지불하고서라도 이 책을 소장하고 성경을 연구하는 책상 가까운 곳에 두라고 권면하고 싶습니다. 앞으로 계속 출판될 책들이 참으로 기다려집니다.

한국 교회는 다행스럽게 말씀과 더불어 그 기초를 놓을 수 있었습니다. 이제는 그 말씀으로 어떻게 미래의 집을 지을지 고민하고 있습니다. 이 〈엑스포지멘터리 시리즈〉는 분명한 하나의 해답, 하나의 희망입니다. 이 책과 함께 성숙의 길을 걸어갈 한국 교회의 미래가 벌써 성급하게 기다려집니다. 더 나아가 한국 교회 역사의 성과물 중 하나인 이 책이 다른 열방에도 나누어졌으면 합니다. 이제 우리는 복음에 빚진 자로서 열방을 학문적으로도 섬겨야 하기 때문입니다. 이 책을 한국 교회에 허락하신 주님께 감사와 찬양을 드립니다.

이동원 | 지구촌교회 원로목사

총체적 변화를 가져다줄 영적 선물

교회사를 돌이켜볼 때, 교회가 위기에 처해 있었다면 결국 강단에서 하나님의 말씀이 제대로 선포되지 못한 데서 그 근본 원인을 찾을 수 있습니다. 영적 분별력이 있는 사람이라면 모두 이에 대해 동의할 것입니다. 사회가 아무리 암울할지라도 강단에서 선포되는 말씀이 살아 있는 한, 교회는 교회로서의 기능이 약화되지 않고 오히려 사회를 선도하고 국민들의 가슴에 희망을 안겨 주었습니다. 백 년 전 영적 부흥이 일어났던 한국의 초대교회가 그 좋은 예입니다. 이러한 영적 부흥은 살아 있는 하나님의 말씀이 강단에서 영적 권위를 가지고 "하나님께서 이렇게 말씀하셨다"고 선포되었을 때 나타났던 현상입니다.

오늘날에는 날이 갈수록 강단에서 선포되는 말씀이 약화되거나 축소되고 있습니다. 이런 상황 속에서 출간되는 송병현 교수의 〈엑스포지멘터리 시리즈〉는 한국 교회와 전 세계에 흩어진 7백만 한인 디아스포라에게 주는 커다란 영적 선물이 아닐 수 없습니다. 이 시리즈는 하나님의 말씀을 쉽게 이해할 수 있도록 풀이한 것으로, 목회자와 선교사는 물론이고 평신도들의 경건생활과 사역에도 큰 도움이 될 것입니다. 무엇보다도 저는 이 시리즈가 강단에서 원저자이신 성령님의 의도대로 하나님 나라 복음이 선포되게 하여 믿는 이들에게 총체적 변화(total transformation)를 다시 경험할 수 있는 계기를 마련해 주리라 확신합니다.

송병현 교수는 지금까지 구약학계에서 토의된 학설 중 본문을 석의 하는 데 불필요한 내용들은 걸러내는 한편, 철저하게 원저자가 전하고 자 하는 메시지를 현대인들이 가장 잘 이해할 수 있도록 전하고자 부 단히 애를 썼습니다. 이 시리즈를 이용하는 모든 이에게 저자의 이런 수고와 노력에 걸맞은 하나님의 축복과 기쁨과 능력이 함께하실 것을 기대하면서 이 시리즈를 적극 추천합니다.

이태웅 | GMTC 초대 원장, 글로벌리더십포커스 원장

주석과 강해의 적절한 조화를 이뤄낸 시리즈

한국 교회는 성경 전체를 속독하는 '성경통독' 운동과 매일 짧은 본문을 읽는 '말씀 묵상'(QT) 운동이 세계 어느 나라 교회보다 활성화되어 있습니다. 얼마나 감사한 일인지 모릅니다. 그러나 상대적으로 책별 성경연구는 심각하게 결핍되어 있는 것이 사실입니다. 때때로 교회 지도자들 중에도 성경해석의 기본이 제대로 갖춰져 있지 않아 성경 저자가 말하려는 의도와 상관없이 본문을 인용해서 자신이 하고 싶은 말을 하는 분들이 적지 않음을 보고 충격을 받은 일도 있습니다. 앞으로 한국 교회가 풀어야 할 과제가 '진정한 말씀의 회복'이라면 이를 위해 가장 중요한 것은 바른 말씀의 세계로 인도해 줄 좋은 주석서와 강해서를 만나는 일일 것입니다.

좋은 주석서는 지금까지 축적된 다른 성경학자들의 연구 결과가 잘 정돈되어 있을 뿐 아니라 저자의 새로운 영적·신학적 통찰이 번뜩이는 책이어야 합니다. 또한 좋은 강해서는 자기 견해를 독자들에게 강요하는(impose) 책이 아니라, 철저한 본문 석의 과정을 거친 후에 추출되는 신학적·사회과학적 연구가 배어 있는 책이어야 할 것이며, 글의 표현이 현학적이지 않은, 독자들에게 친절한 저술이어야 할 것입니다.

8

그러나 솔직히 말씀드리면, 저는 서점에서 한국인 저자의 주석서나 강해서를 만나면 한참을 망설이다가 내려놓게 됩니다. 또 주석서를 시리즈로 사는 것은 어리석은 행동이라는 말을 신학교 교수들에게 들은 뒤로 여간해서 시리즈로 책을 사지 않습니다. 이는 아마도 풍성한 말씀의 보고(寶庫) 가운데로 이끌어 주는 만족스러운 주석서를 아직까지 발견하지 못했기 때문일 것입니다. 그러나 제가 처음으로 시리즈로 산 한국인 저자의 책이 있는데, 바로 송병현 교수의 〈엑스포지멘터리 시리즈〉입니다.

송병현 교수의 〈엑스포지멘터리 시리즈〉야말로 제가 가졌던 좋은 주석서와 강해서에 대한 모든 염원을 실현해 내고 있습니다. 이 주석서는 분명 한국 교회 목회자들과 평신도 성경 교사들의 고민을 해결해 줄 하나님의 값진 선물입니다. 지금까지 없었던, 주석서와 강해서의 적절한 조화를 이뤄낸 신개념의 해설주석이라는 점도 매우 신선하게 다가옵니다. 또한 쉽고 친절한 글이면서도 우물 깊은 곳에서 퍼 올린 생수와 같은 깊이가 느껴집니다. 이 같은 주석 시리즈가 한국에서 나왔다는 사실에 저는 감격하지 않을 수 없습니다. 이 땅에서 말씀으로 세상에 도전하고자 하는 모든 목회자와 평신도에게 이 주석 시리즈를 적극 추천합니다.

이승장 | 예수마을교회 목사, 성서한국 공동대표

시리즈 서문

"50세까지는 좋은 선생이 되려고 노력하고, 그 이후에는 좋은 저자가 되려고 노력해라." 내가 시카고 근교에 위치한 트리니티 복음주의 신학교(Trinity Evangelical Divinity School) 박사과정을 시작할 때쯤에 지금은 고인이 되신 스승 맥코미스키(Thomas E. McComiskey)와 아처(Gleason L. Archer) 두 교수님이 주신 조언이었다. 너무 일찍 책을 쓰면 훗날 아쉬움이 많이 남는다며 하신 말씀이었다. 박사학위를 마치고 1997년에 한국에 들어와 신대원에서 가르치기 시작하면서 나는 이 조언을 마음에 새겼다. 사실 이 조언과 상관없이 내가 당시에 당장 책을 출판한다는 일은 불가능한 일이었다. 중학교를 다니던 70년대 중반에 캐나다로 이민을 갔다가 20여 년 만에 귀국하여 우리말로 강의하는 일 자체가 당시 나에게는 매우 큰 도전이었으며, 책을 출판하는 일은 사치로 느껴졌기 때문이다.

세월이 지나 어느덧 선생님들이 말씀하신 오십을 눈앞에 두었다. 1997년에 귀국한 후 지난 10여 년 동안 나는 구약 전체에 대한 강의안을 만드는 일을 목표로 삼았다. 내 자신에게 동기를 부여하기 위해 내가 몸담고 있는 신대원 학생들에게 매학기 새로운 구약 강해과목을 개

설해 주었다. 감사한 것은 지혜문헌을 제외한 구약성경 모든 책의 본문 관찰을 중심으로 한 강의안을 13년 만에 완성할 수 있었다는 점이다. 앞으로 수년에 거쳐 이 강의안들을 대폭 수정하여 해마다 두세 권씩 책으로 출판하려 한다. 지혜문헌은 잠시 미루어두었다. 시편 1권 (1-41편)에 대한 강의안을 만든 적이 있었는데, 본문 관찰과 주해는 얼마든지 할 수 있었지만 뭔가 아쉬움이 남았다. 삶의 연륜이 가미되지 않은 데서 비롯된 부족함이었다. 그래서 나는 지혜문헌에 대한 주석은 육십을 바라볼 때쯤 집필하기로 작정했다. 삶을 조금 더 경험한 후로 미룬 것이다. 아마도 이 시리즈가 완성될 때쯤이면, 자연스럽게 지혜문헌에 대한 책들을 출판하게 되지 않을까 싶다.

이 시리즈는 설교를 하고 성경공부를 인도해야 하는 중견 목회자들과 평신도 지도자들을 마음에 두고 집필한 책들이다. 나는 이 시리즈의 성향을 Exposimentary('해설주석')라고 부르고 싶다. Exposimentary라는 단어는 내가 만들어낸 용어다. 해설/설명을 뜻하는 expository라는 단어와 주석을 뜻하는 commentary를 합성한 것이다. 대체로 expository는 본문과 별 연관성이 없는 주제와 묵상으로 치우치기 쉽고, commentary는 필요 이상으로 논쟁적이고 기술적일 수 있다는 한계를 의식해서 이러한 상황을 의도적으로 피하고 가르치는 사역에 조금이나마 실용적이고 도움이 되는 교재를 만들기 위해 만들어낸 개념이다. 나는 본문의 다양한 요소와 이슈들에 대해 정확하게 석의하면서도 전후 문맥과 책 전체의 문형(文形, literary shape)을 최대한 고려하여 텍스트의 의미를 설명하고 우리의 삶과 연결하려고 노력했다. 또한 히브리어 사용은 최소화했다.

이 시리즈를 내놓으면서 감사할 사람이 참 많다. 먼저, 지난 25년 동안 인생의 동반자가 되어 아낌없는 후원과 격려를 해주었던 아내 임우민에게 감사한다. 아내를 생각할 때마다 참으로 현숙한 여인을(잠 31:10-31) 배필로 주신 하나님께 감사할 뿐이다. 아빠의 사역을 기도와 격려로 도와준 지혜, 은혜, 한빛에게도 고마운 마음을 표한다. 평생 기도와 후원을 아끼지 않은 친가와 처가 친척들에게도 감사하다는 말을 전하고 싶다. 항상 옆에서 돕고 격려해준 평생친구 장병환·윤인옥, 박선철·송주연 부부들에게도 고마움을 표하는 바이며, 시카고 유학 시절 큰 힘이 되어 주셨던 이선구 장로·최화자 권사님 부부에게도 이 자리를 빌려 평생 빚진 마음을 표하고 싶다. 우리 가족이 20여 년 만에 귀국하여 정착할 수 있도록 배려를 아끼지 않으신 백석학원 설립자 장종현 목사님에게도 감사하는 바다. 우리 부부의 영원한 담임목자이신 이동원 목사님께도 고마움을 표하고 싶다.

2009년 겨울 방배동에서

감사의 글

엑스포지멘터리 여호수아가 출판된 지 5년이 되었습니다. 새로운 자료들을 반영하고 책의 완성도를 조금이나마 더 높이기 위해 개정판을 내게 되었습니다. 앞으로도 〈엑스포지멘터리 시리즈〉를 출판된 순서에 따라 개정판을 출판할 계획입니다.

스타선교회의 사역에 물심양면으로 헌신하여 오늘도 하나님의 말씀이 온 세상에 선포되는 일에 기쁜 마음으로 동참하시는 김형국, 백영걸, 정진성, 장병환, 임우민, 정채훈, 송은혜, 강숙희 이사님들께 감사의 마음을 전하고 싶습니다. 이사님들의 헌신이 있기에 세상은 조금 더 살맛 나는 곳이 되고 있습니다.

2015년 겨울의 문턱에 들어선 방배동에서

일러두기

엑스포지멘터리(exposimentary)는 '해설/설명'을 뜻하는 엑스포지토리(expository)라는 단어와 '주석'을 뜻하는 코멘터리(commentary)를 합성한 단어다. 본문의 뜻과 저자의 의도와는 별 연관성이 없는 주제와 묵상으로 치우치기 쉬운 엑스포지토리의 한계와 필요 이상으로 논쟁적이고 기술적일 수 있는 코멘터리의 한계를 극복하여 목회 현장에서 가르치고 선포하는 사역에 실질적으로 도움이 되도록 하는 새로운 장르다. 본문의 다양한 요소와 이슈들에 대하여 정확하게 석의하면서도 전후 문맥과 책 전체의 문형(文形, literary shape)을 최대한 고려하여 텍스트의 의미를 설명하고 성도의 삶과 연결하려고 노력하는 설명서다. 엑스포지멘터리는 다음과 같은 원칙을 바탕으로 인용한 정보를 표기한다.

1. 참고문헌을 모두 표기하지 않고 선별된 참고문헌으로 대신한다.
2. 출처를 표기할 때 각주(foot note) 처리는 하지 않는다.
3. 출처 표기는 괄호 안에 하되 페이지는 밝히지 않는다.
4. 여러 학자들이 동일하게 해석할 때 모든 학자를 표기하지 않고 일부만 표기한다.

5. 한 출처를 인용하여 설명할 때, 설명이 길어지더라도 각 문장마다
   출처를 표기하지 않는다.

주석은 목적과 주 대상에 따라 인용하는 정보 출처와 참고문헌 표기
가 매우 탄력적으로 제시되는 장르다. 참고문헌 없이 출판되는 주석들
도 있고, 각주가 전혀 없이 출판되는 주석들도 있다. 또한 각주와 참고
문헌이 없이 출판되는 주석들도 있다. 엑스포지멘터리 시리즈는 이 같
은 장르의 탄력적인 성향을 고려하여 제작된 주석이다.

선별된 약어표

개역	개역성경
개정	개역성경개정판
공동	공동번역
새번역	표준새번역 개정판
현대	현대인의 성경
아가페	아가페 쉬운성경
BHK	Biblica Hebraica Kittel
BHS	Biblica Hebraica Stuttgartensia
ESV	English Standard Version
CSB	Nashville: Broadman & Holman, Christian Standard Bible
KJV	King James Version
LXX	칠십인역(Septuaginta)
MT	마소라 사본
NAB	New American Bible
NAS	New American Standard Bible
NEB	New English Bible

NIV	New International Version
NRS	New Revised Standard Bible
TNK	Jewish Publication Society Tanakh
TNIV	Today's New International Version
AAR	American Academy of Religion
AB	Anchor Bible
ABD	The Anchor Bible Dictionary
ABRL	Anchor Bible Reference Library
ACCS	Ancient Christian Commentary on Scripture
AJSL	American Journal of Semitic Languages and Literature
ANET	J. B. Pritchard, ed., The Ancient Near Eastern Texts Relating to the Old Testament. 3rd. ed. Princeton: Princeton University Press, 1969.
ANETS	Ancient Near Eastern Texts and Studies
AOTC	Abingdon Old Testament Commentary
ASORDS	American Schools of Oriental Research Dissertation Series
BA	Biblical Archaeologist
BAR	Biblical Archaeology Review
BASOR	Bulletin of the American Schools of Oriental Research
BBR	Bulletin for Biblical Research
BCBC	Believers Church Bible Commentary
BDB	F. Brown, S. R. Driver & C. A. Briggs, A Hebrew and English Lexicon of the Old Testament. Oxford: Clarendon Press, 1907.
BETL	Bibliotheca Ephemeridum Theoloicarum Lovaniensium
BibOr	Biblia et Orientalia
BibSac	Bibliotheca Sacra

BibInt	Biblical Interpretation
BJRL	Bulletin of the John Rylands Library
BJS	Brown Judaic Studies
BLS	Bible and Literature Series
BN	Biblische Notizen
BO	Berit Olam: Studies in Hebrew Narrative & Poetry
BR	Bible Review
BRS	The Biblical Relevancy Series
BSC	Bible Student Commentary
BT	The Bible Today
BTCB	Brazos Theological Commentary on the Bible
BV	Biblical Viewpoint
BZAW	Beihefte zur Zeitschrift für die alttestamentliche Wissenschaft
CAD	Chicago Assyrian Dictionary
CBC	Cambridge Bible Commentary
CBSC	Cambridge Bible for Schools and Colleges
CBQ	Catholic Biblical Quarterly
CBQMS	Catholic Biblical Quarterly Monograph Series
CB	Communicator's Bible
CHANE	Culture and History of the Ancient Near East
DSB	Daily Study Bible
EBC	Expositor's Bible Commentary
ECC	Eerdmans Critical Commentary
EncJud	Encyclopedia Judaica
EvJ	Evangelical Journal
EvQ	Evangelical Quarterly
ET	Expository Times

ETL	Ephemerides Theologicae Lovanienses
FOTL	Forms of Old Testament Literature
GCA	Gratz College Annual of Jewish Studies
GKC	E. Kautszch and A. E. Cowley, Gesenius' Hebrew Grammar. Second English edition. Oxford: Clarendon Press, 1910.
GTJ	Grace Theological Journal
HALOT	L. Koehler and W. Baumgartner, The Hebrew and Aramaic Lexicon of the Old Testament. Trans. by M. E. J. Richardson. Leiden: E. J. Brill, 1994–2000.
HBT	Horizon in Biblical Theology
HSM	Harvard Semitic Monographs
HOTC	Holman Old Testament Commentary
HUCA	Hebrew Union College Annual
IB	Interpreter's Bible
ICC	International Critical Commentary
IDB	Interpreter's Dictionary of the Bible
ISBE	G. W. Bromiley (ed.), The International Standard Bible Encyclopedia. 4 vols. Grand Rapids: 1979–88.
ITC	International Theological Commentary
J–M	P. Joüon–T. Muraoka, A Grammar of Biblical Hebrew. Part One: Orthography and Phonetics. Part Two: Morphology. Part Three: Syntax. Subsidia Biblica 14/I–II. Rome: Editrice Pontificio Istituto Biblico, 1991.
JAAR	Journal of the American Academy of Religion
JANES	Journal of Ancient Near Eastern Society
JNES	Journal of Near Eastern Studies

JBL	Journal of Biblical Literature
JBQ	Jewish Bible Quarterly
JJS	Journal of Jewish Studies
JSJ	Journal for the Study of Judaism
JNES	Journal of Near Eastern Studies
JSOT	Journal for the Study of the Old Testament
JSOTSup	Journal for the Study of the Old Testament Supplement Series
JPSTC	JPS Torah Commentary
LCBI	Literary Currents in Biblical Interpretation
MHUC	Monographs of the Hebrew Union College
MJT	Midwestern Journal of Theology
MOT	Mastering the Old Testament
MSG	Mercer Student Guide
NAC	New American Commentary
NCB	New Century Bible Commentary
NCBC	New Collegeville Bible Commentary
NEAEHL	E. Stern (ed.), The New Encyclopedia of Archaeological Excavations in the Holy Land. 4 vols. Jerusalem: Israel Exploration Society & Carta, 1993.
NIB	New Interpreter's Bible
NIBC	New International Biblical Commentary
NICOT	New International Commentary on the Old Testament
NIDOTTE	W. A. Van Gemeren, ed., The New International Dictionary of Old Testament Theology and Exegesis. Grand Rapids: Zondervan, 1996.
NIVAC	New International Version Application Commentary

OBC	Oxford Bible Commentary
Or	Orientalia
OTA	Old Testament Abstracts
OTE	Old Testament Essays
OTG	Old Testament Guides
OTL	Old Testament Library
OTM	Old Testament Message
OTS	Oudtestamentische Studiën
OTWSA	Ou-Testamentiese Werkgemeenskap in Suid-Afrika
PBC	People's Bible Commentary
PEQ	Palestine Exploration Quarterly
PSB	Princeton Seminary Bulletin
RevExp	Review and Expositor
RTR	Reformed Theological Review
SBJT	Southern Baptist Journal of Theology
SBLDS	Society of Biblical Literature Dissertation Series
SBLMS	Society of Biblical Literature Monograph Series
SBLSymS	Society of Biblical Literature Symposium Series
SHBC	Smyth & Helwys Bible Commentary
SJOT	Scandinavian Journal of the Old Testament
SJT	Scottish Journal of Theology
SSN	Studia Semitica Neerlandica
TBC	Torch Bible Commentary
TynBul	Tyndale Bulletin
TD	Theology Digest
TDOT	G. J. Botterweck and H. Ringgren (eds.), Theological Dictionary of the Old Testament. Vol. I-. Grand Rapids:

Eerdmans, 1974−.

TGUOS	Transactions of the Glasgow University Oriental Society
THAT	Theologisches Handwörterbuch zum Alten Testament. 2 vols. Munich: Chr. Kaiser, 1971−1976.
TJ	Trinity Journal
TOTC	Tyndale Old Testament Commentaries
TS	Theological Studies
TWAT	Theologisches Wörterbuch zum Alten Testament. Stuttgart: W. Kohlhammer, 1970−.
TWBC	The Westminster Bible Companion
TWOT	R. L. Harris, G. L. Archer, Jr., and B. K. Waltke (eds.), Theological Wordbook of the Old Testament, 2 vols. Chicago: Moody, 1980.
TZ	Theologische Zeitschrift
UBT	Understanding Biblical Themes
VT	Vetus Testament
VTSup	Vetus Testament Supplement Series
W−O	B. K. Waltke and M. O'Connor, An Introduction to Biblical Hebrew Syntax. Winona Lake: Eisenbrauns, 1990.
WBC	Word Biblical Commentary
WBCom	Westminster Bible Companion
WCS	Welwyn Commentary Series
WEC	Wycliffe Exegetical Commentary
WTJ	The Westminster Theological Journal
ZAW	Zeitschrift für die alttestamentliche Wissenschaft

차례

선별된 참고문헌

(Select Bibliography)

Albright, W. F. "Archaeology and the Date of the Hebrew Conquest of Palestine." BASOR 58 (1935): 10–18.

_____. "The Israelite Conquest of Canaan in the Light of Archaeology." BASOR 74 (1939): 11–23.

_____. *Yahweh and the Gods of Canaan*. Garden City: Doubleday/ Anchor, 1968.

Alt, A. "The Settlement of the Israelites in Canaan" in *Essays on Old Testament History and Religion*. Translated by R. A. Wilson. Sheffield: JSOT Press, 1989.

Assis, E. "The Choice to Serve God and Assist His People: Rahab and Yael." Bib 85 (2004): 82–90.

_____. "'For It Shall Be A Witness Between Us': A Literary Reading of Josh 22." SJOT 18/2 (2004): 82–90.

_____. "'How Long Are You Slack to Go to Possess the Land?' (Josh. 18:3): Ideal and Reality in the Distribution Descriptions in Joshua 13–19." VT 53 (2003): 1–25.

Auld, A. G. *Joshua, Judges, and Ruth*. DSB. Philadelphia: Westminster, 1984.

_____. *Joshua, Moses and the Land: Tetrateuch—Pentateuch—Hexateuch in a Generation Since 1938*. Greenwood, S. C.: Attic Press, 1980.

_____. *Joshua Retold: Synoptic Perspectives*. OTS. Edinburgh: T & T Clark, 1998.

Barnes, B. "Was Rahab's Lie a Sin?" RTR 54 (1995): 1–9.

Barstad, H. M. "The Understanding of the Prophets in Deuteronomy." *SJOT* 8 (1994): 236–251.

Bartlett, J. R. *Cities of the Ancient World: Jericho*. Grand Rapids: Eerdmans, 1982.

Ben Zvi, E. "The List of Levitical Cities." JSOT 54 (1992): 77–106.

Bimson, J. J. "Archaeological Data and the Dating of the Patriarchs." In *Essays on the Patriarchal Narratives*. Pp. 59–92. Edited by A.R. Millard & D.J. Wiseman. Leicester: InterVarsity Press, 1980.

_____. *Redating the Exodus and Conquest*. 2nd ed. JSOTSS. Sheffield: Almond Press, 1981.

Bird, P. "The Harlot as Heroine: Narrative Art and Social Presuppositions in Three Old Testament Texts." *Semeia* 46 (1989): 119–39.

Blenkinsopp, J. *Gibeon and Israel: The Role of Gibeon and the Gibeonites in the Political and Religious History of Early Israel*. Cambridge: Cambridge University Press, 1972.

Boling, R. and G. E. Wright. *Joshua*. AB. New York: Doubleday, 1982.

Brekelmans, C. "Joshua v 10–12: Another Approach." OTS 25 (1989): 89–95.

Brenner, A. *Color Terms in the Old Testament*. JSOTSS. Sheffield: JSOT Press, 1982.

Bright, J. *Ancient Israel in Recent History Writing*. London: SCM Press, 1956.

_____. *A History of Israel*. 3rd ed. Philadelphia: Westminster, 1981.

Brueggemann, W. *The Land: Place as Gift, Promise, and Challenge in Biblical Faith*. Philadelphia: Fortress Press, 1977.

Butler, T. C. *Joshua*. WBC. Waco: Word Books, 1983.

Calvin, J. *Commentaries on the Book of Joshua*. Grand Rapids: Eerdmans, 1948.

Campbell, A. F.; M. A. O'Brien. *Unfolding the Deuteronomistic History*. Minneapolis: Fortress, 2000.

Cazelles, H. "The Hebrews." Pp. 1-28 in *Peoples of Old Testament Times*. Ed. by D. J. Wiseman. Oxford: Oxford University Press, 1973.

Chaney, M. L. "Debt Easement in Israelite History and Tradition." Pp. 127-39 in *The Bible and the Politics of Exegesis*. Ed. by D. Jobling, P. L. Day, and G. T. Sheppard. Cleveland: Pilgrim, 1991.

Childs, B. S. "A Study of the Formula 'Until This Day.'" *JBL*. 82(1963): 279-92.

_____. *Introduction to the Old Testament as Scripture*. Philadelphia: Fortress Press, 1979.

Clements, R. E. "Achan's Sin: Warfare and Holiness." Pp. 113-26 in *Shall Not the Judge of All the Earth Do What Is Right?* Ed. by D. Penchansky and P. L. Redditt. Winona Lake, Ind.: Eisenbrauns, 2000.

Coats, G. "The Ark of the Covenant in Joshua: A Probe into the History of a Tradition." HAR 9 (1985): 137-57.

Coote, R. B. "The Book of Joshua: Introduction, Commentary, and Reflections." Pp. 553-719 in *The New Interpreter's Bible: A*

Commentary in Twelve Volumes. Ed. by L. E. Keck et al. Nashville: Abingdon Press, 1998.

Coote, R. B.; Whitelam, K. W. *The Emergence of Early Israel in Historical Perspective*. Sheffield: Almond, 1987.

Creach, J. F. D. *Joshua*. Interpretation. Louisville: John Knox, 2003.

Culley, R. C. "Stories of the Conquest: Joshua 2, 6, 7, and 8." HAR 8 (1984): 25-44.

Curtis, A. H. *Joshua*. OTG. Sheffield: Sheffield Academic Press, 1994.

Dallaire, H. "Joshua." Pp. 815-1042 in *The Expositor's Bible Commentary Revised Edition, vol. 2*. Ed. by T. Longman and D. Garland. Grand Rapids: Zondervan, 2012.

Davies, P. R. *In Search of Ancient Israel*. Sheffield: JSOT Press, 1992.

DeVaux, R. *The Early History of Israel*. Philadelphia: Westminster, 1978.

Dever, W. G. *Who Were the Early Israelites and Where Did They Come From?* Grand Rapids: Eerdmans, 2003.

Dorsey, D. A. *The Roads and Highways of Ancient Israel*. Baltimore: Johns Hopkins University Press, 1991.

Edelman, D., ed. "Toward a Consensus on the Emergence of Israel in Canaan." JSOT 2 (1991): 1-116.

Eissfeldt, O. *The Old Testament: An Introduction*. Oxford: Basil Blackwell, 1965.

Finkelstein, I. *The Archaeology of the Israelite Settlement*. Jerusalem: Israel Exploration Society, 1988.

_____. "State Formation in Israel and Judah: A Contrast in Context, a Contrast in Trajectory." Near Eastern Archaeology. 62 (1999): 35-52.

Fleming, D. E. "The Seven-Day Siege of Jericho in Holy War." Pp.

211—28 in *Ki Baruch Hubbard: Ancient Near Earstern, Biblical, and Judaic Studies in Honor of Baruch A. Levine.* . Ed. by R. Chazan, W. W. Hallo, L. H. Schiffman. Winona Lake: Eisenbrauns, 1999.

Fox, M. V. "The Sign of the Covenant," RB 81 (1974): 557—596.

Fretheim, T. *Deuternomic History.* Nashville: Abingdon, 1983.

Frick, F. S. *The Formation of the State of Ancient Israel.* Sheffield: Almond Press, 1985.

Fritz, V. "Conquest or Settlement?" BA 50 (1987): 84—100.

Garstang, J.; J. B. E. Garstang. *The Story of Jericho.* 2nd ed. London: Marshall, Morgan, and Scott, 1948.

George, D. B. "Yahweh's Speech at Joshua 1:2—6 and Deut 11: Semantics, Intertextuality, and Meaning." ZAW 112 (2000): 356—64.

Gordon, R. P. *I and II Samuel.* Grand Rapids: Zondervan, 1986.

Goslinga, C. J. *Joshua, Judges, Ruth.* Trans. by R. Togtman. BSC. Grand Rapids: Zondervan, 1986.

Gottwald, N. K. *The Tribes of Yahweh: A Sociology of the Religion of Liberated Israel, 1250-1050B.C.E.* Maryknoll, NY: Orbis, 1979.

Gray, J. *Joshua, Judges, and Ruth.* NCB. Sheffield: Sheffield: Marshall Pickering, 1986.

Greenberg, M. "The Biblical Conception of Asylum." JBL 78 (1959): 125—32.

Greenspoon, L. J. *Textual Studies in the Book of Joshua.* Harvard Semitic Monographs. Chico, CA: Scholars Press, 1983.

————. "The Book of Joshua—Part I: Texts and Versions." CBR 3.2 (2005): 229—61.

Grintz, J. M. "Ai Which Is Beside Beth—Aven." Bib. 42 (1961): 201—

16.

_____. "The Treaty of Joshua with the Gibeonites." JAOS 86 (1966): 113−26.

Gruenthaner, M. J. "Two Sun Miracles of the Old Testament." CBQ 10 (1948): 271−290.

Gurney, O. R. *The Hittites*. 2nd ed. New York: Penguin Books, 1966.

Gunn, D. M. "Joshua and Judges." Pp. 102−21 in *The Literary Guide to the Bible*. Ed. by R. Alter and F. Kermode. Cambridge, Mass.: Belknap, 1987.

Hamlin, E. J. *Inheriting the Land: A Commentary on the Book of Joshua*. ITC. Grand Rapids: Eerdmans, 1983.

Harris, J. G.; C. Brown; and M. Moore. *Joshua, Judges, Ruth*. NIBCOT. Grand Rapids: Hendrickson, 2000.

Harrison, R. K. *Introduction to the Old Testament*. Grand Rapids: Eerdmans, 1969.

Harstad, A. L. *Joshua*. PBC. St. Louis: Concordia, 2005.

Hasel, M. G. "Israel in the Merneptah Stela." BASOR 296 (1994): 45−61.

Hoppe, L. *Joshua, Judges*. OTM. Collegeville, MN: Michael Glazier, 1982.

Hawk, L. D. *Joshua*. BO. Collegeville, MN: Liturgical, 2000.

_____. *Every Promise Fulfilled: Contesting Plots in Joshua*. Louisville: Westminster/John Knox, 1991.

Hess, R. S. *Joshua*. TOTC. Downers Grove, IL: InterVarsity, 1996.

_____. "Joshua" in *Joshua, Judges, Ruth, 1 & 2 Samuel*. Pp. 2−93. Edited by John H. Walton. ZIBBC. Grand Rapids: Zondervan, 2009.

_____. "Achan and Achor: Names and Wordplay in Joshua 7." HAR 14 (1994): 89–98.

_____. "Asking Historical Questions of Joshua 13–19: Recent Discussion concerning the Date of the Boundary Lists." Pp. 106–204 in *Faith, Tradition, and History: Old Testament Historiography in Its Ancient Near Eastern Context.* Ed. by A. R. Millard et al. Winona Lake, Ind.: Eisenbrauns, 1994.

_____. "The Book of Joshua as a Land Grant." Bib 83 (2002): 493–506.

Holladay, J. S. "The Day(s) the Moon Stood Still." JBL 87 (1968): 166–78.

Holloway, J. "The Ethical Dilemma of Holy War." SJT 41 (1998): 44–69.

Hom, M. K. "A Day Like No Other: A Discussion of Joshua 10:12–14." ExpTim 115/7 (2004): 217–23.

Hopkins, D. *The Highlands of Canaan.* Sheffield: Almond Press, 1985.

House, P. R. "The God Who Gives Rest in the Land: Joshua." SBJT 2 (1998): 12–33.

Howard, D. M. *Joshua.* NAC. Nashville: Broadman & Holman, 1998.

Hubbard, R. L. *Joshua.* NIVAC. Grand Rapids: Zondervan, 2009.

Jobling, D. *The Sense of Biblical Narrative: Structural Analyses in the Hebrew Bible II.* JSOTSS. Sheffield: JSOT Press, 1986.

Jones, G. H. "The Concept of Holy War." Pp. 299–321 in *The World of Ancient Israel: Sociological, Anthropological, and Political Perspectives.* Ed. by R. E. Clements. Cambridge: Cambridge University Press, 1989.

Kaiser, W. *More Hard Sayings of the Old Testament.* Downers Grove, Ill.:

InterVarsity Press, 1992.

Kallai, Z. *Historical Geography of the Bible: The Tribal Territories of Israel.* Leiden: E. J. Brill, 1986.

Kaminsky, J. S. "Joshua 7: A Reassessment of Israelite Conceptions of Corporate Punishment." Pp. 315−46 in *The Pitcher Is Broken: Memorial Essays for Gösta Ahlström.* Ed. by S. W. Holloway and L. K. Handy. JSOTSS. Sheffield: Sheffield Academic Press, 1995.

Kaufmann, Y. T*he Biblical Account of the Conquest of Canaan.* 2nd ed. Jerusalem: Magnes, 1985.

Kenyon, K. M. *Digging Up Jericho: The Results of the Jericho Excavations 1952-1956.* New York: Praeger, 1957.

_____. *Archaeology in the Holy Land.* 5th ed. Nashville: Nelson, 1985.

Keil, C. F. *The Book of Joshua.* Grand Rapids: Eerdmans, 1975 reprint.

Killebrew, A. E. *Biblical Peoples and Ethnicity.* Atlanta: Society of Biblical Literature, 2005.

Kissling, P. J. *Reliable Characters in the Primary History: Profiles of Moses, Joshua, Elijah, and Elisha.* JSOTSS. Sheffield: Sheffiedl Academic Press, 1996.

Kitchen, K. A. *Ancient Orient and Old Testament.* Chicago: InterVarsity Press, 1966.

_____. *On the Reliability of the Old Testament.* Grand Rapids: Eerdmans, 2003.

Kitz, A. M. "Undivided Inheritance and Lot Casting in the Book of Joshua." JBL 119 (2000): 601−18.

Kloppenberg, J. S. "Joshua 22: The Priestly Editing of An Ancient Tradition." Bib 62/3(1981): 347−71.

Kofoed, J. B. *Text and History: Historiography and the Study of the Biblical*

Text. Winona Lake, IN: Eisenbrauns, 2005.

Koorevaar, H. J. De Opbouw van het Boek Jozua. Heverlee: Centrum voor Bijbelse Vorming België, 1990.

Kruger, H. "Sun and Moon Marking Time: A Cursory Survey of Exegetical Possibilities in Joshua 10:9–14." JNSL 26/1 (2000): 137–52.

Lapp, P. W. "The Conquest of Palestine in the Light of Archaeology." CTM 38 (1967): 283–300.

Lemke, W. *The Israelites in History and Tradition.* Louisville: Westminster John Knox, 1998.

Livingstone, D. "Location of Biblical Bethel and Ai Reconsidered." WTJ 33 (1970): 20–44.

Malamat, A. "Israelite Conduct of War in the Conquest of Canaan according to the Biblical Tradition." Pp. 35–55 in *Symposia Celebrating the 75th Anniversary of the American Schools of Oriental Research (1999-1975).* Ed. by F. M. Cross. Cambridge, Mass.: ASOR Press, 1979.

Maunder, E. W. "A Misinterpreted Miracle." The Expositor 10 (1910): 359–72.

Mazar, A. *Archaeology of the Land of the Bible.* New York: Doubleday, 1990.

McConville, G. *Grace in the End: A Study in Deuteronomic Theology.* Grand Rapids: Zondervan, 1993.

McConville, G.; Williams, S. *Joshua.* THOTC. Downers Grove, Ill.: InterVarsity Press, 2010.

Mendenhall, G. E. *The Tenth Generation: Origin of Biblical Tradition.* Baltimore: Johns Hopkins University Press, 1973.

_____. "The Hebrew Conquest of Palestine." BAR 3 (1970): 100–20.

Merling, D., Sr. *The Book of Joshua: Its Theme and Role in Archaeological Discussions.* Berrien Springs, MI: Andrews University Press, 1997.

Merrill, E. H. *Kingdom of Priests: A History of Old Testament Israel.* Grand Rapids: Baker Book House, 1987.

Milgrom, J. Cult and Conscience: *The Asham and the Priestly Doctrine of Repentance.* Leiden: Brill, 1976.

Millard, A. R. "Back to the Iron Bed: Og's or Procrustes?" Pp. 193–201 in *Congress Volume (Paris 1992).* VTSup. Leiden: Brill, 1995.

Miller, J. M.; G. M. Tucker. *The Book of Joshua.* CBC. Cambridge: Cambridge University Press, 1974.

Miller, J. M.; Hayes, J. H. *A History of Ancient Israel and Judah.* Philadelphia: Westminster Press, 1986.

Mitchell, G. *Together in the Land.* JSOTSS. Sheffield: Sheffield Academic Press, 1993.

Na'aman, N. *Borders and Districts in Biblical Historiography: Seven Studies in Biblical Geographic Lists.* Jerusalem: Simor, 1986.

_____. "The 'Conquest of Canaan' in the Book of Joshua and History." Pp. 218–81 in *From Nomadism to Monarchy: Archaeological and Historical Aspects of Early Israel.* Ed. by I. Finkelstein, and N. Na'aman. Jerusalem: Israel Exploration Society, 1994.

Nelson, R. D. *Joshua, A Commentary.* OTL. Louisville: Westminster John Knox, 1997.

_____. "Herem and the Deuteronomic Social Conscience." Pp. 39–54 in *Deuteronomy and Deuternomic Literature.* Ed. by M. Vervenne and J. Lust. Leuven: Uitgeverij Peeters, 1997.

Niditch, S. N. *War in the Hebrew Bible: A Study in the Ethics of Violence*. New York: Oxford University Press, 1993.

Niehaus, J. J. "Joshua and Ancient Near Eastern Warfare." JETS 31 (1988): 37–50.

Noort, E. "The Disgrace of Egypt: Joshua 5:9a and Its Context." Pp. 3–19 in *The Wisdom of Egypt*. Ed. by A. Hilhorst and G. H. van Kooten. Leiden: Brill, 2005.

_____. "The Traditions of Ebal and Mount Gerizim: Theological Positions in the Book of Joshua." Pp. 161–80 in *Deuteronomy and Deuternomic Literature*. Ed. by M. Vervenne and J. Lust. Leuven: Uitgeverij Peeters, 1997.

Noth, M. *The History of Israel*. 2nd Edition. London: A & C Black, 1960.

_____. *The Deuternomic History*. 2nd English Edition. JSOTSS. Sheffield: Sheffield Academic Press, 2002.

Pechham, B. "The Composition of Joshua 3–4." CBQ 46 (1984): 413–31.

Pitkänen, P. *Joshua*. AOTC. Downers Grove, Ill.: InterVarsity Press, 2010.

Polzin, R. M. *Moses and the Deuteronomist: A Literary Study of the Deteronomic History, Part One: Deuteronomy, Joshua, Judges*. New York: Seabury, 1980.

Pressler, C. *Joshua, Judges, and Ruth*. WBCom. Louisville: Westminster John Knox, 2002.

Provan, I.; V. P. Long; T. Longman. *A Biblical History of Israel*. Louisville: Westminster John Knox, 2003.

Pythian-Adams, W. "A Meteorite of the Fourteenth Century B. C.

PEQ 78 (1946): 116-24.

Ramsey, G. W. *The Quests for the Historical Israel.* Atlanta: John Knox, 1981.

Rendsburg, G. "The Date of the Exodus and the Conquest/Settlement: The Case for the 1100's." VT 42 (1992): 510-27.

Ringgren, H. *Religions of the Ancient Near East.* Philadelphia: Westminster, 1973.

Robinson, G. "The Idea of Rest in the OT and the Search for the Basic Character of the Sabbath." ZAW 92 (1980): 32-42.

Robinson, H. W. *Corporate Personality in Ancient Israel.* Philadelphia: Fortress, 1964, 1980.

Römer, T. *The So-Called Deuternomic History.* London: T. & T. Clark, 2007.

Rowley, H. H. *From Joseph to Joshua: Biblical Traditions in the Light of Archaeology.* London: Oxford University, 1950.

Rowlett, L. *Joshua and the Rhetoric of Violence.* JSOTSS Sheffield: Sheffield Academic Press, 1996.

Sasson, J. M. "Circumsion in the Ancient Near East," JBL 85 (1966): 473-76.

Sawyer, J. "Joshua 10:12-14 and the Solar Eclipse of 30 September 1131B.C." PEQ 104(1972): 139-46.

Saydon, P. "The Crossing of the Jordan, Jos. Chaps. 3 and 4." CBQ 12 (1950): 194-207.

Seleznev, M. G. "The Origin of the Tribal Boundaries in Joshua: Administrative Documents or Sacral Geography?" Pp. 330-61 in *Memoriae Igor M. Diakonoff: Babel und Babel 2.* Ed. by L. G. Kogan et al. Winona Lake: Eisenbrauns, 2005.

Sherwood, A. "A Leader's Misleading and a Prostitute's Profession: A Reexamination of Joshua 2." JSOT 31/1 (2006): 43–61.

Smend, R. *Yahweh War and Tribal Confederation*. Nashville: Abingdon Press, 1970.

Snaith, N. H. "The Altar at Gilgal: Joshua 22:23–29." VT 28/3 (1978): 330–35.

Soggin, J. A. *Joshua, A Commentary*. OTL. Philadelphia: Westminster, 1972.

Spina, F. A. *The Faith of the Outsider: Exclusion and Inclusion in the Bible Story*. Grand Rapids: Eerdmans, 2005.

Stek, H. H. "Rahab of Canaan and Israel: The Meaning of Joshua 2." CTJ 37 (2002): 24–48.

Stern, P. D. *The Biblical Herem: A Window on Israel's Religious Experience*. Atlanta: Scholars Press, 1991.

Stone, L. G. "Ethical and Apologetic Tendencies in the Redaction of the Book of Joshua." CBQ 53 (1991): 25–35.

Sutherland, R. "Israelite Political Theory in Joshua 9." JSOT 53 (1992): 65–74.

Thompson, J. A. *The Bible and Archaeology*. 3rd ed. Grand Rapids: Eerdmans, 1982.

Thompson, T. L. *Early History of the Israelite People*. Leiden: E. J. Brill, 1992.

Van Seters, J. *In Search of History*. Louisville: Westminster, 1982.

_____. "Is There Any Historiography in the Hebrew Bible? A Hebrew—Greek Comparison." JNSL 28 (2002): 1–25.

Von Rad, G. *The Problem of the Hexateuch and Other Essays*. Edinburgh: Oliver & Boyd, 1966.

_____. *Holy War in Ancient Israel*. Grand Rapids: Eerdmans, 1991.

_____. "There Still Remains a Rest for the People of God." Pp. 82–88 in From Genesis to Chronicles: Explorations in the Old Testament Theology. Ed. by K. C. Hanson. Minneapolis: Fortress, 2005.

Wagenaar, J. A. "The Cessation of Manna. Editorial Frames for the Wilderness Wandering in Exodus 16,35 and Joshua 5,10–12." ZAW 112 (2000): 192–209.

_____. "Crossing the Sea of Reeds (Exod 13–14) and the Jordan (Josh 3–4)." Pp. 461–70 in *Studies in the Book of Exodus*. Ed. by M. Vervenne. Leuven: Leuven University Press, 1996.

Waltke, B. K. "Palestinian Artifactual Evidence Supporting the Early Date for the Exodus." BibSac 129 (1972): 33–47.

_____. "The Date of the Conquest." WTJ 52 (1990): 181–200.

Walton, J. H., ed. *Joshua, Judges, Ruth, 1 & 2 Samuel*. ZIBBC. Grand Rapids: Zondervan, 2009.

Weinfeld, M. *The Promise of the Land: The Inheritance of the Land of Canaan by Israelites*. Berkeley: University of California Press, 1993.

Weippert, M. *The Settlement of the Israelite Tribes in Palestine*. London: SCM Press, 1971.

Wenham, G. J. "The Deuternomic Theology of the Book of Joshua." *JBL* 90 (1971): 140–48.

Wilcoxsen, J. "Narrative Structure and Cult Legend: A Study of Joshua 1–6." Pp. 43–70 in *Transitions in Biblical Scholarship*. Ed. by J. Rylaarsdam. Chicago: University of Chicago Press, 1968.

Wilson, R. D. "Understanding 'The Sun Stood Still.'" PTR 16 (1918): 46–54.

Winther-Nielsen, N. "The Miraculous Grammar of Joshua 3-4." In *Biblical Hebrew and Discourse Linguistics.* Edited by R. D. Bergen. Winona Lake: Eisenbrauns, 1994.

Wood, B. G. "Did the Israelites Conquer Jericho? A New Look at the Archaeological Evidence." *BAR* 16:2(March/April 1990), 45-58.

Wood, L. *A Survey of Israel's History.* Rev. ed. Grand Rapids: Zondervan, 1986.

Woudstra, M. *The Book of Joshua.* NICOT Grand Rapids: Eerdmans, 1981.

Wright, G. E. *Biblical Archaeology.* Rev. ed. Philadelphia: Westminster, 1962.

_____. *God's People in God's Land.* Grand Rapids: Eerdmans, 1990.

Yadin, Y. *Hazor.* London: Oxford University Press, 1972.

_____. "Is the Biblical Account of the Israelite Conquest of Canaan Historically Reliable?" BAR 8.2 (1982): 16-23.

Young, E. J. *An Introduction to the Old Testament.* Rev. ed. Grand Rapids: Eerdmans, 1989.

Younger, K. L. "Early Israel in Recent Biblical Scholarship." Pp. 178-200 in *The Face of Old Testament Studies.* Ed. by D. W. Grand Rapids: Baker Book House, and B. T. Arnord. Grand Rapids: Baker Book House, 1999.

_____. *Ancient Conquest Accounts: A Study in Ancient Near Eastern and Biblical History Writing.* JSOTSS. Sheffield: Sheffield Academic Press, 1990.

Zakovitch, Y. "Humor and Theology or the Successful Failure of Israelite Intelligence: A Literary-Folkloric Approach to Joshua 2." Pp. 75-98 in *Text and Tradition: The Hebrew Bible and Folklore.* Ed. by

S. Niditch. Atlanta: Scholars Press, 1990.

Zevit, Z. "Archaeological and Literary Stratigraphy in Joshua 7–8." BASOR 251 (1983): 23–35.

Zertal, A. "Has Joshua's Altar Been Found on Mt Ebal?" BAR 11/1 (1985): 26–43.

여호수아

오직 강하고 극히 담대하여 나의 종 모세가 네게 명령한 그 율법을 다 지켜 행하고 우로나 좌로나 치우치지 말라 그리하면 어디로 가든지 형통하리니 이 율법책을 네 입에서 떠나지 말게 하며 주야로 그것을 묵상하여 그 안에 기록된 대로 다 지켜 행하라 그리하면 네 길이 평탄하게 될 것이며 네가 형통하리라 (1:7-8).

만일 여호와를 섬기는 것이 너희에게 좋지 않게 보이거든 너희 조상들이 강 저쪽에서 섬기던 신들이든지 또는 너희가 거주하는 땅에 있는 아모리 족속의 신들이든지 너희가 섬길 자를 오늘 택하라 오직 나와 내 집은 여호와를 섬기겠노라 하니(24:15).

소개

여호수아서는 성경의 책 중 하나님의 신실하심을 가장 확실하게 증언하는 책으로 간주된다(Creach). 이 책은 이집트를 탈출한 이스라엘이 어떻게 전쟁을 통해 가나안을 정복하고 정착하게 되었는가를 회고하는

데, 이스라엘이 가나안을 차지한 것은 이 일이 있기 수백 년 전에 이미
하나님이 이스라엘의 선조 아브라함에게 주신 약속이 드디어 자손들
의 삶에서 실현되고 있기 때문이다. 하나님은 아브라함에게 때가 이르
면 후손들에게 이 땅을 주실 것을 누누이 말씀하셨다(창 12:7; 13:14-17;
15:7; 17:4-8). 하나님은 이 약속을 아브라함의 대를 이어 약속을 이어
받은 이삭과 야곱에게도 재차 확인해 주셨다(창 26:1-5; 28:10-17; 35:9-
13). 여호수아서는 드디어 하나님이 이 약속을 어떻게 지키셨으며(viz.,
하나님의 약속에 따라 이스라엘이 가나안 땅을 얻게 됨, 1-12장), 이 약속의 수
혜자인 이스라엘이 하나님의 축복(viz., 정복한 땅)을 어떻게 나누었는가
에 대한 회고다(13-19장).

　여호수아서는 하나님이 선조에게 약속하신 것은 하나도 성취되지 않
은 것이 없다며 주님의 신실하심을 찬양하고 있다. 여호수아서는 성경
책 중 가장 많은 액션(action)과 모험을 수록하고 있는 책이기도 하다.
이스라엘의 가나안 정복기라고 할 수 있는 이 책은 여호수아와 백성이
치른 모든 전쟁을 기록하고 있지 않다. 스파이와 라합 이야기, 요단 강
을 건넌 일, 여리고 성의 성공적인 정복, 아이 성 정복 실패 등등 주요
사건 몇 개만 기록하고 있다. 그럼에도 불구하고 책 곳곳에서 전쟁터
의 함성이 들려오는 듯하고 때로는 부족끼리 혹은 개인끼리 다투는 소
리가 귀에 생생하게 들려오는 듯하다. 특히 이스라엘이 요단 강을 건
너 여리고, 아이, 기브온, 하솔 등 가나안의 여러 성을 정복한 이야기
로 구성되어 있는 책의 전반부(1-11장)에서는 천지를 뒤흔드는 온갖 굉
음이 들려오는 듯하며, 후반부(12-24장)에서는 정복한 땅의 분배를 둘
러싸고 탄성과 불만의 소리가 여기저기서 나는 듯하다.

　책의 후반부, 특히 12-21장은 다양한 목록으로 구성되어 있다. 이
단락을 시작하는 12장에는 이스라엘이 정복한 땅의 경계선과 그들에
게 패한 가나안 왕 31명의 이름이 기록되어 있으며 단락을 마무리하는
20장은 도피성 목록, 21장은 레위 사람이 차지한 성읍 목록으로 구성

되어 있다. 그리고 그 사이에는 이스라엘 지파별 혹은 집안별로 받은
성읍과 지역 이름이 상세하게 나열되어 있다(13-19장). 저자는 여호수
아서 전체 공간의 2분의 1 정도를 이스라엘이 정복한 민족과 땅과 성
읍의 이름들을 나열하는 데 할애하고 있다. 여호수아서가 매우 상세하
고 긴 목록을 담고 있는 점은 역대기와 비슷하다고 할 수 있다.

우리는 성경을 읽을 때 목록들, 특히 사람 이름과 성읍 이름으로 구
성된 목록은 별생각 없이 지나치기 쉽다. 사실 이런 목록 단락은 묵상
하기도 힘들고 어떤 교훈을 찾아 일상에 적용하기는 더더욱 어려울 수
있다. 심지어 독자를 졸리게 할 수도 있다. 저자가 이런 위험을 감수하
면서까지 범람하는 요단 강 물결과 전쟁의 함성으로 시작한 역동적인
책을 지루하기 그지없어 보이는 목록으로 이어가는 이유는 무엇일까?
더군다나 책 후반부의 대부분을 목록에 할애한 것은 쉽게 납득되지
않는다.

그러므로 이런 이유에서 생각해보면 저자가 정복 전쟁에 대해 언급
한 것이(1-11장) 단순히 독자에게 사건에 대한 역사적 정보를 제공하
기 위함이 아니라는 것이 확실하다. 저자는 이스라엘이 나누어 가진 성
읍에 대해 이야기하기 전에 먼저 그들이 차지한 땅을 얻기 위해 치러야
했던 치열한 전쟁 이야기로 책을 시작한다. 전쟁 이야기(1-11장)는 분
배 이야기(12-21장)의 서론이자 도구에 불과했던 것이다. 이런 관점에
서 생각하면 여호수아서는 일부 해석가들이 주장하는 것처럼 주의 백성
이 무력으로 불신자(죄인)를 짓밟고 착취하는 일을 강요하거나 묵인하
는 책이 아니다. 즉, 여호수아서는 이스라엘이 하나님의 약속에 따라
땅을 차지하게 된 일을 역설하는 것이지, 결코 정복 전쟁과 이 전쟁을
통해 죽은 수많은 가나안 사람 이야기에 초점을 맞추는 것이 아니다.

더욱이 책의 후반부에 기록된 다양한 목록보다 더 확실하게 하나님
의 신실하심을 증언하는 자료는 없다. 하나님은 오래전에 아브라함과
후손에게 가나안 땅을 약속하셨다(창 15장). 저자는 이스라엘이 차지한

가나안 성읍과 지역 이름을 상세하게 기록함으로써 하나님이 아브라함에게 약속하신 것을 여호수아 시대에 완벽하게 성취하셨음을 강조한다.[1] 하나님이 약속을 지키셨기 때문에 이스라엘 민족이 가나안 땅 모든 곳에서 원주민을 정복하고 그곳에 정착해 살게 되었다는 것이다. 만일 독자 중 이런 사실을 조금이라도 의심하는 사람이 있으면 가나안 지역의 지도를 펼쳐놓고 책에 기록된 성읍과 지역 목록을 대조해 보라는 권고다. 확인해 보면 하나님이 얼마나 성실하게 약속을 지키셨는지 깨닫게 될 것이라는 취지에서 저자는 이처럼 많은 공간을 이스라엘이 정복한 성읍과 지역 목록에 할애하고 있는 것이다. 즉, 우리에게는 지루하게 느껴질 수도 있는 성읍 이름이 저자에게는 하나님의 신실하심에 대한 가장 확실하고 흥분되는 증언인 것이다.

하나님의 약속이 이스라엘에게 실현되는 축복의 통로는 여호수아였다. 책이 중반부에 접어들면서 모세의 후계자 여호수아는 나이 들어 죽을 날이 머지않았고, 가나안 땅은 그와 이스라엘의 지도자들에 의해 분배되었다. 하나님이 그들을 축복하셨으며 오래전에 선조에게 약속하셨던 땅이 드디어 자손에게 주어지면서 그 땅에 '안식'(תנ)이 임했다 (21:44; 23:1). 창세기 12장에서 아브라함과 후손에게 약속된 땅이 드디어 이스라엘에게 선물로 주어진 것이다. 여호수아서가 끝날 때 이스라엘 백성은 이집트에서 가져온 요셉의 뼈를 세겜에 묻는다. 이것은 요셉이 임종 때 남겼던 유언을 이루는 일일 뿐만 아니라 요셉의 이집트 종살이로 시작된 이스라엘의 기나긴 타향살이와 불행이 드디어 그 백성이 약속의 땅 가나안에 정착함으로써 완전히 해소되었다는 상징적인 의미를 지닌다.

저자는 이스라엘의 땅 분배 이야기를 회고하면서 자연스레 많은 선을 긋는다. 각 지파와 집안에 할당된 땅에 많은 선이 그어지는 것이다.

1 이러한 사실을 강조하기 위하여 일부 학자들은 여호수아기를 포함하여 구약 성경의 처음 6권(창-수)을 '육경'(hexateuch)으로 취급하기도 한다(cf. von Rad).

44

그러나 각 지파에게 기업으로 주기 위해 땅에 선을 긋기 이전부터 이미 선 긋는 작업(setting boundaries)은 시작되었다. 책이 시작되면서 이스라엘 영토 범위가 정의된다. 요단 강 서쪽이 아브라함에게 약속되었던 땅이기에 요단 강은 자연스럽게 국경선이 되었다(1:1-5). 저자는 이스라엘 백성이 국경선인 요단 강을 어떻게 넘었는가에 대해 자세히 기록한다(3:1-4:24). 또 요단 강 서쪽 지역을 차지한 여호수아와 지도자들이 이 땅을 지파들과 집안들에게 분배하기 위해 어떻게 선을 그었는지 회고한다(13:1-21:45). 책이 끝날 무렵에는 약속의 땅의 경계선이 된 요단 강을 중심으로 동쪽과 서쪽을 차지한 지파들 사이에 경계선에 대한 시각 차이가 나타나면서 범민족적인 위기감이 조성된다(22:1-34). 여호수아서 안에서 설정된 경계선과 국경선은 이스라엘의 정체성을 정의하는 일에 있어서 그만큼 결정적이었던 것이다.

여호수아서는 국토와 각 지파의 땅에만 선을 긋는 것이 아니라 이스라엘 민족을 정의하는 인종적인 선도 긋는다. 아브라함의 자손이라 해서 무조건 이스라엘 백성이라 할 수 없고, 이방인이라 해서 반드시 하나님의 은총의 대상에서 제외되는 것도 아니다. 하나님은 이미 아브라함에게 이런 취지를 말씀하셨다. 세상의 많은 민족이 아브라함을 통해서 축복받게 될 것임을 창세기 12:13에서 시사하셨던 것이다. 아브라함의 자손이라 할지라도 하나님의 말씀에 순종하지 않으면 언약 공동체에서 제외될 것이며, 이방인이라 해도 여호와를 경외하면 공동체의 일원이 될 수 있다고 한다.

저자의 이런 관점은 이스라엘 사람이면서도 진멸당했던 아간과 집안 사람, 진멸을 선고받은 이방인이면서도 구원의 은총을 입었던 라합과 가족, 기브온 사람들 이야기에 잘 드러나 있다. 하나님의 백성을 나누는 선은 곧 그분에 대한 확고한 믿음과 순종인 것이다. 그러므로 여호수아서는 단순히 이스라엘을 최고의 민족으로 부추기는 승리주의적 관점에서 이해될 책이 아니다. 이 책은 무엇보다도 정체성에 관한 책이다.

여러 가지 선을 정의하고 그음으로써 이스라엘을 정의하고 있다(Hawk).

여호수아서는 하나님의 백성이 누구인가를 정의하는 것과 연관해 책이 안고 있는 '윤리 문제'가 재해석되어야 한다. 일부 학자들은 여호수아서를 그리스도인을 가장 당혹스럽게 하는 정경이라고 한다(Stern, Nelson). 그들은 기독교의 근본 정신은 서로 용납하는 것이며 심지어 원수까지 섬기고 사랑하는 것인데, 여호수아서는 이런 정신을 위반하고 있다고 생각한다. 이스라엘이 자신들의 땅을 얻기 위해 평안히 살고 있는 가나안 사람을 몰살했기 때문이다. 그래서 한 학자는 여호수아서를 그리스도인을 당혹스럽게 하는 '영적 빈민가'(spitual ghetto)라고 한다(Creach).

이 이슈에 대해 우리는 라합과 기브온 성 사람과 아간을 염두에 두고 균형을 이루도록 노력해야 한다. 라합은 한 개인의 믿음과 여호와에 대한 경외로 온 집안 사람이 진멸을 면하고 하나님 백성이 된 사람의 모형이다. 기브온 성 사람 이야기는 온 공동체가 이스라엘의 하나님 여호와를 경외하여 죽음을 면하고 이스라엘에 편입된 사람의 모형이다. 반면 아간은 가나안에 진멸을 행하는 이스라엘 사람 중에서도 여호와에 대한 경외가 없으면 그 결과 온 가족이 진멸당할 수 있는 사람의 모형이다. 그러므로 세 이야기는 진멸이 선포된 상황에서도 어떻게 행하느냐에 따라 살 수도 있고 죽을 수도 있다는 것을 알려 준다. 라합과 기브온 성 사람은 진멸이 선포된 상황에서도 살아남았고 하나님 백성이 된다.

저자는 두 이야기를 통해 하나님이 가나안에서 살릴 만한 사람은 모두 다 살리셨음을 암시한다. 특히 이 사람들과 진멸을 당한 가나안 사람이 모두 같은 정보(이집트를 탈출한 이스라엘이 하나님 여호와를 앞세우고 가나안을 정복하러 온다는 소식)를 접하고도 서로 상반된 반응을 보인 것이 결국 상반된 운명을 결정 지은 사실을 생각하면, 진멸은 하나님이 이스라엘에게 땅을 주시기 위해 가나안에게 일방적으로 행하신 불공평한 일로만 볼 수는 없다. 반면에 이스라엘 사람 중에서 아간 같은 사람은 모두 죽었다는 것은 하나님이 죽이고 살리는 일에 있어서 어느 정도의 공의를 가지고 행하심을 암시한다.

여호수아서는 하나님이 아브라함에게 주신 약속을 후손들에게 어떻게 지키셨는가만을 설명하고 끝맺는 책이 아니다. 실제로 여호수아서는 시작에 불과하다. 여호수아서가 끝날 때, 독자는 "과연 이스라엘이 선물로 받은 땅에서 영원히 하나님과의 언약을 잘 준수하며 살아갈 수 있을 것인가?"라는 질문을 하게 된다. 즉, 여호수아서는 하나님이 선조에게 하신 땅 약속이 어떻게 성취되었는가만을 전하는 것이 아니라, 이집트에서 출발해 광야 생활을 거쳐 한 국가로 탄생한 이스라엘이 가나안 땅에서 시작된 정착 생활을 어떻게 지속시켜 나갈 것인가 하는 질문을 하는 책이다. 이러한 궁금증을 증폭시키며 여호수아서는 막을 내린다. 이런 면에서 여호수아서는 이스라엘 역사의 새로운 장을 열어간다고 할 수 있다.

1. 여호수아

이 책의 이름은 이스라엘의 가나안 정복에서 주도적 역할을 한 여호수아라는 지도자를 염두에 두고 지어졌다. 눈의 아들 여호수아는 에브라임 지파에 속한 요셉의 자손이었다. 그의 이름은 오경 안에서만 27차례나 등장하며, 여호수아가 최초로 모습을 드러낸 것은 이스라엘이 이집트를 떠나온 직후 광야에서 처음으로 대적했던 아말렉 족과의 전쟁에서였다(출 17:8-13). 그는 이때 이스라엘의 장군이었으며, 별다른 설명 없이 소개된 것으로 보아 이미 이스라엘 공동체에서 중요한 자리에 있었음을 짐작할 수 있다(Hess). 그가 불쑥 모습을 드러낸 것 같지만 민수기 11:28은 여호수아가 "젊었을 때부터 모세를 곁에서 모셔왔다"(새번역, 공동)라고 말한다. 모세는 이집트에서부터 여호수아를 총애해 왔던 것이다.

47

일부 학자들은 여호수아가 실제 인물이 아니었으며, 이스라엘이 만들어낸 전설 속에 존재하는 영웅에 불과하다고 단정한다(Coote & Whitelam, van Seters). 그러나 이들의 결론은 어떤 역사적 자료나 증거에 근거한 것이 아니라, 성경의 역사성을 비관적으로 보는 순환 논리에 의해 제시된 것으로서 설득력이 매우 떨어지므로, 많은 공간을 할애해 반박할 필요는 없다(Miller, Howard, Millard, Wood). 이 책에서는 여호수아가 실제로 존재했던 인물이었을 뿐만 아니라, 여호수아서가 회고하고 있는 그의 모든 사역과 활동이 역사적인 근거를 바탕으로 하고 있음을 전제한다.

여호수아의 본명은 '호세아'(הוֹשֵׁעַ: '구원[salvation]')였다(민 13:8). 후에 모세가 그의 이름을 '여호수아'(יְהוֹשֻׁעַ: '여호와는 구원이시다', '여호와께서 구하시리')로 바꾸었다(민 13:16). 종교적 뉘앙스가 없었던 이름을 이스라엘의 하나님 여호와의 구원 사역과 연관시킨 신앙의 이름으로 바꾸어 준 것이다. 훗날 이스라엘에는 '여호와'라는 하나님의 성호와 관련된 이름이 매우 흔해졌지만, 모세 시대만 해도 이런 이름은 거의 없었다. 당시 기준으로 볼 때, 여호수아라는 이름은 매우 독특했으며 성경에서 사용되는 이름 중 '여호와'와 관련된 최초의 이름이었다(Howard). 모세는 아마도 그의 심복 호세아의 이름을 여호수아로 바꾸어 주면서 이스라엘 역사에서 감당해야 할 역할에 대해 상당한 기대를 했을 것이다(Hess). 이는 여호수아가 이스라엘 역사에서 감당한 역할을 감안할 때 적절한 변화이며, 그의 이름과 연관된 이 책의 메시지와도 잘 어울린다. 칠십인역(LXX)은 여호수아(יְהוֹשֻׁעַ)라는 히브리어 이름을 헬라어로 '예수'(Ἰησοῦς)로 옮김으로써 예수님의 이름과 같은 철자를 사용한다.

여호수아는 모세의 후계자였으며 책이 시작될 때 '모세의 시종'(מְשָׁרֵת מֹשֶׁה)으로 소개된다(1:1). 이스라엘이 광야 생활을 시작할 무렵 르비딤에서 아말렉 군을 물리친 장군(출 17:8-13)으로 성경에 처음 소개된 여호수아는 젊었을 때부터 모세 옆에서 조수 역할을 톡톡히 해냈다(출 33:11; 민 11:28). 그는 모세와 함께 시내 산에 오른 일이 있었으며(출

24:13), 가나안 정탐에 나섰던 12정탐꾼 중 하나였고, 갈렙과 함께 유일하게 긍정적인 메시지를 가져온 자였다(민 13-14장). 이 일로 부정적인 메시지를 가져온 10명의 정탐꾼과 그들의 말을 믿고 동요한 모든 백성이 광야에서 죽어가야 했지만, 여호수아와 갈렙만은 가나안 땅에 입성하는 축복을 받게 된다(민 14:30, 38; 26:65). 이후 여호수아는 하나님께로부터 모세의 후계자로 지명받았으며, 모세가 그를 여호와 앞에 데려가 후계자로 임명했다(민 27:15-23). 하나님이 지명하신 자였기에 여호수아는 '모세의 시종'(후계자)으로서 전혀 손색이 없었다(신 34:9). 여호수아는 모세처럼 하나님의 영이 함께하는 자였다(민 27:18). 여호수아는 책 안에서 모세를 통해 주신 하나님의 율법과 말씀에 순종하는 일에 타의 모범이 되고 있다(11:15, 23).

'모세의 시종'으로 시작된 여호수아 이야기는 책이 끝날 때 '여호와의 종'(עֶבֶד יְהוָה)으로 마친다(24:29; cf. 삿 2:8). '여호와의 종'이라는 타이틀은 이때까지 모세에게만 적용된 영광스러운 호칭이었다(신 34:5; 수 1:1, 15; 8:31, 33; 11:12; 12:6; 13:8; 14:7; 18:7; 22:2, 4). 그의 시작은 '미약'하였지만 끝은 '창대'했던 것이다. 많은 경우에 우리의 사역도 이러하다. 첫술에 배부를 수 없듯이 사역을 시작할 때는 모든 것이 부족하고 아쉬울 것이다. 심지어 자존심을 죽이고 전전긍긍하면서 다른 사람 밑에서 사역을 시작해야 하는 경우도 있다. 그러나 시작보다는 끝을 마음에 품고 견뎌내야 한다. 목표를 세우고 그 표적을 향해 달려가야 한다. 그리하면 그곳에 도착하는 날 프랭크 시나트라(Frank Sinatra)의 '마이 웨이(My Way)'라는 노래를 자신 있게 부를 수 있을 것이다. 어디서 어떻게 시작했는가보다 하나님이 인정하는 종으로 사역과 일생을 마무리하는 것이 더 중요하기 때문이다.

여호수아서는 '모세의 시종' 여호수아를 모세를 통해 주어진 율법을 철두철미하게 지킨 자로 묘사하는 동시에 모세에 버금가는 인물로 묘사한다(Barstad, Hess). 하나님이 모세와 함께하셨던 것처럼 여호수아와 함께하셨으며, 여호수아는 모세가 누렸던 지위를 동일하게 누렸다(1:9, 16-18; 3:7; 4:14; 6:27; 10:14; 11:15, 23). 이스라엘의 모든 백성은 그의 사역이 시작될 때 옛적에 모세에게 했던 것처럼 동일한 충성을 맹세했으며(1:16-18), 모세의 고별 설교를 듣고 하나님께 순종하겠다고 다짐했던 것처럼 여호수아의 고별 설교를 듣고 하나님만을 섬기고 따르겠다는 각오를 새롭게 한다(24:16-18).

여호수아가 모세의 리더십을 본받은 구체적인 사례는 다음과 같다 (Coote; Pressler). 첫째, 백성 앞에서 여호수아의 위상이 모세와 같다. 백성이 모세를 청종하고 두려워했던 것처럼 여호수아를 청종하고 두려워한다(1:16-18; 4:14). 둘째, 요단 강 도하를 앞두고 여호수아가 백성에게 성결 의식을 행하도록 명령하는 것은, 모세가 시내 산에서 언약 체결을 앞두고 백성에게 정결하도록 지시한 것과 흡사하다(3:5; 출 19:10). 셋째, 여호수아는 모세가 했던 것처럼 제사장에게 명령한다(4:10). 넷째, 모세가 호렙 산에서 하나님을 만난 자리에서 신발을 벗었던 것처럼 여호수아도 하나님의 군대 대장을 만난 자리에서 신발을 벗는다 (5:13; 출 3:1ff). 다섯째, 모세가 죄 지은 백성을 위하여 중재했던 것처럼 여호수아도 이스라엘을 위해 중재한다(7:6ff; 신 9:25). 여섯째, 모세가 죽기 직전 고별사를 남긴 것처럼 여호수아도 장엄한 고별 설교를 남긴다(22-24장; 신 31:2f.).

이 외에도 모세가 정탐꾼을 파견했던 것처럼 여호수아도 정탐꾼을 파견했으며, 모세가 홍해를 가른 것처럼 여호수아도 요단 강을 가른다. 또한 여호와께서 모세와 함께하셨던 것처럼 여호수아와도 함께하신다(1:9; 3:7). 여호와께서 모세와 함께하신 것처럼 그와 함께하시니, 모세의 명성이 온 땅에 퍼졌던 것처럼 여호수아의 명성도 온 땅에 두루 퍼진다(6:27). 여호수아가 스승 모세와 다른 점 한 가지는 모세는 약속의 땅 밖에 묻혔지만, 여호수아는 약속의 땅 안에 묻혀 더 큰 축복을 누렸다는 것이다.

2. 저자와 저작 연대

여호수아서는 저작권에 대하여 이렇다 할 언급을 하지 않는다. 유태인
의 전승 탈무드(B. Bat. 14b)와 라쉬(Rashi), 킴히(Kimchi) 등 중세기의 랍
비는 이 책을 여호수아가 저작했다고 주장했다(Woudstra; cf. Harrison,
Childs). 여호수아가 무언가를 기록하는 모습이 책 안에서 포착됐기 때
문이다(8:32; 24:26). 최근에도 책의 전반적인 분위기가 매우 긍정적이
고 낙관적이라는 점을 근거로 이 책이 여호수아 시대에 집필되었다고
생각하는 학자도 있다. 더 나아가 여호수아서에 기록된 대부분의 사건
을 직접 목격하고 여호수아보다 더 오래 살았던 장로가 이 책을 기록
했다는 주장도 있다(Young). 또 아브라바넬(Avravanel)은 여호수아서와 사
무엘서가 '오늘날까지'라는 말을 공통적으로 사용한다 하여 책의 저자
를 사무엘이라고 주장했다(Woudstra).

　그러나 오늘날 대부분의 학자는 여호수아를 이 책의 저자로 간주하
지 않을 뿐만 아니라 저작 연대도 여호수아가 살았던 시대로부터 많
은 세월이 지난 주전 6-7세기쯤으로 결론짓는다. 그러나 여호수아가
전체를 저작하지 않았다 할지라도 그가 무언가를 기록하고 있는 모습
(24:26의 "여호수아가 이 모든 말씀을 하나님의 율법책에 기록하고")이 책에 묘
사된 것으로 보아, 주전 6-7세기는 저작 연대가 아니라 이때까지 전해
내려온 역사적 자료를 종합해서 최종 편집한 시기라고 보는 것이 바람
직하다(Hubbard).

　여호수아서 안에서 '오늘날/이날까지'(עַד־הַיּוֹם הַזֶּה)라는 표현이 여러
차례 사용된다(4:9; 5:9; 7:26; 8:28-29; 9:27; 10:27; 13:13; 14:14; 15:63;
16:10). 그러므로 책의 최종 편집 시기가 저자의 '오늘날'과 깊은 연관
이 있음은 당연한 일이다. 과연 여호수아서 안에서 사용되는 '오늘날'
은 언제를 가리키는 말인가? 문제는 이 표현이 모두 동일한 때를 가리
키지 않는다는 사실이다. 예를 들면 라합의 생존을 전제하는 6:25의

'오늘날'은 매우 이른 시기, 즉 가나안 입성 직후를 뜻한다고 보아야 한다.[2] 여호수아 15:63은 '오늘날'까지 여부스 족이 예루살렘을 차지하고 있다고 한다. 다윗이 주전 1003년쯤에 예루살렘을 정복하여 여부스 족을 내쳤다는 점을 고려할 때, 이 '오늘날' 역시 매우 오래된 것으로 보아야 한다. 실제로 상당수의 학자가 여호수아서에 기록된 내용 중 많은 부분이 최소한 주전 1000년 이전에 존재했던 자료를 반영하고 있다고 생각한다(Albright, Hess).

여호수아 16:10은 에브라임 사람이 게셀에 거하던 가나안 사람을 내몰지 않아 '오늘날'까지 그들이 에브라임 사람 중에 거하고 있다고 한다. 기록에 의하면 이집트의 바로 시아문(978-959 BC)이 게셀에 거하던 가나안 사람을 정복하여 이 성을 그의 딸과 결혼한 솔로몬에게 선물로 주었다고 한다(왕상 3:1; 9:16; cf. Kitchen). 그러므로 게셀에 사는 가나안 사람에 대한 언급은 이 일이 있기 전에만 의미가 있는 것이다. 반면에 다른 '오늘날'은 가나안 정복 시기로부터 많은 세월이 흘렀음을 전제한다(4:9; 5:9; 7:6; 8:28-29; 9:27; 10:27; 13:13). 심지어 여호수아서에 기록된 기적 중 가장 놀라운 것 중 하나인 10장(해와 달이 '멈추는' 사건)의 일은 '야살의 책'(סֵפֶר הַיָּשָׁר)이라는 자료를 인용하여 회고한 내용이다(10:13). 실제로 이 일을 목격했던 사람이 이 섹션을 기록했다면 굳이 다른 출처를 인용할 필요가 없었을 것이다. 그리고 그가 다른 출처를 인용했다는 것은 이미 상당한 세월이 흘렀음을 전제한다.

그렇다면 과연 누가, 언제 최종적으로 자료를 정리하여 여호수아서를 저작한 것일까? 여호수아서 대부분이 주전 1000년대에 저작되었다고 주장하는 학자들이 있다(Hess; Dallaire). 그러나 여호수아서가 수백 년에 거쳐 지속적으로 개정/편집되었다는 학자도 있다(von Rad). 이러한 입장을 진보적인 학자만 고수하는 것은 아니다. 보수적인 학자 중

2 일부 주석가들은 호세아 3:5이 다윗의 후손을 뜻하면서 다윗을 지명하는 것에 근거하여 본문이 라합이 아니라 그의 후손을 뜻한다고 해석하기도 한다.

에도 하나님의 영감을 받은 성경 저자가 하나님 명령에 따라 지속적
으로 여호수아서를 개정했다고 하는 주석가도 있다(Butler). 그러나 많
은 학자는 '신명기적 사가'(Deuteronomistic historian)가 주전 6–7세기경 최
종적으로 저작/편집했다고 생각한다(Fretheim, Nelson). 신명기적 사가와
연관된 '신명기적 역사'(Deuternomistic History)가 무엇을 의미하는지를 먼
저 생각해 보자.

'신명기적 역사'는 노트(Martin Noth)가 1943년에 처음 제시한 설이다.[3]
그는 신명기부터 열왕기하까지가 문체적, 신학적으로 단일성(unity)을
지니고 있다고 주장했다. 노트는 이 책들(신–왕하)이 한 사람에 의해 주
전 550년경에 바빌론에서 집필된 것으로 추정했다(Dallaire). 이 저자가
신명기적 사가로 불리는 것은 신명기로부터 많은 신학적 영향을 받았
기 때문이다. 이스라엘의 멸망은 여호와의 무능력 때문에 일어난 일이
아니라 이스라엘의 죄 때문에 초래된 결과라는 사실을 밝히기 위해,
전수되어 오던 광범위한 자료를 토대로 '신명기 – 여호수아 – 사사기 –
사무엘서 – 열왕기'를 저작했다는 것이다. 노트의 후예들은 노트의 학
설을 한 단계 더 발전시켜 신명기적 역사/전승(DH)은 문서설의 E(엘로
힘 문서; 주전 850년경에 북 왕국 이스라엘에서 시작되었다고 주장)가 저작될 즈
음에 시작된 전통이라 주장했다.

노트가 증거로 제시한 것은 다음과 같다. 첫째, 신명기적 전승(DH)
은 중요한 자리에 성경의 주요 인물의 입을 빌려 연설과 논평을 삽입
하여 주장을 발전시켜 가고 있다. 여호수아의 연설(수 22장), 여호수아
의 고별 설교(수 23장), 사무엘의 설교(삼상 12장), 솔로몬의 기도(왕상 8
장) 등이 바로 그 예다. 저자는 이러한 인물들의 설교를 직접 작성하
여 이스라엘 역사를 회고하는 동시에 이 백성이 어떻게 살아가야 하
는가를 가르치고, 가끔 자신의 논평도 삽입한다. 가나안 정복이 일단

3 여기에 제시된 내용은 Martin Noth, *The Deuternomistic History*. 2nd ed. JSOTSS (Sheffield: Sheffield Academic Press, 2002)를 바탕으로 한 것이다.

락된 시점에서 종합적인 평가를 한 것(수 12장)과 왕정 시대의 비극적인 결말에 대하여 언급하고 있는 열왕기하 17:7-23은 모두 그의 설교이며, 수사학적이고 교훈적인 틀(rhetorical parenthetic framework)을 제공해 준다. 그리고 이렇게 설교와 논평을 중간 중간에 삽입하는 것은 신명기 사가의 역사 자료 외에는 찾아보기 힘들다. 둘째, 신명기부터 열왕기하에 이르는 신명기적 전승(DH)의 저서들은 놀라운 언어적 통일성(linguistic uniformity)을 지닌다. 셋째, 신명기적 사가의 역사에 일관된 연대기(consistent chronological sequence)가 있다. 넷째, 신명기적 사가의 역사 안에 일관된 역사 신학을 볼 수 있다(뒤에 자세히 언급).

그렇다면 신명기적 사가는 무엇 때문에 이 장엄한 작품을 집필한 것일까? 그는 주전 722년에 있었던 사마리아 함락, 586년에 있었던 예루살렘 함락에 대하여 신학적인 답을 찾으려고 노력했다. 하나님의 선민, 여호와의 임재의 상징인 성전이 있는 예루살렘이 왜 적군에 의하여 파괴되었는가? 여호와의 처소인 시온 성은 결코 망하지 않는다고 주장했던 시온 사상은 어떻게 된 것인가? 노트(Noth)는 신명기적 사가가 찾은 답은 이스라엘이 하나님 앞에서 자신들의 마음을 강퍅하게 하여 이방 신들을 좇았기 때문이라고 주장했다.

신명기적 사가의 전통은 요단 강 저편에서 모세가 이스라엘 민족에게 마지막으로 전하는 '율법 복습'에서 시작해 가나안 정복으로 이어지며 훗날 통일 왕국, 분열 왕국 시대로 연결된다. 이 사가에 의하여 최종적으로 기록된 사건은 주전 597년에 바빌론으로 끌려가 37년 동안 감옥에서 생활하다가 560년에 자유인이 된 여호야긴 이야기다. 그러므로 빨라도 550년경에 신명기적 사가가 이 작품을 집필했을 것이라고 추정된다. 신명기적 사가는 이스라엘 역사를 조명하는 과정에서 왕들의 죄에 특별한 관심을 보였다. 노트의 후예들은 한 걸음 더 나아가 신명기적 전승은 북 왕국이 함락되자 남 왕국 사람 중 이 사상에 동조하는 사람에 의하여 맥을 이어갔다고 주장했다. 그리고 이 전통은 100년 후인 주전 621년(요시야의 지시로 성전 보수 공사 중 힐기야 제사장이 성전에서 여호와의 율법을 발견했던 때)에 있었던 요시야 왕의 대대적인 종교 개혁에 신학적 발판을 마련해 주었다. 이러한 의미에서 신명기 12-26장의 역할이 강조된다.

노트에 의하면 이 신명기적 사가의 신학은 다음과 같은 요소를 포함했다. 첫째, 여호와 언약의 은혜로움을 강조했다. 신명기적 사가는 이스라엘이 여호와와의 언약에 순종하여 누릴 수 있는 축복을 매우 강조했다. 그러므로 매우 강도 높은 윤리 생활과 종교적 순종을 요구하는 설교와 권면을 했다. 둘째, 우상 숭배의 사악함과 분산된 종교(decentralized religion)가 지니는 문제를 강조했다. 신명기적 사가는 이스라엘 종교의 분산화와 우상 숭배를 매우 강하게 정죄했기에 정치인과 큰 갈등을 빚었고 많은 경우에 완전히 대립하는 결과를 초래했다. 셋째, 신명기적 사가는 불가피한 상과 벌을 지속적으로 논했다. 순종은 축복, 불순종은 저주와 심판을 자처한다. 요시야의 종교 개혁이 실패하자 이 사상은 많은 전통을 종합해서 언약 순종과 불순종에서 오는 축복과 저주의 관점에서 북 왕국의 왕을 평가했다. 이러한 노력이 신명기 - 열왕기에 반영되어 있다. 넷째, 모세를 통해서 받은 언약을 준수하는 것이 매우 중요하다는 점을 강조했다. 하나님과의 언약을 잘 이행하는 것만이 이스라엘의 살 길이라는 것이 신명기적 사가의 주장이다. 그러므로 신명기적 사가의 역사가 바빌론 포로 생활 중에 최종 개정, 정리된 것으로 생각된다.

노트의 이러한 학설에 우리는 어떠한 평가를 내릴 수 있는가? 첫째, 노트의 학설은 모세 오경에서 신명기를 분리하는 것을 전제한다. 그래서 그의 학설을 따르는 사람들은 대체로 모세 오(5)경이 아니라 모세 사(4)경을 주장한다. 신명기는 창세기 - 민수기와 상관없는 책이라는 것이다. 그러나 모세 오경에서 신명기를 떼어내면 오경은 미완성품에 불과하다. 신명기는 여호수아 - 열왕기하보다는 오경에 더 잘 어울린다. 둘째, 노트가 주장한 것처럼 신명기적 성향이 여호수아 - 열왕기하 속에서 발견되는 것이 사실이다. 그러나 이 역사가의 손길이 어디서나 동일하게 나타나는 것은 아니다(Childs). 여호수아 – 열왕기하를 한 사람의 작품으로 보기에는 많은 다양성이 존재한다는 것이 대부분 학자의 평가다(Younger). 셋째, 노트는 신명기적 사가의 매우 비관적인 생각("왜 여호와의 선민이 바빌론으로 끌려와야만 했는가?")이 이 책들을 저작하게 한 동기라고 한다. 그러나 그다지 큰 설득력이 있는 주장은 아니다. 신명기적 사가의 역사에 대한 '비관'이 이러한 장엄한 책들을 저작하게 한 동기로는 너무 약하다는 것이 많은 학자의 결론이다. 넷째, 대부분의 비평학자는 노트의 주장을 수용하면서도 현저한 견해 차이를 보인다. 독일의 즈멘드 학파(Smend School)는 신명기적 전승 안에 신명기적 사가(DtrH), 선지자적 성격이 강한 편집자(DtrP), 율법적 성격이 강한 편집자(DtrN) 등 최소한 삼중 편집을 주장한다. 반면 미국의 크로스 학파(Cross School)는 신명기적 전승의 이중 편집(Dtr1, Dtr2)을 주장한다. 즉, 노트의 주장을 수용하는 비평학계마저도 세부 사항에 대하여는 심각한 견해 차이를 가진다. 이러한 대립은 학설에 무언가 석연치 않은 문제가 있다는 것을 암시한다. 다섯째, 노트가 증거로 제시한 '일관된 연대'는 사실상 매우 선택적이고 자의적이라는 것이 보편화된 평가다. 예를 들면 성경의 연대를 모두 합치면 출애굽부터 성전 건축까지 540년이지 그의 주장처럼 480년은 아니다.

모든 것을 감안할 때 우리가 노트의 학설에 대하여 내릴 수 있는 잠정적인 결론은 그의 학설이 하나의 설득력 있는 가정(假定)으로는 상당한 매력을 지녔지만 사실로 받아들여지기에는 아직도 많은 문제를 안고 있다는 것이다.

3. 저작 목적

여호수아서는 무엇보다 이스라엘의 초기 역사의 한 부분을 신학적인 관점에서 해석하기 위해 저작되었다. 여호수아서는 하나님이 이스라엘의 선조 아브라함에게 처음 약속하신 '땅'이 드디어 그의 자손에게 허락된 것을 증거하고 있다(11:23; 21:43-45). 이 과정을 통해 여호와 하나님은 의지할 수 있고 신뢰할 수 있고 약속을 이행하시는 주권자라는 것을 강조한다(22-24장). 가나안 땅에서 새로운 나라로 출발하는 이스라엘에게 이 사실을 강조하고 가르치는 것은 매우 중요한 일이었다. 숱한 하나님의 기적과 은총을 체험했던 출애굽 1세대는 결정적인 순간에 하나님을 믿지 못한 죄 때문에 광야에서 죽어갔다. 이 책의 처음 독자인 출애굽 2세대도 지난 40년의 광야 생활 동안 수없이 많은 하나님의 기적을 체험했으며 요단 강을 건널 때는 범람하는 물이 눈앞에서 멈추는 것도 목격했다.

그러나 우리가 출애굽 1세대를 통해서 깨달은 것처럼 기적과 이적은 사람을 변화시키지도, 믿음을 가지게 하지도 못한다. 출애굽 2세대도 1세대처럼 하나님의 은총을 많이 체험하고도 그분을 불신할 위험에 노출되어 있기는 마찬가지였던 것이다. 또한 저자는 이들의 선천적인 부패성을 잘 알고 있기에 한 번 더 하나님은 이런 분이시니 그를 전적으로 의지하라고 호소하고 있다.

여호수아서는 하나님이 모든 역사를 주관하신다는 점을 지속적으로 강조한다. 저자는 여호와께서 역사의 흐름을 주관하실 뿐만 아니라, 경우에 따라서는 기적 등을 통한 직접적인 개입과 간섭으로 역사를 주관하신다고 가르치고 있다. 여호수아서에 기록된 이스라엘의 모든 승리를 살펴보면, 하나같이 여호와에게서 비롯된 것이라는 점을 잘 알 수 있다(10-11장). 하나님이 이처럼 주의 백성의 역사에 직접 간섭하신 이유는 그들에게 땅을 주시기 위함이었다. 이스라엘이 가나안 땅을 차지하게 된 것은 그들이 노력한 대가가 아니라 여호와 하나님의 선물이었던 것이다.

저자는 이스라엘의 예배와 순종을 그들의 성공과 직접 연결함으로써 하나님이 그들에게 승리를 주셨음을 강조할 뿐만 아니라 하나님의 백성이 취해야 할 자세를 확실하게 강요한다. 여리고 성과 하솔 정복은 여호와를 향한 예배와 순종이 있는 한 주의 백성이 축복과 승리를 누리리라는 것을 보여주는 한 예다. 이들이 하나님께 순종하는 한, 하나님 스스로가 전사(戰士, Divine Warrior)가 되어 이들 편에서 싸워 주시는 것이다. 반면에 아이 성 사건은 주의 백성이라 할지라도 불순종하면 하나님이 그들의 적이 되어 이들에게 진노를 발하시리라는 강력한 경고다. 저자는 가나안 땅에 새로이 뿌리를 내리고 있는 공동체에 이러한 원리를 주입시킴으로써 그들의 신앙적 정체성을 정의하고자 한다. 여호와를 경외하고 순종하는 한 그들은 하나님의 복을 누리게 되지만, 선민이라는 신분이 결코 그들의 죄의 결과를 약화시키거나 덮어줄 수는 없다고 경고하는 것이다. 이제 가나안에 정착한 이스라엘은 하나님의 선민으로서 막중한 책임과 사명을 안고 살아가야 한다.

위에 나열된 하나님에 대한 진리는 시대를 막론하고 어느 때든지 하나님의 백성에게 위로와 권면이 된다. 특히 바빌론으로 끌려간 사람들이 저자의 이런 가르침을 깨달았을 때의 감격을 상상해 보라. 그들이 바빌론으로 끌려온 것이 여호와가 바빌론의 신 마르둑(Marduk)보다 약해서가 아니라는 사실이 확실해진다. 여호수아서는 하나님이 원하기만 하면 당장 기적을 베풀어 그들을 구원하실 수 있다는 사실을 확인해 주고 있다. 그러므로 바빌론에서 이 책을 읽어 내려가던 사람들은 다른 곳에서 자신들이 당하는 고통의 이유를 찾아야 했을 뿐만 아니라 여호수아서의 하나님이 다시 한번 그들을 돌보아주실 것을 갈망해야 했다. 이런 면에서 여호수아서는 고통당하는 하나님의 백성에게 새로운 활력소를 제시해 주는 책이며 하나님의 전능하심을 확신하는 믿음을 요구하는 책이기도 하다.

4. 역사적 정황

여호수아서를 살펴보면 책이 진행되는 동안 상당한 세월이 흘렀음을 알 수 있다. 갈렙이 여호수아를 찾아와 기업을 요구할 때, 그의 나이는 85세다(14:10). 그는 자신이 40세에 모세의 명령을 받고 처음 가나안 정탐을 떠났다고 회고한다(14:7). 그렇다면 14:10은 정복이 시작된 지 5년 후의 이야기다. 여호수아가 가나안 정복을 끝내고 땅을 분배할 때 그의 나이가 매우 많았던 것으로 묘사된다(13:1). 만일 여호수아가 갈렙과 비슷한 나이였다면 그가 고별 설교를 남기고 죽었을 때 110세였으므로(24:29), 이 책 안에서 약 30년의 세월이 흘렀음을 짐작할 수 있다.

사람들은 가나안 정복이 하나님이 복을 주신 일일 뿐만 아니라 여호와의 군대장이 직접 진두지휘한 일이기에 순식간에 성취된 것으로 생각한다. 그러나 그렇지 않다. 가나안 정복은 분명히 하나님이 복을 주시고 인도하신 일이지만, 수십 년에 걸쳐 이룩해낸 성과인 것이다. 우리의 삶과 사역도 장기적인 시각에서 볼 필요가 있다. 한순간의 성공에 도취되어서도 안 되며, 한 프로젝트에 생명을 걸어서도 안 된다. 지속적이고 장기적인 비전과 계획을 세우고 사역해 나가야 한다.

이스라엘은 또한 40년의 고달픈 광야 생활을 통해 가나안 정복을 준비했다. 이집트에서 430년 동안의 종살이도 정복을 앞둔 준비 과정이었다. 특히 이집트에서의 마지막 몇십 년은 견디기 어려운 순간들이었으므로 이스라엘은 신음 속에서 하나님께 울부짖었다. 그런데 이집트에서의 혹독한 고통이 없었다면 이들이 그 땅을 떠나 가나안으로 가려 했을까? 그럴 가능성은 희박하다. 즉, 이스라엘에게 견딜 수 없는 고통이 있었기에 이집트를 떠날 수 있었고 요단 강을 건널 수 있었던 것이다. 이런 관점에서 볼 때, 우리의 삶의 모든 고통도 하나님이 준비하신 미래를 위한 과정이라 할 수 있다. 그러므로 삶의 기쁨도 고통도 조금 더 넓은 안목에서 바라보면 하나도 버릴 것이 없다.

여호수아서가 정확히 어느 때를 역사적 배경으로 하고 있는가는 출애굽 사건을 언제로 보느냐와 연결되어 있다. 출애굽한 지 40년이 지난 다음에 시작된 것이 여호수아서의 여정이기 때문이다. 진보적인 입장에 있는 학자 중에는 성경의 역사성에 대해 비관적인 입장을 취하고 있는 상당수가 출애굽은 실제 일어난 역사적인 사건이 아니며, 이 사건과 관련되어 있는 모세와 여호수아와 같은 인물도 모두 고대 이스라엘이 만들어낸 전설상의 인물에 불과하다는 입장을 고수한다. 그러나 이미 언급한 것처럼 이러한 주장은 한쪽으로 치우친 관점이며 그 같은 관점에 근거한 순환 논리 위에 세워진 것에 불과하기에 별로 설득력이 없다.

반면에 성경의 역사성을 인정하는 학자 중에 출애굽 사건의 실제성을 부인하는 사람은 없다. 모두 성경이 묘사하고 있는 출애굽 사건은 역사적으로 실제 일어난 사건이며 이 사건에 연관된 모세, 아론, 미리암, 여호수아 등은 실제로 존재했던 인물임을 인정한다. 그러나 이들 중에도 견해의 차이는 있다. 크게 두 그룹으로 나뉘는데, 출애굽이 주전 1450년경에 있었던 것으로 이해하는 일명 '이른 출애굽'(Early Date)을 주장하는 사람과 주전 1250년대로 이해하는 '늦은 출애굽'(Late Date)을 고수하는 사람이다(Dallaire). 대체로 주전 15세기 출애굽설을 주장하는 사람은 성경이 제시하는 정보와 연대를 최대한 문자적으로 해석하는 경향이 있는가 하면(Harstad), 주전 13세기 출애굽설을 주장하는 사람은 고고학적인 자료를 중심으로 성경이 제시하는 정보와 연대를 15세기설을 고수하는 사람보다 더 문학적/상징적으로 해석하는 성향이 있다(Hubbard).

이른 출애굽설과 늦은 출애굽설 중 어느 입장을 취하는가 하는 것이 여호수아서의 메시지를 해석해 나가는 데 그리 큰 영향을 미치지는 않는다. 그러나 출애굽 시기에 대해 각자 개인적인 입장을 결정하는 일에 있어서는 다음 사항을 좀 더 깊이 생각해볼 필요는 있다.

첫째, 이집트의 바로 람세스 2세는 건축가로 유명했다. 그의 시대는 주전 1279-1213년이다. 출애굽기 1:11에 의하면 이스라엘 사람은 비돔(Pithom)과 라암셋(Ramses)을 건설하고 있었다. 이들이 건설하고 있는 도시는 람세스 왕과 연관이 있다. 그렇다면 출애굽기에서 이스라엘이 건설하고 있는 라암셋이 람세스 2세가 아니라 람세스 1세와 연관될 수는 없는가? 이집트의 기록에 의하면 람세스 1세는 람세스 2세의 선왕이었으며 정권을 잡고 새로운 왕조를 시작한 인물이었다. 그는 자신의 왕조를 설립한 후 2년 동안(1294-1295 BC) 군림했으며 건축에는 관심이 없었다. 그래서 그는 이렇다 할 건축물을 남기지 않았다. 게다가 람세스 2세의 맏아들은 일찍 죽어서 아버지의 대를 이어 왕이 되지 못했다는 기록이 남아 있다(Hess). 일부 학자들은 이 아들이 이집트의 장자들을 죽였던 열 번째 재앙 때 희생된 것일 수도 있다는 해석을 내놓았다. 어쨌든 만일 이스라엘이 건축하던 도시가 이 왕을 기념하기 위한 것이라면, 주전 15세기 출애굽설의 설득력은 약화된다.

둘째, 메르넵타(Merneptah)라는 이집트 왕은 한 기념비에 자신이 가나안 정복에 나서서 이스라엘이란 나라를 쳐 정복했다는 기록을 남겼다(Howard). 이때가 주전 1213년경이다. 이 시대에 이스라엘이 이미 가나안 땅에서 한 국가로 존재하고 있었다면, 주전 13세기 출애굽설의 설득력은 약화된다. 그러므로 고고학적인 증거는 주전 15세기, 13세기 출애굽설 모두에 문제를 제기할 뿐 어느 한쪽을 지지하지 않는다.

셋째, 성경이 제시하는 숫자들이 어려움을 더한다. 여호수아 시대, 사사 시대, 사무엘 시대를 더하면 470년이 넘는다. 여기에 40년 광야 생활, 다윗의 40년, 솔로몬 정권의 몇 해를 더하면 이집트를 떠나던 해에서 솔로몬 성전 건축이 시작된 해까지 최소한 550년이 된다. 그러나 열왕기상 6:1은 솔로몬이 성전 건축을 시작한 것이 이스라엘이 이집트를 탈출한 지 480년 만에 있었던 일이라고 기록하고 있다.

넷째, 그동안 늦은 출애굽을 주장하는 입장의 증거는 캐년(Kathleen

Kenyon)이라는 영국 고고학자의 유물 해석으로부터 지대한 영향을 받았다. 그러나 최근에 와서 그녀의 해석이 많은 비판을 받고 있다. 특히 같은 자료를 분석한 후 주전 15세기 출애굽을 지지하는 결론에 도달하게 된 빔슨(Bimson)과 우드(Wood)의 논문은 학계에서 상당히 호의적으로 평가받고 있다.

다섯째, 여호수아서는 이스라엘 사람이 가나안을 정복하는 과정에서 세 도시만을 불에 태운 것으로 기록한다. 이스라엘에 의하여 불에 탄 도시는 여리고, 아이, 하솔이다. 또한 10-11장에서 전개되는 정복 이야기는 이스라엘이 가나안 사람만 죽였지 건물/성읍은 거의 파괴하지 않은 것으로 회고한다(수 11:13). 이런 사실은 이미 모세 오경에서 예언되었다(신 6:10-11). 그러므로 고고학자들이 가나안 정복과 연관하여 포괄적이고 광범위한 파괴의 흔적을 요구하고 찾는 것은 무리일 수 있다.

늦은 출애굽 설이 안고 있는 문제 중 가장 큰 어려움은 이스라엘의 초대 왕 사울과 출애굽 사건 사이에 150년, 출애굽과 사무엘 시대 사이에 불과 100년의 시간밖에 허락지 않는다는 사실이다. 즉, 사사 시대가 가나안 입성 이후 곧장 시작되었다 하더라도 사무엘을 마지막 사사로 포함하더라도 150년밖에 되지 않는 것이다. 그러나 성경은 출애굽과 사무엘 사이에 많은 사사가 상당히 오랫동안 군림했다는 느낌을 준다.

5. 가나안 정복의 성격

전통적으로 가나안 정복은 이집트의 노예 생활에서 모세의 인도하에 탈출하여 광야에서 40년간 생활하다가 군대를 형성해 요단 강을 건너고 전쟁을 치르며 이루어낸 것으로 간주되었다. 그러나 전통적인 견해가 설명하지 못하는 고고학적인 문제가 있다. 200만 명에 이르렀던 것으로 추정되는 이스라엘 사람이 40여 년 동안 광야에 거했다면 많은 흔적을 남겼을 텐데, 오늘날까지 이렇다 할 증거가 전혀 발견되지 않는다는 것이다. 또한 현실적으로 생각할 때 광야는 결코 200만 명을 40년 동안 수용할 만한 곳이 되지 못한다는 것이 거의 모든 학자의 견해다. 이런 문제 때문에 최근에 와서는 다른 가능성이 제시되고 있다. 이스라엘의 가나안 정복에 대한 여러 가지 주장을 요약해서 정리해 보자(Younger, Provan et al.). 이 논쟁에서 성경에 기록된 내용을 최대한 수용하는 자를 '최대 강령주의자'(maximalists)(cf. Hubbard), 성경에 기록된 정보를 거의 인정하지 않는 입장을 취하는 자를 '최소 강령주의자'(minimalists)라고 하며(Davies, Lemke), 첫 번째 모델인 '군사적 정복'은 '최대 강령주의적 해석', 나머지는 대부분 '최소 강령주의적 해석'에 속한다(Longman & Dillard).

(1) 군사적 정복(Conquest Model).

전통적인 관점이며 성경이 주장하는 모든 사건과 정황을 실제 있었던 일로 받아들이는 것을 바탕으로 성립되었다(Albright, Bright, Yadin; Younger, Hubbard). 학자들뿐만 아니라 거의 모든 보수적인 성향의 그리스도인이 이 가설을 정설로 받아들이고 있다. 이 설은 많은 이스라엘 군인이 가나안을 침략하여 정복했던 것으로 이해한다. 이스라엘의 가나안 정복 과정에서 상당한 파괴가 있었으며, 가나안 사람의 많은 인명 피해가 있었다. 실제로 여호수아서는 이스라엘이 가나안을 정복하는 과정에서 치렀던 전쟁을 다음과 같이 기록하고 있다.

상대	왕	전쟁 장소	공격자	승리자	성경(수)
여리고		여리고	이스라엘	이스라엘	6:12-27
아이		아이	이스라엘	아이	7:2-6
아이와 벧엘		아이	이스라엘	이스라엘	8:1-29

아모리 동맹국: 예루살렘, 헤브론, 야르뭇, 라기스, 에글론	아도니세덱, 호함, 비람, 야비아, 드빌	군대가 기브온에서 접전, 추격대가 벧호론과 아얄론 골짜기를 지나 아세가에 이름	아모리 사람들	이스라엘	10:1-27
막게다		막게다	이스라엘	이스라엘	10:28
립나		립나	이스라엘	이스라엘	10:29-30
라기스		라기스	이스라엘	이스라엘	10:31-32
게셀	호람	라기스	이스라엘	이스라엘	10:33
에글론		에글론	이스라엘	이스라엘	10:34-35
헤브론		헤브론	이스라엘	이스라엘	10:36-37
드빌		드빌	이스라엘	이스라엘	11:1-9
북쪽의 동맹군		메롬 물가	이스라엘	이스라엘	11:1-9
하솔	야빈	하솔	이스라엘	이스라엘	11:10-11
북방의 성읍들		여러 성읍들	이스라엘	이스라엘	11:12-17

(2) 평화스러운 정착(Settlement/Peaceful Infiltration Model)

알트(A. Alt)라는 학자가 20세기 초반에 처음으로 주장했다(Alt, Noth, cf. Weippert). 그에 의하면 이스라엘은 원래 소규모 유목민과 여러 곳에서 모여든 잡족으로 구성되었으며, 이들은 원주민과의 갈등을 피하기 위해 가나안 산악 지대 곳곳에 듬성듬성 정착했다. 곳곳에 흩어져 살던 그들을 하나로 묶어주는 요소가 둘이 있었는데, 여호와 종교와 그들의 성읍들 간의 인보(隣保)동맹(amphictyony)이었다.

세월이 지나면서 그들은 마치 오늘날의 이민자들처럼 점차적으로 가나안 땅에 자연스럽고 평화스럽게 정착해나갔다. 이 과정에서 원주민과 군사적인 충돌은 거의 없었다. 간혹 있었던 충돌의 성격은 원주민과 이주민의 갈등 정도에 불과했다. 이 설은 고대 그리스에서 성행했던 인보(隣保)동맹(amphictyony)을 도입해 이론의 일부로 만들었는데, 가나안 지역에 이런 동맹이 있었다는 증거가 없어 별로 설득력을 얻지 못했으며, 오늘날에는 동조하는 학자도 많지 않다(Hubbard). 이 설의 전제는 성경의 역사성과 진실성에 대한 비관적이고 부정적인 시각이다. 성경이 증언하고 있는 일의 실제성과 역사성을 믿지 못하겠다는 것이다.

(3) 내부적 혁명(Revolt Model)

멘덴홀(G. Mendenhall)이 1962년에 처음 주장했으며 최근에 와서 고트워드(N. Gottward)에 의해 체계적으로 제시되었다. 이 설에 따르면 가나안 지역은 여느 고대 사회와 마찬가지로 소수의 귀족이 대다수의 평민을 지휘하는 체제로 운영되었다. 그러다가 도시국가 왕들을 비롯한 지도층에게 당하던 착취를 더 이상 견딜 수 없었던 평민이 혁명을 일으켰다. 그 결과 부유층과 지도층이 쫓겨났으며 혁명을 일으킨 평민은 새로운 나라를 세우게 되었다. 이 혁명에 가담했던 자 중 이집트에서 노예 생활을 하다가 탈출한 몇 명의 히브리 사람들(=hapiru?)이 있었다.[4] 혁명은 성공적으로 끝났고 새로운 정권이 들어서자 그들에게 종교적인 정당성이 필요했다. 이때 이집트를 탈출해 그들과 합세했던 히브리 사람들은 여호와 종교를 믿고 있었으며, 그들이 이 종교를 새로이 형성된 혁명 세력의 공식 종교로 삼았다는 것이다.

　고트워드는 멘덴홀이 제시한 가설에 공산주의의 이론적 바탕이 된 마르크스주의적(Marxist) 해석을 더했다. 이 혁명은 소작농들이 지주들을 상대로 일으킨 일이라는 것이다. 역시 이 설도 성경에 기록된 내

---

4 멘덴홀은 이들이 훗날 '히브리 사람'(Hebrew)의 어원이 된 '하피루'(hapiru)였다고 한다. Hapiru는 고대 문헌에서 종종 언급되는 고유명사다. 멘덴홀은 hapiru가 특정한 인종이나 민족을 뜻하는 것으로 이해하여 이런 해석을 내놓았다. 히브리 사람들은 이집트에서 노예 생활을 하다가 탈출한 특별한 인종이었다는 것이다. 그러나 오늘날에 와서 학자들은 대부분 이 단어(hapiru)가 고유 인종이나 민족을 뜻하는 것이 아니라 지도층에게 압박과 착취를 당했던 사회의 밑바닥 계층을 형성하는 사람들이었다고 풀이한다(TDOT).

용을 너무 부정적으로 본다는 문제를 안고 있다. 게다가 공산주의적인 모델은 근대에 성립된 것으로, 이를 별 제한 없이 도입해 수천 년전 가나안에서 있었던 일을 설명한다는 것은 다소 무리가 있어 보인다(Hubbard).

(4) 진화적/점진적 발전(Evolutionary Model)

여러 학자가(Dever, Thompson) 제시하는 모델들이 이 부류에 속한다. 이스라엘은 가나안 밖에서 침입한 민족이 아니며, 가나안 지역 원주민들로 구성된 연합체라는 주장이다. 내부적 혁명과 다른 점은 이스라엘이 출범할 때 혁명이나 전쟁과 같은 갈등이 없었다는 점이다. 새로운 지역으로 이주하여 정착하면서 가나안 지역 원주민에게 새로운 정체성이 필요했으며, 이 과정에서 이스라엘 민족이 태어났다는 것이다. 특히 주전 1200년대에 접어들면서 산악 지대에 살던 원주민이 새로 마을을 개발하여 정착하게 된 것이 이스라엘의 시작이라고 한다.

그러나 이 부류에 속한 학자 중 일부는 이스라엘이 나라로 출범한 것은 페르시아 시대(주전 5-6세기)에나 있었던 일이라고 주장한다(Hubbard). 이렇게 주장하는 학자들은 이 모델이 가나안 지역의 고고학적인 발굴과 가장 잘 어울린다고 생각한다(Dever). 반면에 성경의 증언에 관하여는 전혀 믿을 수 없으며 논할 가치도 없다는 강력한 '최소 강령주의자적'(minimalist) 입장을 취한다. 이 주장은 너무나 극단적이어서 동조보다는 반발과 반론을 더 많이 자아내고 있다(Kofoed).

(5) 반복적 흥망성쇠(Cyclic Model)

이 모델 또한 이스라엘 민족이 외부에서 들어와 가나안을 정복한 것을 부인한다. 이 학설을 주장하는 학자들에 의하면 가나안 지역은 수

천 년 동안 주기적으로 인구가 많이 늘어났다가 줄어들고, 또 많이 늘어나는 현상이 반복되었다. 날씨와 기후의 변화, 경제 침체, 외부의 침략 등이 이러한 주기적 현상을 가져온 것이라 한다(Finkelstein, Coote & Withelam). 이스라엘은 주전 3000−2000년대 이러한 사이클이 가나안을 강타했을 때 형성되었으며, 유입된 인구들은 주로 고산 지대에 살던 유목민이었다. 이 유목민이 방랑 생활을 버리고 한 곳에 정착하여 살게 된 것이 이스라엘의 시작이었다. 이러한 인구 유입은 다윗 시대까지 지속되었다고 한다(Coote & Withelam). 이 외에도 도가니(melting pot) 모델이 있다. 이스라엘은 여러 잡족, 노예, 유목민 등이 모이고 섞이며 새로이 형성된(ethnogenesis) 연합 체제라는 주장이다(Killebrew, Miller & Hayes). 이 연합 체제는 매우 느슨하게 유지되었으며 그들이 형성한 사회도 매우 느슨하게 형성되었다고 한다.

위 모델들이 성경을 이해하는 데 어느 정도의 도움을 주는 것은 사실이다. 예를 들면 우리는 종종 이스라엘이 매우 순수한 혈통으로 구성되었던 것으로 생각하는데, 성경은 다르게 증언한다. 이스라엘이 이집트를 떠날 때 이미 '허다한 잡족들'이 이들과 함께 떠났다(출 12:38). 광야에서 이 잡족 중 일부가 주동이 된 문제도 발생했다(민 11:4). 그렇다면 훗날 이 잡족들은 어디로 갔을까? 광야 생활이 끝나고 가나안에 입성할 때, 이들도 함께 요단 강을 건너 이스라엘 영토에 정착하면서 이스라엘에 흡수되었으리라고 쉽게 짐작할 수 있다.

또한 모세가 각 지파에서 대표를 선발하여 가나안에 보냈던 정탐꾼 중 유다를 대표했던 갈렙을 생각해보자. 성경은 그가 그나스 사람/후손(הקנזי)이었다고 하는데(민 32:12), 창세기 15:19에 의하면 그나스는 이방 족속이다. 이방인의 후손인 갈렙이 유다 족속을 대표할 수 있었다는 것은 이스라엘이 이미 혈통적으로 상당히 섞여 있었음을 시사한다. 이 증거들은 비록 이스라엘이 아브라함의 후손을 중심으로 구성되었지만 사회적으로 소외되고 천대받았던 이방인도 상당수 포함되었을 것이라는 잠정적인 결론에 도달하게 한다. 이런 가능성을 위 모델들이 더욱 뒷받침해 준다.

그러나 위 세 모델은 하나같이 성경의 진실성에 대해 지나치게 부정적이다. 이 모델들에 의하면 결국 출애굽 사건, 모세, 미리암, 아론, 여호수아 등이 모두 고대 이스라엘 사람이 지어낸 전설 속에서나 일어난 일이고 존재했던 인물에 불과하다. 반면에 성경은 이 사건과 인물들이 실제였음을 전제하며 가나안 정복도 군사적 침투였다고 증언한다. 구약이 이스라엘의 정체성을 논할 때, 출애굽과 가나안 정복 사건의 실제성은 가장 중요한 근거 자료로 사용된다. 그러므로 이 세 가설이 설득력을 얻으려면 성경에 제시된 자료들에 대한 충분한 설명이 필요하다. 그러나 아직까지는 턱없이 부족한 상황이다.

아울러 이 모델들은 성경의 사고에 맞지 않는 이질적인(alien) 모델이다. 알트(Alt)의 모델은 근대의 사회학에 기초한 것이며, 멘덴홀(Mendenhall)과 고트워드(Gottward)의 모델은 공산주의 혁명을 경험하면서 제시된 모델이다. 현 시대의 현상과 관점을 특별한 제한 없이 3천여 년 전 사회에 그대로 적용한다는 것은 책임 있는 학문의 태도가 아니라 편견에 따른 강요(imposing)에 불과하다.

또한 이 모델들이 주장하는 것처럼 만일 출애굽 사건과 광야 생활 이야기가 반란 등을 통해 성립된 정권을 정당화시키는 신화에 불과한 것이라면, '출애굽 신화'는 너무 거칠고 잔인하다는 생각이 들지 않는가? 생각해 보자. 한 민족이 자신의 정체성과 정당성에 대한 신화를 만들었다면, 우리는 당연히 이 신화에서 상당히 미화되고 영웅화된 내용을 기대하게 된다. 그러나 '출애굽 신화'의 이야기에는 어찌된 일인지 미화된 내용이 없다. 오히려 이 '신화'는 이스라엘 민족이 다른 나라에서 죽도록 종살이하다가 겨우 탈출했고, 탈출한 후 죄를 범하여 심판을 받아 40년 동안 광야에서 떠돌았으며, 이집트를 떠나온 1세대가 다 죽고 난 후에야 겨우 예정된 곳에 도착하게 되었다고 한다. 또한 이스라엘의 역사를 보면 그 이후의 이야기도 그저 '실패와 범죄 행진곡'에 불과하다. 출애굽과 가나안 정복 이야기가 신화라고 하기에는 신화들에 일반적으로 가미되는 '조미료' 맛이 전혀 나지 않는다.

6. 신학적 이슈들

여호수아서가 한 민족이(이스라엘) 이미 오래전부터 정착하여 살고 있던 원주민을(가나안 족속) 진멸하고 그들의 땅을 빼앗아 분배한 이야기이다 보니, 신앙의 눈으로 읽지 않는 사람에게는 매우 불편하고 이기적인 책으로 보일 수 있다. 하나님의 약속과 명령에 따라 원주민을 멸하고 그 땅을 차지한 이스라엘의 관점에서는 당연한 일이지만, 이들의 습격을 받아 죽어간 가나안 사람 입장에서는 매우 억울하고 원통한 일이기 때문이다. 게다가 이스라엘이 원주민 중에서도 거짓말을 하거나(viz., 라합), 속인 경우에는(viz., 기브온족) 살려주고, 나머지 사람은 모두 죽이거나 내친 일은 매우 야만적일 뿐만 아니라 비윤리적인 처사라고 생각할 수 있다.

책의 내용이 다소 혼란을 야기하기도 한다. 한 예로 이스라엘이 가나안을 온전히 정복한 것인지, 아니면 부분적으로 정복에 성공한 것인지에 대해 여호수아서는 두 가지 가능성을 모두 언급한다. 또한 10장에서 '해와 달이 멈추었다'고 하는데, 이 사건이 천체 운행 속에서 나타난 이변을 뜻하는 것인지, 다른 것을 말하는 것인지 정확하지 않다. 이런 이슈들을 하나씩 생각해 보자.

(1) 가나안 족속의 멸망

이스라엘 백성이 수백 년 전에 선조 아브라함에게 약속된 땅을 정복하고 그 땅에 정착하는 것은 아름다운 일이다. 그러나 이들에게 땅을 내

주기 위해 멸망당해야 하는 가나안 사람 입장에서는 이 일을 어떻게 이해해야 하는가? 심지어 제3자의 입장에서 이 내용을 읽고 있는 우리마저 심기가 불편하지 않은가? 이런 정서 때문에 일부 주석가들은 여호수아서를 반인륜적이며 몰상식하고 잔인한 책이라고 혹평하며 인류의 화합과 평화를 추구하는 그리스도인에게는 별 도움이 되지 않는다고 한다(Coote; cf. Hubbard).[5] 이스라엘에게 진멸당한 가나안 족속이 누구였는지에 대해 다음 도표를 참고하라(ABD, Killebrew, Dallaire, Howard).

아낙 족	아낙 족은 신명기에서 처음으로 언급된다(1:28; 2:10). '아낙'이라는 이름은 '목, 목걸이'라는 뜻을 지닌 단어에서 비롯되었으며, '목이 긴 거인족'을 칭한다. 아낙은 아르바의 아들이었으며(수 15:13) 기럇아르바(헤브론)를 세웠다. 아낙 족은 매우 크고 강한 사람들이어서 두려움을 자아내는 사람들로 알려졌으며(신 2:10, 21; 9:2) 유다의 산악 지대에 살았다. 갈렙이 이들에게 땅을 빼앗았으며, 이후 이들은 가사, 가드, 아스돗 등 블레셋 사람들의 땅에 정착하였다(수 11:22).
헷 족	헷 족(Hittite)은 아브라함 등 선조 시대 때부터 이스라엘이 가나안을 정복할 때까지 가나안 지역에 거주하던 상대적으로 큰 족속이었다. 본래 소아시아에서부터 유프라테스 강 유역에 이르는 지역에 살았으며, 일부가 가나안 지역으로 이주해 왔다. 가나안 정복 후 헷 사람들은 점차적으로 이스라엘 민족에게 흡수되었다.
가나안 족	가나안 족은 함에서 유래된 사람들이다(창 10:6). '가나안 사람(Canaanite)'이라는 용어는 넓은 의미로는 가나안에 살았던 모든 종족을 칭하며 동시에 가나안에 살았던 일곱 족속 중 하나를 칭하는 명칭이기도 하다. 이 가나안 족은 주전 3,000년경에 아라비아 동북부에서 왔으며 계곡과 산악 지대 등 광범위한 지역에 정착했다. 주전 18세기의 기록물인 마리(Mari) 문서에 '가나안', '가나안 땅'이 등장한다. 가나안 족속은 레바논에서 수리아에 이르는 좁은 해안 지역, 특히 시돈, 두로를 중심한 페니키아(Phoenicia) 해안 지역에 많이 살았다. 훗날 헬라인들이 이 가나안 사람들을 '페니키아인'이라고 부르기 시작했다. 그들은 주로 무역에 종사했으며 팔레스타인에 살고 있던 가나안 족속은 점차적으로 이스라엘에 흡수되었다.

5 한 학자는 "여호수아서는 설교할 수 있는 책이 아니다. 특히 어린아이에게 가르쳐서는 안 되는 책이다. 당신의 온유한 귀를 이 책의 폭력으로부터 보호하라!"라고 말한 적도 있다(Bright; cf. Hawk).

블레셋 족	함에서 비롯된 사람들이다. 이들은 주전 13세기에 이집트를 침략한 소아시아의 바닷가 사람들(해적들)이었다. 이집트 군의 저항으로 뜻을 이루지 못하자 이스라엘의 남서쪽 지중해 해안가에 정착했다. 그들은 다섯 개의 주요 도시를 형성하고 살았다: 아스돗, 아스글론, 가사, 에글론, 가드. 이 중 아스돗, 아스글론, 가사는 항구를 지닌 해안 도시들이었다.
아모리 족	아모리 족(Amorite)은 가나안 사람 중 가장 강한 족속 중 하나였다. 아모리는 서부인이라는 뜻의 아카드어다. 구약 성경에서 '아모리 사람'이라는 명칭은 '가나안 사람'과 같은 뜻을 지닌 비슷한 말로 사용된다. 거주 지역에 따라 아모리 사람을 '산지에 사는 사람'이라고 하고 가나안 사람을 '해변과 요단 강가에 사는 사람'이라고 한다(민 13:29). 기록에 의하면 아모리 족은 요단 강 동편에 많이 살았다. 헤스본 왕국과 바산 왕국은 아모리 사람들이 세운 나라들이다.
히위 족	함에게서 비롯된 사람들이다(창 10:17). 많은 학자가 히위 족속(Hivite)과 호리 족속(Horite)을 동일시한다(cf. 수 9:7). 가나안 북쪽 지역에서부터 레바논 산맥과 안티레바논 산맥(Anti-Lebanon Range) 사이의 하맛 어구까지 널리 자리잡고 살았다(cf. 창 10:17). 페니키아의 시돈과 두로에는 가나안인과 더불어 히위 사람들이 살고 있었다. 이 민족의 일부는 세겜, 기브온 및 그 주변 성읍들에 살기도 했다.
여부스 족	함에게서 비롯된 사람들이다(창 10:16). 여부스 족(Jebusite)은 가나안에서 소수 민족이기는 하나 중심지인 예루살렘과 그 주변의 산지에 살았다. 그들이 예루살렘에 거주할 당시에는 예루살렘을 여부스라고 불렀다(수 15:16). 예루살렘이 베냐민 지파와 유다 지파에 기업으로 주어지지만, 이스라엘은 다윗 시대에 가서야 이 성을 영구적인 이스라엘 영토의 일부로 삼을 수 있었다.

하나님은 여호수아서에서 가나안 족속의 멸족을 요구하신다(6:21; 8:22; 10:26, 28, 30, 32, 33, 35, 37, 39, 40; 11:8, 10-14). 즉, 하나님이 가나안 원주민에 대하여 '진멸'(חרם)을 선포하신 것이다. 성경에서 진멸은 두 가지를 실행하는 의미로 행해졌다. (1) 제물, (2) 정의(Niditch). 여호수아서에도 이 두 가지 의미를 전제하며 진멸이 진행된다.

제물로서 진멸은 모든 것을 '하나님께 바치는 행위'를 뜻한다. 그래서 일부 학자들은 진멸을 짐승의 모든 것을 하나님께 불에 태워 드리는 번제에 비교하기도 한다. 진멸이 선포되면 하나님이 모든 짐승과 사람을 죽이라고 하시는데, 이런 요구는 승리가 하나님께로부터 온 것임을 고백하는 상징성이 내포되어 있기 때문이다(Creach). 정의로서 진멸은 죄인에 대한 하나님의 정의 실현이기도 하다. 가나안 사람이 진멸을 당해야 하는 이유는 그들의 죄악 때문이라는 것이 누누이 강조된다. 이런 면에서 진멸은 강력한 경고성을 지닌다. 어떤 피조물이든지 창조주의 뜻에 따라 살지 않으면 진멸을 당할 수 있다는 것이다. 그러므로 여호수아서에서 행해지는 진멸은 진멸을 행하는 이스라엘에게 진멸을 당하는 가나안 사람을 닮지 말라는 경고다. 그래서 학자들은 이 책에서 행해지는 진멸의 핵심은 이스라엘이 [진멸로 파괴된 재산을] 갖지 못하도록 하는 데에 있는 것이 아니라, 이스라엘이 유혹을 당하지 않게 하는 데 있다고도 한다(Brueggemann).

진멸이 선포되면 모든 것이 파괴되고 죽임을 당해야 하는데, 그 대상은 매우 광범위하고 다양하다. 물질(6:18-19; 7:1, 11), 사람(10:28, 35, 39, 40, 41; 11:11, 20), 도시(6:21; 8:26; 10:1, 37; 11:12, 21). 이 전통은 구약에 상당히 자주 등장하며 주변 문화권에서도 많이 발견된다(Hess; Nelson). 여호수아 시대에 이 전통이 광범위하게 사용되는 이유는 이스라엘 민족의 거룩함(분리됨)을 강조하기 위함일 것이다(신 20:17-18).

하나님이 여호수아에게 가나안 사람을 진멸하라고 명령하신 것은 결코 새로운 일이 아니다. 하나님은 이미 모세에게 같은 명령을 내리셨다(신 7:2; 20:16-17; 수 11:15, 20). 모세 역시 여호수아에게 가나안 땅에 들어가면 이렇게 행하라고 명령했다(11:12, 15). 진멸은 남녀노소를 막론하여 모든 사람을, 그리고 경우에 따라서는 짐승들까지 죽이는 것을 뜻한다. 그렇다면 어린아이가 무엇을 잘못했다고 이런 가혹한 일을 명령하신단 말인가? 거룩하시고 공의로우신 하나님이 이렇게 잔인한 명령을 내리실 수 있는가? 그러므로 이스라엘이 가나안 사람을 진멸한다면 하나님의 공평과 정의에 의문이 제기될 수도 있다.

가나안 사람은 진멸을 당하고, 이스라엘 사람은 그들의 땅을 차지하는 것이 단순히 민족이 다르다는 점에서 비롯된 것인가? 즉, 이스라엘 사람은 아브라함의 자손이기 때문에 축복을 받은 것이요, 가나안 사람은 아브라함과 상관없는 사람이기에 저주와 심판을 받은 것인가? 저자는 결코 그렇지 않다고 주장한다. 그는 이스라엘 사람이라도 하나님 앞에 바로 서지 못하면 진멸을 당할 것이요, 이방인이라도—심지어는 심판을 받아 죽도록 이미 결정이 된 사람들이라도—여호와를 믿고 의지하면 살 수 있다고 선언한다. 그의 이런 주장은 책의 첫 부분에 나오는 두 사람의 이야기에 담겨 있다.

여리고 성 정복 과정에서 물건을 훔쳤다가 자신의 온 집안을 진멸에 이르게 한 아간의 이야기는(7장) 정복자인 이스라엘도 진멸을 당할 수 있다는 경고다. 반면에 비록 몸을 팔며 살아가던 창녀였지만, 하나님을 경외하여 자신과 가족의 구원을 얻었던 라합 이야기는 진멸이 결정된 사람일지라도 여호와를 신뢰하면 자신뿐만 아니라 가족까지도 살 수 있는 역(逆)진멸을 체험할 수 있다는 사실을 강조한다.

여호와 하나님이 어떻게 이스라엘에 복을 주셨고 앞으로 가나안 사람에게 어떻게 하실 것인가를 깨닫고 여호수아를 속여 동맹 조약을 받아낸 기브온 성 사람의 이야기는 이런 구원이 개인적인 차원뿐만 아니라 온 공동체적으로도 가능했다는 것을 역설한다. 저자는 진멸이 선포된 가나안에서도 여호와에 대해 개인적으로나(viz., 라합), 공동체적으로 (viz, 기브온 사람) 믿음을 소유한 자들은 모두 죽지 않고 구원에 이르렀음을 선언하고 있는 것이다. 그러나 진멸이 선포된 가나안 사람 중에서 살아남은 사람이 있었다는 사실이 결코 이스라엘로 하여금 하나님의 진멸 명령을 수행하지 않도록 하거나 약화시키지는 않았다(Hess). 진멸은 전반적인 원리이며, 믿음에 근거한 예외는 항상 있을 수 있기 때문이다.

그렇다면 나머지 가나안 사람은 왜 진멸당해야 했는가? 성경은 가나안 사람의 진멸에 대해 두 가지 이유를 제시한다. 첫째, 하나님은 이스라엘의 순수성을 보존하기 위해(cf. '신학적 메시지' 섹션) 이런 명령을 내리셨다. 하나님의 백성으로 구별된 이스라엘은 세상 사람과 다르게 살아야 할 의무가 있다. 또한 세상 사람과 차별화된 삶을 살아간다는 것은 이스라엘의 정체성에 매우 중요한 역할을 한다. 하나님은 한 민족으로서 새로이 출발하는 이스라엘이 죄와 부도덕으로 가득한 주변 국가의 영향을 받지 않고 좀 더 쉽게 구별된 삶을 추구할 수 있도록 주변 국가를 진멸하게 하신 것이다. 즉, 가나안 사람을 진멸하라는 하나님의 명령은 그분의 백성의 미래를 위한 은혜로운 행위였던 것이다. 물론 이 답변이 가나안 사람 중 어린아이나 착한 사람마저 죽어야 한다는 난감한 문제의 근본적인 해결책은 되지 못한다. 그러나 하나님이 자신의 백성을 얼마나 사랑하셨기에 그들의 신앙생활에 방해가 될 수 있는 민족을 멸족시키기까지 하셨는가 하는 점은 심각하게 받아들여야 한다. 온 인류에 대한 하나님의 사랑은 절대적이지만 경우에 따라 이렇게 상대적일 수도 있다.

둘째, 하나님은 가나안 사람의 죄에 대한 심판으로 진멸 명령을 내리셨다(창 15:16; 신 9:4-5). 아브라함과 후손은 하나님께로부터 가나안 땅을 선물로 약속받은 후에도 그 약속이 실현될 때까지 몇 백 년을 기다려야 했다. 이유는 간단했다. 자신들의 땅을 온갖 죄악으로 오염시키고 있는 가나안 족속이 벌을 받아 진멸당하는 것은 당연한 일이지만, 아브라함 시대에는 그들이 저지른 죄가 아직 진멸당할 만한 단계까지 이르지 않았다는 것이다. 아브라함의 후손에게 복을 주시기 위해 다른 족속을 불공평하게 대할 수는 없다는 원칙이 이 논리의 배경이 되고 있다.

그러므로 이스라엘은 가나안 사람의 죄가 하늘에 닿을 때까지 기다려야 했다. 이 말씀은 가나안 족속의 죄가 쌓인다는 의미로 해석될 수 있으며, 실제로 성경은 공동체의 죄는 축적된다는 사실을 전제한다(cf. 시편에 기록된 여러 공동체 탄식시). 이 설명 역시 '죄 없는 가나안 사람들'[6]

---

6 어린아이, 상대적으로 착하고 양심적으로 살았던 가나안 사람을 뜻한다. 물론 이들도 거룩하신 하나님 앞에서는 죽어 마땅할 죄인이지만, 그럼에도 불구하고 다른 죄인과 함께 진멸당하기에는 아쉬움을 남기는 사람들이다.

의 죽음을 정당화하지는 못한다. 그러나 사회의 전반적인 성향이 여호
와의 진노를 불러왔다는 점은 그 사회가 총체적으로 부패했다는 것을
말해 주며, 이런 이유로 하나님이 이처럼 극단적인 처방을 하시게 되
었던 것이다.

그렇다면 하나님의 심판을 받아 진멸당하게 된 가나안 사람의 죄는
과연 어떤 것인가? 가나안 사람들의 죄에 대하여는 레위기 18:6-30
에 상세하게 기록되어 있는데 대부분 성적(性的) 문란에 관한 것이다(수
9:1-2; 11:1-5).

> 각 사람은 자기의 살붙이를 가까이 하여 그의 하체를 범하지 말라 나는
> 여호와이니라 네 어머니의 하체는 곧 네 아버지의 하체이니 너는 범하지
> 말라…너는 네 아버지의 아내의 하체를 범하지 말라…손녀나 네 외손녀의
> 하체를 범하지 말라…너는 네 고모의 하체를 범하지 말라…이모의 하체를
> 범하지 말라…네 아버지 형제의 아내를 가까이 하여 그의 하체를 범하지
> 말라…여인이 월경으로 불결한 동안에 그에게 가까이 하여 그의 하체를
> 범하지 말지니라…네 이웃의 아내와 동침하여 설정하므로 그 여자와 함께
> 자기를 더럽히지 말지니라 너는 결단코 자녀를 몰렉에게 주어 불로 통과
> 하게 함으로 네 하나님의 이름을 욕되게 하지 말라 나는 여호와이니라 너
> 는 여자와 동침함 같이 남자와 동침하지 말라…너희는 이 모든 일로 스스
> 로 더럽히지 말라 내가 너희 앞에서 쫓아내는 족속들이 이 모든 일로 말
> 미암아 더러워졌고 그 땅도 더러워졌으므로 내가 그 악으로 말미암아 벌
> 하고 그 땅도 스스로 그 주민을 토하여 내느니라(레 18:6-30, 개역개정).

지금까지 발굴된 고고학적인 자료들을 종합해 보면 아이를 제물로
태우는 것, 성전 매춘 등 윤리적인 문란이 매우 성행한 곳이 가나안 땅
이었다. 창조주 하나님의 질서와 가치관에 이처럼 극적으로 상반되는
사람들을 어찌 하나님이 잠잠히 보고만 계실 수 있단 말인가! 하나님

이 이들을 심판하시는 것은 당연한 일이다.

(2) 라합의 거짓말(cf. 2:4-5)

라합은 이스라엘 정탐꾼을 숨기고 그들을 찾는 군사들에게 거짓말을 했다. 이 거짓말로 라합과 그녀의 집안은 멸망하지 않았다. 하나님의 축복으로 그녀의 집안에 구원이 임한 것이다. 이 사건에 대해 일부 학자들은 문제를 제기한다. 어떻게 우리에게 진실을 요구하시는 하나님이 거짓말한 일에 대해 복을 주실 수 있느냐는 것이다(Howard). 일부 신학자들이 이때는 전쟁 중이었기 때문에 거짓말도 하나의 전략으로 간주될 수 있으며, 이러한 이유에서 별문제가 없다는 논리를 펼친다. 어떤 이들은 '진실'이라는 것이 꼭 '사실'과 일치되어야 하는 것은 아니며, 하나님이 하시는 일은 모두 진실이기 때문에 큰 문제가 되지 않는다고 말하기도 한다. 반면에 레위기 19:11과 잠언 12:22 등을 제시하며 성경은 거짓을 절대 허용하지 않기 때문에 이 사건은 분명 윤리적인 문제를 안고 있다는 잠정적인 결론을 내리는 사람도 있다. 이 이슈에 대해 다음 사항을 생각해 보자.

먼저 신약 성경의 저자들이 라합의 행동에 대해 어떻게 이해하고 있는지 살펴보자. 야고보는 그녀가 정탐꾼들을 숨겨 다른 길로 떠나게 한 행동이 그녀가 하나님으로부터 의롭다고 인정받게 된 이유라고 한다(약 2:25). 히브리서 기자는 그녀가 정탐꾼들을 영접한 일을 하나님께 순종한 일로 묘사한다(히 11:31). 그 어디에도 라합의 행동은 부정적으로 평가되지 않는다. 그렇다면 성경 저자들이 무엇을 근거로 거짓말을 한 라합에게 이처럼 관대한 것일까? 라합 사건을 묘사하고 있는 본문을 잘 관찰해 보면 그 이유를 알게 된다.

여호수아서가 강조하는 것은 라합이 거짓말을 한 일이 아니라 거짓말을 하게 된 동기와 그녀의 전체적인 발언 내용이다. 라합에게는 여호와에 대한 확실한 믿음이 있었다. 단순히 살고 싶어서 거짓말을 한 것이 아니었다. 또한 그녀는 이스라엘의 가나안 침략은 여호와께서 거룩한 전쟁을 시작하신 것을 뜻하며, 하나님이 그 땅을 이스라엘에게 선물로 주시기 위해 취하실 것임을 이미 깨닫고 있었다(2:9, 11). 즉, 이 이야기는 여호와께서 가나안 여인 라합에게 믿음을 주심으로 이스라엘이 가나안 정복을 시작하기도 전에 하나님의 신적(神的) 구원 사역이 이미 가나안 땅에서 시작되었음을 부각시킨다. 아울러 라합 사건은 이미 진멸이 선포되어 이스라엘의 손에 죽게 되어 있는 자라 하더라도 하나님께 복종하면 화를 면할 수 있다는 점을 강조하는 시범 사례다. 물론 하나님의 계획에 반항하는 것은 죽음을 자초할 뿐이다. 여호수아서는 이스라엘을 대적하다가 죽음을 당한 가나안 왕 31명에 대한 기록을 담고 있다(12:9-24). 이들의 운명은 라합의 운명과 매우 극적인 대조를 이룬다.

성경에는 라합이 하나님의 축복을 받게 된 것 외에도 거짓말한 사람들이 하나님의 복을 받는 사건이 한 번 더 나온다. 어떠한 조치를 취해도 이스라엘 노예의 수가 계속 번성하는 것을 목격한 이집트의 바로가 급기야 극단적인 처방을 내렸다(출 1:15-21). 이집트 왕은 산파들을 불러놓고 히브리 여인들의 출산을 돕다가 남자아이가 태어나면 조용히 숨을 끊어놓으라고 명령했다. 그러나 산파들은 그렇게 하지 않았으며, 바로에게 추궁을 당하자 거짓말로 둘러댔다. 이 이야기는 하나님이 이 산파들의 집안에 복을 주셨다는 말로 끝을 맺는다(21절). 출애굽기 저자도 산파들이 거짓말을 한 동기가 여호와를 경외함에 있었다고 밝혀 이들이 결코 개인적인 이익을 추구하기 위해 거짓말을 한 것이 아니라 하나님을 두려워한 것에서 비롯된 일임을 밝힌다. 그렇다면 하나님을 경외함으로 한 거짓말은 정당화될 수 있는가? 충분히 가능하다. 그러나 이 논리는 너무나 쉽게 남용될 위험을 안고 있다. 라합과 산파들 이야기는 세상의 법과 기준이 하나님의 성품과 가치관과 대립될 때는 하나님의 말씀과 뜻에 순종해야 한다는 진리를 암시하고 있다.

(3) 여리고 성 함락

여호수아서에서 여리고 성 함락 이야기가 어떤 역할을 하고 있는가? 여리고 성은 이스라엘이 요단 강을 건넌 후 처음 정복한 가나안 도시였다. 흥미로운 것은 여리고 성 이야기에 전투에 대한 언급이 전혀 보이지 않는다는 점이다. 다만 하나님의 명령에 따라 정교한 행진, 나팔 소리, 함성만이 묘사되어 있다. 여리고 성은 일곱 명의 제사장이 법궤를 메고, 일곱 나팔을 들고, 칠 일 동안 성 주위를 돌았을 때 무너져 내렸다. 이 사건의 중심은 온 이스라엘이 한마음이 되어 하나님의 말씀에 따라 법궤를 앞세우고 여리고 성을 도는 것에 맞추어져 있다. 즉, 이스라엘이 여리고 성을 정복하게 된 것은 그들의 뛰어난 전투력 때문이 아니라 하나님의 명령을 잘 순종하여 그분이 원하는 대로 이행했던 일종의 '예배 행렬' 때문이다. 여리고 성 정복 이야기는 앞으로 이스라엘이 어떻게 가나안 땅을 정복할 수 있는가를 보여 주는 하나의 패러다임이다. 하나님에 대한 순종으로만 가능하다는 것이다.

일부 역사학자와 고고학자는 이런 교훈을 담고 있는 여리고 성 함락 이야기에 역사적인 문제가 걸려 있다고 한다. 대부분의 학자는 여리고 성을 주전 8000년대부터 인간이 모여 살았던 인류 역사상 가장 오래된 도시 중 하나로 간주한다. 이 성의 크기는 고작 가로 100m, 세로 200m로 그 당시의 도시 국가 중 중간 정도였으며 약 1,500명이 도시 안에 살았던 것으로 추정된다(다윗이 여부스 족속에게 빼앗은 예루살렘 성은 가로 400m, 세로 100m 정도의 크기로 여리고 성의 두 배였다).

여호수아서와 연관하여 여리고 성이 문제가 되는 것은 일부 학자들이 늦은 청동기 시대(Late Bronze Age, 주전 1400-1200년쯤)에는 이 성에 아무도 살지 않았다고 말하기 때문이다. 여호수아가 이스라엘을 이끌고 가나안 정복에 나섰을 때 여리고 성이 비어 있었다는 것이다. 이것이 사실이라면, 이른 출애굽 설을 수용하든지 늦은 출애굽 설을 수용하든지 간에 성경이 회고하고 있는 여리고 성 함락은 사실이 아니며 누군가가 지어낸 이야기에 불과한 것이 된다. 그러므로 여호수아 시대에 여리고 성에 사람이 거주하고 있었는지의 여부는 성경의 진실성에 대한 문제를 야기할 수도 있다.

　고고학자 가르스탕(Garstang)은 20세기 초에 여리고 성에서 함락된 성벽을 발견하고 그것을 주전 1400년대의 것으로 해석했으나, 훗날 그것은 최소한 1000년 이전인 주전 2000년대의 것이라고 단정지었다. 1950년대에 캐년(Kenyon)은 여리고 성에 마지막으로 사람이 살았던 시기를 주전 1550년경으로 결론지었다. 그러나 1980년대에 들어서 빔슨(Bimson)과 우드(Wood) 등은 캐년이 연구했던 자료들을 재평가하고 나서 마지막으로 성이 함락된 것을 주전 1400년대로 결론지었다. 고고학자들 사이에도 공감대가 형성되지 않는다는 것은 고고학적인 증거가 결코 성경에 언급된 사건을 입증하거나 부인할 수 없다는 점을 암시한다. 같은 물증을 보고도 현저한 해석의 차이가 공존한다는 점을 감안하여 학자들의 결론은 매우 주관적임을 인식해야 한다. 고고학적인 자료가 결코 성경을 판단하는 잣대가 될 수는 없다. 그러므로 여리고 성 문제는 섣불리 단정 짓기보다 조금 더 신중하게 학계의 논쟁과 결론을 기다려보는 것이 바람직하다.

(4) 여호수아의 긴 하루(10장)

기브온 족속의 속임수에 넘어간 이스라엘은 기브온 족속과 상호 보호 조약을 맺었다(9장). 이 일로 기브온 족속은 진멸을 피하게 되었다. 그러나 이들의 행동을 매우 괘씸하게 여긴 자들이 있었다. 가나안에 거주하던 다른 족속들이었다. 이들은 큰 군대를 이끌고 이스라엘 사람들

이 아니라, 동료 가나안 사람들인 기브온 족속을 치러 왔다. 기브온 족
속은 당연히 동맹 조약을 맺은 이스라엘에게 도움을 청했고, 하나님
앞에서 동맹을 맺은 이스라엘은 기브온 족속을 치러 온 가나안 군대와
전쟁을 해야 했다.

이스라엘의 입장에서는 기브온을 치러 올라온 가나안 족속들이 언젠
가는 싸워서 물리쳐야 할 군대였기에 별 부담 없이 치르는 전쟁이었다
(10장). 그러나 이 전쟁에서도 주인공은 하나님이었다. 저자는 그날 이
스라엘의 칼에 맞아 죽은 사람보다 하나님이 내리신 우박에 맞아 죽은
사람의 수가 훨씬 더 많았다고 한다(11절). 또한 이날의 전쟁에는 '해
와 달'이 그 자리에 멈추는 이적이 일어났다. 저자는 이 일에 대해 하
나님이 "사람의 목소리를 이 날처럼 이렇게 들어주신 일은, 전에도 없
었고 뒤에도 없었다"라고 회고한다(14절). 과연 무슨 일이 있었던 것일
까? 해와 달이 멈춘 일에 대하여 그동안 크게 네 가지의 해석이 제시
되었다.

첫째, 해와 달이 멈추었다는 것은 실제로 일어난 일을 회고하는 것
이 아니라 이스라엘이 신화를 만들면서 첨부한 비역사적인 이야기다.
이러한 견해를 고수하고 있는 사람은 여호수아서 역시 모세 오경처럼
이스라엘이 자신들의 정체성을 확립하기 위해 만들어낸 신화이므로,
이 신화 속에 등장하는 사건이 실제로 일어났을 가능성은 없다고 한
다. 이는 성경의 진실성과 역사성에 대한 부정적인 관점에서 비롯된
주장이다.

둘째, 해와 달이 멈추었다는 것은 하루 동안 지구의 자전이 실제로
멈추었던 일을 뜻한다. 하나님은 마음만 먹으면 언제든 기적을 베푸실
수 있는 분이므로, 이날에 온종일 지구가 자전을 멈추었다는 것이다.
그러나 이에 대해 일부 학자들은 하나님이 물론 이런 기적을 베푸실
수 있는 분이지만, 성경 기록을 살펴보면 기적은 온 세계/우주가 운영
되는 원리들을 거스리지 않는 범위 내에서 제한적으로 일어난다며 반

론을 제기한다.

셋째, 해와 달이 멈추었다는 것은 자연 현상을 이렇게 묘사한 것뿐이다. 일식과 월식 등을 통해 지구 대기에 빛이 반사되어 오랫동안 해가 보이게 된 현상을 이렇게 표현하고 있다는 견해다. 또한 여호수아의 '멈추어라'라는 명령을 하나님께 이글거리는 태양열로부터 이스라엘 군대를 보호해 달라는 것으로 해석하는 사람도 있다. 이들은 그날 하나님이 내리신 우박과 일식이 기온을 낮추어 대낮에도 전쟁을 할 수 있었던 것을 이렇게 표현하고 있다고 주장한다.

넷째, 해와 달에게 멈추라고 하는 것은 고대 근동 신화에 자주 등장하는 주문에서 비롯된 것이다. 이 해석에 의하면 이 명령은 그저 하나님이 이스라엘을 호의적으로 대해 주실 것을 바라는 단순한 간구다. 이와 비슷한 관점에서 이 명령을 온 세상 사람에게 하던 일을 멈추고 증인이 되어 지금부터 하나님이 이루실 업적을 지켜보라는 것으로 간주하는 해석도 있다. 즉, 이 명령은 일종의 시적인 표현에 불과하다는 것이다.

위 해석들은 모두 각각 장단점을 갖고 있다. 이 사건에 대해 어떤 입장을 취하든지 본문을 해석하는 것이 결코 쉽지 않음을 인정해야 한다. 이 성경 본문에는 시와 이야기가 섞여 있으며, 저자는 이 사건을 회고하면서 '야살의 책'이라는 문서를 인용하는 듯한데, 정확히 어디서부터 어디까지가 인용 문구인지 규명하기는 어렵다. 게다가 10절과 11절은 이미 두 차례나 전쟁이 끝난 것처럼 묘사하고 있는데, 12절에서 문제의 문구가 등장하는 것은 어떤 의미를 지니는가? 12절을 선포하는 음성이 하나님의 것인가, 아니면 여호수아의 것인가? 또한 똑같은 내용을 반복하고 있는 15절과 43절의 관계는 어떻게 이해해야 하는가도 쉽지 않은 문제다. 한 가지 저자가 확실히 하는 것은 '이날', 전에도 후에도 유래를 찾아볼 수 없는 기적이 임했다는 사실이다.

(5) 가나안 정복의 범위

여호수아서에서 이스라엘은 가나안 땅을 모두 점령했는가, 아니면 일부는 점령하지 못했는가? 이 논쟁에 대해 여호수아서 자체가 지속적으로 상반되는 증언을 하고 있는 듯하다. 여호수아서는 이스라엘의 모든 지파가 연합해서 가나안 땅을 완전히 정복했다고 기록한다(11:23; 18:1; 21:43-44). 아울러 각 지파가 개별적으로 오랜 시간을 거쳐 자신들이 기업으로 받은 땅을 완전히 정복했다는 점도 회고하고 있다(15:13-19, 63; 16:10; 17:11-13; 19:47; cf. 삿 1장). 저자에 의하면 이스라엘은 가나안 사람을 모두 다 몰아냈으며 가나안 땅은 전쟁으로부터 안식을 찾았다(10:28-42; 11:12-23; 12:7-24; 21:43-45; 23:9-10; 24:11-13).

그러나 저자는 이스라엘이 가나안 사람을 몰아내지 못했다는 말도 반복적으로 하고 있다(9:14-27; 11:19, 22; 15:63; 16:10; 17:11-13; 18:1, 3; 13:1; 16:10). 이스라엘이 가나안 평정에 성공한 것일까, 아니면 실패한 것일까? 이와 같은 책의 엇갈리는 증언을 바탕으로 많은 학자는 여호수아서가 이스라엘의 성공만을 회고한 전승과 실패를 기록한 전승이 삽입 과정에서 별다른 편집 과정을 거치지 않고 인용되어 일어난 현상이라고 주장한다. 일종의 편집자(들)의 불찰에서 비롯된 모순이라는 것이다.

위 해석이 얼마나 설득력이 있는가 하는 것은 생각해 볼 여지가 있다. 무엇보다도 이 주장의 문제는 편집자(들)를 이스라엘의 성공만을 회고한 전승과 실패를 기록한 전승이 대립되는 것도 의식하지 못한 어리석은 자(들)로 취급하는 데 있다. 한마디로 별로 설득력이 없는 해석이라 하겠다. 여호수아서를 정리한 저자(들)가 이 입장을 고수하는 학자들이 주장하는 대로 이 두 관점이 서로 대립된다고 생각했다면, 아마도 한쪽 전승만을 편집해 이야기의 흐름을 매끄럽게 했을 것이기 때문이다. 그러나 여호수아서 저자는 이 두 관점을 모두 보존했다. 저자는 이 두 관점이 대립된다고 생각하지 않았던 것이다.

그러므로 이 두 관점이 책에 보존되어 오늘날까지 전해진 것은 해석자인 우리에게 다른 가능성 있는 설명을 찾도록 권고하는 듯하다. 이 두 대립되는 관점이 같은 책에 수록되어 있는 현상은 전쟁(war)과 전투(battle)의 차이로 설명할 수 있다. 전쟁은 온 지역에서 일어난 현상을 종합한 거시적인 것이며, 전투는 특정한 지역에 제한적으로 진행되는 현상이다. 그러므로 한 전쟁은 여러 개의 전투로 구성되어 있다고 말할 수 있다. 전투에서 져도 전쟁에서는 이길 수 있는 것이다. 또한 전쟁은 끝났다 해도 전투는 한동안 더 지속될 수 있다. 여호수아서가 거시적인 시각에서 이스라엘이 가나안 땅을 모두 정복했다고 선언하지만, 각 지파의 영토에서 소규모의 전투는 계속 진행되고 있었다. 경우에 따라서는 이스라엘이 가나안 사람에게서 땅을 빼앗는 데 실패했다는 점을 같은 책에서 이처럼 대립된 관점으로 표현하는 것이라고 생각한다.

죽음을 앞둔 여호수아는 고별 설교에서 이미 이스라엘이 정복하여 분배한 가나안 땅에 아직도 가나안 사람이 살고 있으며, 이들은 언제든지 이스라엘을 넘어뜨릴 수 있는 영적 걸림돌이 될 수 있음을 경고한다(23:12-13). 당시 가나안에 소규모 도시와 지역들로 구성된 여러 국가와 민족이 존재했다는 점을 감안하면, 여호수아의 경고가 무엇을 뜻하는지 충분히 이해가 된다. 이스라엘이 온 땅을 차지했지만, 곳곳에 아직 정복하지 못한 가나안 사람의 성읍이 도사리고 있었던 것이다.

최근 들어 문학 비평이 활성화되면서, 대립된 관점이 같은 책에 등장하는 것은 저자가 자신의 책에서 특정한 분위기를 조성하기 위해 사용하는 기법이라는 설명이 제시되었다. 여호수아서처럼 순간적으로 주제가 바뀌는 것, 흐름이 앞부분과 매끈하게 연결되지 않는 것, 서로 상반된 내용이 등장하는 것 등은 불확실함과 불안감을 조성하기 위해 사용하는 문학적 도구라는 것이다(Hawk). 여호수아서 저자는 이런 기법을 잘 활용하고 있으며, 이런 불확실성을 야기시키기 위해 심지어 요단 강 '이 편'과 '저 편'에 대한 언급도 의도적으로 바꾸어가고 있다. '강 건너편'이 대체로 요단 강 동편을 뜻하지만(1:14, 15; 2:10; 7:7; 9:10; 12:1, 7; 13:8, 27, 32; 14:3; 17:5; 18:7; 20:8; 22:4, 7, 10), 강 서편을 뜻하기도 하는 것이다(5:1; 9:1; 22:7). 물론 이러한 이해가 갈등을 빚고 있는 관점이 각기 전제하는 역사성의 대립을 모두 해소해 줄 수는 없지만, 지나치게 역사성에 편중되어 왔던 학계의 논쟁에 신선한 대안을 제시하는 것은 사실이다.

7. 신학적 주제와 메시지

여호수아서 역시 성경의 여느 책처럼 상당히 다양한 주제와 신학적 메시지를 담고 있다. 이들 중 중요한 신학적 주제 몇 가지를 생각해 보자. 약속, 땅, 신적(神的) 전사 여호와, 언약, 순종, 예배, 경건, 리더십, 안식(cf. Howard) 등과 같은 것이다. 여호수아서에서 이 모든 주제를 하나로 묶어주는 것은 '약속을 지키시는 하나님'이다. '약속을 지키시는 하나님'은 책이 총체적으로 가장 강조하는 주제이기도 하다(Hubbard). 다른 주제들은 서로 조화를 이루며 책의 신학적 깊이를 통해 하나님이 진정으로 이 책의 주인공이심을 주장한다. 하나님이 이스라엘에게 땅을 주신 이유는 그들의 선조에게 주신 약속을(창 12:7; 15:18-21; 26:3-4; 28:4; 35:12) 지키기 위해서였으며, 이스라엘은 하나님과 맺은 언약에 순종하여 경건하게 예배해야만 하나님의 역사와 사역을 옆에서 지켜보며 그 열매를 누릴 수 있다. 결국 훌륭한 리더십은 하나님의 말씀에 절대적으로 순종하는 것에서 비롯되며, 온 백성이 합심하여 하나님만을 바라볼 때 하나님은 그들이 열망하던 안식을 주실 것이다. 이 주제 중 몇 가지만 살펴보자.

(1) 땅

하나님이 아브라함에게 땅을 약속하신 지 몇 백 년이 지난 다음에 그의 후손이 드디어 그 땅을 얻게 되었다는 것이 이 책의 중요한 메시지다(창 12:7; 13:14-15, 17; 15:18-21; 17:8; 22:17; 26:3-4; 28:4, 13; 35:12; 48:4; 50:24). 창세기에서 시작된 이야기가 드디어 여호수아서에서 일단락된다는 의미에서 일부 학자들은 창세기 - 여호수아를 육경(hexateuch)이라고 부른다(von Rad; cf. Auld; Dallaire). 그러므로 이스라엘이 땅을 차지하는 일은 새로운 일이 아니라, 오래전에 살았던 선조들로부터 '유산'(נַחֲלָה)을 받는 것과 같다(11:23). 심지어 여리고 성에서 몸을 팔아 생계를 유지하던 가나안 여인 라합도 여호와 하나님이 이스라엘의 선조에게 약속하신 땅을 주시기 위해 이스라엘을 가나안으로 이끌어 오신 것을 알고 있다(2:9). 또한 이스라엘이 차지한 땅은 모세 오경 안에서 펼쳐지는 모든 사건과 일의 중심이자 목적이다(21:43).

출애굽기는 이 땅을 얻기 위해 자의 반, 타의 반으로 있던 곳을 떠난 한 민족의 대이동에 대해 기록하고 있다. 이스라엘의 지도자 모세는 하나님의 백성을 '젖과 꿀이 흐르는 땅'으로 인도하는 사명을 받은 자였다(출 3:8, 17). 레위기는 하나님의 백성이 차지할 땅에서 살면서 지켜야 할 종교적·윤리적 규정을 제시한다. 민수기는 이 민족의 땅을 얻기 위하여 계속되는 광야 여정을 기록했다. 출애굽기와 민수기는 12개의 '여행 기록'(journeying texts)으로 구성되어 있는데(출 12:37; 13:20; 14:1-2; 15:22; 16:1; 17:1; 19:2; 민 10:12; 20:1; 20:22; 21:10-11; 22:1; cf. 민 33장), 이 성경 기록은 출애굽기 - 민수기의 구조(framework)를 이해하는 중요한 단서가 되기도 한다.

민수기는 개인적인 땅 소유에 대해 언급하고 있다(27; 32; 34-36장). 개인에게도 약속의 땅의 소유가 허락된다는 것이다. 모세가 시내 산에서 이스라엘에게 준 율법의 상당 부분이 각 개인이 땅을 소유하면서 지켜야 할 기본 규칙들로 구성되었다는 점도 언젠가는 가나안 땅이 개인적인 소유가 될 것을 암시한다. 율법이 제시하는 땅에 대한 규례 중 안식년, 희년 등은 이상적인 땅 소유를 위한 가장 중요한 지침이라고 생각할 수 있다. 땅도 적절한 쉼과 자유와 해방이 필요하다는 것이 저자의 주장이다.

성경에서 땅은 하나님이 이스라엘에게 주시는 선물이란 점이 50번 이상 강조된다(Brueggemann, cf. 출 6:4, 8; 신 1:6-8; 4:38, 40; 5:31; 7:13; 8:1-10; 9:4-6; 11:8-12, 17; 26:1, 9; 32:49, 52; 34:4; 수 1:2-3, 6, 11, 13, 15; 13:8; 22:7; 23:13, 15-16). 비록 전쟁을 치르며 엄청난 노력을 통해 가나안 땅을 차지했지만, 이스라엘은 자신들을 움직이고 승리를 주신 분은 여호와라는 사실을 기억해야 한다. 그러므로 땅은 하나님이 그들에게 주신 선물인 것이다. 여리고 성 함락 사건 역시 땅은 하나님의 선물이라는 점을 강조하고 있다.

이 같은 사실은 여호수아 5장에 기록된 거룩 예식에서도 암시되고 있다. 요단 강을 건넌 이스라엘이 가나안 정복에 나서기 전에 먼저 그동안 광야에서 하지 못했던 할례를 행하고(2-9절), 유월절을 지키며(10-12절), 하나님의 사자 출현을 목격한 여호수아가 신발을 벗었다(14-15절). 이 모든 예식이 치러진 때가 가나안 정복의 시작을 알리는 여리고 성 함락 이전이다. 그렇다면 5장이 이처럼 다양한 종교적 예식을 행하고 있는 이스라엘의 이야기를 통해 전달하고자 하는 총체적인 메시지는 무엇인가? 이스라엘이 차지한 땅은 약속할 때부터 정복할 때까지, 즉 처음부터 끝까지 모든 것이 하나님의 선물이었다는 점이다. 하나님이 모든 일을 하시고, 이스라엘은 하나님이 취하신 땅을 선물로 받았을 뿐이라는 것이다.

그러므로 이스라엘이 하나님께 선물로 받은 땅은 그들의 영구적인 소유물이 아니다. 땅의 영원한 소유주는 오직 하나님이시다(레 25:23; 신 9:4-5). 그러므로 성경은 이스라엘이 하나님의 땅에서 살 수 있는 조

건을 제시한다. 하나님과의 언약을 잘 준수해서 그분의 말씀대로 살아
가는 한, 이스라엘은 그 땅을 마음껏 누리며 약속의 땅에 거할 수 있
다. 그러나 하나님과의 언약을 등한시하고 그분의 말씀을 거역하는 순
간부터 이스라엘은 그 땅에서 쫓겨날 수 있는 위험을 안고 살아야 한
다. 신명기와 여호수아서에서 중요한 것은 이 땅의 소유와 경영은 하
나님이 주신 율법을 잘 준수하고 이행하는 것을 전제로 한다는 점이다
(신 4:1, 25-27, 40; 6:17-18; 8:1; 11:8; 30:15-20; 32:46-47). 이스라엘이
여호수아의 지휘 아래 가나안 땅을 얻게 된 것은 그들이 율법을 잘 이
행했기 때문이다.

> 주님께서 당신들 앞에서 크고 강한 나라들을 몰아내셨으므로, 지금까지
> 당신들을 당할 사람이 없었던 것입니다. 주 당신들의 하나님이 약속하신
> 대로 당신들의 편을 들어서 몸소 싸우셨기 때문에, 당신들 가운데서 한
> 사람이 원수 천 명을 추격할 수 있었던 것입니다. 그러므로 삼가 조심하
> 여 주 당신들의 하나님을 사랑하십시오. 만일 당신들이 이것을 어기고,
> 당신들 가운데 살아 남아 있는 이 이방 민족들을 가까이하거나, 그들과
> 혼인관계를 맺으며 사귀면, 주 당신들의 하나님이 당신들 앞에서 다시는
> 이 민족들을 몰아내지 아니하실 것이라는 사실을 분명히 아십시오. 그들
> 이 당신들에게 올무와 덫이 되고, 잔등에 채찍이 되며, 눈에 가시가 되어,
> 끝내 당신들은 주 당신들의 하나님이 주신 이 좋은 땅에서 멸망하게 될
> 것입니다.(23:9-13, 새번역, cf. 10:40; 11:20, 23).

이스라엘이 지속적으로 땅을 소유하기 위해서는 율법에 순종해야 했
다(23:9-13, 15-16). 가나안 땅의 참 소유주는 하나님이시기에 제비뽑기
로 땅을 분배하는 것은 하나님의 주권을 더욱 강조하는 행위로 간주되
었다(민 26:55-56; 수 14:2; 18:1-10). 또한 하나님이 백성으로부터 땅의
첫 소산물을 요구하시는 것 역시 하나님의 땅 소유권과 무관하지 않다

고 생각한다(신 14:22-29; 26:9-15). 아울러 여호수아서에서 커다란 비중을 차지하는 13-21장의 중요성도 땅 소유와 함께 연결해서 이해해야 한다. 이 부분에 등장하는 지역과 성읍 이름을 확인하는 것은 매우 어렵다. 또한 매우 '따분한' 기록이다. 그러나 이미 언급한 것처럼 이처럼 지루하고 긴 목록을 기록한 목적은 분명하다. 저자는 이 세밀한 목록을 통해 하나님이 이스라엘의 선조와 맺으신 '땅 약속'이 그대로 실현되었다는 것을 강조하고자 한다. 원한다면 실제적인 방법으로 이런 사실을 확인할 수 있다는 것이다. 이 책을 읽어내려 가는 독자 중 하나님이 얼마나 신실하셨는가를 확인하기 원한다면 '지도를 꺼내서 보라'라는 의도가 담긴 듯하다.

(2) 안식

여호수아서에서 땅을 소유한 것과 안식이 그 땅에 임한 것은 매우 중요한 관계를 유지한다. 여호수아서는 시작하면서부터 하나님이 이스라엘 백성에게 '안식을 주실 것'(נוח)을 선언한다(1:13, 15). 그러나 주의 백성이 안식을 누리려면 먼저 전쟁을 치러야 한다. 전쟁을 대가로 안식을 요구한 것이다. 이스라엘은 이 안식을 얻기 위하여 최선을 다해 전쟁에 임했다. 드디어 가나안 정복이 어느 정도 끝나갈 무렵 그 땅에서 전쟁이 그쳤다(11:23; 14:15). 땅의 분배가 모두 끝난 다음에는 여호와께서 약속하신 대로 안식이 백성에게 임했다(21:44; 22:4; 23:1).

이 안식은 모세 오경에서 발견되는 하나님의 약속의 성취다(민 32:20-22; 신 3:18-20; 12:10; 25:19; 수 21:44; 23:1). 구약에서 땅의 안식은 영구적인 평안은 아니며, 단지 그 땅에 한동안 전쟁이 없다는 것을 의미한다(수 11:23; 14:15; 신 12:9-10; 25:19; 삼하 7:1, 11; 왕상 8:56). 또한 사사기에서 여러 차례 반복되는 "땅이 ___동안 태평(안식)하니라"(삿 3:11; 3:30; 5:31; 8:28)라는 표현과 비슷하다. 그렇다면 히브리서 3-4장의 안식과 여호수아서에 언급된 안식은 어떤 관계가 있는가?

히브리서 저자가 선언하는 것처럼, 만일 여호수아가 준 안식이 충분했다면, 예수님을 통한 안식이 필요 없었을 것이다. 두 안식은 매우 다른 개념이다. 여호수아서가 논하는 안식은 전쟁이 멈추어 잠시 동안 누리는 일시적인 평안이며, 히브리서가 논하는 안식은 예수님을 통해서만 얻을 수 있는 영원한 평안을 뜻한다. 이런 차이를 역설하기 위해 여호수아서는 안식을 논할 때 꾸준히 '안식'(חנ)이라는 동사를 사용한다. 반면에 히브리서 저자가 논하는 안식은 다른 히브리어 단어(שבת)가 지닌 개념이며(σαββατισμός) 하나님이 천지를 창조하고 취하신 '안식'이다(창 2:2-3). 이처럼 여호수아서와 히브리서는 서로 다른 '안식'을 논하고 있는 것이다.

(3) 예배

여호수아서는 예배의 중요성을 매우 강조한다. 이스라엘이 홍수로 범람하는 요단 강을 건넌 일과 첫 가나안 성읍인 여리고 성을 정복하는 일에서 제사장의 역할이 두드러진다(3, 6장). 제사장이 이 사건에 등장하는 것은 이 이야기들이 예배적인 요소를 갖고 있음을 알 수 있다. 이스라엘이 요단 강을 건너자마자 가장 먼저 한 일이 길갈에 기념비를 쌓고 할례를 행하며 하나님께 예배를 드린 일이라는 점도 이 책이 예배의 중요성을 얼마나 강조하고 있는가를 보여 준다. 정복 전쟁이 시작되기 전, 한 천사가 나타나 여호수아에게 신발을 벗으라고 명령한 일은 앞으로 이스라엘이 어떤 방법을 통해 가나안을 정복할 수 있을 것인가를 암시한다.

이스라엘은 결코 무력으로 가나안 사람을 제압할 수 없다. 그들의 부모들이 이미 가데스바네아에서 고백한 것처럼 가나안 사람들 앞에서 이스라엘은 메뚜기들에 불과하기 때문이다. 그러므로 그들이 가나안을 정복할 수 있는 유일한 방법은 자신들의 군사력을 통해서가 아니라 전능하신 하나님을 예배하는 일을 통해서다. 그들이 하나님을 경배하면 하나님이 천군천사를 보내 그들을 위해 싸워주실 것이다(5:13-15). 예배는 '신적(神的) 전사(divine warrior) 여호와'가 전쟁을 하게 하는 힘을 지녔다.

여호수아서의 구조도 예배의 중요성을 강조한다. 한 학자는 여호수아서를 주요 동사 네 개를 통해 구분했다(H. J. Koorevaar; cf. McConville). 각 단락에서 반복적으로 사용되는 동사들이 핵심 단어(Leitwort)가 되었다. 다음 도표를 참고하라.

섹션	주제	본문(수)	주도권	핵심 단어
1	입성	1:1-5:12	하나님: 요단을 건너라	'건너다'(עבר)
2	정복	5:13-12:24	하나님: [가나안을] 정복하라	'취하다'(לקח)
3	분배	13:1-21:45	하나님: 땅을 나누라	'나누다'(חלק)
4	미래	22:1-24:33	여호수아: 여호와를 섬기라	'섬기다'(עבד)

처음 세 단락에서는 하나님이 주도권을 가지신다. 요단 강을 건너는 일에서부터 모든 성읍을 취하여 분배하는 일까지 모두 하나님이 인도하셨고 베푸신 은혜라는 것이 저자의 주장이다. 가나안 정복은 여호와의 역사하심이기에 이스라엘이 얻은 땅은 하나님의 선물이라는 점을 부각시키고 있다. 그러나 넷째 단락에서는 여호수아가 주도권을 가지고 이야기를 진행해 나간다. 하나님은 이미 그의 백성을 위해 계획하신 일을 모두 마치셨으며, 이제는 그의 백성이 해야 할 일만 남았던 것이다. 여호수아는 하나님의 은혜와 자비로 이곳까지(땅을 정복하고 분배한 시점까지) 온 이스라엘 백성에게 가장 자연스럽고 당연한 반응을 요구한다. 이스라엘에게 요구하는 반응은 온 힘과 마음을 모아 여호와를 섬기는 일이다. 하나님이 처음부터 끝까지 은혜로 그들을 보살피고 복을 주셔서 가나안 땅에 정착하기에 이르렀으니 그들이 해야 할 일은

당연히 그분에 대한 경배와 예배인 것이다.

여호수아의 이 같은 권면은 우리에게도 큰 도전을 준다. 삶의 터전에서 우리가 열심을 다해 건너고, 취하고, 나누는 등의 수고하는 일의 최종 목표는 하나님을 섬기기 위함이다. 그저 하나님께 무언가 얻어내려고 믿는 사람이 허다한 오늘날, 참으로 하나님을 섬긴다는 것은 때로 희생과 헌신을 전제하는 일이므로 별로 인기 있는 일이 아닐 수 있다. 그러나 우리가 창조주 하나님을 섬기는 것보다 더 값진 일은 없다. 열심히 수고하며 그분을 섬길 수 있는 것은 희생이 아니라 이 땅에서 주의 백성만이 누릴 수 있는 특권이다. 그래서 선지자들이 죄 지은 주의 백성에게 심판을 선언할 때 제일 먼저 제기되는 것 중 하나가 바로 예배를 멈추는 일이다. 예배는 무거운 짐이 아니라 주의 백성에게만 주어진 특권이기 때문이다. 이 특권 의식이 우리의 머리와 가슴에 확실하게 새겨져야겠다.

(4) 언약

여호수아서는 언약과 언약 이행을 매우 중요하게 언급한다. 모세는 율법을 주었고 여호수아는 이 율법에 순종하며 살려고 노력했다. 그뿐만 아니라 여호수아는 백성이 모세 율법을 잘 지켜 행할 것을 강력하게 요구했다(1:8; 8:34; 23:6). 율법을 준수하고 사는 것이 이스라엘의 신학적 정체성을 정의할 뿐만 아니라, 그들의 미래를 결정짓는 가장 중요한 요소이기 때문이다. 이러한 차원에서 여호수아서 안에서 언약 준수는 축복과 저주에 원인 – 결과(cause-effect)의 관계로 적용된다(1:7-8; 22:5; 23:6, 16; 24:15). 이스라엘이 율법을 잘 지키면 여호와의 축복을 받아 이 땅에서 오래 살지만, 율법대로 살지 않으면 이 땅에서 오히려 쫓겨나는 수모를 당할 것이다. 모세 오경에서 제시된 여러 개의 언약 조항이 여호수아서 안에서 성취되는 일을 통해서도 율법 준수의 중요성이 강조된다. 도피성(20:1//신 19:1), 아낙 족의 종말(11:21//신 9:2), 왕벌 출현(24:12//신 7:20) 등.

여호수아서에는 언약을 재확인하는 예식이 두 차례 기록되어 있다. 아이 성을 정복한 후 온 이스라엘이 에발 산에 모여서 모세 언약을 재확인한다(8:30-35). 아간의 죄로 서먹서먹해진 하나님과 이스라엘 관계를 재차 확인하기 위하여 여호수아가 정복 전쟁을 잠시 멈추고 백성을 이끌고 세겜으로 가서 요단 강 동편에서 모세가 요구한 언약과 연관된 축복과 저주 예식을 미리 한 것이다(신 11:29; 27장). 여호수아는 죽기 전 마지막 고별 설교를 한 후 세겜에서 백성에게 다시 한번 여호와와 맺은 언약을 준수할 것을 당부한다(24 장). 이에 대하여 백성은 그의 명령에 따라 율법을 잘 이행할 것을 거듭 다짐한다(23:16-18, 21-22, 24, 27). 하나님과 언약을 세운 것이다.

언약궤 역시 매우 중요한 위치를 차지했다. 당시 언약궤는 세상에서 가장 확실한 하나님의 임재의 상징이었다. 그래서 이스라엘은 언약궤를 앞세우고 요단 강을 건널 수 있었다. 하나님이 그들과 함께하면서 범람하는 강물을 막으셨기 때문이다. 언약궤가 이스라엘 회중에 있는 한, 그들은 하나님이 함께하심에 대하여 확신할 수 있었다. 그렇다고 해서 인간이 언약궤를 범접해서는 안 된다. 지극히 거룩한 언약궤와 사람들 사이에는 일정한 거리가 유지됐다(3:4). 잘못하면 언약궤는 그들에게 축복이 아니라, 재앙을 가져올 수도 있는 위험한 물건이었던 것이다. 여호수아서에서 언약궤는 몇 가지로 표현되며, 이런 표현들은 마치 언약궤가 언약 자체인 것처럼 묘사한다(3:11, 14, 17).

(5) 거룩

성경은 이스라엘의 정체성(identity)은 그들이 진멸해야 할 가나안 족속의 것과 전적으로 다르다는 점이 지속적으로 강조된다. 구약의 '거룩'(שׁדק; lit. '구분하다') 개념 역시 이 사상을 잘 전달한다. 이 개념과 떼놓을 수 없는 주제가 예배다. 이스라엘은 무엇보다도 여호와께 드리는 올바른 예배를 통해 자신들의 정체성과 거룩함을 보여 주어야 한다. 여호수아서에서 거룩/경건에 대하여 가장 상세하게 기록하고 있는 곳이 5장이다. 이 장을 구성하고 있는 할례 이야기(2-9절), 유월절 이야기(10-12절), 천사 출현과 신발을 벗은 이야기(14-15절)를 차례로 살펴보자.

① 할례(5:2-9)

할례는 아브라함 시대부터 언약 백성과 세상 사람을 구분하는 징표가 되었다(창 17장). 요단 강을 건너 가나안에 들어온 이스라엘 사람은 먼저 지난 40년 광야 생활 동안 하지 못했던 할례를 행하여 하나님과 자신들의 관계를 확인하고 있다. 그들의 조상들이 광야에서 할례를 받지 않은 상태에서 죽어갔다는 점을 감안하면 이 예식은 광야 세대와 여호수아가 이끌고 가나안에 입성한 신세대를 완전히 구분하는 역할을 한다. 여호수아서 저자는 다음과 같은 용어들을 사용하여 두 세대를 대조시킨다. 여호수아와 함께 요단 강을 건넌 공동체는 이 예식을 통해 벌을 받아 죽어간 전(前) 세대로부터 자신들을 완전히 구분하고 있다.

광야 세대	새 세대
불순종	순종
무할례	할례
광야에서	젖과 꿀이 흐르는 땅에서
죽음	새 삶의 언저리
땅을 보지 못하리라는 예언	땅을 주리라는 약속

② 유월절(5:10-12)

이스라엘 백성은 가나안 땅에서 할례를 행한 다음 유월절을 지켰다. 그들의 선조도 이집트를 탈출하면서 새 시대를 기대하며 유월절을 지킨 적이 있다(출 12장). 광야 생활 40년 동안은 유월절을 지키지 못했다. 하나님께 반역한 출애굽 1세대가 죽어가는 시대였기에 굳이 하나님과 이스라엘의 특별한 관계를 상징하는 이 예식을 지킬 필요를 느끼지 못했던 것으로 생각된다. 이제 이스라엘은 가나안 땅에서 새로운 시대를 열어가는 순간, 곧 가나안 정복 전쟁을 앞둔 시점에 그들의 베이스캠프(basecamp) 길갈에서 다시 유월절을 지키고 있다. 전(前) 세대의 죄로 끊긴 역사의 맥을 이어가고 있다. 이스라엘은 가나안 땅의 소산을 즐기고 앞으로 다가올 풍요로움을 기대하며 이 절기를 지키고 있다. 이런 사실은 땅의 소산을 먹은 순간부터 하늘에서 만나가 더 이상 내리지 않았다는 점에도 내포되어 있다.

만나는 하나님이 광야에서 자신의 백성에게 일용할 양식으로 내려주신 기적의 선물이었다. 약속의 땅의 소산을 먹게 된 이스라엘은 더 이상 광야의 음식인 만나를 필요로 하지 않는다. 그렇다고 해서 하나님이 매일 백성의 필요를 채우시는 일이 끝났음을 의미하지는 않는다. 만나로 채우시든, 땅의 소산으로 채우시든, 하나님이 채워 주셔야만 주의 백성은 살 수 있다. 단지 하나님이 주의 백성의 필요를 채우시는 방법이 바뀌었을 뿐, 하나님이 필요를 채우시는 일은 계속된다.

또한 만나는 이스라엘의 불평과 반역을 암시하기도 한다. 모세 오경을 살펴보면 만나는 항상 음식과 물 문제로 이스라엘이 불평하고 여호와께 반역하는 것과 연관되어 있다. 즉, 만나는 이스라엘의 끊임없는 '이집트로 돌아가고픈 갈망'과도 연관이 있는 식량이다. 즉, 만나는 반(反)출애굽(anti-exodus)을 상징한다. 이제 만나가 그친 것은 이런 반역과 불평의 시대가 끝났으며, 이집트를 갈망하는 것도 막을 내렸다는 상징적인 의미를 지니고 있다. 이런 배경에서 유월절을 지킨 것은 이 백성이 이제는 불만과 반역의 시대에서 새로운 것이 풍성한 시대로 유월(逾越, passover)했다는 의미를 지니고 있다.

③ 하나님의 사자 출현과 신발 벗음(5:14-15)

이스라엘이 차지할 가나안 땅은 거룩하다. 하나님이 원주민들을 내몰고 특별히 이스라엘에게 허락하신 땅이기 때문이다. 앞으로 그 땅을 차지하기 위해 이스라엘이 치러야 할 전쟁은 하나님의 천사가 먼저 가서 싸우는 거룩한 전쟁이다. 그러므로 이스라엘이 하나님께 순종하는 한 승패는 걱정할 필요가 없다. 이스라엘의 정복 전쟁은 40년 전 하나님이 시작하신 출애굽 사건과 비슷하다. 모세가 호렙 산에서 신발을 벗고 만났던 그 하나님이 길갈에 머물던 여호수아에게도 오셨다. 다만 다른 점은 시내 산에서는 출애굽의 성공을 미리 알려 주셨는데, 여호수아를 찾아온 천사장은 승리를 미리 알려주지 않았다.

여호수아가 천사를 보고 자기 편인지 적인지 확신하지 못했던 것처럼, 이스라엘의 미래도 모세가 처음 하나님을 만났을 때처럼 확실하진 않다. 하나님의 일방적인 은혜로 진행된 출애굽 사건과는 달리 가나안 정복 전쟁은 이스라엘의 순종 여부에 따라 승리할 수도, 실패할 수도 있기 때문이다. 이스라엘은 하나님께 순종하는 한 승리할 것이나 불순종하는 순간 승리는 패배로 변할 것이다. 이스라엘은 과연 순종할 것인가? 하나님은 이스라엘을 도우실 것인가? 이스라엘을 대적하실 것인가? 저자는 이 모든 것이 그들에게 달렸다고 말한다.

위 사건은 하나님의 백성으로 선별된 이스라엘의 거룩성에 대해 강조한다. 이런 경건/성결 예식이 가나안 정복이 시작되기 전에 행해졌다는 사실은 여호수아서가 진정 무엇을 강조하는지를 단적으로 보여준다. 이스라엘이 약속의 땅을 차지하기 위해서는 무엇보다 말씀 순종과 율법 준수를 통해 하나님과 그분의 나라를 구해야 한다. 저자는 이 사실을 강조하기 위해 실제적인 정복이 시작되기 전에 몇 가지를 지시한다.

첫째, 이스라엘은 하나님의 기적적인 도움을 기억해야 한다(4장). 여느 구약의 책처럼 여호수아서는 하나님의 백성에게 여호와께서 하신 일을 세세토록 기억하라고 당부하고 있다. 하나님을 기억하라는 권면이 요단강을 건널 때 또 한 번 백성에게 주어진다. 요단강을 마른 땅 건너듯이 건넌 이스라엘에게 요단강 바닥과 길갈 두 군데에 기념비를 세워 요단강 도하를 통해 베푸신 하나님의 은혜를 영원히 기억하고 기념하라는 것이다(4:9, 20).

하나님은 무엇 때문에 주의 백성에게 꾸준히 '그를 기억하라'라고 권면하시는 것일까? 무엇보다도 하나님 백성의 의식 구조를 변화시키기 위해서다. 주의 백성이 하나님이 과거에 그들을 위해 하신 일을 꾸준히 회상하고 감사한다면 그들의 세계관과 가치관은 바뀔 수밖에 없다. 또한 이스라엘이 약속의 땅과 광야를 나누는 경계선인 요단강을 건넌다는 것은 새로운 정체성을 가지고 삶을 시작한다는 상징적인 의미가 내포되어 있다. 요단강은 단순히 광야와 가나안 땅을 나누는 지형적 경계에 불과한 것이 아니다. 요단강은 가데스바네아처럼 신학적 경계이기도 하다. 요단강을 건너는 순간 그들은 새로운 백성으로서 삶을 시작하는 것이다. 이러한 새로운 신학적 정체성을 확인하기 위해 이스라엘 백성은 요단강을 건너자마자 종교적인 정결 예식을 통해 자신들을 세상의 백성으로부터 구분한 것이다.

둘째, 주의 백성은 자신을 정결/거룩하게 해야 한다(5장). 여호수아는 앞으로 이스라엘이 가나안에서 경험할 일은 그들의 미래를 결정짓는데 매우 중요하기에 이 일들이 내포하는 메시지를 마음에 새겨야 한다. 이스라엘은 지금 가나안 땅을 정복하기 위해 전쟁을 준비하고 있다. 그런데 그들이 어떻게 적과 싸울 준비를 하고 있는가? 무엇보다도 자신을 정결하게 해 율법에 순종하는 일로 정복 전쟁을 준비한다. 가나안 정복 전쟁을 앞둔 이스라엘의 모습은 전쟁터로 나가는 사람들이 아니라, 마치 예배를 드리러 성전에 들어가는 사람들의 모습과 같다. 즉, 가나안 정복은 처음부터 하나님이 하신 일이며, 이스라엘은 단순히 예배드리는 마음으로 하나님이 어떻게 이 땅을 정복하시는가를 보고 그분을 찬양하면 되는 것이다. 훗날 여호사밧도 이스라엘이 도저히 상대할 수 없을 정도로 큰 군대와 싸우려고 전쟁터로 나가면서 하나님의 법궤와 찬양하는 제사장을 제일 선두에 두고 나머지 백성은 찬양하며 뒤를 따르게 한다.

셋째, 이스라엘이 가나안 땅을 정복해 분배한 일 역시 예배와 직접적인 연관이 있다. 그들에게는 하나님께 선물로 받은 땅에서 하나님을 경배해야 하는 의무가 있었다. 즉, 땅 주제는 예배 주제와 직접적으로 연관되어 있다. 책의 후반부(13-21장) 구조가 이 사실을 잘 드러내고 있다(Koorevaar). 책의 후반부는 이스라엘의 땅 분배 이야기로 구성되어 있는데, 이 분배 이야기는 실로에 세워진 회막을 중심으로 구성되어 있다. 그렇다면 저자는 이스라엘의 땅 분배가 궁극적으로 어떤 목적을 가지고 있음을 역설하는 것인가? 이스라엘이 땅을 분배하여 각기 거할 처소에 정착하는 것은 곧 온몸과 마음을 다해 하나님을 예배하는 일에 있다. 다음 구조를 참고하라.

틀: 땅을 분배하라(13:1-7)
   A. 요단 동쪽 지역 배분(13:8-33): 레위 지파 언급
    B. 분배 원리(14:1-5)
     C. 분배 시작: 갈렙의 기업(14:6-15)
      D. 유다와 요셉을 위한 기업(15:1-17:18)
       X. 회막을 실로로 옮기고, 땅 분배(18:1-10)
      D′. 나머지 일곱 지파를 위한 기업(18:11-19:48)

C´. 분배 종결: 여호수아의 기업(19:49-51)
  B´. 도피성 운영 원리(20:1-6)
 A´. 레위 도성(21:1-42)
틀: 땅 분배 명령에 대한 결론(21:43-45)

여호수아 22장 역시 성결과 연관이 있다. 22장은 요단 강 동편에 거하는 지파들이 제단을 쌓아 예배의 순수성이 위협받는 사건이다. 요단 강 동편 지파들이 쌓은 제단이 실제로 예배에 사용된다면 이스라엘의 예배가, 더 나아가 여호와 종교가 둘로 쪼개질 수 있는 위험을 안고 있다. 그러므로 서쪽 지파들은 전쟁을 불사하면서 동편 지파들의 제단을 허물 생각이었다. 다행히 동편 지파들은 '이 제단은 예배를 위한 제단이 아니라, 하나님을 기념하는 기념비적 차원에서 세워진 것'이라 하여 위기를 모면한다. 이스라엘은 하나님 앞에 한 민족으로 구별되어야 하는데, 예배 처소가 나뉘면 이러한 의미가 희석될 것이기에 서쪽 지파들이 강경 자세를 취한 것이다. 그러므로 이스라엘은 처음부터 예배드리는 장소에 대해 이처럼 신중을 기했기 때문에 훗날 북 왕국이 단과 벧엘에 제단을 세운 일이 더욱 심각한 범죄로 평가될 수밖에 없었던 것이다.

여호수아서 저자가 강조하는 신학적 메시지는 한 나라로 출발하는 이스라엘의 정체성에 매우 커다란 영향을 미쳤을 것이다. 가나안 입성은 이스라엘의 새 출발을 요구했다. 그들은 더 이상 과거와 같은 방식으로 살 수 없었다. 가나안 땅에서는 새로운 각오로 새로운 방식의 삶을 살아가는 것이 요구되었던 것이다. 여호수아서는 이스라엘이 새로운 민족으로 살아가기 위한 힘과 의지를 어떻게, 어디서 능력을 바랄 수 있는가를 확실하게 제시할 뿐만 아니라, 무엇을 추구하며 살아야 하는가를 잘 가르쳐 준다. 가나안 땅에서 어떻게 살면 하나님이 성공하게 하시며, 어떻게 살면 징계하실 것이라는 것도 잘 알게 해준다. 이스라엘에게 가나안 땅은 일종의 '계약'을 의미했다. 계약 사항(순종과 예배)을 잘 준수하면 그들은 성공하지만 계약을 위반하면 가차없이 처벌을 받아야 한다. 이런 의미에서 여호수아서는 오늘을 살아가는 기독교 공동체에도 하나님의 백성은 누구이며, 소명은 무엇인가를 가르쳐 주고 있다. 즉, 많은 그리스도인에게 '이렇게 살아가라'라는 삶과 신앙의 커다란 도전을 주는 책이다.

8. 개요

여호수아서는 구약의 다른 책들에 비해 상대적으로 간단한 구조를 지녔으며 단락으로 구분할 때 크게 세 가지 관점이 주류를 이룬다. 첫째는 '가나안 정복'(1-12장)과 '가나안 정착'(13-24장)이라는 두 개의 큰 주제를 바탕으로 책을 이등분하는 것이다. 이 경우 요단 강 도하(1:1-5:13)는 전반부의 서론으로, 여호수아의 마지막 사역과 고별 설교(22-24장)는 후반부의 결론으로 다루어진다(Hubbard).

둘째는 이미 언급한 것처럼 여호수아서가 반복적으로 사용하고 있는 네 개의 주요 동사들(건너다, 취하다, 나누다, 예배하다)을 중심으로 네 단락으로 구분하는 것이다(Harstad, cf. Howard). (1) 요단 강 도하(1:1-5:12), (2) 정복(5:13-12:24), (3) 분배(13:1-21:45), (4) 예배(22:1-24:33).

셋째는 책을 세 단락으로 구분하는 것이다(Dallaire, Hubbard, cf. Creach, Hess). (1) 땅 정복(1-12장), (2) 땅 분배(13-21장), (3) 예배(22-24장). 그러나 만일 예배(22-24장) 단락을 후반부에서 구분하여 따로 다룬다면, 일관성을 유지하기 위해서라도 요단 강 도하(1-5장)도 전반부에서 떼내어 독립적인 단위로 간주하는 것이 바람직해 보인다. 이처럼 여호수아서를 네 단락으로 구분할 경우, 책의 전체적인 윤곽은 다음과 같다.

A. 순종과 예배로 정복 준비(1:1-5:12)

　　B. 거룩한 정복 전쟁(5:13-12:24)
　　B′. 거룩한 분배(13:1-21:45)
　A′. 순종과 예배로 정착 시작(22:1-24:33)

위와 같이 여호수아서를 네 단락으로 구분하여 접근할 경우, 여호수아서가 하나님이 오래전에 선조에게 약속하신 땅의 정복과 분배 이야기일 뿐만 아니라 이 과정에서 예배의 중요성을 강조하는 책이라는 점이 역력하게 드러난다. 그들이 땅을 정복하기 전과 정복한 땅을 분배한 후 함께 모여 예배를 드리고 하나님과의 언약을 재확인하는 것은, 이스라엘이 하나님이 선조에게 약속하신 것을 실현하는 데 예배와 언약이 결정적인 역할을 했음을 증언하기 때문이다. 저자는 구조를 통해 책의 곳곳에서 예배의 중요성을 지속적으로 강조한다. 전반부의 대부분을 차지하는 1-8장은 다음과 같은 구조를 지닌다.

　A. 모세의 율법을 실천하라는 권면(1:1-18)
　　B. 믿음이 있는 이방인: 라합(2:1-24)
　　　C. 하나님의 사역: 요단 강이 멈춤(3:1-4:24)
　　　　D. 예배와 종교 예식: 길갈에서(5:1-12)
　　　C′. 하나님의 사역: 여리고 성 함락(5:13-6:27)
　　B′. 믿음이 없는 이스라엘인: 아간(7:1-8:29)
　A′. 모세의 율법에 따른 언약 갱신(8:30-35)

이스라엘이 정복한 땅을 어떻게 분배했는가를 회고하는 13-21장의 구조도 예배의 중요성을 중심에 두고 있는 듯하다. 다만 아쉬운 것은 A와 A′의 연결고리가 레위 지파를 언급하는 것뿐이어서 다소 약하다는 점이다. 다음 구조를 참고하라.

틀: 땅을 분배하라(13:1-7)

   A. 요단 동쪽 지역 배분(13:8-33): 레위 지파 언급

     B. 분배 원리(14:1-5)

       C. 분배 시작: 갈렙의 기업(14:6-15)

         D. 유다와 요셉을 위한 기업(15:1-17:18)

           X. 회막을 실로로 옮기고, 땅을 분배(18:1-10)

         D′. 나머지 일곱 지파를 위한 기업(18:11-19:48)

       C′. 분배 종결: 여호수아의 기업(19:49-51)

     B′. 도피성 운영 원리(20:1-6)

   A′. 레위 도성(21:1-42)

틀: 땅 분배 명령에 대한 결론(21:43-45)

가나안 정복과 분배를 언급하는 등 주의 백성이 가장 열심히 일하고 분주하게 움직인 일을 회고하는 여호수아서가 이처럼 예배의 중요성을 강조한다는 사실은 오늘날 치열한 삶의 현장에서 수고하고 있는 성도에게 무엇이 우선순위가 되어야 하는가를 역설하는 듯하다. 이는 우리가 이 땅에서 모든 수고를 할 때 예배를 중심에 두고 해야 할 뿐만 아니라, 예배로 시작해서 예배로 마쳐야 한다는 권면이다. 여호수아서는 전쟁에 관한 책이라기보다 경건과 거룩에 관한 책이다. 이 책에서는 다음과 같은 개요를 바탕으로 본문을 주해해 가고자 한다.

I. 거룩한 입성(1:1-5:12)

   A. 여호수아가 소명을 받음(1:1-18)

   B. 라합이 정탐꾼을 환영함(2:1-24)

   C. 이스라엘의 요단 강 도하(3:1-4:24)

   D. 길갈에서 행해진 성결 예식(5:1-12)

I. 순종과 예배로 정복 준비

(1:1-5:12)

드디어 파란만장하고 지긋지긋했던 40년의 광야 생활이 끝이 났지만, 이스라엘은 아직도 가나안에 입성하지 못하고 요단 강 건너편에서 약속의 땅을 바라보고 있다. 오경이 끝날 때 이스라엘은 모압에서 모세의 장례식을 치르고 30일 동안 그의 죽음을 애곡했다(신 34장). 여호수아기가 시작되는 순간, 이스라엘은 아직도 모압 평지에 있다. 이 책은 창세기에서 선조들에게 약속되었고, 출애굽기에서 시작된 이스라엘 백성의 약속된 땅을 얻기 위한 대장정의 연속인 것이다. 이런 면에서 성경의 처음 여섯 권의 책은 '오경 플러스 여호수아기'가 아니라 '육경'(Hexateuch)을 형성하고 있다고 할 수 있다(cf. von Rad). 오경에서 시작된 땅 이야기가 드디어 여호수아기에서 막을 내리기 때문이다. 요셉의 유언에 따라 여호수아가 그의 뼈를 세겜에 묻어주는 일도 창세기에서 시작된 이야기에 여호수아기가 일종의 종지부를 찍는 것으로 이해할 수 있다(수 24:32).

지난 몇 달 동안 모압 평지에 머물고 있는 이스라엘은 약속의 땅 가나안 입성을 앞두고 있다. 여호와께서 그들의 선조 아브라함에게 이 땅을 약속하신 이후 가나안을 정복하는 일은 온 민족의 숙원 사업이었다. 그러므로 요단 강을 건너 가나안 입성을 눈앞에 둔 이스라엘은 역사적으로 가장 중요한 순간에 와 있다. 이스라엘이 약속의 땅 경계선에 서 있는 것은 40년 전에 그들의 조상들이 또 하나의 경계선이라 할 수 있는 가데스바네아에 서 있던 일과 비슷하다. 그때 이스라엘이 하나님을 믿고 순종했더라면 그들은 이미 약속의 땅에 정착하여 살고 있었을 것이다. 그러나 불신과 불순종으로 인하여 약속의 땅 입성이 40년이나 지연된 것이 참으로 안타깝다. 아마도 조상들은 자신들의 불순종이 이처럼 엄청난 결과를 초래할 것을 상상이라도 했더라면 결코 그 같은 반역은 하지 않았을 것이다. 우리도 우리의 행동이 어떤 결과를 초래할 것인가를 조금이라도 상상해 본다면 죄짓는 일을 많이 줄일 수 있을 것이다.

가나안 입성을 앞둔 이스라엘이 매우 중요한 역사적인 순간에 서 있다는 사실을 반영이나 하듯 이스라엘을 인도하는 리더십도 바뀌었다. 새 시대를 시작하는 시점에서 이스라엘은 새 리더를 맞이하게 된 것이다. 출애굽의 대드라마가 시작되던 때부터 이때까지 40여 년 동안 이스라엘은 모세의 인도함을 받았다. 이제부터는 여호수아가 모세의 지도권을 이어받아 이 백성을 이끌어야 한다. 리더가 바뀌었다고 해서 모든 것이 잘 될 것이라는 보장은 없다. 요단 강가에 서 있는 이 사람들도 옛적 가데스바네아에 서 있던 조상들처럼 선택을 해야 한다. 하나님을 전적으로 믿고 순종할 것인가, 아니면 자신들의 논리와 감정을 의지하여 하나님께 불순종할 것인가를 선택해야 한다. 그러나 리더십이 바뀐 사실이 왠지 40년 전보다 상황이 더 나을 것이라는 기대감을 갖게 한다.

지금부터 이스라엘의 운명은 새로운 리더 여호수아의 손에 달렸다고 해도 과언은 아니다. 새 리더가 새 시대를 열어가는 것은 당연한 일이라 할 수도 있지만, 새 리더십은 사람들을 불안하게 할 수도 있다. 변화는 항상 미래가 어떻게 될 것인가에 대한 우려를 내포하고 있기 때문이다. 지난 40여 년 동안 모세는 안정적인 리더십으로 이스라엘을 인도했다. 새로 임명된 여호수아의 리더십은 어떤 스타일을 보여 줄 것인가? 그도 모세처럼 잘할 수 있을까? 여호수아의 리더십 아래 이스라엘은 가나안에 성공적으로 정착할 수 있을까?

물론 가나안 땅은 이미 오래전에 하나님이 이스라엘의 선조들에게 약속하신 땅이다. 이 땅은 하나님이 이스라엘을 위하여 준비하신 선물이며 여호와께서 직접 나서서 취하실 것이다. 그러나 이스라엘은 하나님이 땅을 취하시는 과정에 절대적인 순종으로 참여해야 한다. 만약에 한순간이라도 이스라엘이 반역하면 약속의 땅 입성을 눈앞에 두고 40년 동안 광야를 방황하다 죽어야 했던 지난 세대처럼 약속의 땅에 입성하지 못하거나, 입성하더라도 정착하지 못할 수도 있다. 그러므로 이스라엘이 하나님과 그들의 관계를 건강하게 유지시켜 줄 리더의 통솔을 받는 것은 매우 중요하다.

여호수아는 이처럼 역사적인 순간에 이스라엘을 인도하기에 적합한 리더인가? 저자는 여호수아기가 막을 올리며 시작되는 독자들의 불안감을 책이 막을 내릴 무렵에는 완전히 해소해 준다. 저자의 여호수아 리더십에 대한 긍정적인 평가는 모세의 시종(מְשָׁרֵת מֹשֶׁה)으로(1:1) 책을 시작한 그가 끝날 무렵에는 여호와의 종(עֶבֶד יְהוָה)으로(24:29) 일생을 마치는 것으로 묘사하는 일에서 역력하게 드러난다. 모세가 이스라엘의 출애굽과 광야 생활 40년을 지휘하기에 적합한 리더였다면, 여호수아는 그들이 요단 강을 건너 가나안 땅을 정복하는 데 손색이 없는 지도자였다는 것을 강조한다.

이스라엘이 새로운 리더 여호수아의 지휘하에 범람하는 요단 강을 건너 세겜을 첫 정착지로 삼는다. 이스라엘이 한동안 머물게 될 세겜은 가나안 정복의 베이스캠프(basecamp) 역할을 한다. 이스라엘은 세겜에 머물면서 지난 40년 동안 제대로 하지 못했던 여러 가지 종교적인 예식을 진행하여 시내 산에서 맺어진 하나님과 그들의 특별한 관계를 재정비한다. 이러한 이야기로 구성된 본 섹션은 다음과 같이 구분될 수 있다.

A. 여호수아가 소명을 받음(1:1-18)
B. 라합이 정탐꾼을 환영함(2:1-24)
C. 이스라엘의 요단 강 도하(3:1-4:24)
D. 세겜에서 행해진 성결 예식(5:1-12)

I. 순종과 예배로 정복 준비(1:1-5:12)

A. 여호수아가 소명을 받음(1:1-18)

여호수아기 1장은 앞으로 이 책에서 전개되고 발전되어 책에 통일성 (unity)과 응집성(cohesiveness)을 더하게 될 여러 가지 주제를 제시하고 있다. 제일 먼저 우리의 눈에 띄는 주제는 리더십 변화(transition)다(cf. 18 절). 모세는 이미 오래전에 여호수아를 자신의 후계자로 지명했다(신 31:1-8). 하나님도 그를 모세의 대를 이을 지도자로 인정하신다(2-9절). 그래서 하나님은 여호수아에게 모세가 못다한 일을 이어받아 이스라엘을 이끌고 요단 강을 건너갈 것을 명령하신다(2절). 모세의 염원에 따라 여호수아가 하나님이 세우신 이스라엘의 지도자가 된 것이다. 그 뿐만 아니라 하나님은 옛적에 모세와 함께하셨던 것처럼 여호수아와도 함께하실 것을 약속하신다(5, 17절; cf. 3:7). 하나님은 모세의 죽음으로 인하여 이스라엘을 인도하는 리더십에 어떠한 공백도 있지 않을 것이며 리더는 바뀌어도 주님의 역사는 차질 없이 진행될 것이라는 사실을 확인해 주시는 것이다.

두 번째 주제는 땅에 대한 약속 성취이다. 하나님이 여호수아를 백성의 새 지도자로 세우신 일(2-9절), 새 지도자가 된 여호수아가 최초로 내리는 명령과 지시(10-11, 12-15절), 백성의 순종(16-18절) 등 1장을 구성하고 있는 모든 텍스트가 하나님이 이스라엘에게 약속하신 땅을 얻기 위하여 요단 강을 건너 가나안에 입성하는 일에 맞추어져 있다(cf. 2, 3, 11, 15절). 비록 1장에서 가나안 족속들의 패배가 암시되고 있기는 하지만(cf. 5절), 하나님이 여호수아에게 '강하고 담대하라'라는 권면을 세 차례씩 하시는 것으로 보아(6, 7, 9절; cf. 18절) 이 일이 결코 쉽지만은 않을 것을 암시한다. 가나안 정복은 분명 하나님이 축복하시고 함께하시는 일이지만, 그렇다고 해서 인간의 노력과 모험을 배제하지는 않는다. 정복 과정에서 이스라엘은 분명히 어려움과 난관에 처하게 될 것이다. 하나님이 주의 백성에게 보장하시는 것은 최종적인 승리와 하나님이 결코 그들의 리더 여호수아를 떠나지 않고 함께하실 것이라는 사실이다(5절).

세 번째 주제는 절대적인 순종의 필요성이다. 하나님은 모세를 통해 여호수아와 이스라엘이 지켜야 할 율법을 주셨다(cf. 7절). 여호수아의 새 리더십의 성공 여부는 이 율법에 대한 절대적인 순종으로 결정 지어진다(7-8절). 가나안 땅에 정착한 이스라엘이 지속적으로 하나님의 축복을 누릴 수 있는가도 율법과 모세를 대신해 이스라엘에게 이 율법을 가르칠 여호수아에 대한 순종 여부로 판가름 난다(17절; cf. 22:5; 23:6; 24:26). 여호수아는 그의 스승 모세가 백성에게 율법을 가르쳤던 일을 생각하며 그 무엇보다도 백성에게 하나님의 말씀을 가르치는 일을 최고로 중요한 일로 삼아야 한다는 것을 암시한다. 그러므로 저자는 여호수아와 이스라엘이 모세의 율법을 잘 준행했다는 사실을 지속적으로 언급한다(1:13; 4:10; 8:31, 33, 35; 11:12, 15; 14:2, 5; 17:4; 21:2, 8; 22:2). 여호수아와 이스라엘은 하나님의 말씀에 순종하는 일에 하나가 되었고, 하나님은 이러한 리더와 백성을 약속의 땅 소유권으로 축복하신 것이다.

네 번째 주제이자 여호수아기 1장이 가장 강조하고자 하는 테마는 이스라엘 백성의 하나 됨이다. '뭉치면 살고 흩어지면 죽는다'라는 말이 있듯이 민족의 숙원 사업인 가나안 정복을 앞둔 이스라엘 사람들이 일치된 마음을 가지는 것은 매우 중요하다. 성공적인 정복을 위해서는 어떠한 경우에라도 적들에게 분열된 모습을 보여서는 안 되기 때문이다. 또한 여호수아기가 묘사하는 가나안 정복은 하나님이 주도하시는 성전(聖戰)이다. 여호와의 도구가 되어 성전에 참여하기 위해 이스라엘 공동체가 하나되는 것은 전제 조건이라 할 수 있다. 그래서 저자는 1장에서 이스라엘의 하나님을 지속적으로 강조한다(cf. Coote).

저자는 '모든'(כֹּל)이라는 단어를 반복적으로 사용하여 이스라엘의 하나 됨을 강조하고 있다. '모든 백성'(כָּל־הָעָם)(2절), '[발바닥이 닿는 곳은] 어디든지'(כָּל־מָקוֹם)(3절), '온 땅'(כֹּל אֶרֶץ)(4절), '네 평생'(כֹּל יְמֵי חַיֶּיךָ)(5절), '모든 율법'(כָּל־הַתּוֹרָה)(7절), '어디를 가든지'(כֹּל אֲשֶׁר תֵּלֵךְ)(7, 9절), '[율법 책에] 쓰여진 모든 것'(כָּל־הַכָּתוּב)(8절), '모든 용사'(כֹּל גִּבּוֹרֵי)(14절), '[우리에게 명하신 것은] 무엇이든지'(כֹּל אֲשֶׁר־צִוִּיתָנוּ)(16, 18절), '어디로 보내시든지'(כָּל־אֲשֶׁר תִּשְׁלָחֵנוּ)(16절), '모두 모세에 복종했던 것같이'(אֲשֶׁר־שָׁמַעְנוּ אֶל־מֹשֶׁה כֹּל)(17절), '누구든지 거역하면'(כָּל־אִישׁ אֲשֶׁר־יַמְרֶה)(18절).

이처럼 본 텍스트는 여호와 하나님, 여호수아 그리고 이스라엘의 모든 백성이 가나안 정복을 앞둔 시점에서 온전히 하나 되었다는 사실을 회고한다. 신명기도 하나 됨이 이스라엘의 정체성과 사역의 중심이라고 강조했다(Hawk). 개인주의적인 성향에 깊게 물들어 있는 많은 교회에서 공동체적인 정신은 잊혀진 지 오래다. 그러나 성경은 믿음 공동체의 첫 출범 때부터 주의 백성이 하나 된 마음을 지니는 것이 얼마나 중요한가를 강조한다. 하나님의 백성으로서의 지속적인 존재 여부가 한마음을 품는 것이라고 할 수 있다. 에스겔 선지자도 새 언약 시대가 되면 하나님이 자기 백성에게 일치된 마음을 주실 것이라고 하고(11:19), 신약에서는 주의 백성의 하나 됨을 성령의 가장 중요한 사역 중 하나로 꼽는다(cf. 고전 12장). 한 백성이 한마음이 되어 한 비전을 가지고 함께 살 수 있는 공동체를 추구하는 것이야말로 얼마나 중요한가를 새삼 생각하게 한다.

비록 이스라엘이 한마음이 되어 가나안 정복을 목표로 한 여호와의 전쟁에 참여하지만, 그들은 자신들이 소유하게 될 가나안 땅이 하나님이 그들에게 선물로 주시는 것이라는 사실을 기억해야 한다. 저자는 이와 같은 사실을 1장에서 '[하나님이] 주시다/허락하시다'(נתן)라는 동사를 8차례 사용하여 강조한다(cf. Coote). 재미있는 것은 저자가 '현재 진행중인 일'로 해석되는 분사형(participle)을 사용하면서(cf. 2절) 동시에 '이미 완성된 일'을 묘사하는 데 주로 사용되는 완료형(perfect)을 사용하고 (cf. 3절) 있다는 점이다(cf. IBHS). 저자는 하나님이 이스라엘에게 이 땅을 이미 주신 적이 있다면서도, 머지않아 곧 주실 일을 강조하는 것이다.

가나안 땅은 하나님이 이스라엘에게 축복으로 약속하신 땅이다. 그러나 그들은 이 약속의 땅을 차지하기 위하여 열심히 싸워야 한다. 우리도 때로는 하나님이 주신 축복을 우리 몫으로 만들기 위하여 선전분투해야 한다는 사실을 마음에 새겨야 한다. 하나님 백성은 게으르거나 나태해서는 안 되며 자기가 해야 할 의무와 책임을 회피해서도 안 된다. 최선을 다한 노력으로 하나님의 축복을 자기의 삶에서 실현해 가야 한다.

여호수아가 모세의 뒤를 이어 이스라엘의 지도자가 된 이야기를 회고하고 있는 1장은 등장 인물들의 스피치에 따라 크게 세 섹션으로 구분될 수 있다. (1) 여호수아에게 임한 하나님의 권면(1:1–9), (2) 여호수아의 준비 명령(1:10–11), (3) 여호수아의 명령에 대한 이스라엘의 반응 (1:16–18). 이야기의 흐름을 보면 먼저 여호와께서 모세의 후임자로 세우신 여호수아를 격려하시고, 하나님의 지지와 격려를 받은 여호수아가 백성을 지휘하며, 백성이 여호수아의 명령에 잘 순종하는 형태를 취한다. 책의 첫 장이 강조하는 것은 리더십 변화(transition)가 잘 이루어지고 있다는 점이다. 여호수아의 준비 명령과 다음 섹션을 하나로 묶어 본 텍스트를 다음과 같이 두 파트로 구분하여 주해해 나가고자 한다.

A. 여호수아에게 임한 하나님의 권면(1:1-9)
B. 여호수아의 명령과 반응(1:10-18)

> I. 순종과 예배로 정복 준비(1:1-5:12)
>   A. 여호수아가 소명을 받음(1:1-18)

1. 여호수아에게 임한 하나님의 권면(1:1-9)

이스라엘의 정체성은 그들이 소유한 땅, 종교적 의식, 혹은 인종적 구성 요소로 정의될 수 없다. 그들의 정체성은 하나님의 백성으로 선택받은 것(chosenness)과 앞으로 그들이 당면할 일들에서 선택받은 백성으로서의 선택(choosing)에 의하여 정의된다(Hawk). 주의 백성의 정체성은 그들이 어떤 신앙적인 고백을 하느냐에 의하여 정의되는 것이 아니라, 이 땅에서 살아가면서 어떤 선택을 하느냐, 곧 어떠한 삶의 방식과 가치관으로 살아가느냐에 의하여 정의된다는 것이다.

하나님의 이스라엘에 대한 선택 원리는 그들을 위한 리더들을 세우는 일에 절대적인 영향력을 행사하시는 일을 통해 드러난다. 이스라엘을 이집트에서 이끌어낸 모세는 백성의 투표에 의하여 세워진 리더가 아니었다. 하나님이 일방적으로 모세를 자기 백성을 구원하시는 도구로 선택하여 세우셨다. 모세의 대를 이은 여호수아도 마찬가지다. 여호수아가 새로운 리더가 된 것은 하나님께로부터 비롯된 일이기 때문에 이스라엘은 그의 리더십에 대하여 불평하지 않고 지지해야 한다. 여호수아의 리더십을 거부하는 것은 곧 하나님의 선택과 섭리를 불신하는 결과를 초래하기 때문이다. 우리는 투표로 리더를 세우는 민주주의가 결코 하나님 주의가 아니라는 사실을 생각해 볼 필요가 있다. 그럼에도 불구하고 교회가 민주주의 방식을 선택하는 것은 단지 아직까지는 더 나은 대안이 없기 때문이다.

여호수아가 모세의 뒤를 이어 이스라엘의 리더가 된 것으로 시작하는 본문의 이야기는 모세의 죽음을 기록하고 있는 신명기 34장을 떠오르게 하며, 신명기 34장이 멈춘 곳에서부터 이야기를 이어나간다. 이러한 차원에서 여호수아기는 창세기에서 시작된 이야기의 맥을 이어가고 있다. 또한 이 이야기는 여호수아의 고별 설교를 담고 있는 23장과 어우러져 책을 지탱하는 일종의 받침대를 형성하며 이 두 장(viz., 1장과 23장)은 책의 주요 테마, 등장 인물, 구조와 전개 방식을 암시하고 있다. 그러므로 여호수아기를 제대로 해석하려면 1장과 23장을 자세하게 관찰하여야 하며 이 두 장이 서로 간의 연결성을 유지하며 제시하는 메시지를 마음에 두고 책 전체를 읽어 내려가야 한다.

하나님이 여호수아에게 주신 말씀은 마치 왕이 전쟁터로 떠나는 장군에게 전투에 대하여 지시하는 것을 연상케 한다(Butler, Hubbard, cf. 신 11:25-25; 31:6, 8; 대상 28:20). 그러나 내용면에서는 현저한 차이를 보이고 있다. 왕은 전쟁터로 떠나는 장군에게는 전력과 군사력에 대하여 말하지만, 본문에서 왕이신 하나님은 전쟁터로 떠나는 장군 여호수아에게 오직 믿음과 순종을 요구하신다. 하나님이 여호수아와 이스라엘 앞에 천군천사를 보내실 것이기 때문이다.

모세의 죽음을 언급하여 이 책을 신명기와 직접 연관시키는 서론적인 역할을 하는 1절과 하나님의 스피치로 구성된 2-9절은 다음과 같이 세 섹션으로 구분될 수 있다. 구조적으로 A-B-A' 형태를 지니고 있으며 이스라엘이 정복하여 차지해야 할 땅의 범위를 정의하는 내용이 중심부에 있다.

A. 정복하러 가라는 하나님의 명령(1:1-2)
  B. 이스라엘이 차지할 땅의 경계(1:3-4)
A'. 성공적인 정복을 위한 하나님의 권면(1:5-9)

> I. 순종과 예배로 정복 준비(1:1–5:12)
>   A. 여호수아가 소명을 받음(1:1–18)
>   1. 여호수아에게 임한 하나님의 권면(1:1–9)

(1) 정복하러 가라는 하나님의 명령(1:1–2)

¹ 여호와의 종 모세가 죽은 후에 여호와께서 모세의 수종자 눈의 아들 여호수아에게 말씀하여 이르시되 ² 내 종 모세가 죽었으니 이제 너는 이 모든 백성과 더불어 일어나 이 요단을 건너 내가 그들 곧 이스라엘 자손에게 주는 그 땅으로 가라

가나안 입성을 앞둔 이스라엘은 여러 가지를 준비해야 한다. 그중 가장 중요한 일은 새로운 지도자로 세워진 여호수아의 리더십 아래 온 백성이 하나가 되는 것이다. 오래전에 선조들에게 주신 약속을 이루려고 이집트를 떠나온 모세와 그의 세대는 자신들의 죄 때문에 광야에서 죽었다. 이제 이스라엘은 새로운 지도자 여호수아의 리더십 아래 그들의 아버지 세대가 이루지 못한 꿈을 이루기 위하여 요단 강을 건너야 하는데, 이 일에 있어서 가장 중요한 점은 하나님 안에서 온 백성이 일치된 마음을 가지는 것이기 때문이다.

약속의 땅에 들어가지 못하고 광야에서 죽어간 모세와 출애굽 1세대를 여호수아와 출애굽 2세대가 이어가고 있다. 세대가 바뀌고 사람들은 바뀌었지만, 하나님의 땅 약속은 계속 이어지고 있다. 모세가 매우 위대한 사람이었던 것은 확실하지만(cf. 신 34:10–11), 그의 죽음이 하나님의 계획과 역사에 차질을 빚을 수는 없다. 이러한 사실은 하나님의 나라를 위하여 오늘도 열심히 일하는 사역자들에게 큰 교훈과 격려가 되어야 한다. 하나님은 모세보다 훨씬 못한 우리를 지도자로 세우시고 모세도 꿈꾸지 못했던 위대한 구원 사역을 우리에게 맡기셨다. 우리가 최선을 다해 주께서 주신 사역을 이루려고 하지만, 설령 모두 다 이루지 못한다고 할지라도 좌절할 필요는 없다. 우리가 실패하거나 한계에

이르면 하나님은 다른 사람에게 그 일을 맡겨서라도 꼭 이루실 것이 기 때문이다. 그러므로 주어진 환경에서 최선을 다해 감사하게 사역하 다가 때가 차면 편안한 마음으로 다음 세대에게 사역을 넘겨주는 것이 우리가 해야 할 아름다운 일이다.

저자는 이스라엘 역사에서 매우 특별한 위치를 차지했던 모세를 '여 호와의 종'(יְהוָה עֶבֶד)이라고 부른다(1절). 하나님도 모세를 '나의 종'(עַבְדִּי) 이라고 부르신다(2절). '나의'라는 소유격을 표현하는 히브리어 접미사 (ִ-)는 매우 작은 것이지만, 모세가 하나님께로부터 어떤 평가를 받은 사람이었는가를 가장 정확하게 표현한다(Harstad). 그는 하나님이 참으 로 귀하여 여기셨던 영광스러운 종이었다.

구약에서 '여호와[나]의 종'이라는 표현은 극히 제한된 범위에서 매 우 특별한 사람들을 지목하며 18차례 사용된다. 18차례 중 모세에게 열네 번, 여호수아에게 두 번(수 24:29; 삿 2:8), 다윗에게 두 번(시 18:1; 36:1) 사용된다. 또한 이 18차례의 사용 중 여호수아기 안에서 14차례 나 등장한다(Howard). 구약에서 하나님이 특정한 인물을 가리켜 '나의 종'(עַבְדִּי)이라고 부르시는 것은 매우 영광스러운 일이다. 그러나 신약에 와서는 하나님의 종이라는 개념이 매우 넓은 의미에서 사용된다. 신 약이 예수님을 통해 하나님의 자녀가 된 우리도 주님의 종이라고 하기 때문이다. 우리에게 많은 흠이 있는데도 말이다. 참으로 감격스럽고 감사한 일이 아닐 수 없다.

이스라엘의 용맹스러운 장군이자(cf. 출 17:9, 13) 오랜 세월 동안 모 세의 곁을 지키며 그를 도왔던 여호수아가 모세의 후임자로 선택을 받 은 일은 당연하다. 실제로 여호수아는 모세의 후임자로 전혀 손색이 없다. 또한 모세가 '여호와의 종'이라는 특별한 명예를 얻었다면 여호 수아도 당시 아주 특별한 이름을 얻었다. 그의 이름은 '여호와가 구원 이시다'라는 뜻을 지녔으며 성경에 등장하는 이름 중 처음으로 '여호 와'(יְהוָה)와 연관된 이름이기 때문이다. 모세가 '구원'이라는 뜻을 지닌

평범한 그의 이름 호세아(הוֹשֵׁעַ)를 '여호와가 구원이시다'라는 신앙의 이
름으로 바꾸어 주었다(민 13장). 모세의 어머니 요게벳(יוֹכֶבֶד)(출 6:20; 민
26:59)의 이름도 '여호와가 영광이시다'라는 뜻을 지녔지만, 그녀의 이
름에 대한 풀이가 성경에는 없는 것으로 보아 여호수아는 여호와의 이
름이 중요하게 부각되는 첫 인간 이름이라 할 수 있는 것이다(Howard).
이와 같은 영광에도 불구하고 여호수아는 모세만큼의 지위는 누리지
못했다(Pressler).

지난 40여 년 동안 여호수아는 철저하게 모세의 그늘에 가려 있었
다. 그는 모세의 심복이 되어 옆에서 신실하게 섬겼다. 그랬던 여호수
아에게 드디어 기회가 찾아왔다. 하나님이 이 순간을 위하여 여호수아
를 준비시켜 두셨으며, 모세는 이날을 위하여 그를 훈련시켜 왔던 것
이다. 그러나 '모세의 시종'(מְשָׁרֵת מֹשֶׁה)(1절; cf. 출 24:13; 33:11; 민 11:28)으
로만 알려졌던 그가 과연 모세의 자리를 채울 수 있을 것인가? 전임자
가 이룩해 놓은 40년의 성공적이고 안정적인 지도력을 이어간다는 것
은 어느 후임자에게나 부담이 될 수밖에 없다.

아마도 지난 40년 동안 모세의 리더십에 익숙해져 있던 백성이 여호
수아에 대하여 불안감을 느끼는 만큼이나 여호수아도 자기가 인도해야
할 이스라엘 백성에 대하여 불안감을 느끼고 있을 것이다. 그동안 이스
라엘이 어떻게 하나님과 모세의 리더십에 반응했는가를 감안하면 여호
수아의 불안감은 당연하다. 이스라엘은 시내 산 밑에서 금송아지 사건
으로 하나님께 반역한 적이 있다(출 32:1-6). 이스라엘을 대표해서 아론
과 미리암이 모세에게 불만을 토로한 적이 있다(민 12:1-2). 백성이 너무
힘들게 한다며 모세가 엄청난 고통을 호소한 적도 있다(민 11:10-15). 광
야에서 끝까지 고집을 부리던 백성에 대한 생각이 아직도 생생하다(민
14:1-4). 이스라엘이 모세를 어떻게 대했는가와 이런저런 일들을 생각
해보면 여호수아도 마음이 불안하고 답답하기는 마찬가지였던 것이다.

백성과 여호수아는 서로 불안해 하지만, 하나님은 여호수아의 리더

십에 대하여 한 번도 의심하지 않으셨다. 그러므로 주님께서 옛적에 모세에게 말씀하셨던 것처럼 여호수아에게 말씀하셨다(1절). 하나님이 모세와 함께하셨던 것처럼 여호수아와 함께하실 것이기 때문에(신 31:7-8; 수 1:9) 여호수아가 끊임없이 기도하며 하나님께 나아가는 한, 여호수아의 리더십 자질은 그다지 큰 이슈가 되지 않는다. 하나님이 함께하시면서 여호수아의 부족한 부분을 채우시고 다듬어서 그를 백성을 인도하기에 적합한 리더로 만들어가실 것이기 때문이다. 많은 재능을 가진 사람들도 항상 하나님 앞에서 겸손해야 하지만, 특별히 본인 스스로가 자질이 부족하다고 느끼는 사람은 더욱더 그렇다. 하나님과 적극적인 교제가 유지될 때 우리들의 연약함이 주님의 능력으로 채워지기 때문이다.

하나님은 모세가 죽었으니 여호수아에게 모세를 대신하여 백성을 이끌고 요단 강을 건너라는 명령으로 말씀을 시작하신다(2절). 평상시에는 '모세가 죽었다'라는 말이 슬픔과 애곡을 자아내는 말이겠지만, 이미 30일 동안 그의 죽음을 슬퍼한 백성에게 이 말씀은 '이제는 더 이상 그의 죽음을 슬퍼하지 말고 앞으로 가라'라는 의미를 지녔다. 삶에서 슬퍼할 때가 있으면, 모든 것을 정리하고 앞으로 나아갈 때가 있다는 것이다. 그러므로 우리는 슬퍼할 때와 일할 때를 분별할 수 있는 지혜를 달라고 기도해야 한다. 또한 우리가 과거에 메이는 것은 하나님이 원하시는 바가 아니다.

하나님이 먼저 불안해하는 여호수아를 찾아와 말씀하셨다는 것은 전에 하나님이 모세를 대하셨던 것과 다름없이 여호수아도 대해 주실 것을 뜻한다(Harstad). 물론 모세와 같이 '얼굴과 얼굴을 맞대는'(cf. 신 34:10) 수준은 아니겠지만, 여호수아가 스스로 문제를 일으키지 않는 한 하나님과 새 지도자 사이에 결코 커뮤니케이션이 문제가 되는 일은 없을 것이다. 세대가 바뀌고 사람도 바뀌었지만, 하나님의 역사는 계속되어야 하기 때문이다. 하나님은 어떤 사람하고도 일하실 수 있는 분이시지만, 특히 능력(ability)이 있는 사람보다는 여호수아처럼 순종하는(availability) 사람을 선호하신다.

이스라엘이 지난 40년 동안 그들을 인도했던 영웅의 죽음 때문에 낙심하고 불안하여 어찌할 바를 모를 수도 있는 상황에서 하나님은 그들이 해야 할 일을 정확히 지시해 주신다. 요단 강을 건너라는 것이다. 상징적으로 요단 강은 아브라함과 후손들이 지난 수백 년 동안 그처럼 갈망했던 약속의 땅과 여호수아와 함께 있는 출애굽 2세대 사이에 놓인 유일한 경계선이다. 그러므로 이스라엘 사람들은 이 순간 매우 역사적인 자리에 서 있다. 이스라엘은 상징적인 차원에서 요단 강을 건너는 순간 과거에서 미래로 간다. 하나님은 우리가 과거에 얽매이거나 집착하는 것을 원치 않으신다. 지속되는 슬픔에 넋을 잃고 해야 할 일을 하지 못하는 것은 더욱더 원치 않으신다. 하나님은 우리가 과거를 거울삼기를 원하시지만, 우리의 사명이 무엇인가를 되뇌고 그 일을 이루기 위하여 미래 지향적이기를 더 원하신다.

> I. 순종과 예배로 정복 준비(1:1–5:12)
>   A. 여호수아가 소명을 받음(1:1–18)
>   1. 여호수아에게 임한 하나님의 권면(1:1–9)

(2) 이스라엘이 차지할 땅의 경계(1:3–4)

³ 내가 모세에게 말한 바와 같이 너희 발바닥으로 밟는 곳은 모두 내가 너희에게 주었노니 ⁴ 곧 광야와 이 레바논에서부터 큰 강 곧 유브라데 강까지 헷 족속의 온 땅과 또 해 지는 쪽 대해까지 너희의 영토가 되리라

하나님은 지난 40년 동안 지속된 광야 생활 중 모세를 통해 약속하신 모든 것을 여호수아와 백성에게 허락하실 것이다(cf. 신 11:24). 여호수아와 이스라엘이 밟는 곳은 모두 그들의 것이 될 것이며, 그 땅이 얼

마나 넓은지 그들이 걸어서 그 땅을 떠나게 되는 일이 없을 것이라고 말씀하신다(Hubbard). 하나님이 모세에게 약속하신 땅의 범위가 4절에 요약되어 있다. 남쪽으로는 광야까지가 이스라엘의 땅이 될 것이라고 하는데 광야(הַמִּדְבָּר)는 농사를 지을 수 없는 황무지를 가리키는 일반적인 표현이며 문맥에서 구체적인 의미를 파악해야 한다. 주석가들은 본문에서 이 단어가 신 광야(Goslinga), 유다의 남쪽에 있는 네게브 지역(Boling & Wright), 팔레스타인 남서쪽에 있는 농경지(Woudstra)를 뜻한다고 하지만, 하나님이 아브라함에게 이집트의 강에서부터 유프라테스 강까지 주신다고 약속하셨던 것으로 보아(cf. 창 15:18), 이 명사는 이집트 접경 지역에 있는 광야를 뜻하는 것으로 해석하는 것이 바람직하다(Howard, cf. Dallaire). 하나님은 수 백 년 전에 아브라함에게 주셨던 약속을 드디어 그의 자손들에게 이루고자 하신다. 우리 하나님은 한 번 약속하시면 많은 세월이 흘러도 결코 잊지 않으시고 꼭 지키시는 분이시다. 그러므로 우리는 하나님께 받은 약속은 비록 우리 시대는 아니더라도 언젠가는 꼭 이루어진다고 확신할 수 있다.

북쪽으로는 레바논이 이스라엘의 국경이 될 것이다. 레바논은 오늘날의 레바논과 위치가 동일하며 이스라엘의 북쪽에 있다. 레바논은 성경에 71차례 등장하지만, 정관사가 붙어 '이 레바논'(הַלְּבָנוֹן)으로 등장하는 곳은 이곳이 유일하다. 요단 강 이름에도 정관사가 붙어 '이 요단 강'이라는 의미를 지니는 경우가 종종 있는데(הַיַּרְדֵּן)(cf. 2절), 이처럼 요단 강에 정관사가 붙여질 때마다 강을 눈으로 볼 수 있는 상황을 묘사한다(Howard). 그러므로 하나님이 '이 레바논'이라 하시는 것은 이스라엘이 이 순간 자신들이 있는 곳(viz., 요단 강 동편 모압 평지)에서는 아직 레바논을 눈으로 볼 수는 없지만 마치 보이는 것처럼(viz., 소유에 대한 확신을 가지라는 의미) 간주하라는 의미로 풀이된다.

유프라테스 강(פְּרָת)은 가나안 북동쪽에 있다. 가나안의 실제적인 동쪽 경계는 요단 강이나 아라비아 광야이지만, 성경은 유프라테스 강을 동쪽 경계로 자주 언급한다. 헷 사람들이 사는 곳을 지나 서쪽에 있는 대해(הַיָּם הַגָּדוֹל)는 물론 지중해를 뜻한다. 성경에서 '헷 사람들'(הַחִתִּים)은 여러 민족을 의미하며 사용된다. 본문에서 헷 사람들은 당시 가나안에 거하던 모든 족속, 곧 가나안 사람들 전체를 뜻한다(Howard). 그러나 동시에 헷 사람들은 당시 이 이름으로 불리던 위대한 나라와 민족을 연상케 하기도 한다(cf. Coote, Dallaire). 오늘날의 터키를 중심으로 형성되었던 이 나라는 당시 매우 막강한 강대국이었다(Hess). 하나님이 이스라엘에게 이 영화로운 헷 사람들의 나라에 버금가는 영토를 이스라엘에게 주실 계획을 가지고 있음을 암시하시는 것이다(Hubbard).

안타깝게도 이스라엘은 한 번도 하나님이 약속하신 이 모든 땅을 영토로 누린 적이 없다. 심지어는 다윗-솔로몬의 영화로운 통일 왕국 시대에도 누리지 못했다. 하나님은 정작 큰 땅을 약속하셨지만, 여호수아와 이스라엘이 어느 정도의 땅을 취하고 난 다음에는 '이정도면 됐어' 하고 안주했기 때문이다. 하나님이 약속하신 땅과 실제로 이스라엘이 정복한 땅의 차이는 약속과 실현, 이상과 현실의 차이라 할 수 있다. 그러므로 가나안 정복 전쟁은 어느 정도 성공한 전쟁이지만, 하나님이 약속하신 모든 땅을 차지하는 일에 있어서는 실패한 전쟁이라 할 수 있다. 가나안 정복은 하나님이 약속하신 축복을 온전히 이루지 못한 인간의 한계를 드러낸 일이다.

I. 순종과 예배로 정복 준비(1:1–5:12)
  A. 여호수아가 소명을 받음(1:1–18)
    1. 여호수아에게 임한 하나님의 권면(1:1–9)

---

(3) 성공적인 정복을 위한 하나님의 권면(1:5–9)

⁵ 네 평생에 너를 능히 대적할 자가 없으리니 내가 모세와 함께 있었던 것 같이 너와 함께 있을 것임이니라 내가 너를 떠나지 아니하며 버리지 아니하

리니 [6] 강하고 담대하라 너는 내가 그들의 조상에게 맹세하여 그들에게 주리라 한 땅을 이 백성에게 차지하게 하리라 [7] 오직 강하고 극히 담대하여 나의 종 모세가 네게 명령한 그 율법을 다 지켜 행하고 우로나 좌로나 치우치지 말라 그리하면 어디로 가든지 형통하리니 [8] 이 율법책을 네 입에서 떠나지 말게 하며 주야로 그것을 묵상하여 그 안에 기록된 대로 다 지켜 행하라 그리하면 네 길이 평탄하게 될 것이며 네가 형통하리라 [9] 내가 네게 명령한 것이 아니냐 강하고 담대하라 두려워하지 말며 놀라지 말라 네가 어디로 가든지 네 하나님 여호와가 너와 함께 하느니라 하시니라

모세의 뒤를 이어 이스라엘의 지도자가 된 여호수아는 지난 40여 년 동안 이 순간을 위해 훈련을 받아왔지만, 그렇다고 해서 불안한 마음을 완전히 씻을 수 없다. 자신이 과연 스승 모세처럼 효과적으로 이 백성을 지휘할 수 있을까에 대하여 확신이 서지 않았기 때문이다. 그러나 하나님의 말씀이 여호수아의 불안감을 한순간에 씻어 내린다. "내가 모세와 함께 있었던 것 같이 너와 함께 있을 것임이니라"(5b절). 더 나아가 하나님은 모세와 함께하셨던 것처럼 여호수아와 함께하실 것을 세 차례나 강조하시며 약속하신다. "내가 너와 함께하며(אֶהְיֶה עִמָּךְ), 너를 떠나지 아니하며(לֹא אַרְפְּךָ), 버리지 아니하겠다(לֹא אֶעֶזְבֶךָ)"(5c절; 새번역). 하나님이 여호수아를 전쟁터에 투입하기 전에 이처럼 함께하실 것을 약속하시는 것은 훗날 예수님께서 제자들을 사역하라고 내보내시면서 하신 말씀과 비슷하다(Hess, cf. 마 28:18-20; 막 16:15; 행 1:8).

여호와께서 모세와 함께하셨을 때 그 누구도 모세의 길을 가로막지 못했다. 심지어는 이집트의 바로도 모세의 적수가 되지 못했다. 모세에게 능력이 있어서가 아니라 전능하신 여호와의 능력이 그와 함께했기 때문이다. 만일 여호와의 동일한 능력이 여호수아와 함께한다면, 누가 감히 그의 앞길을 막을 수 있겠는가! 그러므로 하나님이 여호수아와 함께하실 것이라는 약속은 앞으로 여호수아가 승승장구할 것을

재차 확인하는 말씀이기도 하다. "네 평생에 아무도 네 앞길을 막지 못할 것이다"(5a절; 공동).

그렇다면 이미 하나님의 함께하심과 이스라엘의 승리를 보장받은 여호수아가 해야 할 일은 무엇인가? 하나님은 여호수아에게 "강하고 담대하라"(יֶאֱמָץ חֲזַק)라는 명령으로 세 차례 권면하신다(6, 7, 9절). 고대 근동에서 왕들이 군대를 이끌고 전쟁터로 나아갈 때 군사들을 권면하면서 흔히 사용하는 말이었다(Niehaus). 가나안 정복 전쟁을 앞둔 여호수아에게 왕이신 하나님의 적절한 권면이다.

'강하고 담대하라'라는 말씀은 모세가 여호수아를 후계자로 세우며 그에게 해주었던 권면이기도 하다(신 31:6). 하나님이 모세의 말로 여호수아를 격려하시는 것은 모세가 그를 후계자로 세웠을 때, 하나님이 모세에게 그 일을 지시하셨다는 사실을 암시한다. 여호수아는 모세가 세운 후계자가 아니라, 하나님이 세우신 지도자인 것이다. 훗날 다윗이 솔로몬에게(대상 22:13; 28:20), 히스기야가 자기 부하들에게(대하 32:7) 이 표현을 사용하여 권면한다. 또한 "강하고 담대하라"라는 표현은 항상 하나님의 도우심과 주님의 함께하심을 전제하는 정황에서 사용된다(Hess). 하나님은 여호수아에게 맹목적으로 강하고 담대하라고 하시는 것이 아니라, 주님과의 돈독한 관계를 바탕으로 강하고 담대하라고 권면하시는 것이다.

'강하다'(חֲזַק)와 '담대하다'(אָמַץ)는 비슷한 말로 사용되는 단어들이다(cf. HALOT). 본문에서 이 동사들이 사용되는 정황을 살펴보면 6절과 9절에서는 '용기를 내라'라는 뜻을 지녔으며 7절에서는 '[율법을 지키겠다는] 확고한 의지를 가지라'라는 의미를 지녔다. 하나님은 여호수아에게 미래에 대한 불안감과 당면하고 있는 현실의 두려움을 이겨내는 용기뿐만 아니라 말씀대로 살겠다는 확고한 결단을 요구하시는 것이다. 그러므로 하나님이 여호수아에게 용기를 요구하시는 것은 미래가 불확실한 상황에서 그에게 주신 약속(viz., 하나님이 그와 함께하시면서 승리를 주실 것)을 전적으로 믿고 행동하라는 뜻이다.

여호수아는 무엇을/어떤 일을 하는 것에 있어서 '강하고 담대해야' 하는가? 우리는 종종 이 말씀을 여호수아가 백성을 인도하고 가나안을 정복하는 일에 있어서 용감하라는 뜻으로 생각한다. 그러나 본문은 여호수아가 앞으로 가나안 사람들과 치를 전쟁에서 강하고 담대해야 한다고 하는 것이 아니라 율법을 지키는 일, 곧 하나님의 말씀대로 사는 일에 있어서 "강하고 담대하라"라고 한다(7절). 하나님이 새 지도자 여호수아에게 요구하시는 것은 전쟁에 필요한 용맹이 아니라 열정적으로 율법을 지키겠다는 의지와 각오다. 율법은 이스라엘의 리더가 하나님의 백성을 인도하면서 영원 불변한 원칙으로 삼아야 할 지침이자 가이드라인이기 때문이다.

율법을 지키는 일에 있어서 강하고 담대하라고 권면하는 7절의 나머지 부분과 8절은 '강하고 담대하게 율법을 지키는 것'이 무엇을 뜻하는지 상당히 자세하게 설명한다. 첫째, 우리말 성경에는 잘 드러나 있지 않지만, 하나님은 여호수아에게 율법을 지키는 일에 있어서 매우 신중하고 조심할 것(לִשְׁמֹר לַעֲשׂוֹת)('be careful to obey')을 당부하신다(7a절). 온몸과 마음을 율법 지키는 일에 쏟으라는 것이다. 둘째, 하나님은 여호수아에게 모든 율법(כָּל־הַתּוֹרָה)을 지키라고 명령하신다(7b절). 율법은 사람의 취향에 따라 지킬 것은 지키고, 지키고 싶지 않은 것은 무시할 수 있는 것이 아니다. 성경은 수많은 율법을 지키다가도 그중 하나라도 범하면 율법을 범한 자가 된다고 한다. 이 세상에 사는 한 하나님의 말씀의 일부는 우리에게 불편함과 손해를 끼칠 수 있다. 그럼에도 불구하고 하나님은 우리가 성경의 모든 말씀에 따라 살아가기를 요구하신다.

셋째, 하나님은 여호수아에게 한순간도 율법의 기준에서 벗어나지 말라고 명령하신다. "오른쪽으로나 왼쪽으로 치우치지 않도록 하여라"(אַל־תָּסוּר מִמֶּנּוּ יָמִין וּשְׂמֹאול)(새번역; 7c절). 하나님의 말씀에 따라 살아가는 일에 있어서 결코 예외로 삼는 것이나 잠시라도 정도(正道)를 이탈

하는 경우가 없도록 하라는 것이다. 넷째, 하나님의 말씀이 그의 입을 떠나지(벗어나지) 않도록 해야 한다(8a절). 여호수아가 일상적으로 하는 모든 대화와 스피치는 하나님의 말씀을 의식하고, 그 말씀에 바탕을 둔 것이어야 한다. 또한 이 권면은 말씀을 다른 사람들에게 가르쳐야 한다는 의미를 내포하고 있다. 말씀을 나누고 지키는 것은 개인의 몫이지만, 동시에 공동체의 몫이기 때문이다(Hubbard).

다섯째, 하나님은 여호수아에게 율법을 주야로 묵상하면서 살라고 당부하신다(8b절). 율법은 마치 여호수아의 신체의 일부처럼 되어 있어야 한다(Miller). 여호수아의 삶의 모든 영역이 여호와의 율법의 지배 아래 있어야 하며, 그가 무엇을 하든지 율법의 기준에 따라 결정해야 한다는 뜻이다. 신약의 용어로 말하면 '성령(말씀)에 취한 삶'을 살라는 권면이다. 여호수아에게 율법을 주야로 묵상하라는 하나님의 명령은 신명기 17:14-20에 기록되어 있는 왕에 대한 규례를 연상케 하는 점에 있어서 마치 그를 왕의 대열에 올려놓는 듯하다(Pressler; Nelson; Coote). 하나님이 거룩한 백성 이스라엘의 지도자 여호수아에게 요구하시는 것은 전쟁 수행 능력이나 행정력이 아니라, 온 백성에게 신앙적으로 모범이 되는 것이다.

여호와께서는 하나님의 말씀대로 사는 일에 있어서 '강하고 담대하라'라는 권면을 통해 여호수아에게 주변의 모든 불안 요소에도 불구하고 적극적이고 긍정적인 믿음을 가지라고 권면하신다. 리더가 바르게 서지 않으면 온 백성이 고통을 당한다는 것을 생각하면 하나님이 여호수아에게 왜 이처럼 율법에 순종하는 리더십을 발휘하라고 하는지 이해가 간다. 그러나 이렇게 사는 것이 항상 쉽지는 않을 것이다. 말씀대로 산다는 것이 쉽고 순탄한 길이라면 이렇게 강력한 언어로 표현하실 필요가 없다. 말씀을 붙잡고 말씀대로 사는 것이 때로는 이를 악물고 투쟁한 결과일 수도 있다. 경우에 따라서는 강하고 담대하지 않으면 말씀대로 살지 못할 수도 있는 것이다. 그러므로 율법을 지키는 일에 있어서 강하고 담대하라는 것은 말씀대로 살겠다는 확고한 의지를 다지는 것을 전제한다.

'강하고 담대하라'라는 것은 믿음과 결단을 촉구하시는 말씀이다. 이 두 가지는 우리가 신앙생활을 하면서 항상 지녀야 할 것들이다. 우리에게는 하나님의 능력에 대한 전적인 확신과 믿음도 필요하고, 어떠한 불이익을 감수하더라도 하나님의 말씀이 요구하는 기준에 따라 살겠다는 의지도 필요하다. 하나님이 여호수아에게 말씀을 중심으로 살아가라며 주신 이 권면은 훗날 바울이 사랑하는 제자 디모데에게 주었던 권면과 많이 비슷하다(Hess, cf. 딤전 4:11-14).

여호수아가 말씀대로 살아가는 일에 있어서 강하고 담대하면 무엇을 기대할 수 있는가? 하나님은 그가 온 마음과 의지를 다해 율법대로 살아간다면 성공을 보장하신다는 것을 두 차례 강조하신다. (1) 여호수아가 율법대로 살아간다면, 그는 어디를 가든지 성공할 것이다(7절), (2) 그가 율법책을 주야로 묵상하며 실천하면 그가 가는 길이 순조로울 것이며 성공할 것이다(8절). 여호수아가 말씀에 순종하는 것은 또한 여호와께서 그와 함께하실 것을 보장한다(9절). 말씀에 순종하는 삶이 동반하는 여러 가지 축복 중 이것이 가장 큰 축복이다. 하나님이 우리와 함께하시면 그 어떠한 것도 문제가 될 수 없기 때문이다.

우리는 하나님이 본문을 통해 여호수아에게 약속하시는 축복이 그어디에도 물질적인 풍요로움에 대한 직접적인 언급을 포함하고 있지 않다는 사실을 기억해야 한다. 물질만능주의적인 세상에서 살아가는 우리에게 하나님이 약속하시는 성공이 재물을 포함하고 있지 않다는 것이 다소 이상하게 여겨질 수도 있지만, 성경은 성공적이고 풍요로운 삶을 지혜, 지식, 연륜, 이해, 도덕, 거룩, 순종, 하모니, 의, 은혜 등이 충만한 것으로 정의한다(Dallaire).

이스라엘이 국가로 출범한 이래 가장 큰 전쟁을 앞둔 여호수아에게 하나님이 전쟁과는 별로 상관없는 주제로 권면하시는 것이 매우 인상적이다. 전쟁에서의 승리는 이스라엘의 군사력과 여호수아의 훌륭한 전술에 달려 있는 것이 아니라 그들이 하나님의 말씀에 얼마나 순종하느냐에 달려 있다. 전쟁은 하나님께 속한 것이기 때문이다. 그러므로 가나안 정복을 앞둔 여호수아와 백성에게 온 마음을 다하여 율법을 준수하는 것은 전쟁에서 승리하기 위한 그 어떠한 준비보다도 중요하다(Stone). 크리스천의 삶에서 가장 중요한 이슈는 말씀에 대한 순종이다. 성공적인 삶을 위해서는 더욱더 그렇다. 또한 하나님의 말씀에 순종하는 삶은 그분의 함께하심을 보장한다. 하나님이 함께하신다면, 무엇이 두렵겠는가!

> I. 순종과 예배로 정복 준비(1:1-5:12)
>   A. 여호수아가 소명을 받음(1:1-18)

2. 여호수아의 명령과 반응(1:10-18)

본문은 모세로부터 후계자로 세움을 받고 하나님의 인준을 받은 여호수아가 이스라엘의 리더로서 처음으로 행한 일들을 기록하고 있다. 여호수아가 당면한 가장 시급한 과제는 요단 강을 건너는 일이다. 요단 강은 평소에는 별 탈 없이 건널 수 있는 강이지만, 여호수아가 백성을 이끌고 건너는 시기는 홍수로 인해 1년 중 강이 가장 범람하는 때다. 그러므로 이 수많은 백성을 이끌고 홍수가 난 강을 건넌다는 것이 결코 쉬운 일은 아니다. 어떻게 생각하면 물이 고여 있는 바다를 건너는 것보다 홍수로 범람하는 강을 건너는 일이 더 어렵다. 그러나 여호수아와 이스라엘은 무슨 일이 있어도 요단 강을 건너야 한다. 그들에게 요단 강을 건너는 것은 40년 전에 그들이 홍해를 건너는 것으로 이집트를 떠난 일과 비슷한 의미를 지녔기 때문이다. 이스라엘은 홍해를 건너는 일을 통해 400여년의 타국 생활을 정리했다. 이제 요단 강을 건너는 일을 통해 400여년 동안 떠났던 약속의 땅으로 돌아가고자 한다.

이러한 정황에서 여호수아는 백성과 지도자들에게 강을 건널 준비를 하라고 명령을 내린다. 요단 강을 건너는 일은 그의 리더십에 대한 첫 테스트다. 범람하는 강을 바라보고 있는 백성이 홍해에서 모세에게 순종했던 것처럼 이번에도 여호수아의 리더십에 잘 따라줄 것인가가 관건이다. 그뿐만 아니라 이 일은 하나님과 그의 관계를 테스트하는 첫 단계이기도 하다. 하나님이 모세와 함께하셨던 것처럼 여호수아와도 함께하시면 예전에 홍해의 물이 갈라져 벽을 이루며 이스라엘에게 길을 내주었던 것처럼 이번에는 요단 강이 갈라져 강물이 벽을 이루며 이스라엘에게 길을 내줄 것이다. 그러나 하나님이 함께하시지 않으면 기적은 일어나지 않을 것이다.

도마 위에 올라 있는 여호수아의 리더십에 관한 이야기를 담고 있는 이 섹션은 다음과 같이 세 파트로 구분될 수 있다. 이러한 흐름은 여호수아의 리더십이 하나님과 모세뿐만 아니라 백성에게도 지지를 받아 자리를 잡아가고 있다는 것을 의미한다.

A. 여호수아가 지도자들에게 지시함(1:10-11)
A'. 여호수아가 백성에게 지시함(1:12-15)
　B. 백성이 여호수아에게 충성을 맹세함(1:16-18)

> I. 순종과 예배로 정복 준비(1:1-5:12)
> 　A. 여호수아가 소명을 받음(1:1-18)
> 　　2. 여호수아의 명령과 반응(1:10-18)

(1) 여호수아가 지도자들에게 지시함(1:10-11)

[10] 이에 여호수아가 그 백성의 관리들에게 명령하여 이르되 [11] 진중에 두루 다니며 그 백성에게 명령하여 이르기를 양식을 준비하라 사흘 안에 너희가 이 요단을 건너 너희의 하나님 여호와께서 너희에게 주사 차지하게 하시는

땅을 차지하기 위하여 들어갈 것임이니라 하라

하나님께 요단 강을 건너라는 명령과 그와 함께하시면서 승리를 주시겠다는 격려를 들은 여호수아는 곧장 백성의 지도자들을 불러 3일 후에 요단 강을 건널 것이니 준비를 서두르라는 명령을 내렸다. 여호수아의 명령이 인상적인 면은 그가 전쟁을 위한 무기를 준비하라고 한 것이 아니라, 식량을 준비하도록 했다는 것이다. 하나님의 격려를 받은 여호수아가 전쟁은 여호와께 속한 일이라는 사실을 믿고 여호와께서 이스라엘에게 승리를 주실 것을 확신했다는 것을 암시한다 (Hubbard). 물론 많은 식량을 챙겨갈 필요는 없다. 그들이 가나안에 입성한 후에는 가나안 땅에서 생산된 곡식을 먹게 될 것이기 때문이다(cf. 5:12). 그때까지 필요한 소량의 양식만 준비하라는 뜻이다.

여호수아가 강을 건너는 일을 3일 후로 잡은 것에는 어떠한 의미가 서려 있는가? 성경에서 3일은 중요한 상징성을 지녔다. 구약에서 3일은 중대한 사건(출 10:22, 23)에, 귀중한 변화(창 30:36; 수 2:16, 22; 9:16; 왕상 12:5; 대하 10:5)를, 혹은 중요한 여정(출 3:18; 5:3)을 상징하는 기간이다. 특히 광야에서 3일은 여러모로 중요한 상징성을 지녔다(Hubbard, cf. 출 8:27; 15:22; 민 10:33; 33:8). 이러한 전통 속에서 여호수아가 3일 후에 강을 건너겠다고 하는 것은 이스라엘 역사상 매우 중대하고 귀중한 일이 곧 있을 것을 선언하는 상징적인 의미를 지녔다.

본문이 기록하고 있는 내용은 여호수아가 이스라엘의 최고 지도자로서 내린 첫 명령이다. 그가 백성에게 내린 명령은 하나님이 그들에게 곧 가나안 땅을 주실 것이라는 확신에 차 있다(11절). 지난 수백 년 이스라엘이 그토록 학수고대했던 일이 며칠 후면 현실로 드러나는 역사적인 순간이다. 이 역사적인 순간에 여호수아는 하나님이 말씀하신 것을 전적으로 신뢰하고 있다. 하나님의 역사적인 사역에 동참할 수 있는 조건은 굳건한 믿음이다. 온 백성의 우두머리가 하나님의 말씀에 따라 승리를 확신하니 더 이상 무엇이 문제이겠는가? 그러므로 여호수아는 지도자들에게 범람하는 요단 강에 주눅들지 말고 속히 그 홍수 난 강을 하나님의 도움을 받아 건너갈 것을 준비하라고 지시한 것이다.

이스라엘은 40년 전에도 물을 지나간 적이 있다. 그러나 그때와 지금은 상황이 많이 다르다. 그때는 홍해를 건넜다. 이번에는 요단 강을 건넌다. 그때에 이스라엘은 이집트를 탈출하는 노예들이었다. 그때는 얼마나 급히 떠나야 했는지 무교병을 먹어야 했다. 이번에는 더 이상 노예가 아니라 하나님의 백성으로서 그들의 땅을 차지하기 위하여 강을 건넌다. 또한 이번에는 차분히 3일 동안을 지내며 만반의 준비를 한 다음에 건넌다. 그때에는 이스라엘이 쫓기는 자들이었다. 지금은 정복자로서 강을 건너려 한다. 지난 40년 동안 상황이 참으로 많이 바뀌었다. 이처럼 느긋하게 도하를 준비하는 이스라엘의 모습은 전쟁으로 떠나는 군대가 아니라, 예배를 드리기 위하여 자신들의 몸가짐을 정결하게 하는 성도의 모습이다(Hess). 모두 다 하나님이 함께하실 것이라는 믿음에서 비롯된 느긋함이고 여유로움이다.

여호수아의 모습은 진정한 리더십이 어떤 것인가를 생각하게 한다. 기독교 리더십은 각 개인의 재능이나 기교에서 비롯되는 것이 아니다. 믿음 공동체를 이끌어가는 리더십은 하나님의 말씀을 믿고 따르는 일에서 시작된다. 리더가 하나님과 끊임없이 교통하는 한, 하나님이 그를 통해 온 공동체를 인도하시기 때문이다. 즉, 리더가 하나님과 끊임없이 교제하는 한, 하나님이 리더를 통해 직접 그 공동체를 인도하시는 것과 다름없다. 우리는 하나님이 인도하시는 무리를 당할 자는 없다는 사실을 기억해야 한다.

(2) 여호수아가 백성에게 지시함(1:12-15)

¹² 여호수아가 또 르우벤 지파와 갓 지파와 므낫세 반 지파에게 말하여 이르되 ¹³ 여호와의 종 모세가 너희에게 명령하여 이르기를 너희의 하나님 여호와께서 너희에게 안식을 주시며 이 땅을 너희에게 주시리라 하였나니 너희는 그 말을 기억하라 ¹⁴ 너희의 처자와 가축은 모세가 너희에게 준 요단 이쪽 땅에 머무르려니와 너희 모든 용사들은 무장하고 너희의 형제보다 앞서 건너가서 그들을 돕되 ¹⁵ 여호와께서 너희를 안식하게 하신 것 같이 너희의 형제도 안식하며 그들도 너희의 하나님 여호와께서 주시는 그 땅을 차지하기까지 하라 그리고 너희는 너희 소유지 곧 여호와의 종 모세가 너희에게 준 요단 이쪽 해 돋는 곳으로 돌아와서 그것을 차지할지니라

이스라엘 진영 전체에게 지시를 내린 여호수아는 이미 요단 강 동편에 정착한 르우벤 지파, 갓 지파와 므낫세 반 지파에게 요단 강 서편 정복 전쟁에서 그들이 맡은 역할을 상기시켰다. 이미 모세가 그들에게 말한 것처럼 아내들과 자식들 그리고 가축들은 그들이 기업으로 받은 땅인 요단 강 동편에(cf. 민 32:1-42; 신 2:26-3:17) 정착하게 하고, 전쟁을 할 수 있는 남자들만 강을 건너서 다른 지파들도 그들처럼 땅을 차지하여 정착할 때까지 싸우라는 것이다. 이 말씀은 신명기 3:18-20을 거의 그대로 인용하고 있다. 다만 차이라면 신명기는 모세가 그들에게 '성읍'(עיר)을 주었다고 하는 데 반해 여호수아기는 '땅'(ארץ)을 주었다고 한다(14절). 이러한 차이는 여호수아기가 땅에 특별한 관심을 가지고 있다는 것을 시사한다(Howard). 여호수아기에서 열왕기하로 이어지는 역사서에서 땅은 하나님의 축복과 구원을 구체화하는 개념으로 사용된다(Pressler).

128

여호수아는 자신이 이 지파들에게 이르는 말을 "여호와의 종 모세가 너희에게 명령하여 이르기를…"로 시작하여 자신의 리더십은 모세가 지도자로서 약속하거나 지시한 모든 내용을 그대로 준수할 것을 시사하고 있다. 더 나아가 그의 나머지 스피치는 모세가 요단 강 동편에 정착한 지파들에게 했던 말(신 3:18-20; cf. 민32:28-30)을 상당 부분 인용하고 있다. 하나님은 이미 여호수아가 죽은 모세의 대를 이어야 한다는 것(2절), 모세를 통해 이스라엘에게 주신 약속을 여호수아를 통해 지키실 것(3절)을 확인하신 다음 여호수아와 이스라엘에게 모세를 통해 주신 율법을 지킬 것을 요구하셨다(7절).

하나님은 여호수아의 세대를 모세와 그의 업적에 연관시키셔서 그들이 이미 오래전부터 시작된 역사와 전통의 맥을 이어가고 있다는 것을 강조하고자 하신다. 이러한 정황에서 여호수아가 모세의 스피치를 인용하는 것은 신명기와 여호수아기의 연결성을 암시하기도 하지만(Hess), 새로운 리더로 세움을 받은 여호수아는 그에게 임한 하나님의 말씀에 전적으로 동의하며 그대로 따르겠다는 의지를 밝히는 행위이기도 하다(Hubbard). 또한 모세의 뒤를 이어 리더가 된 여호수아가 이러한 자세를 취하는 것은 모세의 리더십에 익숙해져 있는 이스라엘 사람들이 조금이라도 더 안심할 수 있게 한다. 변화는 항상 모험과 불편함을 동반하기 때문이다.

여호수아가 이 지파들에게 지시하는 것 중에 책 전체에서 부각될 중요한 테마가 '안식'(חוּנ)이다(15절). 여호수아가 인용하고 있는 모세의 스피치에서도 안식이 포함되어 있지만, 본문과 비교해 보면, 여호수아가 모세보다 이 안식에 대하여 훨씬 더 관심이 많다는 것을 암시한다(Hess). 요단 강 동편에 거주하게 될 지파들은 강 서쪽에 정착하게 될 지파들이 안식할 땅을 얻을 때까지 그들과 한편이 되어 싸워야 한다. 지난 40년 동안 광야에서 방랑 생활을 하던 백성에게 한곳에 정착하여 안식과 평안을 누리는 것은 가장 중요한 목표였을 것이다. 하나님이 광야를 배회하던 이스라엘에게 가나안 땅에 입성하면 안식을 주시겠다고 약속하셨기 때문이다. 그러나 이스라엘은 이 안식을 얻기 위하여 가나안 사람들과 전쟁을 해야 한다. 하나님이 약속하신 축복이 이스라엘의 피와 살을 깎는 노력의 대가로 그들의 것이 되는 것이다. 이처럼 때로는 하나님의 축복은 우리에게 엄청난 노력과 희생을 요구한다.

> I. 순종과 예배로 정복 준비(1:1–5:12)
>   A. 여호수아가 소명을 받음(1:1–18)
>   2. 여호수아의 명령과 반응(1:10–18)

(3) 백성이 여호수아에게 충성을 맹세함(1:16–18)

¹⁶ 그들이 여호수아에게 대답하여 이르되 당신이 우리에게 명령하신 것은 우리가 다 행할 것이요 당신이 우리를 보내시는 곳에는 우리가 가리이다 ¹⁷ 우리는 범사에 모세에게 순종한 것 같이 당신에게 순종하려니와 오직 당신의 하나님 여호와께서 모세와 함께 계시던 것 같이 당신과 함께 계시기를 원하나이다 ¹⁸ 누구든지 당신의 명령을 거역하며 당신의 말씀을 순종하지 아니하는 자는 죽임을 당하리니 오직 강하고 담대하소서

여호수아는 요단 강 동편에 거하게 될 지파들로부터 적극적이고 긍정적인 대답을 받았다. 그들은 여호수아에게 강력한 의지의 표현으로 세 가지를 약속한다. "명령하신 것은 다 행할 것이요(נַעֲשֶׂה)…, 보내시는 곳에는 우리가 가리이다(נֵלֵךְ)…, 당신에게 순종하리이다(נִשְׁמַע)"(16–17절). 모세에게 했던 것처럼 여호수아의 리더십에 전적으로 복종하겠다고 다짐하는 그들의 대답은 온 이스라엘의 입장을 반영한 것이다(Pressler, cf. Howard). 그들의 충성 약속은 절대적 순종(16–17c절)–"오직(רַק) 주 하나님이 모세와 함께 계셨던 것과 같이, 여호수아 어른과도 함께 계시기만 바랍니다"(17d절; 새번역)–절대적 순종(18a–c절)–"오직(רַק)

130

굳세고 용감하시기를 바랍니다"(18d절; 새번역)의 순서로 구성되어 있다. A—B—A—B 형태를 취하고 있는 것이다.

백성은 여호수아에게 절대적인 충성을 약속하면서 누구든지 그의 명령을 거역하면 죽이겠다는 경고를 더한다(18절). '거역하다'(מרה)는 모세가 출애굽 1세대가 가데스바네아에서 저지른 범죄를 묘사하면서 사용했던 단어다(신 1:26; 9:23; cf. 9:7, 24; 31:27). 여기서 백성이 모세가 자신들에 대하여 사용했던 개념을 다시 사용하는 것은 그들이 예전에 모세에게 순종했던 것처럼 여호수아에게 순종하겠다는 뜻이다(Hess). 그러나 저자는 한 가지 의미를 더하는 듯하다. 모세가 이스라엘의 반역으로 힘들어했던 것처럼, 여호수아도 앞으로 이스라엘의 반역을 당면하게 될 일을 암시하는 것이다.

백성의 대답에 두 차례나 사용되는 '오직'(רק)은 무엇을 의미하는 것일까? 한 주석가는 여호수아가 결코 백성의 순종에 의존하지 못하게 될 것을 뜻한다고 해석한다(Howard). 그러나 하나님은 7절에서 이 단어를 사용하여 여호수아와 이스라엘의 성공 여부는 그들이 얼마나 철저하게 율법을 지키느냐에 달려 있다는 것을 조건으로 제시하셨다. 이 점을 감안할 때, 자연스러운 의미는 이스라엘의 여호수아에 대한 충성도 조건적이라는 것을 뜻하는 것으로 해석할 수 있다(Hawk). 이렇게 해석할 경우 백성은 하나님이 여호수아와 함께하시는 한 그의 리더십을 절대적으로 따르겠지만, 여호와께서 더 이상 그와 함께하시지 않는 순간 여호수아는 그들의 복종도 더 이상 기대할 수 없다는 점을 밝히고 있는 것이 된다(Nelson).

그러나 만일 백성이 여호수아에게 이처럼 조건적인 지지를 표하고 있다면, '오직'(רק)이라는 단어보다는 '만약'(אם)을 사용했을 것이다(Hess). 게다가 이 이야기의 정황은 여호수아가 하나님께 인준을 받은 직후다. 새로운 리더십에 대한 백성의 축하가 무르익어가는 상황에서 조건적인 지지를 표하는 것은 적절하지 않다(Hubbard). 그러므로 백성이 조건적인 지지를 표하는 것이 아니라, 하나님이 하셨던 것처럼 그를 격려하는 것으로 이해하는 쪽이 바람직하다. 이스라엘은 어떻게 하나님이 여호수아와 함께하시는지에 대하여 판단할 것인가? 아마도 그들이 전쟁에서 승리하는 것을 기준으로 삼았을 것이다(Pressler).

하나님은 여호수아에게 좌로나 우로나 치우치지 말고 오직 모세를 통해 주신 율법대로 행하라고 말씀하셨다. 그리하면 그와 온 이스라엘이 성공할 것임을 약속하셨다(7절). 이스라엘 백성도 자신들의 리더가 오직 하나님만을 바라보며 그분의 말씀을 전적으로 믿고 따르라고 권면한다. 여호수아가 모세의 율법에 전적으로 순종해야 하는 것처럼 자신들도 여호수아에게 전적으로 순종할 것을 다짐하며 그를 격려하고 있는 것이다. 리더십은 하나님뿐만 아니라 그가 리드해야 할 공동체에서도 인준을 받아야 한다(Hess). 또한 리더가 하나님 앞에 바로 서야 공동체의 미래가 밝다. 그러므로 공동체의 건강을 위해서라도 리더들이 바로 서야 한다. 모든 주님의 공동체는 하나님 앞에 바로 서 있는 리더의 지도를 받을 권한이 있다.

역사상 가장 큰 전쟁을 눈앞에 둔 백성이 실제적인 전투 준비에는 별로 관심이 없고 리더에게 하나님의 말씀을 믿고 순종하라고 호소한다는 것이 우리에게는 생소할 수 있다. 그러나 그들의 권면은 그들이 진정 무엇이 중요한가를 잘 알고 있다는 것을 시사한다. 전쟁에서 사용할 무기를 준비하는 것보다 전쟁의 주인이신 하나님과의 관계를 확인하는 일이 더 중요하다는 것이다. 우리의 삶에서도 이 원리는 그대로 적용되어야 한다. 이슈들과 문제들을 우리 힘으로 해결하려고 하기 전에 먼저 그 문제들을 가장 손쉽고 적절하게 해결하실 수 있는 하나님과의 관계를 점검해야 한다.

B. 라합이 정탐꾼을 환영함(2:1-24)

여호수아기 1장이 이스라엘의 가나안 입성에 대한 하나님과 이스라엘의 관점을 묘사했다면, 2장은 라합이라는 가나안 여인을 통해 이 일에 대한 가나안 사람들의 관점을 제시한다(Hess). 이스라엘은 하나님이 선조들과의 약속을 지키기 위해서 그들에게 가나안 땅을 주실 것을 확신한다(1장). 본문은 가나안 사람들도 이러한 사실을 알고 있으며, 그 무엇으로도 이 일을 막을 수 없다는 점을 의식하고 있다는 것을 알려준다. 이스라엘이 위대하고 위협적이어서가 아니라, 그들의 신 여호와가 두렵고 능력이 있는 하나님이시기 때문이다(cf. 2:10).

많은 주석가는 이 이야기가 1장과 3장 이후를 기록한 저자/편집자와는 다른 사람에 의하여 저작되었으며 오랜 세월 동안 민담으로 내려오던 내용이 여호수아기에 들어가게 된 것이라고 생각한다(Soggin, Woudstra, Butler, Pressler). 이들이 이렇게 주장하는 것은 1장과 3장의 흐름을 2장이 끊고 있다고 생각하기 때문이다. 1장에서 여호수아는 3일 후에 요단 강을 건너겠다고 했다(11절). 2장에서 정탐꾼은 최소한 4일을 라합의 집과 여리고 성 주변에서 머문다. 3장에서 이스라엘 백성은 요단 강가로 이동한 후 그곳에 진을 치고 3일을 머문다. 그러므로 1장의 '3일 후에 강을 건넌다'라는 말과는 달리 2-3장에서 최소한 일주일 이상이 지체되고 있다는 것이다.

그러나 이러한 시간적 문제를 극복하는 일은 별로 어렵지 않다(cf. Sherwood). 먼저 2장은 1장의 일이 있기 전에 있었던 일을 설명하고 있다고 생각해도 별문제는 없다. 여호수아가 1장에서 3일 후에 강을 건너도록 준비하라는 지시를 하기 전에 여리고 성에 정탐꾼을 보냈던 것이다. 또한 3장에서 백성이 싯딤을 떠나 요단 강가에 진을 치고 3일을 보낸 것(3:2)은 1:11에서 여호수아의 "3일 후에 강을 건널 준비를 하라"

라는 말과 일치한다. 즉, 여호수아는 요단 강에 진을 치던 날 3일 후에 강 건널 채비를 하라고 지시했고, 3장은 이 3일이 지난 다음에 있었던 일을 묘사하고 있는 것이다.[7]

라합 이야기는 기브온 족 이야기(9장)와 함께 하나님이 이스라엘에게 요구하시는 가나안 사람들의 진멸(חרם)이 어떤 것이며, 진멸은 어떤 범위에서 행해져야 하는가를 정의한다. 하나님은 오래전에 아브라함에게 가나안 사람들의 죄가 차야만 그와 그의 후손들에게 가나안 땅을 주실 것이라고 하셨다(창 15:16). 그러므로 하나님이 여호수아와 백성에게 가나안 사람들을 진멸하고 그들의 땅을 정복하여 차지하라고 하시는 것은 그들의 죄가 '가득 찼다'는 사실을 뜻한다. 그러나 진멸을 당해도 마땅할 사람들 속에 있는 억울한 사람들과 죽임을 당할 만한 죄를 짓지 않은 사람들은 어떻게 하실 것인가? 하나님은 이들을 포함한 가나안 사람들을 모두 죽이실 것인가?

이 질문에 대하여 라합과 기브온 족 이야기는 '아니다'라고 답한다. 가나안 사람 중에도 누구든 여호와에 대한 두려움이 있어서 그를 경외하면 죽음을 면하게 될 것이다. 라합은 자신의 믿음으로 온 집안을 구했다. 그녀는 역(逆)진멸을 체험했던 것이다. 심지어는 온 지역 사람이 여호와를 경외하면 죽음을 면할 수 있다는 사실을 시사하는 내용이 바로 기브온 족 사건이다. 그러므로 이 두 사건은 하나의 패러다임을 형성하여 이미 진멸이 선포된 백성 중에서도 여호와에 대한 경외와 믿음이 있는 사람들은 개인적인 구원(viz., 라합) 혹은 공동체적인 구원(viz., 기브온 사람들)을 경험했다는 것을 강조하고 있다. 하나님은 가나안 사람 중에 살릴 만한 믿음이 있는 사람들은 모두 살리셨다는 것이다. 2장의 이야기는 라합의 고백(8-14절)을 중심으로 다음과 같은 교차 대구법

---

7 일부 주석가들은 1장이 언급하는 3일을 상당한 시간을 의미하는 상징적인 표현으로 간주하여 여호수아가 3일 후에 강을 건널 것이라고 했지만, 실제로는 6-7일 후에 요단 강을 건넌 것이라고 풀이하기도 한다(Dallaire).

적 구조를 지니고 있다(cf. Hawk, Hubbard).

   A. 여호수아의 명령(2:1a)

     B. 도착과 우려: 스파이들 보호(2:1b-7)

       C. 라합의 신앙 고백과 합의(2:8-14)

     B'. 탈출과 우려: 라합과 가족들 보호(2:15-21)

   A'. 여호수아에게 보고(2:22-24)

I. 순종과 예배로 정복 준비(1:1-5:12)
  B. 라합이 정탐꾼을 환영함(2:1-24)

1. 여호수아의 명령(2:1a)

1a 눈의 아들 여호수아가 싯딤에서 두 사람을 정탐꾼으로 보내며 이르되 가서 그 땅과 여리고를 엿보라 하매

모세의 뒤를 이어 새로운 모세로 자리를 잡은 여호수아는 모세가 가데스바네아에서 가나안으로 정탐꾼들을 보냈던 것처럼(cf. 민 13-14장) 자신도 정탐꾼들을 은밀하게 요단 강 서편으로 파견했다. 가나안 성중에 가장 먼저 정복하게 될 여리고 성의 상황을 보고 오라고 두 사람을 선별해 보냈던 것이다. 신명기는 모세가 정탐꾼을 보낸 일을 매우 부정적으로 평가하여 그가 약속의 땅에 들어가지 못하게 된 두 가지 이유 중 하나로 기록하고 있다(신 1:34-37). 여호수아도 그때 모세가 보낸 정탐꾼 중 한 사람이었는데, 그가 다시 스파이를 보내는 일이 좋아 보이지 않는다. 그래서 한 학자는 2장이 여호수아의 행동을 비난하고 있다며 그가 스파이를 보낸 일을 '부정 출발'(false start)이라고 한다(Sherwood).

싯딤(הַשִּׁטִּים)에는 항상 정관사가 붙으며 '아카시아 나무들'이라는 뜻

을 지녔다. 아마도 이 지역에 아카시아 나무가 숲을 이루고 있어서 붙여진 이름일 가능성이 크다. 싯딤의 정확한 위치는 아직까지 밝혀지지 않았지만, 요단 강에서 그리 멀리 떨어진 곳은 아니었던 곳으로 추정된다. 학자들에 의하여 유력하게 싯딤으로 추정되는 곳들은 모두 요단 강에서 15km 내외에 있다(LaSor, ABD). 전에 이스라엘은 싯딤에서 모압 여인들의 꼬임에 놀아나 우상을 섬긴 적이 있다(민 25:1-3). 이스라엘은 자신들이 하나님을 배반한 곳에서 옛일을 교훈 삼아 새로운 역사를 시작하고 있는 것이다. 여리고(יְרִיחוֹ)를 문자적으로 풀이하면 '향료'라는 의미를 지닌 것으로 추정되며 요단 강에서 서쪽으로 10km 떨어진 곳에 있다. 그렇다면 정탐꾼들은 왕복 50km 정도의 길을 다녀와야 했다 (cf. Harstad).

여호수아가 '눈의 아들 여호수아'(יְהוֹשֻׁעַ־בִּן־נוּן)로 소개되는 것은 1:1 이후 처음 있는 일이다. 책 안에서 그를 단순히 '여호수아'라고 부르는 것이 총 138차례나 등장하는 점으로 보아 이것이 일반화되어 있는 표현이다. 반면에 성경에서 '눈의 아들 여호수아'는 10차례밖에 사용되지 않는데 대체적으로 이야기 흐름에 있어서 일종의 표시(marker)로 등장한다(Howard). 여기서 여호수아가 이렇게 불리는 것은 새 이야기를 시작하고 있음을 암시하는 것이다.

개역개정에는 잘 드러나 있지 않지만, 여호수아는 정탐꾼들을 '몰래'(חֶרֶשׁ) 보냈다. 이 단어는 성경에서 오직 이곳에서만 사용되는 단어로 '벙어리가 되다, 침묵하다'에서 파생되었다(HALOT). 그러나 정탐꾼이 여리고 성에 입성하자마자 그들의 신분이 노출되었다! 여호수아는 그들을 몰래 보냈지만, 온 성이 그들을 알아본 것이다! 스파이들은 '몰래' 여리고를 다녀오는 일에 실패한 것이다.

여호수아가 정탐꾼을 보내는 것이 믿음이 없어서일까? 일부 학자들은 그렇다고 간주해서 이 사건을 매우 부정적인 시각에서 평가한다 (Spina, Hawk, Sherwood). 여호수아가 하나님의 말씀을 전적으로 믿지 못하고 정탐꾼을 보냈기 때문에 라합이 나머지 가나안 사람들과 진멸을 당하지 않아 살게 되었고, 이스라엘은 가나안 정복을 시작하기 전부터 가나안 사람들의 완전한 진멸을 포기해야만 했다는 것이다. 이들은 더 나아가 2장에 기록된 사건을 소돔과 고모라 사건의 재현이라고도 한다 (cf. Dallaire). 롯이 천사들을 대접한 것과 라합이 정탐꾼들을 숨겨 준 일이 평행을 이루고 있다는 것이다.

그러나 반론도 만만치 않다. 비록 성경이 언급하고 있지는 않지만 최근에 모세로부터 리더십을 이어받은 여호수아가 하나님께 기도하지 않고 이런 일을 했을 리 없다는 것이다(Calvin). 또한 이 일이 강조하고자 하는 가장 기본적인 사실은 여호수아가 백성에 대한 지휘권을 확고히 확보했다는 점이다(Hess). 게다가 정탐꾼들이 가지고 오는 소식은 40년의 광야 생활을 마무리하고 불안한 마음을 안고 미지의 땅으로 입성하는 이스라엘 백성에게 하나님이 가나안 사람들의 마음을 녹아 내리게 하여 얼마나 확실하게 정복을 예비하셨는가에 대한 증언이다.

그러므로 이 이야기에는 부정적인 요소가 포함되어 있지 않다(cf. Harstad). 결과론적으로 볼 때에도 정탐꾼들이 여리고 성을 다녀왔기 때문에 하나님을 경외한 라합과 그의 친척들이 살 수 있었다. 이 사건은 여호수아의 불신에서 비롯된 사건이 아니다(Howard). 이스라엘이 요단 강을 건너기도 전에 하나님은 이미 진멸이 선포된 가나안 지역에서 살릴 만한 사람들을 살리는 사역을 시작하셨다는 사실을 회고하는 사건이다.

> I. 순종과 예배로 정복 준비(1:1-5:12)
>   B. 라합이 정탐꾼을 환영함(2:1-24)

2. 도착과 우려: 스파이들 보호(2:1b-7)

¹ᵇ 가서 그 땅과 여리고를 엿보라 하매 그들이 가서 라합이라 하는 기생의 집에 들어가 거기서 유숙하더니 ² 어떤 사람이 여리고 왕에게 말하여 이르되

보소서 이 밤에 이스라엘 자손 중의 몇 사람이 이 땅을 정탐하러 이리로 들어왔나이다 ³ 여리고 왕이 라합에게 사람을 보내어 이르되 네게로 와서 네 집에 들어간 그 사람들을 끌어내라 그들은 이 온 땅을 정탐하러 왔느니라 ⁴ 그 여인이 그 두 사람을 이미 숨긴지라 이르되 과연 그 사람들이 내게 왔었으나 그들이 어디에서 왔는지 나는 알지 못하였고 ⁵ 그 사람들이 어두워 성문을 닫을 때쯤 되어 나갔으니 어디로 갔는지 내가 알지 못하나 급히 따라가라 그리하면 그들을 따라잡으리라 하였으나 ⁶ 그가 이미 그들을 이끌고 지붕에 올라가서 그 지붕에 벌여 놓은 삼대에 숨겼더라 ⁷ 그 사람들은 요단 나루터까지 그들을 쫓아갔고 그들을 뒤쫓는 자들이 나가자 곧 성문을 닫았더라

여호수아의 명령을 받은 정탐꾼들은 곧장 강을 건너 여리고 성으로 갔다. 성에 입성한 후 그들은 라합이라는 창녀(זוֹנָה)의 집으로 갔다. 요세푸스는 그녀를 여관 주인으로, 그녀의 집을 여관으로 간주한다(Ant. 5.1.2). 그러나 히브리어는 그녀의 직업이 창녀(זוֹנָה)라며 정확하게 밝히고 있다. 정탐꾼들이 창녀의 집을 찾은 것은 아마도 외부인들이 특별한 의심을 받지 않고 방문하기에는 가장 적합한 곳이라고 여겼기 때문이었을 것이다.

일부 주석가들은 정탐꾼들이 창녀와 성관계를 맺는 것을 통해 율법을 어기고 있다고 주장한다(Spina, Hawk). 그러나 저자는 이들이 라합과 성적인 관계를 가지지 않았다는 것을 문장에서 사용하고 있는 히브리어 문법을 통하여 강조하는 듯하다(Hess, cf. Hubbard). 남자가 성관계를 갖기 위하여 여자를 찾을 때, 히브리어 문법은 보통 'בּוֹא + 전치사 אֶל'을 사용한다(삿 16:1; 창 6:4; 16:2; 30:3). 반면에 이곳에서는 'בּוֹא + 직접 목적어 בַּיְת'가 사용된다. 그뿐만 아니라 '눕다/눕다'(שכב)도 성관계를 갖는 것을 목적으로 할 때는 אֵת 혹은 עִם이 함께 사용되는데, 이곳에서는 이 단어들 대신 '그곳'(שָׁמָּה)이 뒤따를 뿐이다(Howard). 정탐꾼들은 라합과 성관계를 갖지 않았던 것이다(Dallaire). 또한 그들의 임무는 여리고

성을 정탐하는 것이다. 성을 살펴보아야 할 스파이들이 한가로이 창녀
와 성관계를 갖는다는 것은 그들이 처한 상황에 잘 맞지 않는다.

어찌된 일인지 아무도 자신들의 정체를 눈치채지 못하게 여리고 성
에 입성하려 했던 정탐꾼들의 이야기가 순식간에 왕에게 보고되었다(2
절). 정탐꾼들은 본인들의 의도와는 달리 가장 눈에 잘 띄는 곳에 몸을
숨기고 있었던 것이다(Nelson). 왕에게 보고된 내용은 '수상한 자들'이
아니라 '이스라엘 사람들'이 성에 잠입했다는 정확한 정보였다. 보고를
받은 왕은 즉시 라합의 집으로 사람들을 보냈다! 여리고 성의 왕은 그
들이 라합의 집에 머물고 있다는 사실을 어떻게 알았을까? 이처럼 이
야기의 세부 사항들이 빠져 있는 것은 저자가 최대한으로 간단하게 이
일을 요약하고자 하는 데서 빚어진 일이다. 이런 세부사항을 제공하는
것은 저자의 관심 밖에 있다.

왕의 부하들이 라합의 집을 찾았을 때, 그녀는 이미 정탐꾼들을 자
기 집 지붕 위에 숨기고 난 후였다(4절). '지붕'(גג)은 가나안 집들을 덮
고 있던 평평한 지붕을 뜻할 수 있고(HALOT), 2층 집의 다락방이나 2
층 마루를 뜻할 수도 있다(Hubbard, Hess). 당시 사람들은 이 공간에서
곡식 등을 말리거나 저장해 두는 창고로 사용했다. 라합이 정탐꾼들을
'삼대'(פשתה)로 덮어 숨겼다. 삼대는 약 1m 정도까지 자라는 식물이며 열
매로는 기름을, 줄기로는 옷감을 만드는 작물이다(Dallaire). 이스라엘의
농사 달력이라 할 수 있는 게셀 달력(Gezer Calendar, 주전 900년대)에 의하
면 삼대는 보리 수확이 시작되기 한 달 전에 수확하는 작물이었다. 그
러므로 오늘날 달력으로는 2-3월에 삼대 수확이 이루어졌다는 것을
뜻한다(Howard). 그렇다면 정탐꾼들이 여리고 성을 찾았을 때는 삼대를
수확하여 한참 말리던 3월쯤이었을 것이다.

라합은 정탐꾼들의 행방을 묻는 군인들에게 거짓말을 했다. 두 사람
이 자기 집을 찾은 것은 분명 사실이지만, 이미 성을 떠났다며 멀리 못
갔을 테니 빨리 쫓아가보라고 했다(5절). 군사들은 그녀의 말을 전혀

의심하지 않고 곧장 성을 벗어나 정탐꾼들의 뒤를 쫓기 시작했다(7절). 일부 주석가들은 라합이 거짓말을 하고도 하나님의 축복을 받아 살게 된 것에 대하여 윤리적인 문제를 제기하기도 한다(cf. 서론; Hess). 그러나 라합의 거짓말은 여러 가지 측면에서 윤리적인 문제가 없는 것으로 충분히 설명될 수 있다(Harstad). 또한 성경은 거짓말을 하는 것보다 거짓말을 하는 이유나 목적을 더 중요시 한다. 잠시 후에 보겠지만, 라합은 여호와를 경외하는 믿음에서 비롯된 거짓말을 했다.

왜 왕이 보낸 군인들은 라합을 전혀 의심하지 않은 것일까? 라합이 연기를 잘해서였을까? 그들 생각에는 라합도 이스라엘 사람들이 여리고 성에 진군해 오면 불리하기는 마찬가지기 때문에 그들을 숨길 이유가 없다고 생각했을 것이다. 또한 왕에게 보고된 내용을 보면 이스라엘 사람들이 여리고 성만 정탐하러 온 것이 아니라 '이 모든 땅'(הָאָרֶץ) (새번역)을 정탐하러 온 것이라 했다(2절). 아마도 정탐꾼이 가나안 다른 지역을 살펴보러 가는 길에 여리고 성에 잠시 들린 것으로 생각하고 있었던 것 같다. 그러므로 라합이 그들에게 스파이들이 이미 떠났다고 할 때, 스파이들이 가나안의 다른 성읍들도 둘러보기 위하여 여리고 성을 떠난 것은 매우 자연스러운 일로 생각되었을 것이다.

게다가 본문은 뒤쫓는 사람들이 나가자마자 성문이 닫혔다고 기록하고 있는데(7절), 라합이 '날이 어두워져 성문을 닫을 무렵에' 정탐꾼들이 떠났다고 한 말과 연결해서 생각해 보면 군사들은 자신들이 서두르면 곧 정탐꾼들을 따라잡을 수 있을 것으로 생각했을 것이다. 많은 주석가가 이 이야기에서 일종의 유머를 본다(Butler, Boling & Wright). 왕의 사신들이 성문을 출발하여 열심히 정탐꾼들을 쫓는데, 정녕 그들이 쫓는 사람들은 그들이 출발한 성문 뒤에 숨어 있다!

3. 라합의 신앙 고백과 합의(2:8-14)

[8] 또 그들이 눕기 전에 라합이 지붕에 올라가서 그들에게 이르러 [9] 말하되 여호와께서 이 땅을 너희에게 주신 줄을 내가 아노라 우리가 너희를 심히 두려워하고 이 땅 주민들이 다 너희 앞에서 간담이 녹나니 [10] 이는 너희가 애굽에서 나올 때에 여호와께서 너희 앞에서 홍해 물을 마르게 하신 일과 너희가 요단 저쪽에 있는 아모리 사람의 두 왕 시혼과 옥에게 행한 일 곧 그들을 전멸시킨 일을 우리가 들었음이니라 [11] 우리가 듣자 곧 마음이 녹았고 너희로 말미암아 사람이 정신을 잃었나니 너희의 하나님 여호와는 위로는 하늘에서도 아래로는 땅에서도 하나님이시니라 [12] 그러므로 이제 청하노니 내가 너희를 선대하였은즉 너희도 내 아버지의 집을 선대하도록 여호와로 내게 맹세하고 내게 증표를 내라 [13] 그리고 나의 부모와 나의 남녀 형제와 그들에게 속한 모든 사람을 살려 주어 우리 목숨을 죽음에서 건져내라 [14] 그 사람들이 그에게 이르되 네가 우리의 이 일을 누설하지 아니하면 우리의 목숨으로 너희를 대신할 것이요 여호와께서 우리에게 이 땅을 주실 때에는 인자하고 진실하게 너를 대우하리라

성경은 전혀 예상하지 못한 영웅들에 대하여 많은 이야기를 담고 있다. 하나님은 세상의 연약한 자들을 들어 쓰시는 분이시기 때문이다. 요셉, 모세, 에스더, 모르드개 등이 하나님이 자기 백성을 구원하시기 위하여 들어 쓰신 연약한 자들의 대표격이다. 라합도 하나님이 들어 쓰신 세상의 연약한 자들의 대열에 속한다. 라합은 몸을 팔아 가족들의 생계를 책임지고 있던 천한 여인이다. 하나님은 이런 라합을 구원하여 주의 백성에 합류하게 하셨을 뿐만 아니라, 그녀를 통하여 가나안 정복을 앞두고 불안해하는 여호수아와 이스라엘을 격려하셨다.

라합이 왕의 군사들을 따돌린 다음 정탐꾼들이 숨어 있는 지붕을 찾

았다(8절). 당시 가나안 지역의 집들은 평평한 지붕(혹은 제일 위층 방, cf.
Hess)을 가지고 있었으며, 물건을 쌓아두는 곳으로 널리 사용되었다.
비록 라합이 몸을 팔아 가족을 부양하고 있지만, 이 이야기를 읽다 보
면 그녀는 매우 똑똑하며 훌륭한 비즈니스 우먼(business woman)이라는
사실을 직감한다. 그녀는 이스라엘의 역사에 대하여 정확하게 알고 있
으며, 여호와에 대하여도 확실하게 알고 있다.

　라합이 이스라엘 스파이들에게 말을 시작했다. 여호와에 대한 신앙
을 고백하고 있는 그녀의 말은 성경에 기록된 여자들의 스피치 중 가
장 긴 것에 속한다.[8] 라합은 불안해하는 스파이들에게 세 가지를 증언
하며 그들을 격려했다. 첫째, 라합은 여호와 하나님이 이스라엘에게
가나안 땅을 주셨다는 것을 확신했다(9절). 그녀는 완료형(perfect) 동사
를 사용하여 여호와께서 이미 가나안 땅을 이스라엘에게 주셨다는 것
을 기정사실화하고 있다. 이스라엘은 이미 하나님이 주신 땅을 차지하
기만 하면 되는 것이다. 그뿐만 아니라 라합은 이스라엘의 하나님 '여
호와'(יהוה)를 알고 있다(19절). 가나안 여인이 여호와를 알고 있고 주님
의 계획도 알고 있다는 사실이 우리뿐만 아니라 스파이들에게도 상당
한 충격이었을 것이다. 한 학자의 말을 빌리자면 이 순간 라합은 "여호
수아를 포함한 대부분 이스라엘 사람들보다 여호와의 계획에 대하여
더 큰 확신을 가지고 있다"(Spina).

　둘째, 라합은 자신을 포함한 온 가나안 사람들이 이스라엘 사람들

---

8 그녀의 여호와에 대한 믿음과 확신을 묘사하고 있는 2:9b-11는 다음과 같은 교차 대구법
　적 구조를 지녔다(Hess).
　vv. 9b-10a
　　　A. the Lord has given this land to you
　　　　B. a great fear of you has fallen on us
　　　　　C. We have heard…
　　　　　　v. 11
　　　　　C′. …and so we have heard
　　　　B′. our hearts melted
　　　A′. the Lord your God is God in heaven ABDove and on the earth below

때문에 두려워 떨고 있다는 사실을 알려 주었다(9절). "우리는 당신들 때문에 공포에 사로잡혀 있고, 이 땅의 주민들은 모두 하나같이 당신 들 때문에 간담이 서늘했습니다"(새번역). 라합은 가나안 사람들이 느 끼고 있는 심리적 불안감에 대하여 '공포에 사로잡혀 있다… 간담이 서 늘하다… 간담이 서늘하다… 정신을 잃었다'(9-11절)라며 네 차례나 언 급한다. '당신들로 인한 공포'(אֵימַתְכֶם)는 구약에서 성전(聖戰)과 연관된 것으로서 신적 전사(Divine Warrior)이신 여호와가 백성을 위하여 싸우 실 때 적들에게 흔히 일어나는 현상이다(cf. 출 15:16; 23:27; 신 11:25; 욥 9:34; 20:25). 여호와께서 가나안 땅을 이스라엘에게 주셨으니 아무도 이 일을 막을 수 없으며, 그 과정에서 가나안 사람들의 대량 학살은 피 할 수 없는 현실이기 때문에 가나안 사람들이 이처럼 두려워하는 것은 당연한 일이다.

개역개정이 '[간담이] 녹다'(9절)로 번역해 놓은 동사는 단단히 굳어 있던 흙이 비에 녹아 내리는 상황을 묘사하는 단어다(TDOT). 가나안 사람들은 이스라엘과 싸울 엄두를 내지 못하고 있다. 그들의 마음이 이미 장대비에 흙이 녹아 내리듯 녹아버렸기 때문이다. 라합의 이 고 백은 한 가지 사실을 확실하게 해 준다. 이스라엘은 분명 가나안을 상 대로 승리할 것이다. 그러나 그들의 승리는 자신들의 능력이나 전술에 서 오는 것이 아니라, 그들과 함께하시는 신적 전사이신 여호와로부터 올 것이다. 물론 가나안 사람들도 자신들의 신적 전사로 숭배하는 신 들이 많이 있었다. 그러나 라합과 가나안 사람들은 잘 알고 있다. 자신 들의 신들은 결코 여호와의 상대가 되지 못한다는 사실을 말이다. 그 녀의 고백은 "에돔의 지도자들이 놀라고, 모압의 권력자들도 무서워서 떨며, 가나안의 모든 주민도 낙담합니다. 그들이 모두 공포와 두려움 에 사로잡혀 있습니다"(출 15:15-16; 새번역)라는 모세의 노래를 연상케 한다.

셋째, 라합은 가나안 사람들이 이스라엘을 두려워하고 있는 것은 여호와 하나님이 출애굽 이후 어떻게 이스라엘을 위해 사역하셨는가에 대하여 익히 알고 있기 때문이라고 한다(10절). 가나안 사람들은 여호 와께서 홍해를 마르게 하신 일로 시작하여 최근에 이스라엘이 아모리 사람들의 왕 시혼과 옥과 싸워 승리한 것에 대하여도 정확히 알고 있다. 라합은 '듣다'(שמע)라는 동사를 10-11절에서 두 차례 사용하여 가 나안 사람들이 여호와의 사역에 대한 정보에 익숙해져 있으며, 이 정 보가 그들을 두렵게 한다고 증언한다. 가나안 사람들이 괜히 여호와를 두려워하는 것이 아니라, 그들의 두려움은 이스라엘이 출애굽한 이후 지난 40년 동안 경험했던 역사적인 사실들에 근거하고 있다는 것이다. 그러므로 가나안 사람들이 얼마나 더 두려워했겠는가!

그러나 한 가지 사실을 정확하게 하자. 라합과 가나안 사람들은 이 스라엘 사람들이 두려운 것이 아니라 그들의 하나님 여호와를 두려한 다. 가나안 사람들은 이슈를 정확하게 보고 있다. 우리의 삶에서 사탄 이 우리를 함부로 못하는 것도 우리가 두려워서가 아니라, 우리와 함 께하시는 하나님이 두려워서이다. 그러므로 우리는 더욱더 하나님이 우리와 함께하시기를 바라고 기도해야 한다.

라합은 다시 한번 가나안 사람들이 간담이 서늘해 있다는 사실을 확 인한 후 "위로는 하늘에서 아래로는 땅 위에서, 과연 주와 당신들의 하 나님만이 참 하나님이십니다"라는 고백을 한다(11절; 새번역). 이 고백 역시 모세의 "주님은 위로는 하늘에서도 아래로는 땅에서도 참 하나님 이시며, 그 밖에 다른 신은 없다"라는 선언을 연상케 한다(신 4:39; 새 번역). 라합의 고백 내용은 결코 새롭지 않다. 성경이 하나님에 대하여 이러한 사실을 이미 오래전부터 선포해 왔으니 말이다. 다만 특이한 것은 누가 이런 고백을 하고 있느냐는 점이다. 진멸을 당할 가나안 사 람의 입에서 이 같은 고백이 나온 것이 매우 인상적이다.

라합은 자신이 정탐꾼들에게 은혜(חסד)를 베풀었으니 이제는 이스 라엘이 자신과 집안 식구들에게 은혜(חסד)를 베풀어 줄 것을 요구한다

(12–13절). 라합이 자기 가족들까지 구해달라고 하는 것은 그녀가 집안에서 제일 부자였고 잘나가는 사람이었다는 증거라고 풀이하는 해석이 있다(Brenner). 그러나 라합이 집안에서 가장 연약하고 볼품없는 사람이었기 때문이라는 해석도 있다(Coote). 이 이야기에서 정탐꾼들이 여리고 성의 주류에 속한 유력한 사람을 찾은 것이 아니라, 변방에서 몸을 팔아 가족의 생계를 이어가는 처량한 여자 라합을 찾아간 사실을 감안하면 후자가 더 설득력이 있는 해석으로 보인다.

비록 라합이 몸을 팔아 가족들을 책임지고 있지만, 그녀는 분명 가장 역할을 하고 있다. 그래서 라합은 자신뿐 아니라 가족들도 함께 죽음을 면하게 해 줄 것을 요구한다. 라합의 요구가 지나치다며, 그녀의 행동은 스파이들을 덫에 걸리게 하고 그들이 수치를 느끼게 하고 있다는 해석이 분분하다(cf. Pressler). 라합이 안전을 요구하고 스파이들이 이것을 약속하는 것은 하나님이 모세를 통해 성전(聖戰)에 대하여 명령하신 말씀을 명백하게 위반하는 것이라고 풀이하는 학자들이 있다(Polzin, Spina). 가나안 창녀인 라합에 관한 모든 이야기가 이스라엘 입장에서는 매우 암울하고 불안한 요소들로 가득 차 있으며 이 여인이 이스라엘을 위협하는 모든 것을 상징한다는 해석도 있다(Hawk).

이 학자들이 말하는 것처럼 라합이 구원을 요구하는 어투는 매우 강하다. 마치 정탐꾼들이 그녀의 요구를 들어주지 않을 수 없는 상황으로 몰아가는 것으로도 모자라 그 정탐꾼들의 팔을 비틀다시피 해서 약속을 받아내는 것 같다. 라합은 매우 강력한 언어를 사용하면서도 매우 공손하다(Dallaire). 이러한 적극성을 부정적으로 보기보다는 그녀의 신앙을 반영하고 있는 긍정적인 면으로 해석하는 것이 바람직하다. 게다가 당시 근동의 여러 법전에 의하면 라합이 스파이들을 숨기고 왕의 부하들을 속인 일이 발각되면 그녀는 사형을 피할 수 없다(Weinfeld).

가나안 사람으로서 라합은 이스라엘의 위협을 매우 확실하게 느끼고 있으며, 여호와께서 가나안 사람들을 이스라엘의 손에 붙이실 것을 확신한다. 그러므로 그녀의 살려달라는 요구도 이에 맞먹는 적극성을 띠어야 한다. 자신과 온 가족의 생존과 연관된 문제가 아닌가! 또한 이들 주석가들은 인정하기를 거부하지만, 본문을 이해하는 데 결정적인 요인은 여호와에 대한 라합의 고백이다.

그녀의 고백을 이야기의 중심에 두고 있는 2장의 구조 역시 이 점을 부각시키는 듯하다. 라합은 여호와를 믿고 경외하는 일에 있어서 여느 이스라엘 사람들과 다를 바가 없다. 이 가나안 여인은 여호와의 구원의 대열에 들어가기에 충분한 믿음을 지닌 것이다. 그러므로 여호와께서 여리고 성에 숨어 있는 스파이들을 이 가나안 여인을 통해 보호하실 뿐만 아니라 주님에 대한 확실한 믿음을 가지고 있는 라합도 구원하시는 것은 당연한 일이다(Sherwood).

라합이 이 일로 인해 훗날 이스라엘 공동체의 일원이 되는 것에 대하여 놀랄 필요도 없다. 처음부터 이스라엘 공동체의 정체성은 핏줄보다는 믿음에 의하여 정의되었기 때문이다(cf. 서론). 이스라엘이 이집트를 탈출할 때, '허다한 잡족들'이 함께 나왔다(출 12:38; cf. 민 11:4). 또한 성경에 의하면 모세가 각 지파에서 대표를 선발하여 가나안에 보냈던 정탐꾼 중 유다를 대표했던 갈렙은 그나스 사람/후손(קְנִזִּי)이었다고 하는데(민 32:12), 창세기 15:19에 의하면 그나스는 이방 족속이었다. 이방인의 후손인 갈렙이 유다 족속을 대표할 수 있었다는 것은 이스라엘이 혈통적으로 상당히 섞여 있었다는 사실을 시사한다.

신약의 저자들도 라합을 모범적인 믿음을 소유한 여인으로 이해하고 있다(히 11:31; 약 2:25). 또한 여호수아기에 그녀의 사건이 언급되는 것은 "누구든지 너를 축복하면 내가 그를 축복하리라"라는 아브라함 언약의 실현이기도 하다(Howard. cf. 창 12:1-3). 그녀는 아브라함의 후손들을 축복하여 그들의 하나님 여호와께 축복을 받고 있다. 유태인들의 전승 역시 그녀를 믿음의 모델로 삼았다. 이 전승에 따르면 라합은 여호수아와 결혼하여 예레미야와 에스겔을 포함한 많은 제사장의 조상이 되었다고 한다(Pressler).

정탐꾼들은 라합에게 만일 그들의 일을 아무에게도 알리지 않는다면 "죽는 일에 있어서 우리의 생명이 너희의 생명을 대신할 것"(לָמוּת הַחְתֵּיכֶם נַפְשֵׁנוּ)이라고 답한다. "우리의 목숨을 내놓고라도 너희 집안 식구들의 안전을 약속한다"(cf. 새번역)라는 뜻이다. 라합의 요구가 강력했던 것처럼, 위기에 처한 스파이들의 답례도 강력하다. 스파이들의 어투는 위기에 처한 그들이 무리한 것을 요구하는 라합에게 마지못해 동의하는 것으로 생각되지 않는다. 정탐꾼들은 라합이 그들에게 안전을 요구하면서 사용했던 단어들 '은혜'(חֶסֶד)와 '징표'(אֱמֶת)(12절)를 그대로 인용하며 답하고 있다. "친절(חֶסֶד)과 성실(אֱמֶת)을 다하여 그대를 대하겠소"(14절; 새번역). 성경에서 은혜(חֶסֶד)는 언약적 충성을 뜻하면서 사용되는 단어이다. 라합은 이 단어를 사용하여 자신과 스파이들 사이에 계약을 맺기를 원했으며, 정탐꾼들도 이 단어를 사용하여 협상이 체결되었다는 것을 인정한다(Hess).

I. 순종과 예배로 정복 준비(1:1-5:12)
　B. 라합이 정탐꾼을 환영함(2:1-24)

4. 탈출과 우려: 라합과 가족들 보호(2:15-21)

[15] 라합이 그들을 창문에서 줄로 달아 내리니 그의 집이 성벽 위에 있으므로 그가 성벽 위에 거주하였음이라 [16] 라합이 그들에게 이르되 두렵건대 뒤쫓는 사람들이 너희와 마주칠까 하노니 너희는 산으로 가서 거기서 사흘 동안 숨어 있다가 뒤쫓는 자들이 돌아간 후에 너희의 길을 갈지니라 [17] 그 사람들이 그에게 이르되 네가 우리에게 서약하게 한 이 맹세에 대하여 우리가 허물이 없게 하리니 [18] 우리가 이 땅에 들어올 때에 우리를 달아 내린 창문에 이 붉은 줄을 매고 네 부모와 형제와 네 아버지의 가족을 다 네 집에 모으라 [19] 누구든지 네 집 문을 나가서 거리로 가면 그의 피가 그의 머리로 돌아갈 것이

요 우리는 허물이 없으리라 그러나 누구든지 너와 함께 집에 있는 자에게 손을 대면 그의 피는 우리의 머리로 돌아오려니와 ²⁰ 네가 우리의 이 일을 누설하면 네가 우리에게 서약하게 한 맹세에 대하여 우리에게 허물이 없으리라 하니 ²¹ 라합이 이르되 너희의 말대로 할 것이라 하고 그들을 보내어 가게 하고 붉은 줄을 창문에 매니라

스파이들로부터 온 가족의 안전을 보장한다는 약속을 받아낸 라합은 그들을 성 밖으로 탈출시켰다. 저자는 그녀가 성벽 위에 있는 집에 살고 있었기 때문에 창문으로 줄을 내려 성을 빠져나가도록 했다고 한다 (15절). 우리말 번역본들은 대부분 그녀의 집이 성벽 위에 있었다고 번역하지만(개역; 개역개정; 새번역), 그녀의 집이 어떤 곳에 있었는지가 확실하지 않다는 것이 여러 번역의 차이에서 드러난다. "그녀의 집은 성벽에 있었으므로 그녀는 벽에서 살았다"(her house was on the city wall, so that she was living on the wall; NAS), "그녀가 살고 있던 집은 성벽의 일부였다"(the house she lived in was part of the city wall; NIV, cf. 공동 "벽에 붙어 있었다"), "그녀의 집은 성벽 바깥쪽에 있었고, 그녀는 성벽 안에 살았다"(her house was on the outer side of the city wall and she resided within the wall itself; NRS), "그녀의 거처지는 성벽 바깥쪽에 있었으며, 그녀는 성벽에서 살았다"(her dwelling was at the outer side of the city wall and she lived in the actual wall; TNK).

대체적으로 주석가들은 그녀의 집이 이중으로 된 성벽 사이에 있었던 것으로 추정한다(Howard, Pressler). 당시 가나안 성읍 중 이중 성벽을 지닌 곳들이 제법 많았는데, 이 두 성벽 사이에 폐기물이나 돌, 흙 등을 집어넣어 성벽들을 튼튼하게 했다(cf. Boling & Wright). 그러나 때로는 두 성벽 사이의 공간을 이용하여 집으로 꾸며 사는 경우도 많았다(cf. Dallaire). 라합의 집이 이런 형태를 취했던 것이다. 그녀가 성벽 사이에 살았다는 것은 상징적인 의미를 지녔다. 라합은 여리고(가나안)의 가장

변방에서 살고 있는, 그 사회의 주류에서 완전히 소외된 사람이었다. 하나님의 구원이 가나안의 가장 보잘것없고 소외된 사람에게 임한 것이다. 먼 훗날 예수 그리스도의 탄생이 제일 먼저 목동들에게 선포된 것처럼 말이다.

라합은 두 사람을 성 밖으로 내려주면서 산에 가서 3일 동안 숨어 있다가 뒤쫓는 군사들을 따돌린 다음에 갈 길을 가라고 당부했다(16절). 라합은 왕의 신하들을 동쪽에 있는 요단 강 쪽으로 보냈다. 반면에 여리고 성 주변에 있는 산들은 모두 서쪽에 있다(Keil). 그녀는 정탐꾼들을 정반대 방향으로 보내고 있는 것이다. 그들의 안전을 위한 확실한 배려다. 이미 1장에서 여호수아가 "3일 후에 강을 건너겠다"(1:11)라고 선포한 것과 연관하여 언급한 것처럼 성경에서 3일은 특별한 의미를 지녔다.

라합의 도움으로 성을 탈출하던 스파이들이 그녀에게 마지막으로 당부했다. 홍색 줄을 하나 주면서 이스라엘 백성이 진군해 오는 날, 그 줄을 꼭 창문에 매달아 두라는 것이었다. 일부 주석가들은 이 홍색 줄은 스파이들이 준 것이 아니라 여리고 성의 홍등가를 상징하는 것으로써 이미 라합의 창문에 붙어 있었던 것이라고도 한다(Bird). 문맥을 고려하면 그다지 설득력이 있어 보이는 주장은 아니다.

정탐꾼들은 이 홍색 줄이 징표가 되기 때문에 이스라엘 백성이 그것이 매달려 있는 집에 있는 사람들은 치지 않을 것이라고 했다. 만일 홍색 줄이 달려 있지 않거나, 혹은 식구 중 누가 밖으로 나갔다가 변을 당하는 일에 대하여는 자신들은 책임질 수 없다는 말도 덧붙였다. 라합의 창 밖에 걸려 있는 홍색 '줄'(תִּקְוָה)은 곧 라합과 가족들의 '소망'(תִּקְוָה)이기도 한 것이다. 히브리어로 '줄'(수 1:18, 21)과 '소망'(룻 1:12; 욥 5:16; 시 71:5) 이 같은 단어(תִּקְוָה)라는 것은 이 둘 사이에 일종의 언어유희가 형성되고 있다는 것을 알 수 있다(Nelson). 라합은 '줄'이 달려 있는 동안에는 '소망'할 수 있지만, '줄'이 끊기면 소망도 끊긴다. 라합이 스파이들에 대하여 다른 사람들에게 알리면 이 모든 약속은 자동적으로 파괴된다(20절).

라합은 곧 그들이 건네준 홍색 줄을 창에 매달았다(21절). 낯선 것을 창문에 매다는 일이 주변 사람들의 의심을 사기에 충분하다며 홍색 줄은 라합이 이날 새로이 매단 것이 아니라 이미 라합이 자신의 집과 직업을 알리는 데 사용하고 있던 일종의 '광고물'이었다는 해석이 있다(Bird). 그러나 이러한 해석은 역사적-고고학적 증거가 부족하다는 것이 일반적인 견해다(Hubbard).

정탐꾼들이 남기고 간 줄의 색깔이 '홍색'이라는 점에 대하여 여러 사람은 구약 제물의 피, 혹은 예수 그리스도의 피를 상징하는 것으로 해석했다(cf. Dallaire). 이러한 해석은 초대 교회 교부들에게서 유래되었으며 모형적 해석(typological interpretation)에 속한다(Goslinga). 라합이 빨간 줄을 창문에 매달고 가족들과 함께 집안에 머무는 것은 출애굽 전야의 일을 연상시키기도 한다(Coote, cf. 출 12:7, 13). 이집트의 장자들을 죽인 하나님의 사자들이 문설주에 발린 피를 보고 이스라엘 사람들의 집을 지나간 것처럼, 이스라엘 군대는 창에 걸린 홍색 줄을 보고 라합과 가족들이 머무는 집을 지나칠 것이다. 라합이 자신의 믿음으로 온 가족을 구원하게 되었다고 해서 그녀를 교회의 모형으로 해석하는 주석가도 있다(Woudstra).

그러나 줄의 색깔에 의미를 부여하는 해석에 대하여 문제를 제기하는 사람들도 많다. 성경에서 홍색(שָׁנִי)이 사용될 때에는 거의 모든 경우에 실이나 제사장이 입는 의복 색깔로 제한된다(Brenner). 이 홍색 줄은 시아버지 유다와 상관하여 쌍둥이를 낳았던 다말의 일과 연관이 있기도 하다(cf. 창 38:28, 30). 다말의 쌍둥이들이 태어날 때 먼저 나온 아이의 팔목에 묶어준 붉은 줄(שָׁנִי)이 본문이 사용하고 있는 빨간 줄(שָׁנִי)과 색깔이 같다. 그러므로 다말과 라합은 모두 '붉은 줄'로 인하여 이방인들임에도 불구하고 예수 그리스도의 계보에 오르게 되었다고 할 수 있다(cf. 마 1:3-5). 만일 저자가 이 붉은 색이 피의 색깔을 의미하기를 원했다면 שׁנִי보다는 אָדֹם을 사용했을 것이다(cf. 왕하 3:22). 그러므로 라합의 홍색 줄을 예수 그리스도의 죽음과 직접 연관시키는 일은 더 신중하게 고려되어야 한다.

I. 순종과 예배로 정복 준비(1:1-5:12)
  B. 라합이 정탐꾼을 환영함(2:1-24)

5. 여호수아에게 보고(2:22-24)

²² 그들이 가서 산에 이르러 뒤쫓는 자들이 돌아가기까지 사흘을 거기 머물매 뒤쫓는 자들이 그들을 길에서 두루 찾다가 찾지 못하니라 ²³ 그 두 사람이 돌이켜 산에서 내려와 강을 건너 눈의 아들 여호수아에게 나아가서 그들이 겪은 모든 일을 고하고 ²⁴ 또 여호수아에게 이르되 진실로 여호와께서 그 온 땅을 우리 손에 주셨으므로 그 땅의 모든 주민이 우리 앞에서 간담이 녹더이다 하더라

정탐꾼들은 라합의 말대로 3일 동안 산에 숨어 있다가 그들을 쫓는 자들이 포기하고 성으로 돌아가는 것을 확인하고는 요단 강을 건너 여호수아에게 돌아왔다. 그들은 여호수아에게 자신들이 겪은 모든 일을 낱낱이 알리고는 이렇게 보고를 마쳤다. "여호와께서 그 온 땅을 우리 손에 주셨으므로 그 땅의 모든 주민이 우리 앞에서 간담이 녹더이다"(24절). 그들의 발언은 라합의 말(9절)을 거의 그대로 인용하고 있다. 마치 라합이 직접 여호수아에게 보고하고 있는 듯하다(Hawk, Pressler). 스파이들이 라합의 말을 얼마나 신뢰하고 있었는가를 암시한다.

정탐꾼들의 보고에는 분명 상당한 과장이 들어 있다. 그들은 온 가나안 땅을 정탐한 것이 아니라, 단지 여리고 성을 정탐하고 돌아왔다. 또한 그들의 여리고 성 정탐은 라합의 집에 잠시 머물다 성벽을 타고

도망 나온 것이 전부였다. 그럼에도 불구하고 스파이들은 여호수아에게 마치 온 가나안 사람들이 모두 두려워 떨고 있는 것으로 보고한다. 그래서 일부 주석가들은 이 스파이들의 말이 상당히 이상하다고 주장한다(Dallaire).

그러나 이상하게 생각할 필요는 없다. 저자는 이들의 보고를 옛적에 가데스바네아에서 모세에게 보고했던 10명 스파이의 증언과 대조하고자 한다. 그때 10명의 정탐꾼은 40일 동안 가나안 전 지역을 정탐하고 돌아와서 불신으로 가득한 부정적인 보고를 했다. 이번에는 2명이 가서 며칠 동안 머물며 여리고 성만을 살피고 와서는 믿음으로 가득한 긍정적인 보고를 하고 있다. 이 두 사람은 가나안을 믿음의 눈으로 바라보고 있는데, 옛 가데스바네아 정탐꾼들은 믿음의 눈으로 약속의 땅을 보지 못했다는 것이다. 그러므로 이스라엘은 이제 가나안 정복에 나설 믿음의 준비가 되어 있다는 것이 저자가 강조하고자 하는 바다. 또한 여호수아가 단 2명을 보낸 것은 모세가 가데스바네아에서 12명을 보냈다가 10명은 부정적인 보고를 하고, 나머지 2명(여호수아와 갈렙)만이 긍정적인 보고를 했던 일과 무관하지 않다.

가나안 사람들의 간담이 녹았다는 정탐꾼들의 증언은 오래전에 이스라엘의 적들의 마음이 녹아 내리게 하시겠던 하나님의 약속이 성취되어 가고 있다는 것을 암시하기도 한다(cf. 출15:15). 가나안 정복 시기가 무르익었다는 정탐꾼들의 보고는 40년 전에 모세에게 보고했던 12명의 정탐꾼이 가져온 결론과는 완전히 다르다(cf. 민 13:27-29, 31-33). 지난 40년 동안 이스라엘은 신앙적으로 많이 성장했으며, 여호수아의 지휘하에 있는 새로운 세대는 가나안 정복에 나설 만한 영적 준비가 되어 있었던 것이다.

정탐꾼들이 여호수아에게 여리고 성의 상황을 보고하면서 라합에 대하여 이야기했을 때 여호수아는 어떤 반응을 보였을까? 여호수아는 그들이 라합에게 생명을 보존해 주겠다고 약속한 일에 대하여 긍정적으로 생각했을까, 아니면 비난했을까? 본문이 여호수아의 심중에 대하여 그 어떠한 힌트도 주지 않으니 판단하기가 쉽지 않다. 그래서 여호수아의 반응에 대한 학자들의 추측이 난무하다. 그러나 본문이 침묵하고 있으니 지나친 상상은 바람직하지 않다. 세월이 지난 후 라합이 메시아의 계보에 언급되는 여인 중 하나인 것을 보면 여호수아의 반응이 꼭 부정적이지만은 않았을 것이다.

라합 이야기는 하나님이 이루시고자 하는 구원의 범위가 어디까지인가를 보여 주는 사건이다. 라합은 가나안 여인이다. 이미 율법에서 진멸이 선포된 백성에 속한 사람인 것이다. 그럼에도 불구하고 하나님은 그녀를 진멸의 대상에서 제외해 주셨다. 라합 이야기는 비록 온 가나안 사람들에게 사형이 선고되었지만, 개인적인 구원은 아직 가능하다는 것을 보여 준다. 라합은 창녀다. 당시 사회는 남자들의 욕구를 채우기 위하여 창녀들을 용납했다. 그러나 사회는 창녀들을 무시했다. 라합은 가나안 사회에서 소외되고 배제된 사람의 상징이었던 것이다. 하나님이 사회에서 가장 천대받고 무시당하던 그녀에게 구원의 손길을 내미셨다. 하나님의 구원은 이 세상 그 누구, 곧 가장 낮은 자에게도 임할 수 있다.

라합은 훗날 온 인류를 구원하기 위하여 이 땅에 오신 예수 그리스도의 계보에 올랐다. 여인으로서 누릴 수 있는 최고의 영광이다. 라합에게 이처럼 놀라운 은총을 베푸신 하나님이 그녀에게서 요구하신 것은 딱 한 가지, 바로 하나님에 대한 믿음이었다. 라합은 이러한 믿음을 가지고 있었기 때문에 이스라엘의 대열에 속할 수 있었다. 그녀를 통해 '주의 백성'이 혈통이 아닌 믿음에 의하여 정의되고 있음을 다시 한번 확인하게 하는 사건이다.

C. 요단 강 도하(3:1-4:24)

이스라엘의 요단 강 도하는 홍해를 건넌 사건과 함께 이스라엘의 역사에서 가장 기념비적인 순간에 속한다. 옛적에 이스라엘은 홍해를 건너는 일을 통해 이집트에서의 노예 생활을 끝냈다. 그들은 이제 요단 강을 건너는 순간 광야에서의 반역과 방황의 세월을 종결하고 여호와께서 허락하신 새 땅에서 하나님의 백성으로서 새로운 삶을 시작하게 된다. 홍해를 건넌 것은 이스라엘이 언약과 율법과 예배와 경험을 통해 사회의 정체성을 정립해나가는 중간 단계(in-between)의 시작을 알리는 사건이었다(Hawk). 요단 강을 건너는 것은 이러한 중간 단계 기간이 끝나 이스라엘이 하나님의 백성으로서 지녀야 할 여러 가지를 모두 갖추었다는 것을 암시한다.

대부분의 학자는 저자가 이 역사적인 요단 강 도하 사건을 묘사해 나가는 방식에 문제가 있다고 생각한다(cf. Dallaire). 사건 전개의 순서가 서로 맞지 않기도 하고, 같은 일이 반복되는가 하면, 반복될 때마다 서로 엇갈리는 정보를 제공한다는 것이 많은 주석가의 결론이다(Howard, Pressler, Hess, Hubbard). 여호수아기 전체에서 본문이 사건 묘사 방식이나 순서에서 가장 혼란스럽다는 평가를 받기도 한다(Hawk). 이러한 혼란은 저자가 동시에 진행되고 있는 일들을 묘사하는 일에 있어서 서툴렀기 때문에 빚어진 것이라고 생각하는 주석가가 있는가 하면(Pressler), 오랜 세월 동안 서로 다른 전승의 이야기가 함께 편집되다 보니 이렇게 된 것이라고 주장하는 사람들도 있다(Butler, Nelson, Soggin). 저자가 이 사건을 묘사하면서 신학적인 묵상에 치중하다 보니 세부적인 요소들의 역사적 순서가 정확하지 않으며 비슷한 내용이 반복되는 것으로 추측하기도 한다(Howard).

반면에 3-4장은 문학적으로, 테마적으로 매우 통일성이 있고 짜임

새가 있는 이야기로 간주하는 학자들도 있다(Peckham, Polzin, Saydon). 이처럼 본문에 대한 학자들의 견해가 천차만별이고 학적인 일치나 합의가 이루어지지 않는 점을 감안하여 이 이야기의 문학적 역사(literary history, viz., 이 이야기가 어떠한 과정을 통해 이런 형태를 취하게 되었는가를 추정하는 것)를 논하는 것 자체가 별 의미가 없다고 생각하는 주석가들도 많다(Howard, Nelson). 이러한 이슈들에 대한 논쟁은 학계가 동의할 수 있는 객관적인 자료에 근거하기보다는 상당 부분 각 학자의 주관적인 판단에 바탕을 두고 있는 것이 사실이다.

요단 강 도하가 상징하는 변화는 이스라엘이 자신들의 노력으로 얻어낸 것이라기보다는 여호와께서 그들에게 내려주신 은총의 결과다. 저자는 본문에서 이 사실을 강조하고자 한다. 그러므로 3-4장 이야기의 초점이 요단 강 도하 자체에 맞추어져 있는 것이 아니라, 이스라엘이 얼마나 하나님의 말씀에 철저히 순종했는가와 여호와께서 베푸신 이 기적이 어떻게 자손 대대로 기념되어야 하는가에 맞추어져 있다.

이 섹션은 요단 강을 건넌 일을 기념하기 위하여 열두 지파가 쌓은 기념비에 관한 이야기(4:1-9)를 중앙에 두고 다음과 같은 구조를 지닌다(cf. Dorsey). 이야기의 흐름은 요단 강 동편을 떠난 이스라엘이 요단 강을 건너 서쪽에 정착하는 일을 회고하고 있다. 요단 강을 건넌 일이 얼마나 역사적으로 중요한지, 30여 년의 세월을 24장 단 한 장에 회고하고 있는 여호수아기가 단 하루에 걸쳐 일어난 이 사건에 두 장을 할애한다.

   A. 시작: 요단 강 동편을 떠날 채비(3:1-5)
      B. 제사장들이 법궤를 메고 강에 들어감(3:6-8)
         C. 백성이 도하를 시작함(3:9-17)
            D. 이스라엘이 기념비를 세움(4:1-9)
         C′. 백성이 도하를 마침(4:10-14)

B′. 제사장들이 법궤를 메고 강에서 나옴(4:15-18)
A′. 끝: 요단 강 서편에 도착(4:19-24)

I. 순종과 예배로 정복 준비(1:1-5:12)
 C. 요단 강 도하(3:1-4:24)

1. 시작: 요단 강 동편을 떠날 채비(3:1-5)

¹ 또 여호수아가 아침에 일찍이 일어나서 그와 모든 이스라엘 자손들과 더불어 싯딤에서 떠나 요단에 이르러 건너가기 전에 거기서 유숙하니라 ² 사흘 후에 관리들이 진중으로 두루 다니며 ³ 백성에게 명령하여 이르되 너희는 레위 사람 제사장들이 너희 하나님 여호와의 언약궤 메는 것을 보거든 너희가 있는 곳을 떠나 그 뒤를 따르라 ⁴ 그러나 너희와 그 사이 거리가 이천 규빗 쯤 되게 하고 그것에 가까이 하지는 말라 그리하면 너희가 행할 길을 알리니 너희가 이전에 이 길을 지나보지 못하였음이니라 하니라 ⁵ 여호수아가 또 백성에게 이르되 너희는 자신을 성결하게 하라 여호와께서 내일 너희 가운데에 기이한 일들을 행하시리라

여호수아는 백성을 이끌고 싯딤을 떠나 요단 강가에 와서 3일을 머무르며 강을 건널 준비를 하도록 했다(1-2절). 그동안 이스라엘은 아모리 왕 시혼과 옥을 상대로 전쟁을 한 이후 줄곧 싯딤에 머물고 있었다 (cf. 민 22, 25장). 학자들은 싯딤이 오늘날 텔엘케프레인(Tell el-Kefrein) 혹은 텔엘함맘(Tell el-Hammam)으로 알려진 두 장소 중 하나였을 것으로 추측한다(ABD). 싯딤의 위치가 이 두 지역 중 하나라면, 이곳에서부터 요단 강까지는 약 11km 정도 된다(Dallaire).

요단 강은 너비가 3-23km에 달하는 매우 넓은 계곡에 있는 강이다. 강은 평상시에는 30m의 너비에 깊이가 1-3m 정도로 흐르지만, 물살이 빠르고 거칠어서 건너기가 쉽지 않다. 이스라엘이 요단 강을 건넌

때는 삼대를 추수해서 말릴 때다(cf. 2:6). 삼대와 보리를 추수할 때쯤에는 비와 북쪽에 있는 헤르몬 산 등에서 눈이 녹은 물 등으로 인해 요단 강이 범람한다. 이때 강은 곳에 따라 200-1000m정도로 넓어져 건너기가 거의 불가능해진다(cf. ABD, Harstad). 홍수철이 되면, 그 드넓은 요단 계곡의 29%가 홍수의 영향을 받는다(Hess). 여호수아와 이스라엘은 범람하는 요단 강을 건너고자 한다. 인간의 힘으로는 매우 어려운 일이다.

1장 이야기의 흐름이 정탐꾼들이 여리고 성을 다녀온 일(2장)로 끊겼다가 다시 재개되고 있다. 이미 언급한 것처럼 2장은 1장의 일을 설명하기 위하여 잠시 며칠 뒤로 돌아가 1장에 기록된 일의 정황적 배경을 설명했다. 이러한 문학적 기법을 학자들은 플래시백(flashback)이라고 한다. 그러므로 여호수아가 1:11에서 3일 후에 강을 건널 준비를 하라고 했는데, 3:2이 언급하는 3일이 바로 그 3일이다.

여호수아가 1장에서 "3일 후에 강을 건널 것이다"라고 선언한 후 이스라엘 사람들은 그 3일을 어떤 생각을 하며 보냈을까? 홍수로 범람하는 강을 바라보면서 그들은 많은 생각을 했을 것이다. 무엇보다도 홍수로 요동치는 요단 강은 결코 자신들의 힘과 능력으로 건널 수 있는 강이 아니라는 사실을 새삼 깨달았을 것이다. 오직 하나님을 의지하고 주님이 범람하는 강을 무사히 건널 수 있도록 길을 열어주어야만 가능하다는 것을 확신하게 되었을 것이다(Harstad). 그러므로 요단 강을 건널 것을 준비하며 보낸 지난 3일은 낭비된 시간이 아니었다. 온 이스라엘에게 하나님을 의지하는 것이 얼마나 중요한가를 가르쳐 주는 뜻 깊은 시간이었다.

이스라엘은 또한 지난 3일을 무엇을 하며 보냈을까? 강을 건널 때 여호와의 임재를 상징하는 법궤가 나아가는 것으로 보아 그들은 무엇보다도 하나님의 진노를 사지 않도록 몸과 마음을 정결하게 하고 경건하게 하는 일에 많은 시간을 보냈을 것이다(cf. 5절). 여호수아가 요단 강 도하를 앞둔 백성에게 성결을 요구하는 것은 이 일이 군사적인 작전이 아니라 순결과 경건을 요구하는 종교적인 행위라는 것을 암시한다(Hubbard). 사람이 몸을 정결하게 한다는 것은 옷을 깨끗하게 세탁하고 성관계를 절제하는 일 등을 포함한다(출 19:10-15). 하나님을 가까운 곳에서 경험하고자 하는 사람은 이처럼 정결과 성결로 자신을 준비해 두어야 한다.

드디어 강을 건너기 전날(cf. 5절), 지휘관들은 진을 두루 다니며 백성에게 제사장들이 언약궤를 메고 요단 강을 건너면 뒤따라 건널 것과 법궤와 자신들 사이에 2000규빗(900m)의 거리를 유지할 것을 당부했다(3-4절). 옛적에 하나님이 호렙 산에서 모세에게 가까이 오지 말라고 하신 것과 시내 산 아래에 선을 긋도록 하시고 누구도 그 선을 넘지 못하도록 하신 일을 연상케 한다. 하나님은 인간이 가까이 하기에는 너무나도 거룩하신 분이기 때문에 하나님의 현현과 일정한 거리를 두는 것은 당연하다. 훗날 유태인들은 이 말씀을 근거로 사람이 안식일을 범하지 않고 걸을 수 있는 최고의 거리를 2000규빗으로 정했다(Woudstra, Boling & Wright). 오늘날도 이 규정을 지키기 위해 보수적인 유태인들은 회당 근처에서 살기도 한다. 신약에서는 감람산에서 예루살렘까지의 짧은 거리가 '안식일 거리'(σαββάτου ἔχον ὁδόν "sabbath day's walk")라고 불린다(행 1:12).

본문을 통해 언약궤가 여호수아기 안에서는 처음으로 모습을 보이고 있다. 이 이야기에서 법궤의 중요성은 이 단어가 사용되는 빈도수에서도 엿볼 수 있다. 언약궤는 3장에서 9차례(3, 4, 6, 8, 11, 13, 14, 15, 17), 4장에서 7차례(5, 7, 9, 10, 11, 16, 18) 등 총 16차례나 언급된다. 하나님의 임재를 상징하는 언약궤에는 십계명이 적힌 돌판, 아론의 지팡이, 만나 항아리 등 이스라엘과 하나님의 관계를 상징하는 세 가지 물건이 들어 있다(cf. 출 25:16, 21; 40:20). 법궤는 장대에 꿰어서 운반해야 하며 절대 손을 대서는 안 된다.

법궤와 일정한 거리를 두고 따라가는 것은 절대 하나님을 앞서지 말 것과 거룩하신 하나님에게 너무 가까이 가지 말라는 의미이다. 하나님을 앞서서는 안 되는 이유는 가나안에 한 번도 가본 적이 없는 이스라엘과 달리, 하나님은 이 지역을 익히 잘 아시기 때문이다. 그러므로 이스라엘이 낭패를 보지 않으려면 이 지역을 잘 아시는 하나님이 앞서 가시면서 내주시는 길로만 가야 한다. 법궤를 따라가는 것은 곧 하나님을 따라가는 것이며, 법궤를 놓치는 것은 곧 하나님의 인도하심을 놓치는 것이 되기 때문이다(Dallaire).

일정한 거리를 두고 주님을 따르라는 말씀은 앞으로 이스라엘이 가나안 정복을 어떻게 해야 하는가에 대한 모델이라고 할 수 있다(Hubbard). 이스라엘이 가나안을 성공적으로 정복하려면 절대 하나님을 앞서 가서는 안 된다. 우리의 삶에서도 세상과 우리 자신을 우리보다 더 잘 아시는 하나님이 앞서 가시면서 내어 주시는 길만 따라간다면 우리는 당연히 성공할 것이다. 반면에 하나님을 앞서가면 낭패를 볼 수밖에 없다.

여호수아가 백성에게 말했다. "자신을 성결하게 하시오(הִתְקַדָּשׁוּ). 주님께서 내일 당신들 가운데서 놀라운 일(נִפְלָאוֹת)을 이루실 것입니다"(5절; 새번역). 이스라엘의 지도자로 임명을 받은 여호수아가 백성의 리더들과 요단 강 동쪽에 정착하게 된 지파들에게 말한 적은 있지만, 온 백성에게 말하는 것은 이번이 처음이다. 괄목할 만한 것은 여호수아가 강을 건너자마자 적군들과 싸울지도 모르는 사람들에게 무기를 준비하라는 말 대신 몸가짐을 성결하게 하라고 말한 점이다. 여호수아는 주의 백성의 가장 기본적인 의무는 여호와께 예물을 바치는 것이 아니라 삶과 몸가짐을 단정하게 하여 경건과 거룩을 유지하는 것이라는 사실을 잘 알고 있다.

여호수아가 성결하라고 백성에게 명령하는 것은 이스라엘이 요단 강을 건너 가나안을 정복하는 일이 하나님이 베푸시는 기적이라는 것을 강조한다. 이스라엘이 아무 탈 없이 여호와께서 베푸시는 기적을 목격하고 즐기려면 먼저 성결해야 한다. 그러므로 하나님이 지휘하시는 성전(聖戰)에 참여하는 이스라엘이 적을 두려워할 것이 아니라 하나님을 두려워하여야 한다. 거룩하신 하나님이 부정한 사람들 사이에 계시면 그들에게 어떤 재앙이 닥치게 될지 모르기 때문이다. 죄인들이 하나님의 임재를 누린다는 것은 항상 위험을 동반한다.

> I. 순종과 예배로 정복 준비(1:1-5:12)
>   C. 요단 강 도하(3:1-4:24)

2. 제사장들이 법궤를 메고 강에 들어감(3:6-8)

⁶ 여호수아가 또 제사장들에게 말하여 이르되 언약궤를 메고 백성에 앞서 건너라 하매 곧 언약궤를 메고 백성에 앞서 나아가니라 ⁷ 여호와께서 여호수아에게 이르시되 내가 오늘부터 시작하여 너를 온 이스라엘의 목전에서 크게 하여 내가 모세와 함께 있었던 것 같이 너와 함께 있는 것을 그들이 알게 하리라 ⁸ 너는 언약궤를 멘 제사장들에게 명령하여 이르기를 너희가 요단 물가에 이르거든 요단에 들어서라 하라

드디어 이스라엘이 요단 강을 건너 가나안에 입성하는 날이 밝았다. 역사적인 순간이다. 그러나 상황과 여건은 좋지 않다. 건너야 할 강이 평상시에는 그다지 넓지 않고 물살도 견딜 만한 강이지만, 그들이 건너려고 하는 이때에는 홍수로 범람하는 강이 되어 있다. 옛적에 그들의 부모들이 깊은 바다 홍해를 지났을 때처럼, 이번에도 하나님이 베푸시는 기적이 있어야만 강을 건널 수 있다. 이스라엘은 오로지 하나님만 의지해야 살 수 있는 것이다. 우리도 하나님을 의지해야만 살 수 있다는 사실이 마음에 각인되어 있어야 한다.

요단 강 도하는 제사장들이 법궤를 메고 강에 발을 들여놓는 것으로

시작되었다(6절). 법궤를 멘 제사장들이 제일 먼저 강을 건너는 것은 당연한 일이다. 하나님이 앞서가며 백성에게 길을 내주시는 것을 상징하기 때문이다. 가나안 지형과 지리에 낯선 이스라엘이 그 땅을 잘 아시는 하나님을 앞서가는 것은 무모한 짓이다. 그들은 앞서 가시는 하나님을 따라가며 인도하심을 받아야 한다. 우리의 삶에서도 꼭 하나님의 뒤를 따라가야 한다. 결코 하나님을 앞서서는 안 되는 것이다.

강을 건너는 날, 하나님이 여호수아에게 이날에 있을 일을 통하여 자신이 모세와 함께하셨던 것처럼 여호수아와 함께하신다는 사실과 여호수아를 백성의 지도자로 세우셨다는 사실을 모든 사람에게 보이시겠다고 선언하셨다(7절). 여호수아는 스스로 자기 자신을 높여서는 안 된다(Harstad). 하나님이 그를 높이실 때까지 기다려야 한다. 사람들은 요즘 시대를 자신이 스스로를 열심히 광고해야 하는 시대라며 'PR 시대'('피[P] 터지게 알[R]리는 시대')라고 한다. 그러나 성경은 명예와 존귀는 하나님이 주시는 것이라는 사실을 누누이 강조한다(cf. 창 12:2). 우리도 주님께서 맡겨 주신 사역을 열심히 하다 보면 언젠가는 하나님이 우리를 높여 주실 날이 올 것이다. 요단 강을 건너던 날 여호수아가 온 이스라엘 앞에서 존귀하게 된 것처럼 말이다.

온 백성이 요단 강을 건너는 이날은 이스라엘에게 참으로 역사적인 순간이지만, 동시에 하나님이 여호수아를 백성의 지도자로 세우셨다는 사실을 공개적으로 확인해 주는 날이기 때문에 여호수아 개인에게도 더없이 기쁘고 영광스러운 순간이다. 이때까지 이스라엘 백성 사이에 혹시라도 여호수아의 리더십에 대하여 부정적인 여론이 조금이라도 도사리고 있었다면 이스라엘이 요단 강을 건너는 일을 통해 모두 사라질 것이다. 하나님이 범람하는 요단 강을 가르는 여호수아와 홍해를 가른 모세가 다를 바가 없다며 여호수아가 새로운 모세라는 사실을 온 천하에 알리실 것이기 때문이다.

한 가지 재미있는 사실은 하나님이 여호수아를 통해 백성에게 괄목

161

할 만한 기적을 베풀어 그의 리더십을 부각시키는 것이 아니다. 여호수아가 한 일은 오직 백성과 지도자들을 명령으로 준비시킨 것뿐이다. 여호수아가 리더십을 확고하게 할 수 있었던 것은 결코 그가 이룩한 업적을 통해서가 아니다. 그가 리더의 권위를 누리게 된 것은 하나님이 요단 강에서 이루신 기적과 모세를 통해 주신 하나님의 말씀에 대한 여호수아의 순종 때문이다(Butler). 또한 하나님이 여호수아를 높이시는 것은 백성 앞에서 그의 위상을 높여주기 위해서가 아니라 하나님이 그와 함께하신다는 사실을 온 천하에 드러내기 위해서다(Howard). 하나님은 여호수아에게 이미 여호수아와 지도자들이 백성에게 말했던 것처럼 법궤를 멘 제사장들에게 먼저 강을 건너도록 명령을 내리라고 하셨다(7-8절). 요단 강 도하는 전쟁 무기가 아닌 여호와 하나님의 임재를 앞세운 가나안 정복의 시작인 것이다.

> I. 순종과 예배로 정복 준비(1:1-5:12)
>   C. 요단 강 도하(3:1-4:24)

3. 백성이 도하를 시작함(3:9-17)

[9] 여호수아가 이스라엘 자손에게 이르되 이리 와서 너희의 하나님 여호와의 말씀을 들으라 하고 [10] 또 말하되 살아 계신 하나님이 너희 가운데에 계시사 가나안 족속과 헷 족속과 히위 족속과 브리스 족속과 기르가스 족속과 아모리 족속과 여부스 족속을 너희 앞에서 반드시 쫓아내실 줄을 이것으로서 너희가 알리라 [11] 보라 온 땅의 주의 언약궤가 너희 앞에서 요단을 건너가나니 [12] 이제 이스라엘 지파 중에서 각 지파에 한 사람씩 열두 명을 택하라 [13] 온 땅의 주 여호와의 궤를 멘 제사장들의 발바닥이 요단 물을 밟고 멈추면 요단 물 곧 위에서부터 흘러내리던 물이 끊어지고 한 곳에 쌓여 서리라 [14] 백성이 요단을 건너려고 자기들의 장막을 떠날 때에 제사장들은 언약궤를 메고 백성 앞에서 나아가니라 [15] 요단이 곡식 거두는 시기에는 항상 언덕에 넘치

더라 궤를 멘 자들이 요단에 이르며 궤를 멘 제사장들의 발이 물 가에 잠기자 ¹⁶ 곧 위에서부터 흘러내리던 물이 그쳐서 사르단에 가까운 매우 멀리 있는 아담 성읍 변두리에 일어나 한 곳에 쌓이고 아라바의 바다 염해로 향하여 흘러가는 물은 온전히 끊어지매 백성이 여리고 앞으로 바로 건널새 ¹⁷ 여호와의 언약궤를 멘 제사장들은 요단 가운데 마른 땅에 굳게 섰고 그 모든 백성이 요단을 건너기를 마칠 때까지 모든 이스라엘은 그 마른 땅으로 건너갔더라

하나님의 명령을 받은 여호수아가 백성에게 말했다. "이리 와서 너희의 하나님 여호와의 말씀을 들으라"(9절). 이 말씀은 선지자들이 하나님의 말씀을 선포할 때 자주 사용하는 것과 비슷하지만 신탁을 시작하는 양식은 아니다(Hubbard). 모세도 이러한 표현을 자주 사용했다. 여호수아는 이 순간 옛적 그의 스승 모세가 그랬던 것처럼 자신의 역할을 하나님의 메신저로 보고 있다(출 4:28; 24:3, 4; 민 11:24). 또한 여호수아는 모세의 말이 하나님의 말씀이었던 것처럼 자신의 말도 하나님의 말씀이라는 사실을 강조하고 있다(Hawk).

하나님의 말씀을 들으라는 명령으로 시작하는 여호수아의 스피치는 다음 세 가지를 담고 있다. ⑴ 하나님의 권능의 말씀에 귀를 기울이라는 권면, ⑵ 하나님이 이스라엘과 함께하실 것이라는 약속, ⑶ 하나님이 가나안 족속들을 모두 내치실 것이라는 선언(9-10절). 그가 선언한 것처럼 이스라엘이 가나안 사람들을 모두 내치고 약속의 땅에 정착하게 될 것이라는 증거로 여호수아는 법궤를 가리킨다. "법궤를 보라"(אֲרוֹן הַבְּרִית)(11절). 하나님의 임재를 상징하는 법궤가 그들과 함께하는 것이 그들이 가나안을 차지할 일에 대한 가장 큰 증거라는 것이다. 또한 여호수아는 법궤를 멘 제사장 행렬이 요단 강에 발을 넣게 되면 흐르던 물이 멈추는 기적이 일어날 것이라고 선언한다(13절). 이 기적도 하나님이 가나안 사람들을 그들 앞에서 쫓아내실 것이라는 증거다(10절).

여호수아는 여호와를 '살아 계신 하나님'(אֵל חַי)이라고 부른다(10절). 구약에서 이 성호는 전쟁터에서 자주 사용되며, 능력의 신이신 여호와 하나님을 가나안 사람들의 무능한 우상들과 '죽은 신들'에 비교한다(cf. 시 42:2; 84:2; 호 1:10). 여호수아는 하나님이 그들 앞에서 쫓아낼 가나안 사람들을 7족속으로 표현하고 있다. '가나안 사람, 헷 사람, 히위 사람, 브리스 사람, 기르가스 사람, 아모리 사람, 여부스 사람'(cf. 창 15:19-21; 출 3:8, 17; 23:23; 33:2; 34:11; 신 20:17).[9] 성경에서 숫자 7은 만수로서 총체성과 포괄성을 강조하는 숫자다. 하나님은 가나안 사람 중 한 족속도 남김없이 모두 내쫓으실 생각이신 것이다. 인간의 믿음과 순종만 따라 준다면 하나님은 이스라엘에게 가나안 땅 전부를 내어줄 생각을 가지고 있으시다. 결국 가나안 사람들이 가나안에서 완전히 사라지지 않은 것은 이스라엘의 불신과 불순종 때문이었던 것이다.

법궤를 멘 제사장들이 강에 발을 들여놓는 순간 강물이 멈출 것이라는 말씀(13절)은 성경의 다른 곳에서 중요한 상징성을 지닌 단어들을 사용한다. 몇 가지 언어 유희를 구성하면서 이 사건의 중요성을 강조하기 위해서이다(Hubbard). 첫째, 여호수아는 역사적인 요단 강 도하가 '제사장들의 발바닥'(כַּפּוֹת רַגְלֵי הַכֹּהֲנִים)이 강물에 닿을 때 시작될 것이라고 한다. 이미 8절에서도 이 같은 사실이 선언되었는데, 성경에서 '발바닥으로 밟는 것'은 곧 원수들을 정복한다는 뜻을 지닌 표현이다(신 2:5; 11:24; 왕상 5:3; 말 4:3). 이 같은 이미지가 이곳에도 배어 있다(cf. 1:3; 4:18). 여호와의 법궤를 멘 제사장들이 요단 강을 밟는 순간 요단강과 가나안 땅이 여호와의 발아래 있게(정복됨을 상징) 되는 것이다.

둘째, 여호수아는 법궤를 멘 제사장들에게 요단 강 안에 서 있으라(עמד)고 명령했는데 이 구절에서 '[물이] 서리라'(עמד)라는 표현에서 똑같은 단어를 사용한다. 제사장들이 강 안에 '서 있으면' 강물도 한곳에 '서 있을 것이다', 제사장들이 언제 그들을 삼킬지도 모르는 물 한가운

___
9 이들이 누구고 가나안 땅의 어느 지역에 살았는가에 대하여는 서론을 참조하라.

데 서 있는다는 것이 그들에게 믿음을 요구한다. 강물은 강 한가운데 서 있는 제사장들의 믿음이 그들을 지탱하는 동안 한곳에 멈추어 서 있을 것이다(cf. 15-16절). 그러나 제사장들이 믿음을 잃는 순간(두려워 도망하는 순간) 강물이 그들을 삼킬 것이다.

셋째, 개정개역이 '[물이] 쌓여'로 번역하고 있는 히브리어(דנ)는 성경에서 자주 사용되는 단어가 아니며 오직 여호와께서 홍해를 가르신 일을 회상할 때만 사용된다(출 15:8; 시 78:13). 저자는 하나님이 홍해를 가르시고, 홍해 물이 범람하지 못하도록 한곳에 '쌓아둔' 일을 묘사하는 단어를 이곳에서 사용하여 요단 강이 멈춘 일과 홍해가 갈라진 일을 의도적으로 연결시키고 있다. 요단 강 도하는 홍해의 기적만큼이나 대단한 일이라는 것이다(Hubbard).

드디어 이스라엘이 강을 건널 때가 되었다. 법궤를 멘 제사장들이 제일 먼저 강에 발을 들여놓았다. 제사장들이 강을 밟은 일이 이 사건의 가장 핵심 포인트다(Hess). 모든 일이 하나님의 법궤를 메고 있는 제사장들이 강을 밟는 일로(viz., 하나님이 강을 밟아 복종시키심) 시작된다.

제사장들의 뒤를 이어 백성이 요단 강을 건너기 시작했다(14절). 일부 주석가들은 이 섹션이 반복과 매끄럽지 못한 흐름을 담고 있다고 해서 여러 전승이 하나로 묶인 것이라고 한다(Nelson). 그러나 상당수의 학자는 저자가 반복과 매끄럽지 못한 문맥을 통해 이 사건의 드라마틱한 성격을 성공적으로 묘사하고 있다고 생각한다(Polzin, Winther-Nielsen).

저자는 이 사건을 매우 천천히 느린 템포로 묘사한다. 독자들이 최대한으로 상상력을 발휘하여 이스라엘 사람들과 함께 요단 강을 건너게 하기 위해서다. 그러나 저자가 강조하고자 하는 것은 이스라엘이 요단 강을 건넜다는 사실이 아니라 어떤 방법으로 건너게 되었느냐에 있다(Howard). 그들은 하나님이 베푸신 기적에 의존하여 범람하는 강을 건널 수 있었다는 것이 저자가 강조하고자 하는 포인트다.

이스라엘이 추수 기간에 요단 강을 건넜다는 정보(15절)는 이 일을 기적으로 묘사하는 결정적인 단서다. 평상시에 요단 강은 결코 깊거나 넓은 강이 아니다. 깊이는 보통 50㎝에서 3m에 달하며, 너비는 30m에 이르는 조그만 강이다(cf. ABD). 요단 강은 곳곳에서 물살이 거칠기는 하지만, 이런 곳들을 피하면 큰 어려움 없이 건널 수 있는 강이다. 저자는 이스라엘이 요단 강을 건널 때가 추수철이었다고 하는데, 4:19은 이때를 정확하게 첫째 달 10일이었다고 한다. 오늘날의 달력으로 하면 3-4월쯤 된다. 이때는 북쪽에 있는 산들에서 눈이 녹아 내린 것과 봄철에 내리는 이른 비 때문에 요단 강이 범람하는 때이다. 이스라엘은 홍수진 강을 헤쳐 나가고 있는 것이다.

저자는 법궤를 멘 제사장들의 발이 요단 물가에 닿았을 때에 강의 상류 쪽으로 멀리 사르단 근처의 아담(אָדָם) 성읍에 둑이 생겨 강의 물줄기가 완전히 끊겼다고 한다(16절). 여리고에서 아담까지는 29km에 달한다(Dallaire; cf. Coote). 얍복 강 근처에 있는 아담은 평상시에 요단 강을 건너기에 적합한 곳이었기 때문에 상인들과 사람들의 왕래가 끊이지 않는 곳이었다(Hubbard, Hess). 학자들은 본문에 등장하는 사르단의 가장 유력한 곳으로 아담에서 북쪽으로 5㎞에 있는 텔움므하미드(Tell Umm Hamîd), 혹은 20㎞ 떨어진 곳에 있는 텔에스사이디예(Tell es-Sa'idîyeh)를 지적한다(ABD, Hess, cf. 왕상 4:12; 7:46). 만일 후자라면, 이스라엘이 요단 강을 건너던 날 강의 물줄기는 거의 50km나 멈추어 서거나 역류한 것이다.

이미 언급한 것처럼 이 사건은 출애굽 때 모세가 홍해를 가른 일을 연상케 한다. 홍수 때 강의 흐름을 막는다는 것은 홍해를 가르는 일에 견줄 만한 기적이기 때문이다. 게다가 이스라엘이 마른 땅을 밟으며 건넜다는 것은(17절) 이 기적의 규모를 더욱더 크게 부각시킨다. 저자는 요단 강 기적을 홍해 기적과 연관시키기 위하여 구약이 별로 사용하지 않는 단어 '[물이] 쌓임'(נֵד)(16절; cf. 출 15:8)과 백성과 제사장들이 마른 땅(הֶחָרָבָה)을 밟았다고 회고한다(16절; cf. 출 14:21). 또한 홍해 사건이 하나님의 영광을 드러내고 백성에게 모세를 지도자로 세우신 사실을 확인하는 사건이었던 것처럼 이 사건도 하나님의 영광을 드러내며 동시에 백성에게 하나님이 여호수아를 지도자로 세우셨다는 것을 확인해주는 역할을 한다.

한 가지 인상적인 것은 이 역사적인 기적을 행하시면서 하나님이 직접 모습을 드러내시지 않으신다는 점이다(Hubbard). 오직 여호와의 법궤를 멘 제사장들이 있을 뿐이고 주께서 베푸신 기적으로 인해 요단 강을 마른 땅 밟듯이 밟는 주의 백성이 있을 뿐이다. 하나님이 백성 중에 거하시며 사역하시는 것을 보여주는 좋은 사례다. 하나님이 직접 모습을 보이지 않으신다 해서 주님이 함께하시지 않거나 사역하시지 않는다고 생각하는 사람은 어리석다. 하나님은 직접 모습을 드러내며 사역하기도 하시지만, 이처럼 모습을 감추신 채 주의 백성의 역사에 두루두루 빛날 기적을 베풀기도 하신다.

이스라엘이 홍해를 건넌 일을 통해 이집트에서의 삶을 마치고 새로운 시대를 시작했던 것처럼 요단 강을 건너는 일도 그들에게 새로운 시작을 의미한다. 이러한 차원에서 요단 강을 건너는 것은 매우 큰 상징성을 지녔다(Pressler). 저자도 이스라엘이 요단 강을 건넌 일을 통해 새로운 정체성을 갖게 되었다는 것을 시사하는 듯하다. 이 같은 사실을 강조하기 위하여 저자는 이때까지 이스라엘을 백성이라고 표기할 때 히브리어로 '암'(עַם)이라는 단어를 사용해 온 것에 반해 17절 마지막 문구에서는 '고이'(גּוֹי)를 사용한다. "온 백성(כָל-הַגּוֹי)이 요단 강을 건넜다"(cf. 4:1). '암'(עַם)은 뚜렷이 구분되지 않는 백성을 뜻하는 일반적인 단어이며 '고이'(גּוֹי)는 동일한 배경, 독립적인 정치 체제, 공통적인 종교 구조, 특정한 지역에 연관된 영토 등을 통해 뚜렷이 구분되는 민족을 뜻한다(TDOT). 이스라엘은 요단 강을 건너는 일을 통해 광야를 배회하던 별 볼 일 없던 무리에서 가나안 백성처럼 특정한 지역에 거하

167

는 민족으로 태어나고 있는 것이다(Hawk).

I. 순종과 예배로 정복 준비(1:1–5:12)
    C. 요단 강 도하(3:1–4:24)

4. 이스라엘이 기념비를 세움(4:1–9)

¹ 그 모든 백성이 요단을 건너가기를 마치매 여호와께서 여호수아에게 말씀하여 이르시되 ² 백성의 각 지파에 한 사람씩 열두 사람을 택하고 ³ 그들에게 명령하여 이르기를 요단 가운데 제사장들의 발이 굳게 선 그 곳에서 돌 열둘을 택하여 그것을 가져다가 오늘밤 너희가 유숙할 그 곳에 두게 하라 하시니라 ⁴ 여호수아가 이스라엘 자손 중에서 각 지파에 한 사람씩 준비한 그 열두 사람을 불러 ⁵ 그들에게 이르되 요단 가운데로 들어가 너희 하나님 여호와의 궤 앞으로 가서 이스라엘 자손들의 지파 수대로 각기 돌 한 개씩 가져다가 어깨에 메라 ⁶ 이것이 너희 중에 표징이 되리라 후일에 너희의 자손들이 물어 이르되 이 돌들은 무슨 뜻이냐 하거든 ⁷ 그들에게 이르기를 요단 물이 여호와의 언약궤 앞에서 끊어졌나니 곧 언약궤가 요단을 건널 때에 요단 물이 끊어졌으므로 이 돌들이 이스라엘 자손에게 영원히 기념이 되리라 하라 하니라 ⁸ 이스라엘 자손들이 여호수아가 명령한 대로 행하되 여호와께서 여호수아에게 이르신 대로 이스라엘 자손들의 지파의 수를 따라 요단 가운데에서 돌 열둘을 택하여 자기들이 유숙할 곳으로 가져다가 거기에 두었더라 ⁹ 여호수아가 또 요단 가운데 곧 언약궤를 멘 제사장들의 발이 선 곳에 돌 열둘을 세웠더니 오늘까지 거기에 있더라

'온 백성이 모두 요단 강을 건넜을 때'(אֲשֶׁר־תַּמּוּ כָל־הַגּוֹי לַעֲבוֹר אֶת־הַיַּרְדֵּן)로 시작되는 이 섹션은 3:17의 '온 백성이 모두 요단 강을 건널 때까지'(עַד אֲשֶׁר־תַּמּוּ כָל־הַגּוֹי לַעֲבֹר אֶת־הַיַּרְדֵּן)라는 말을 거의 그대로 반복하고 있다. 물론 4장의 이야기와 3장의 이야기를 연결시키기 위해서다. 3장에

서처럼 4장에서도 초점은 온 이스라엘이 요단 강을 건넌 역사적인 일에 맞추어져 있다. 저자는 '건너다'(עבר)(1, 4, 7, 8절)와 '요단 강'(הַיַּרְדֵּן)(5, 7[3x], 8, 9)을 반복적으로 사용하며 이 점을 강조한다. 4장은 이스라엘이 요단 강을 건넌 일에 대하여 추가적인 정보를 제공하는 것을 목적으로 삼고 있는 것이 아니라 3장이 이미 기록한 그 기적을 회상하며 자손 대대로 이 사건을 기념하도록 하기 위한 것을 목적으로 하고 있다(cf. Hess).

그러므로 이스라엘이 요단 강을 건넌 것은 단순히 당대 사람들에게만 의미가 있는 것이 아니다. 그들은 후손들에게 이 사건을 대대로 기념하게 하며 하나님의 은총을 묵상하도록 해야 한다. 훗날 자손들이 '이 돌들(הָאֲבָנִים הָאֵלֶּה)은 무슨 뜻이냐'(6절)라고 묻거든 '이렇게 답하라'(7절)라고 하는 것은 훗날 이스라엘 자손들이 이곳을 순례지로 삼아 찾아오는 것을 전제한다(Hubbard). 이스라엘이 요단 강을 건넌 곳은 성지가 되어 찾아오는 순례자들에게 하나님의 신실하심에 대하여 증거하는 기념비가 되어야 한다. 이스라엘의 역사에서 이 명령이 상당 부분 잘 지켜졌음을 암시하는 것이 9절 마지막 부분에 기록되어 있는 "[이 돌 무더기가] 오늘까지 거기에 있더라"라는 말씀이다. 새번역은 이 문장을 괄호에 넣어 훗날 삽입된 것으로 간주한다. 이 말씀은 또한 누군가가 훗날 이 책을 편집했다는 것을 암시하기도 한다.[10]

이 기념비는 신앙생활에서 과거 일에 대한 우리의 기억이 얼마나 중요한 역할을 하는가를 상기시킨다(Pressler). 또한 두루두루 기억하고 감사하는 것은 하나님의 은혜를 체험한 사람들의 도리가 아니겠는가! 게다가 과거에 내려주신 은총을 기념하면 미래에 대한 불안감이 사라진다. 기념비는 하나님의 은총에 대한 회상이지만, 동시에 우리에게는 현재와 미래에 대한 확신과 자신감이 되는 것이다. 이런 차원에서 우

---

10 누가 언제 어떤 이유로 여호수아기를 편집한 것일까? 이 문제에 대하여는 『엑스포지멘터리 창세기』 서론 부분을 참조하라.

리가 속한 믿음 공동체와 각 가정은 함께 공유하며 하나님을 기념하며 서로를 위로하고 격려할 수 있는 '기념비'를 세워두는 것이 좋다. 물론 이 기념비는 꼭 물리적인 것이 될 필요는 없다. 우리 가정에서는 무지개가 하나님의 인도하심과 자비로우심을 기념하는 기념비다. 기념비에 관한 규례는 4:19-24에서 다시 한번 제시된다. 중간 부분(4:10-18)에서는 강을 건너는 장면을 두 차례 연출한다.[11]

백성이 모두 요단 강을 건넜을 때 하나님이 여호수아에게 각 지파에서 한 사람씩 열두 사람을 선발하라고 말씀하셨다(2절). 여호수아는 이미 3:12에서 백성에게 지파마다 대표를 하나씩 선발하라고 지시했었다. 순리를 따지자면 하나님의 명령(4:2)이 먼저 여호수아에게 임했을 것이고, 명령을 받은 여호수아가 조치를 취했을 것이다(3:12). 즉, 일의 순서가 서로 뒤바뀌어 있는 것이다(Howard). 혹은 두 텍스트는 같은 때에 있었던 동일한 일을 다른 각도에서 묘사하는 것으로 생각할 수도 있다. 선발된 열두 사람이 해야 할 일은 제사장들이 서 있는 요단 강 중앙으로 가서 각자 돌 하나씩을 가져다가 열두 개의 돌로 구성된 기념비를 세워 자손 대대로 하나님이 이날 이스라엘을 위하여 범람하는 요단 강의 물을 멈추게 하신 일을 기념하게 하는 것이다(6-7절).[12] 하나님의 은

---

11 그러므로 4장을 3장과 함께 취급하지 않고 4장을 독립적인 문단으로 취급하면 4장은 다음과 같은 구조를 지니고 있다.
  A. 기념비: 첫 번째 조명(4:1-9)
    B. 도하: 첫 번째 조명(4:10-14)
    B'. 도하: 두 번째 조명(4:15-18)
  A'. 기념비: 두 번째 조명(4:19-24)
12 열두 돌 무더기가 자손 대대로 기념비가 될 것이라는 6-7절의 말씀은 교차대구법적 구조를 지녔다. 우리말과 히브리어의 어순이 현저히 다른 반면 히브리어와 영어는 비슷하기 때문에 이 구조를 영어로 분석하면 더 쉽게 이해된다(Hess).
  A. to serve as a sign among you. In the future, when your children ask you,
    B. 'What do these stones mean?' tell them that
      C. the flow of the Jordan was cut off
        D. before the ark of the covenant of the Lord.
        D'. When it crossed the Jordan
      C'. the waters of the Jordan were cut off.

혜에 대한 기억은 당대 사람들의 신앙에 중요한 만큼이나 미래 세대에 게도 중요하기 때문이다(Pressler). 이스라엘을 대표하는 12명이 돌 열두 개를 쌓는 것은 모세가 하나님과 이스라엘 사이에 언약을 중재하면서 시내 산 밑에 열두 개의 돌기둥을 세운 일을 연상케 한다(cf. 출 24:4).

여호수아와 백성이 쌓은 돌 무더기는 분명 하나님의 은혜를 기념 하는 '기념비'(זִכָּרוֹן)다(7절). 또한 이 돌무더기는 '표징/징표'(אוֹת)이기 도 하다(6절). '징조'로도 번역되어 있는 이 히브리어 단어(אוֹת)는 다 른 일/것의 진실성을 입증하는(authenticate) 사건이나 물건을 뜻한다(cf. NIDOTTE, TDOT). 예를 들자면 여름날 소나기 후에 하늘에 펼쳐지 는 무지개가 하나님이 세상에 살아 있는 모든 생명과 맺으신 언약(창 9:11-12)을 상기시키는 것처럼 말이다.

그렇다면 어떤 면에서 이 돌무더기는 이스라엘에게 징표가 될 수 있 는가? 이들이 쌓아 올린 돌 무더기는 이스라엘이 이날 범람하는 요단 강을 마른 땅을 밟아 건너듯이 건넜다는 사실을 자손 대대로 확인해 주는 징표가 된다(cf. Harstad). 세월이 흘러 이스라엘 사람들이 그들의 조상이 범람하는 요단 강을 건넜다는 사실에 대하여 확신이 서지 않거 든, 이곳에 와서 그들의 선조들이 이날 일을 증언하면서 세운 이 증언/ 징표 탑을 보라는 것이다.

이스라엘을 대표하는 12명이 가져온 열두 개의 돌은 이스라엘의 12 지파를 상징한다. 여호수아와 백성은 이스라엘이 요단 강 서편에 정착 하게 되는 9½ 지파로 구성된 것이 아니라 12지파로 구성되었다는 사 실을 두루 기억해야 한다. 또한 이 열두 개의 돌은 이스라엘의 하나됨 을 상징하는데 그들이 정복하게 될 가나안 사람들을 구성하고 있는 여러 인종의 다양성과 대조를 이룬다(Nelson). 서로 연합하지 못하는 적들과는 달리 이스라엘은 하나님 앞에서 한 민족이라는 것을 강조하는 기념비인

     B′. These stones are to be
  A′. a memorial to the people of Israel for ever.

것이다.

또한 여호수아가 하나님의 명령(2-3절)에 따라 백성에게 명령하여 (5절) 이 기념비를 쌓은 것은 옛적에 모세가 하나님의 명령에 따라 백성에게 장막을 만들게 한 일과 평행을 이룬다(Hess, cf. 출 26-40장). 여호수아도 모세처럼 하나님의 말씀을 중재하는 역할을 충실히 하고 있다는 것이다. 여호수아와 모세의 순종에서 우리가 기억해야 할 것은 하나님의 말씀에 대한 절대적인 순종은 효과적인 사역과 기독교적 리더십의 가장 중요하고 기본적인 요소라는 것이다(cf. 행 2:42; 롬 16:19; 고전 4:1-2).

이스라엘은 이 돌 기념비를 어디에 쌓았는가? 제사장들이 서 있던 강 한가운데에 쌓았는가?(cf. 9절) 아니면 그들이 그날 밤 머물던 진영 (viz., 강 둑)에 쌓았는가?(cf. 3, 5, 8절) 하워드(Howard)는 제사장들이 서 있던 자리를 표시하기 위하여 여호수아가 강 한가운데에 세워 두었던 돌을 12명의 대표가 가서 강둑으로 옮겨 온 것으로 이해한다. 즉, 한 세트의 돌밖에 없었다는 것이다. 반면에 달라이어(Dallaire)는 한 그룹이 아니라 두 그룹의 12명이 각기 다른 곳에 기념비를 쌓았다고 한다. 한때는 대부분의 비평학자가 이 일을 예로 들어 4장에 여러 가지 상반되는 전승이 반영되었다고 주장했다. 그래서 본문에서 강 둑이나 강 중앙 둘 중 하나를 삭제해야 한다고도 했다(Saydon).

하나님이 원래 한 기념비를 말씀하셨는데, 열심이 앞선 여호수아가 두 세트를 세운 것이라고 풀이하는 학자들도 있다(Boling & Wright, Polzin). 최근에 와서는 대부분의 주석가가 두 세트의 돌 기념비가 있었던 것으로 이해한다(Woudstra, Butler, Hess, Harstad, Polzin, Hawk, cf. 새번역). 한 기념비는 그들의 진영에 세워졌다. 이 기념비는 자손 대대로 이스라엘 후손들이 볼 때마다 하나님의 은총을 기념하게 하기 위함이었다. 두 번째 기념비는 이스라엘 백성이 도하하는 동안 제사장들이 서 있던 강 중간에 세워졌다. 이 기념비의 목적은 여호수아와 당대 사람들에게 이 기적을 체험했던 자신들의 특별한 위치를 상기시키기 위함이었다(Hawk).

이 이야기가 강조하고자 하는 것은 여호수아의 높은 위상과 지위이다. 하나님은 옛적에 모세에게 하신 것처럼 여호수아에게 직접 말씀하신다. 여호수아는 하나님의 말씀을 그대로 백성에게 전하며, 백성은 여호수아의 말을 마치 하나님의 말씀처럼 순종한다. 1장에서 불안하게 시작한 여호수아의 리더십이 요단 강 도하 사건을 통해 확실히 자리잡아가고 있다는 것을 암시하고 있다. 이날이 시작되면서 하나님이 여호수아에게 바로 이날 그의 이름을 온 이스라엘 앞에서 높이실 것을 약속하셨는데(3:7), 하루가 저물기 전에 벌써 여호수아의 이름은 온 이스라엘에서 가장 존경받는 이름이 되었다. 하나님이 그와 함께하고 있으시다는 사실이 확실하게 드러났기 때문이다.

I. 순종과 예배로 정복 준비(1:1-5:12)
  C. 요단 강 도하(3:1-4:24)

5. 백성이 도하를 마침(4:10-14)

[10] 또 여호와께서 여호수아에게 명령하사 백성에게 말하게 하신 일 곧 모세가 여호수아에게 명령한 일이 다 마치기까지 궤를 멘 제사장들이 요단 가운데에 서 있고 백성은 속히 건넜으며 [11] 모든 백성이 건너기를 마친 후에 여호와의 궤와 제사장들이 백성의 목전에서 건넜으며 [12] 르우벤 자손과 갓 자손과 므낫세 반 지파는 모세가 그들에게 이른 것 같이 무장하고 이스라엘 자손들보다 앞서 건너갔으니 [13] 무장한 사만 명 가량이 여호와 앞에서 건너가 싸우려고 여리고 평지에 이르니라 [14] 그 날에 여호와께서 모든 이스라엘의 목전에서 여호수아를 크게 하시매 그가 생존한 날 동안에 백성이 그를 두려워하기를 모세를 두려워하던 것 같이 하였더라

이때까지 기념비에 쏠렸던 초점이 다시 요단 강을 건너는 일에 맞추어지고 있다. 저자는 '카메라 렌즈'를 특별히 요단 강 동편 지파들에게

맞춘다. 르우벤, 갓, 므낫세 반 지파가 1:12-18에서 여호수아가 지시한 명령을 잘 이행하고 있다는 사실을 강조하기 위해서다. 그들은 이스라엘 군대의 선봉이 되어 여리고 성을 공격할 만반의 준비를 갖추었다(12-13절; cf. 1:12-18; 민 32:25-32). 저자는 새로운 정보도 제공한다. 강을 건넌 동편 지파들의 군대가 4만 명에 달했다는 것이다(13절).[13] 4만 명은 매우 큰 규모의 군대를 뜻하는 상징적인 숫자로 풀이될 수 있다(Hubbard, cf. 삿 5:8; 삼상 10:18; 왕상 4:26). 성경은 이스라엘이 가나안에 입성하게 된 것을 일부 학자들이 주장하는 것처럼 이민이나 평화로운 침투로 이룩해낸 일이 아니라 군사들을 앞세운 전쟁을 통해서 한 일이라는 것을 분명하게 밝히고 있다.

본 텍스트는 이 지파들의 순종을 강조할 뿐만 아니라 이스라엘의 하나 됨을 강조하고자 한다. 그들은 요단 강 서편에 정착하지 않고 모든 것이 끝나면 다시 강을 건너 동편으로 돌아가야 한다. 어떻게 생각하면 요단 강 서쪽에 올 이유가 없는 것이다. 그러나 4만 명이 무장하고 강을 건넜다. 그들이 강을 건넌 유일한 이유는 그들도 이스라엘에 속한 지파들이기 때문이다. 마치 아홉 개의 돌이 아니라 열두 개의 돌이 기념비를 구성한 것처럼, 이 동쪽 지파들이 빠지면 이스라엘은 완전하지 못하다. 그러므로 요단 강 동편 지파들이 강을 건넌 일은 무엇보다

___
13 일부 주석가들은 1000을 뜻하는 히브리어 단어(אֶלֶף)가 5-14명으로 형성된 그룹을 뜻한다며 이곳에서도 4만 명이 아니라, 40그룹(최대 500명 정도)으로 해석하기를 제안한다(Hess, Boling & Wright and Wright, Mendenhall). 이러한 주장은 멘텐홀(Mendenhall)의 "The Census Lists of Numbers 1 and 26," JBL 77(1958) 52-66과 웬함(G. J. Wenham)의 Numbers. An Introduction and Commentary (Leicester: IVP, 1981), 60-66을 근거로 한 것이다. 이 히브리어 단어를 어떻게 해석하느냐는 '이집트를 떠나온 이스라엘 인구 수가 얼마나 되었는가' 하는 이슈와도 직접적인 연관이 있다. 그러나 이들의 주장이 안고 있는 가장 큰 문제는 민수기가 단순히 '1000단위'(혹은 '그룹'단위)만 언급하는 것이 아니라, 100과 10단위까지 세부적으로 기록할 때가 많다는 것이다. "[고핫의 자손이] 그 종족대로 계수된 자가 이천칠백오십명이니"(민 4:36), "[게르손의 자손이] 그 종족과 조상의 가문을 따라 계수된 자는 이천육백삼십 명이니"(민 4:40). 이러한 문맥과 정황을 고려할 때 이 히브리어 단어(אֶלֶף)를 소수로 구성된 그룹으로 보는 것은 설득력이 없다. 다소 많아 보이기는 하지만 더 좋은 대안이 나올 때까지는 4만 명으로 보는 것이 바람직하다(cf. 「엑스포지멘터리 민수기」 서론 섹션).

도 이스라엘의 연합과 단결을 보여 준다.

저자는 여호수아의 리더십에 대한 언급으로 이 섹션을 마무리한다. "그 날 주님께서, 온 이스라엘 백성이 보는 앞에서 여호수아를 위대한 지도자로 세우셨으므로, 그들은, 모세가 살아 있는 동안 모세를 두려워하였던 것처럼, 여호수아를 두려워하였다"(14절; 새번역). 하나님이 3:7에서 여호수아에게 약속하신 것을 그대로 이루신 것이다. 이때까지 여호수아의 리더십에 조금이라도 의구심을 품었던 사람이 있었다면 이제는 마음을 바꿀 때가 되었다. 범람하는 요단 강을 건너는 기적을 통하여 여호와께서 여호수아와 함께하신다는 것이 역력하게 드러났기 때문이다. 여호수아는 이제 더 이상 모세의 시종이 아니다. 이제 그는 '새 모세'(new Moses)로 자리매김을 했다. 하나님이 모세와 함께하셨던 것처럼 그와 함께하시는 것이 입증되었기 때문이다. 하나님이 함께하시는 리더는 백성이 두려워해야 할 상대다.

I. 순종과 예배로 정복 준비(1:1-5:12)
　C. 요단 강 도하(3:1-4:24)

6. 제사장들이 법궤를 메고 강에서 나옴(4:15-18)

15 여호와께서 여호수아에게 말씀하여 이르시되 16 증거궤를 멘 제사장들에게 명령하여 요단에서 올라오게 하라 하신지라 17 여호수아가 제사장들에게 명령하여 이르기를 요단에서 올라오라 하매 18 여호와의 언약궤를 멘 제사장들이 요단 가운데에서 나오며 그 발바닥으로 육지를 밟는 동시에 요단 물이 본 곳으로 도로 흘러서 전과 같이 언덕에 넘쳤더라

저자는 온 이스라엘이 요단 강을 건넌 일을 다른 각도에서 한 번 더 조명한다. 이 사건은 저자와 온 이스라엘에게 매우 중요한 사건이기 때문이다. 그도 그럴 것이 하나님이 수백 년 전에 그들의 선조들에게 약속하신 일이 드디어 성취되는 역사적인 순간이 아닌가! 본문에 묘사된 내용은 시간적인 순서에 의하면 11절과 12절 사이에 삽입되어야 하지만 독립적인 섹션으로 다루기 위하여 이곳으로 옮겨 따로 취급되고 있다. 이번에는 저자가 제사장들에게 카메라를 고정시킨다.

하나님이 여호수아에게 제사장들이 더 이상 강의 중간에 머물지 않도록 강을 건너 요단 강에서 올라오게 하라는 명령을 내리라고 하셨다 (15-16절). '올라오다'(עלה)라는 동사가 '건너다'(עבר)를 대체하고 있다. 요단 강을 바라보는 관점이 바뀐 것이다. 지금까지 하나님은 요단 강을 동편에서 바라보며 백성에게 건너라고(עבר) 하셨다. 이제 하나님은 요단 강 서편 둑 위에서 강을 내려다 보신다. 그래서 그들에게 '올라오라'라고 하신 것이다.

또한 '올라오다'(עלה)는 이스라엘이 이집트를 떠나온 일을 연상케 하기에 충분한 표현이다(cf. 출 12:38; 13:18; 삿 11:13, 16; 사 11:16; 호 2:17). 그렇다면 하나님이 제사장들에게 '강에서 올라오라'라고 하시는 것은 '이집트에서 올라온 것처럼 강에서 올라오라'라는 뜻을 지녔다 (Hubbard). 여호수아는 하나님의 명령을 제사장들에게 그대로 전했다 (17절). 여호수아의 명령에 따라 제사장들이 요단 강을 건너 마른 땅에 발을 딛자마자 강이 다시 흘러 범람하기 시작했다(18절; cf. 3:15). 옛적에 이스라엘이 홍해를 건너자마자 물이 다시 제자리로 돌아갔던 일을 연상케 한다(출 14:26, 28; 15:19). 저자가 이처럼 본문에서 출애굽 사건을 연상케 하는 표현을 두 차례나 사용하는 것은 만일 가나안 입성이 출애굽의 절정이 아니라면 최소한 같은 수준에서 이 두 사건을 보아야 한다는 것을 강조하기 위해서다(Hubbard).[14] 이스라엘 역사에서 가장 중

---

14 이 두 가지 외에도 한 주석가는 요단 강 도하 사건과 출애굽 사건의 연관성에 대하여 최소한 8가지를 지적한다(Dallaire). (1) 여호와께서 자기 백성을 위하여 매우 중요한 사건을 지휘하시는 것, (2) 각 개인은 하나님의 현현에서 일정한 거리를 두도록 한 지시, (3) 매우 큰 규모의 물이 연루된 것, (4) 여호와께서 백성을 앞서 가심, (5) 주의 백성이 새로운 지역으로 입성함, (6) 지도자들이 백성의 충성 맹세를 받음, (7) 언약이 체결되거나 갱신됨,

요한 사건은 그들이 홍해를 건넌 일과 요단 강을 건넌 일이라는 것이다.

이 섹션이 강조하는 것은 여호수아와 제사장들의 절대적인 순종이다. 제사장들은 여호수아의 말을 하나님의 말씀처럼 여기고 순종한다. 여호수아는 하나님의 명령을 명확하게 백성에게 전하고 있다. 하나님과 백성의 의사 소통이 여호수아를 통해 정확하게 이루어지고 있는 것이다. 리더가 제 역할을 해주면 이처럼 하나님과 백성 사이에 정확한 의사 소통이 가능하다. 하나님과 백성 사이에 정확한 의사 전달 체계만 확립되면 주의 백성이 두려워할 일은 이 세상에 없을 것이다.

I. 순종과 예배로 정복 준비(1:1-5:12)
  C. 요단 강 도하(3:1-4:24)

7. 끝: 요단 강 서편에 도착(4:19-24)

¹⁹ 첫째 달 십일에 백성이 요단에서 올라와 여리고 동쪽 경계 길갈에 진 치매 ²⁰ 여호수아가 요단에서 가져온 그 열두 돌을 길갈에 세우고 ²¹ 이스라엘 자손들에게 말하여 이르되 후일에 너희의 자손들이 그들의 아버지에게 묻기를 이 돌들은 무슨 뜻이니이까 하거든 ²² 너희는 너희의 자손들에게 알게 하여 이르기를 이스라엘이 마른 땅을 밟고 이 요단을 건넜음이라 ²³ 너희의 하나님 여호와께서 요단 물을 너희 앞에서 마르게 하사 너희를 건너게 하신 것이 너희의 하나님 여호와께서 우리 앞에 홍해를 말리시고 우리를 건너게 하심과 같았나니 ²⁴ 이는 땅의 모든 백성에게 여호와의 손이 강하신 것을 알게 하며 너희가 너희의 하나님 여호와를 항상 경외하게 하려 하심이라 하라

앞 섹션(11-18절)에서 요단 강을 건너는 일 자체에 두 번 초점을 맞추었던 저자는 다시 열두 돌로 구성된 기념비에 카메라를 고정시킨다. 그는 또한 추가 정보도 제공한다. 이스라엘 백성이 요단 강을 건넌 일

(8) 일이 끝날 때까지 여호와께서 지도자와 함께 하실 것을 약속하심.

177

은 첫째 달 10일에 있었던 일이라고 한다(19절). 니산 혹은 아빕월로도 알려진 이달은 우리 달력에 의하면 3월 중하순 경에서 시작하여 4월에 끝이 난다. 첫째 달 10일은 유월절 양을 취하는 날이기도 하다(출 12:3). 이스라엘은 이날 취한 양을 4일 후인 첫째 달 14일 유월절 때 잡는다. 그러므로 저자가 요단 강 도하 날짜에 대한 정보를 제공하는 것은 이스라엘이 며칠 후 유월절을 지키게 될 것을 암시하는 듯하다(cf. 5:10). 유월절을 4일 앞두고 요단 강을 건넜다는 것은 역시 이 사건이 홍해를 건넌 일을 비롯한 출애굽 사건과 연관이 있다는 것을 강조한다(cf. 23절).

이스라엘이 요단 강 도하 기념비를 세운 곳은 길갈(הַגִּלְגָּל)이었다. 물론 요단 강 중간에도 물이 마를 때만 보이는 또 하나의 기념비가 있다. 길갈이 여리고 성 근처에 있었던 것은 확실하다. 그러나 정확한 위치는 아직까지 밝혀지지 않았다(ABD). 길갈은 여호수아 시대 때 이스라엘의 주요 성지가 된 세 곳 중 하나다. 다른 두 곳은 실로(18:1)와 세겜(24:1)이다.

여호수아기에서 길갈이 언급되기는 이곳이 처음이다. 이곳에서 그들은 할례를 행하고 유월절을 지키게 된다(5장). 또한 이 지역이 길갈이라는 이름을 얻게 된 것은 잠시 후 그들이 행할 할례와 연관이 있기 때문에 이스라엘이 이곳을 베이스캠프로 삼기 전에 이 지역의 이름이 무엇이었는지는 알 수 없다. 얼마 후 이스라엘 백성은 이곳에 여호와를 위한 성소와 제단을 세운다(9:23, 27). 이후 길갈은 오랜 세월 동안 이스라엘의 중요한 성지로 자리를 잡았으며(cf. 삼상 10:8), 사무엘이 정기적으로 들리던 곳이었다(삼상 7:16). 사울은 이곳에서 이스라엘의 초대 왕으로 추대되었다(삼상 11:14-15). 사무엘이 하나님께 불순종한 왕 사울을 혹독하게 나무라며 하나님이 그를 버렸다고 선언한 곳도 길갈이다(삼상 13:8-14). 길갈은 여러 가지 면에서 이스라엘에게 유서 깊은 곳이다.

여호수아는 하나님이 요단 강을 가르시는 기적을 행하신 것은 단순히 이스라엘에게 가나안 땅에 입성하게 하기 위한 것이 아니라 두 가지 더 중요한 이유가 있다는 점을 강조한다(24절). (1) 요단 강 기적은 온 세상 사람들이 여호와의 능력이 얼마나 위대한가를 알게 하는 사건 이다. (2) 주의 백성이 영원토록 여호와 그들의 하나님을 경외하도록 하기 위한 일이다.

기적이 온 세상 사람들에게 여호와의 능력을 드러내는 목적을 지녔 다는 것은 라합의 고백(2:10-11)과 이집트에 내리신 열 번째 재앙의 목 적을 회상케 한다(cf. 출 12:12). 하나님이 성도를 통해 베푸시는 기적의 목적도 이 두 가지를 포함하고 있다. 첫째는 하나님의 영광을 온 세상 에 드러내기 위한 것이요, 둘째는 기적을 체험한 사람들이 더욱더 하 나님을 경외하도록 하기 위해서다. 우리 주변에서 이적을 행하는 사람 들의 삶을 살펴보라. 이러한 원리들이 그들의 삶에서 드러나는지, 아 니면 자신의 잇속을 챙기고 자신을 드러내기 위하여 이적을 행하는지 를 분별하면 그들의 은사가 누구로부터 비롯되었는지를 판단할 수 있 을 것이다.

요단 강을 건너는 것은 한 번 있었던 일이지만, 저자는 이 사건을 3-4장을 통해 이처럼 여러 각도에서 조명하고 있다. 심지어는 잔소리 로 느껴질 만큼 반복되는 것들이 많다. 저자의 이런 기법에는 중요한 신앙의 원리가 숨겨져 있다. 주의 백성이 하나님의 구원과 은혜를 체 험하면 한 번 감사 기도하고 그 일을 잊어서는 안 된다는 것이다. 우리 가 체험한 하나님의 은총은 두고두고 기념되어야 한다.

또한 자녀들에게 우리가 체험한 하나님의 은혜에 대하여 간증하여 후손들도 대대로 여호와 하나님이 그들의 조상에게 내려주신 은총을 기념하고 감사하도록 해야 한다. 이것이 우리가 말하는 신앙의 유산이 아니겠는가? 과거에 베풀어 주신 하나님의 은총을 기념하는 것은 우리 의 정체성을 정의하는 일에도 매우 중요한 역할을 한다. 또한 과거에 체험한 하나님의 임재와 은총은 오늘과 내일이 우리에게 안겨주는 불 안감을 해소하는 데 결정적인 역할을 한다.

D. 세겜에서 행해진 성결 예식(5:1-12)

이스라엘이 드디어 요단 강을 건넜다. 이제부터는 전쟁을 통해 가나안 정복에 나서야 한다. 그러나 이스라엘이 가나안에 입성하고 난 후 제일 먼저 한 일은 전쟁을 준비하는 것이 아니라 여호와께 예배를 드리는 일이며 시내 산에서 주신 율법에 따라 몇 가지 종교적 예식을 치르는 것이다. 그들은 길갈에 머물면서 지난 40년 동안 광야에서 생활하던 중 하지 못했던 할례를 행하고, 유월절을 지킨다.

이스라엘이 가나안에 입성해서 제일 먼저 여러 가지 종교 예식을 행한다는 것은 가나안 정복 전쟁이 이스라엘이 홀로 하는 전투가 아니라, 하나님이 선두에서 지휘하시는 성전(聖戰)이라는 사실을 다시 한번 강조한다. 하나님의 성전에 참여하는 이스라엘은 무엇보다도 하나님 앞에서 정결해야 한다. 하나님의 역사가 뜨거우면 뜨거울수록 그 불꽃이 적만 불사르는 것이 아니라 경건치 못한 주의 백성을 태울 확률도 높아지기 때문이다. 그러므로 가나안 정복을 앞둔 이스라엘이 제일 먼저 하나님이 모세를 통해 주신 율법에 따라 성결 예식을 치르는 것은 당연한 일이다.

여호수아와 백성이 길갈에서 행하는 종교적 예식들은 이스라엘이 다음 단계로 가기 위해서 꼭 지나야 할 과정(rites of passage)이다(Nelson). 길갈에서 진행된 예식들을 통해 정결해진 이스라엘은 여호와의 사역하심을 지켜보며 그 열매를 즐기면 된다. 우리도 하나님의 인도하심에 따라 사역을 하고자 한다면, 먼저 우리 자신을 정결하게 해야 한다. 어떤 결과나 예물을 하나님께 바치는 것보다 거룩하신 그분 앞에서 올바른 자세와 몸가짐을 갖는 것이 훨씬 더 중요하고 선제(先制)되어야 한다.

학자들 사이에 5:1의 위치가 논란이 되고 있다. 이슈는 이 구절이 3-4장에 묘사된 일의 결론 역할을 하느냐, 아니면 5장 이후에 기록된 사건의 서론 역할을 하느냐다. 일부 주석가들은 5:1이 3-4장의 이야기에 잘 어울리는 결론이라 하여 앞 부분의 결론으로 취급한다(Howard, Hubbard, cf. 새번역). 여호수아가 4:24에서 말하는 요단 강 기적의 목적과 잘 어울리는 결말이기 때문이다. 하나님이 요단 강을 마른 땅 건너듯 건넌 기적을 베푸신 목적은 온 세상에 여호와의 능력이 얼마나 대단한가를 알리는 것이었는데, 5:1은 가나안 사람들이 여호와의 능력에 대하여 새삼 깨닫게 되어서 간담이 서늘해져 있다고 한다. 이처럼 5:1이 앞 부분에 적합한 결론 역할을 하는 것이 사실이지만, 뒤따르는 이야기와의 연결성도 무시할 수 없다.

이스라엘이 길갈에서 제일 먼저 행하는 일이 할례다. 사람이 할례를 하고 나면 1주일 동안은 꼼짝할 수 없다. 매우 고통스러운 일이기 때문이다(cf. 창 34장). 그러므로 만일 가나안 사람들이 할례를 받고 고통스러워하는 이스라엘을 치면 그들은 '앉아서 혹은 누워서' 꼼짝없이 당할 수밖에 없다. 가나안 사람들과 아직 한 번도 전투를 해본 적이 없어 적을 전혀 알지 못하는 상황에서 이스라엘은 어떻게 적군들 앞에서 담대히 이 일을 행할 수 있었단 말인가? 저자는 하나님이 가나안 사람들의 간담을 서늘하게 하셔서 싸울 용기를 잃게 하셨기 때문에 이 일이 가능했다고 한다. 이러한 차원에서 볼 때 5:1은 앞으로 이스라엘이 5장에서 행할 모든 예식 절차의 서론이 되는 것이다(cf. Hess, Harstad).

이스라엘이 가나안에 입성한 후 맨 처음 한 일들을 회고하고 있는 이 섹션은 다음과 같이 세 부분으로 나눌 수 있다. 이스라엘이 적들 앞에서 당당하게 할례를 행하고(B), 유월절을 기념할 수 있었던 것(B')은 하나님이 가나안 사람들의 마음을 녹이셨기 때문이다(A).[15]

---

[15] 다음 섹션의 일부인 천사장의 출현(5:13-15)을 포함하여 구조를 분석하면 본문은 다음과 같은 결과를 주기도 한다. 이스라엘이 별 어려움 없이 할례를 행하고(B) 유월절을 지킬 수 있었던 것은(B') 전적으로 하나님의 보호하심 때문이었다는 것이다(A, A').
  A. 하나님의 사역: 가나안 사람들의 좌절(5:1)
    B. 이스라엘이 할례를 행함(5:2-9)

A. 가나안 사람들의 좌절(5:1)
   B. 이스라엘이 할례를 행함(5:2-9)
   B´. 이스라엘이 유월절을 지킴(5:10-12)

> I. 순종과 예배로 정복 준비(1:1-5:12)
>   D. 세겜에서 행해진 성결 예식(5:1-12)

1. 가나안 사람들의 좌절(5:1)

¹ 요단 서쪽의 아모리 사람의 모든 왕들과 해변의 가나안 사람의 모든 왕들이 여호와께서 요단 물을 이스라엘 자손들 앞에서 말리시고 우리를 건너게 하셨음을 듣고 마음이 녹았고 이스라엘 자손들 때문에 정신을 잃었더라

본 텍스트의 내용은 4:23에 기록된 말씀 "우리가 홍해를 다 건널 때까지, 주 우리의 하나님이 우리 앞에서 그것을 마르게 하신 것과 같이, 우리가 요단 강을 다 건널 때까지, 주 우리의 하나님이 요단 강 물을 마르게 하셨다"(4:23; 새번역)를 거의 그대로 반복하고 있다. 또한 라합이 정탐꾼들에게 한 말이 사실이라는 것을 확인해 주기도 한다. "주님께서 당신들 앞에서 어떻게 홍해의 물을 마르게 하셨으며… 우리는 그 말을 듣고 간담이 서늘했고, 당신들 때문에 정신을 잃고 말았습니다"(2:10-11; 새번역).

중요한 사실은 가나안 정복 전쟁이 시작되기도 전부터 큰 두려움이 가나안 사람들을 엄습했다는 것이다. 정탐꾼들이 여호수아에게 보고한 것처럼 하나님은 이미 오래전부터 이스라엘에게 이 땅을 넘겨주시기 위하여 가나안 사람들에게 진군해 오는 이스라엘에 대한 두려움과

   B´. 이스라엘이 유월절을 지킴(5:10-12)
  A´. 하나님의 사역: 천사장을 보내심(5:13-15)

공포를 주셨다. 하나님의 가나안 정복 사역은 이스라엘이 가나안에 입성하기 훨씬 전부터 시작되었던 것이다. 그러므로 이스라엘은 특별한 일이 없는 한 가나안 정복에 실패할 수가 없다. 이런 상황을 성경은 여호와 이레(cf. 창 22장)라고 하지 않는가!

가나안 사람들이 들은 소식 중에 가장 큰 두려움을 자아내는 것은 이스라엘의 신 여호와의 크고 두려운 능력에 관한 대목이다. 여호와께서 범람하는 요단 강의 물을 말리시고 이스라엘이 평안하게 강을 건널 수 있도록 기적을 베푸셨다는 소식이 그들을 낙담하게 했다. 오래전에 이집트를 탈출하던 이스라엘을 위하여 홍해를 가르시던 여호와의 능력이 40년이 지나면서 하나도 쇠하지 않았다는 사실이 입증되었기 때문이다. 또한 여호와께서 홍해에서 이스라엘에게 베푸셨던 기적에 버금가는 기적이 이번에 요단 강에서 일어났다는 것은 비록 이스라엘이 가데스바네아에서 하나님께 반역하여 주님이 내리신 벌로 지난 40년동안 광야 생활을 했지만, 하나님의 이스라엘에 대한 사랑과 그들에게 가나안 땅을 주시겠다는 의지에는 변함이 없다는 사실을 확인해 주었다. 그러므로 가나안 사람들은 좌절하고 절망할 수밖에 없다.

이스라엘도 이제는 한 걸음도 물러설 수 없는 곳에 와 있다. 앞에는 가나안 사람들이 그들과 전쟁을 하려고 기다리고 있다. 그들의 뒤에는 범람하는 강이 있다. 이제는 돌아가고 싶어도 돌아갈 수 없다. 이스라엘은 가나안 사람들과 생명을 건 대결을 피할 수 없다. 그러나 다행인 것은 여호와께서 이스라엘과 함께하시는 한 가나안 사람들은 도저히 이스라엘의 상대가 되지 못한다는 사실이다. 이스라엘은 자신들이 하나님의 말씀에 순종하기만 하면 전투 한번 치르지도 않고 온 땅이 자신들의 것이나 다름없다는 사실을 알고 있다(Butler). 우리는 이미 라합을 통해 여호와를 경외하는 사람은 모두 구원받을 수 있다는 사실을 확인했다. 가나안 사람들도 이 사실을 잘 알고 있다. 그렇다면 그들은 왜 우상들을 버리고 유일하시고 참신이신 여호와 하나님께 나아오지 않는 것일까? 영적 세계란 이성과 상식으로 설명되지 않는 부분이 많다.

2. 이스라엘이 할례를 행함(5:2–9)

² 그 때에 여호와께서 여호수아에게 이르시되 너는 부싯돌로 칼을 만들어 이스라엘 자손들에게 다시 할례를 행하라 하시매 ³ 여호수아가 부싯돌로 칼을 만들어 할례 산에서 이스라엘 자손들에게 할례를 행하니라 ⁴ 여호수아가 할례를 시행한 까닭은 이것이니 애굽에서 나온 모든 백성 중 남자 곧 모든 군사는 애굽에서 나온 후 광야 길에서 죽었는데 ⁵ 그 나온 백성은 다 할례를 받았으나 다만 애굽에서 나온 후 광야 길에서 난 자는 할례를 받지 못하였음이라 ⁶ 이스라엘 자손들이 여호와의 음성을 청종하지 아니하므로 여호와께서 그들에게 대하여 맹세하사 그들의 조상들에게 맹세하여 우리에게 주리라고 하신 땅 곧 젖과 꿀이 흐르는 땅을 그들이 보지 못하게 하리라 하시매 애굽에서 나온 족속 곧 군사들이 다 멸절하기까지 사십 년 동안을 광야에서 헤매었더니 ⁷ 그들의 대를 잇게 하신 이 자손에게 여호수아가 할례를 행하였으니 길에서는 그들에게 할례를 행하지 못하였으므로 할례 없는 자가 되었음이었더라 ⁸ 또 그 모든 백성에게 할례 행하기를 마치매 백성이 진중 각 처소에 머물며 낫기를 기다릴 때에 ⁹ 여호와께서 여호수아에게 이르시되 내가 오늘 애굽의 수치를 너희에게서 떠나가게 했다 하셨으므로 그 곳 이름을 오늘까지 길갈이라 하느니라

요단 강을 건너는 일은 창조 사역(an act of creation)이었으며, 이 일로 인하여 이스라엘은 땅을 소유한 민족으로 태어났다(Hawk). 새로운 신분을 가지고 새 출발을 하게 된 이스라엘은 새로운 시작을 상징하는 예식을 통해 하나님과의 관계를 확인하며 동시에 지난날의 수치를 완

전히 씻어 버리고자 했다. 그래서 그들은 할례를 행했다. 이스라엘이 요단 강을 건넌 때가 첫째 달 10일이었다는 것을 감안하면(4:19), 그들은 4일 후면 유월절(cf. 레 23:5)을 지켜야 한다. 유월절은 할례를 받은 사람들만 참석할 수 있는 절기다(출 12:44, 48). 그러므로 가나안에 입성하여 처음 기념하는 유월절에 참여하려면 남자들은 모두 할례를 받아야 한다.

이스라엘 남자들이 서로에게 할례를 행해야 하는 또 다른 이유는 그들이 하나님의 전쟁에 참여하는 데 의식적으로(ritually) 문제가 없게 하기 위해서다(Hubbard). 가나안 정복은 여호와께서 하시는 성전(聖戰)이다. 그러므로 이스라엘은 의식적으로 깨끗해야 한다. 그렇지 않으면 하나님의 거룩하심이 적들이 아니라 오히려 그들을 삼킬 수도 있다. 그러므로 이스라엘은 할례를 행해야 한다.

이스라엘이 언제 쳐들어올지도 모르는 적을 눈앞에 두고 할례를 행하는 일은 어떻게 생각하면 대단한 믿음이지만, 다르게 생각하면 참으로 무모한 짓이요 적을 기만하는 일이다. 그래서 한 주석가는 적들 앞에서 할례를 행하는 이스라엘을 이해할 수 없다고 한다(Dallaire). 그러나 저자는 이런 일이 가능한 것은 하나님이 이미 가나안 사람들에게 큰 두려움을 주셨기 때문에 가능하다고 한다(1절). 인간적으로 생각하면 매우 어리석다고 할 수 있는 일이 하나님이 쳐주신 보호막 안에서 진행되고 있다. 그러므로 적들 앞에서의 할례는 하나님이 어떻게 이스라엘과 함께하시며 그들을 적들로부터 보호하시는가를 온 세상에 드러내기에 매우 효과적인 사건이다. 또한 하나님이 명령하신 일이니 이스라엘은 복잡하게 생각하거나 득과 실을 따질 필요 없이 믿고 순종하면 된다. 하나님은 이들의 믿음과 순종을 보시고 가나안 사람들에게 공포와 두려움을 주셔서 할례로 인해 신음하고 있는 이스라엘을 치지 못하도록 하셨다.

할례는 고대 근동 지역에 살던 여러 민족이 행했던 상당히 흔한 예식이었다(cf. ABD). 때로는 남자아이의 성인식 예식으로 사용되기도 했고, 결혼을 앞둔 신랑에게 종교적인 의미를 가지고 행해진 예식이기도 했다. 이스라엘에서는 할례가 여호와 하나님과 아브라함의 후손들의 특별한 관계를 상징하는 의미를 지녔다. "너희는 포피를 베어서, 할례를 받게 하여라. 이것이 나와 너희 사이에 세우는 언약의 표이다. 대대로 너희 가운데서, 남자는 모두 난 지 여드레 만에 할례를 받아야 한다… 그렇게 하여야만, 나의 언약이 너희 몸에 영원한 언약으로 새겨질 것이다"(창 17:11-13; 새번역). 그러므로 이스라엘이 가나안에 들어오자마자 할례를 행해야 하는 것은 무엇보다도 자신들은 가나안 땅을 약속으로 받은 아브라함의 후손들이며 하나님의 언약 백성이라는 사실을 확인하기 위해서다.

하나님은 여호수아에게 '다시'(שֵׁנִית)(lit., '두 번째') 백성에게 할례를 베풀라고 하신다(2절). 왜 이 할례가 두 번째가 되는가? 이집트를 떠나온 사람들은 모두 할례를 받았지만 불신으로 인하여 40년 광야 생활 도중에 죽었다. 반면에 여호수아가 이끌고 가나안에 입성한 백성은 광야에서 태어난 사람들이다. 그들은 할례를 받은 적이 없기 때문이다. 그들이 율법에 불순종해서가 아니라 당시 이스라엘과 하나님 사이에 있는 언약 관계에 문제가 생겼기 때문이다. 가나안 정탐꾼들을 둘러싼 백성의 불순종(민 13장; 신 1:19-45)은 하나님이 그들을 대적하게 했으며 결국 20세 넘은 사람들은 모두 광야에서 죽어야 했다.

이제 하나님과의 좋지 않았던 관계를 정리할 시간이 왔다(Howard, Hubbard, Harstad).[16] 가데스바네아의 반역으로 멈추어졌던 할례 예식을 다시 시작하라고 하신 것이다(cf. Coote). 여기서도 의미심장한 것은 여

---

16 한 학자(Sasson)는 이 때까지 이스라엘이 표피를 부분적으로만 제거하는 이집트식 할례를 행해왔기 때문에 '다시'라는 말을 써서 표피를 완전히 제거하라고 하는 것이라고 한다. '다시'라는 말의 필요성을 서로 다른 전승이 반영된 것의 증거로 삼는 학자도 있다(Fox). 그러나 이러한 해석들은 저자의 의도를 파악하는 데 도움이 되지 않으며 지나치게 사변적(speculative)이다.

호와께서 먼저 관계를 회복할 수 있는 계기를 마련해 주셨다는 사실이다. 이스라엘 사람들이 대부분 할례를 받지 않았다는 사실이 조금은 아이러니컬한 것은 그들의 리더 모세도 미디안에서 태어난 아들들에게 할례를 행하지 않아 죽을 뻔했던 일이 있었다는 점이다(출 4:24–26). 모세는 자신의 경험을 통해 아브라함의 후손들에게 할례가 얼마나 중요한지를 확실히 알게 되었을 텐데 그는 정작 왜 지난 40년 광야 세월 동안 이스라엘 백성이 할례를 하지 않은 것을 지켜만 보았을까?

온 이스라엘에게 할례를 행하라는 하나님의 명령을 받은 여호수아는 돌칼(חַרְבוֹת צֻרִים)을 만들어서 기브앗 하아라롯 산(גִּבְעַת הָעֲרָלוֹת)(lit. '표피 언덕' 혹은 '할례 산')에서 이스라엘 자손들에게 할례를 베풀었다(3절). 칼을 만드는 데 사용된 돌은 아마도 흑요석(obsidian)이었을 것이다(Millard). 흑요석은 화산에서 흘러나와 급히 식은 매우 매끄럽고 단단하며 유리처럼 된 돌이다. 이 돌을 쪼개면 원만한 곡선을 지닌 날카로운 날을 얻을 수 있다.

이스라엘이 이곳에서 집단적으로 할례를 행했기 때문에 이 산/언덕에 새로운 이름이 주어졌다. 돌칼로 할례를 행하는 풍습은 매우 오래된 것이며, 철과 같이 날카롭고 단단한 자재로 만들어진 칼이 발명된 이후에도 계속 사용되었다. 돌칼이 할례에 주로 사용되었던 것은 주변에서 쉽게 날카로운 돌 조각을 구할 수 있었으며, 오염이나 병균을 염려하지 않아도 될 정도의 청결 상태를 유지하기가 쉬웠기 때문이다(Millard).

이때 할례를 받은 이스라엘 사람은 몇 명이나 되었을까? 가나안 땅에 들어온 사람들은 광야에서 태어난 사람들뿐만 아니라 어린 나이에 이집트를 떠났던 사람들도 포함된다. 이러한 점을 고려해서 카일(Keil)은 70–80%의 이스라엘 사람들이 이때 할례를 받았을 것으로 추측한다. 만약 적들이 이때를 이용하여 싸움을 걸어왔다면 이스라엘은 멸종에까지 이를 수 있었을 것이다(cf. 창 34장). 그러나 여호와께서 이미 적들의 마음속에 심히 큰 두려움을 심어놓으셨기 때문에(1절) 그 아무도 나서지 못했다. 저자는 적들의 마음에 큰 두려움을 심어 놓으신 여호와를 주의 백성들이 다시 한번 찬양하기를 유도하고 있다.

6절은 이스라엘이 왜 광야에서 할례를 행하지 못했는가를 설명한다. 저자는 이 설명을 통해 불순종한 백성의 비참한 종말과 앞으로 '젖과 꿀이 흐르는 땅'을 누리게 될 새로운 세대의 복된 삶을 극명하게 대조한다. 저자는 이 대조를 통해 이스라엘 사람들에게 다시 한번 도전하고 있다. "불순종하여 비참한 종말을 맞겠는가, 아니면 순종하여 젖과 꿀이 흐르는 땅을 차지하겠는가?" 하나님과의 관계가 회복된다는 것은 순종을 통하여 주님의 축복을 누릴 수 있는 기회가 주어진다는 것이지, 회복된 관계 자체가 특별한 마력을 소유하고 있어서 모든 것을 형통하게 하는 것은 아니다.

백성이 할례를 받고 아물기를 기다리는 동안 하나님은 여호수아에게 이 할례 예식을 통해 드디어 "내가 오늘 애굽의 수치를 너희에게서 떠나가게 하였다"(גַּלּוֹתִי אֶת־חֶרְפַּת מִצְרַיִם)라고 선언하셨다(9절). 그래서 이때부터 그곳 이름이 이날까지 '길갈'(גִּלְגָּל)(lit., '굴린 곳' 혹은 '돌들로 만든 원'[circle of stones])(HALOT)이라고 불리게 되었다는 유래(aetiology)도 첨부되었다(9절). 우리는 이미 저자가 4:19에서 길갈을 언급한 일을 기억한다. 그렇다면 이 일이 있고 난 다음에야 길갈이라는 이름이 주어지는데 어떻게 된 일일까? 우리는 길갈의 전 이름이 정확히 무엇이었는지 알 수 없다. '기브앗 하아라롯' 이었을 수도 있다(cf. Pressler). 그런데 이제 이 장소의 이름이 길갈로 정해졌기 때문에 저자가 독자들의 이해를 돕기 위하여 4:19에서도 이 장소의 새 이름으로 바꾸어 놓은 것이다. 성경 안에는 이러한 현상이 자주 등장한다.

'이집트의 수치'(9절)는 무엇을 두고 하는 말인가? 일부 주석가들은 이집트에서 종살이하며 겪었던 수모로 해석하기도 하고(Pressler, Butler), 할례를 받지 못하고 광야를 배회하다 죽은 출애굽 1세대를 뜻하는 것으로 이해하기도 한다(Nelson, Polzin, cf. 레 12:3; 창 17:11-12). 다른 학자들은 이집트를 떠나 곧장 약속의 땅에 입성하지 못하고 40년 동안 광야 생활을 한 것에 대한 이집트 사람들의 비아냥과 놀림이라고 한다(Keil, Goslinga, Woudstra, Howard). 모세도 하나님이 만일 광야에서 이스라엘의 죄 때문에 그들을 벌하시면 이스라엘은 이집트 사람들의 조롱거리가 될 것이라고 한 적이 있다(출 32:12; 민 14:13-16; 신 9:28).

한 가지 생각해볼 것이 있다. 여호와께서는 이 백성을 극적인 기적들을 통해 이집트에서 광야로 인도하셨다. 그러나 이집트를 탈출한 이 백성은 다음 40년을 어떻게 보냈는가? '젖과 꿀이 흐르는 땅'으로 간다고 큰소리치고 나간 사람들이 젖과 꿀은 고사하고 기본적인 의식주도 해결할 수 없는 광야를 40년 동안 헤매지 않았는가! 그 당시에 '이집트 일보'라는 신문이 있었다면 아마도 매일 이스라엘 민족의 동태를 보고하는 공간이 있었을 것이고 보고되는 기사는 40년 동안 매일 똑같았을 것이다. "아직도 광야를 헤매고 있다." 즉, 이스라엘은 이집트 사람들의 커다란 비웃음거리가 되었을 것이 확실하다. "저렇게 오랫동안 광야를 헤매려면 차라리 이집트에 남아서 우리의 종 노릇이나 계속하지. 배불리 먹여 주고 잠은 편안한 곳에서 재워 주었을 텐데."

드디어 이스라엘의 수치가 그칠 날이 왔다. 그들이 지난 40년 동안 광야에서 받지 못했던 할례를 받아서가 아니라 할례가 상징하는 하나님과의 새로운 관계 성립이 이날 이루어진 것이다. 하나님과의 관계가 회복되었으니 여호와께서 오래전에 이집트에서 약속하셨던 '젖과 꿀이 흐르는 땅'을 이 백성이 차지할 날도 머지 않았다. '이집트의 수치'가 어떤 의미로 해석되든 간에 이집트와 연관된 모든 아픔과 수모가 이 순간에 이스라엘에게서 제거되었다는 것을 강조한다(Hawk). 우리도 사탄이 통치하는 죄의 나라를 떠나 예수 그리스도가 다스리시는 하나님의 나라에 입성했을 때, 우리의 과거와 연관된 모든 수치가 없는 것과 같이 되지 않았는가?

I. 순종과 예배로 정복 준비(1:1-5:12)
   D. 세겜에서 행해진 성결 예식(5:1-12)

3. 이스라엘이 유월절을 지킴(5:10-12)

¹⁰ 또 이스라엘 자손들이 길갈에 진 쳤고 그 달 십사일 저녁에는 여리고 평지에서 유월절을 지켰으며 ¹¹ 유월절 이튿날에 그 땅의 소산물을 먹되 그 날에 무교병과 볶은 곡식을 먹었더라 ¹² 또 그 땅의 소산물을 먹은 다음 날에 만나가 그쳤으니 이스라엘 사람들이 다시는 만나를 얻지 못하였고 그 해에 가나안 땅의 소출을 먹었더라

이스라엘 백성이 요단 강을 건넌 지 4일째 되던 그 달 14일, 온 공동체가 유월절을 지켰다(10절). 첫째 달 14일 '저녁에'(בָּעֶרֶב) 유월절을 지켰다는 것은 여호수아와 이스라엘이 유월절에 대한 율법을 확실하게 준수하고 있다는 것을 시사한다. 율법은 유월절 양을 첫째 달 14일 저녁에 잡으라고 하는데(출 12:6), 백성이 이 규례를 철두철미하게 지키고 있다는 것을 강조하는 것이다. 본문에서 이슈가 되는 것은 여호수아와 이스라엘의 율법에 대한 철저한 순종이다. 순종만이 가나안을 그들의 소유로 만들 수 있기 때문이다.

할례를 행한 지 며칠이 지나지 않았기 때문에 남자들은 아직도 고통 속에 있었을 것이다. 그럼에도 불구하고 약속의 땅에서 처음으로 드린 유월절 예배는 진정으로 감동의 도가니였을 것을 상상할 수 있다. 할례는 하나님과 이스라엘의 언약 관계를 확인하는 예식이다. 유월절의 성격과는 조금 다르다. 첫 번째 유월절 때 하나님이 이스라엘과 이집트를 차별화하셨던 사실을 감안하면 유월절은 이스라엘을 주변 백성으로부터 차별화하는 절기였다(Hawk). 그러므로 처음 유월절이 이스라엘과 이집트 사람들을 구분했던 것처럼, 이 유월절은 이스라엘과 가나안 사람들을 구분 짓고 있다.

구약 성경에는 여섯 개의 유월절 이야기가 등장하는데 모두 이스라

엘의 역사에서 중요한 순간들에 있었던 일이다. 첫 번째 유월절은 이집트에서의 노예 생활이 끝났다는 것을 의미했다(출 12장). 시내 광야에서 지킨 두 번째 유월절은 이스라엘의 방랑 생활이 끝났다는 것을 상징했다(민 9장). 본문이 언급하고 있는 여호수아의 유월절은 성경에 기록된 세 번째 것이며 이스라엘의 가나안 입성의 계기로 삼고 있다. 네 번째와 다섯 번째인 히스기야와 요시야의 유월절은 그들이 추진하던 종교 개혁의 절정이었다(대하 30장; 왕하 23:21-23). 구약 성경에 여섯 번째이자 마지막으로 기록된 에스라의 유월절은 성전 재건을 기념하는 의미에서 유월절 음식을 나눈 일이었다(스 6:19-22). 이처럼 유월절은 하나님의 구원 사역을 기념하여 주의 백성 공동체의 정체성을 확고히 하는 절기였다.

그러므로 유월절 절기는 이스라엘의 정체성과 연관된 매우 중요한 종교적 절기이며 여호수아와 백성이 이 절기를 율법에 따라 지킨 것은 바람직하고 이상적인 일이다. 그러나 저자는 그들이 유월절을 율법에 따라 철두철미하게 지켰다는 것보다는 이날을 계기로 이스라엘이 새로운 음식을 먹게 되었다는 것을 더 강조하고자 한다. 유월절 다음날부터 이스라엘이 가나안 땅의 소산물을 먹었다(11절). 물론 준비할 시간이 충분하지 않아서 누룩이 들어가지 않은 빵과 볶은 곡식을 먹기도 했겠지만, 그들은 또한 율법을 준수하기 위하여 이때 누룩이 들어가지 않은 빵을 먹었다.

율법에 의하면 이스라엘은 누룩을 넣지 않고 만든 빵을 이달 15일에 시작하여 1주일 동안 먹어야 한다. 이 절기가 무교절(Feast of Unleavened Bread)이다(레 23:6-8). 본문이 안고 있는 한 가지 문제는 율법에 의하면 무교절이 시작된 다음날인 16일에 제사장이 첫 곡식 단을 여호와 앞에서 흔들 때까지는 땅의 소산물을 먹지 못하게 되어 있다(레 23:11, 14). 그렇다면 본문은 무엇을 의미하는가?

아마도 이 두 절기가 서로 너무 가까이 있다 보니 하나로 묶어서 언

급을 하는 것으로 생각된다. 이 두 절기가 하나로 묶여서 취급되는 예
는 마가복음 14장(특히 1절을 잘 관찰할 것)에서도 발견된다. 그러므로 저
자가 하고자 하는 말은 유월절 다음날인 니산월 15일에 땅의 소산물을
먹은 것이 아니라(이렇게 하면 율법을 어기게 된다), 그 다음날이자 무교절
의 이틀째인 16일에 제사장이 단을 흔든 다음에 먹었다는 것이다. 가
나안에 입성한 지 7일째 되던 날, 드디어 이스라엘은 상징적으로나마
가나안 땅의 '젖과 꿀'을 맛보았던 것이다. 저자는 그들이 가나안에서
나는 새 음식을 먹었다는 것을 11-12절에서 '먹다'(אכל)라는 동사를 세
차례 사용하여 강조한다.

이스라엘이 가나안 땅의 곡식을 먹기 시작하자 다음날부터 만나
가 더 이상 내리지 않았다(12절). 새 땅에서 새 음식을 먹기 시작한 일
로 드디어 40년의 광야 생활이 공식적으로 막을 내린 것이다. 출애굽
기 16:35은 이미 이런 날이 올 것을 암시했다. "이스라엘 자손은 정착
지에 이를 때까지 사십 년 동안 만나를 먹었다. 가나안 땅 접경에 이를
때까지 만나를 먹었다"(새번역).

하나님이 광야에서 이스라엘에게 만나를 음식으로 주셨던 것처럼 이
스라엘이 앞으로 가나안 땅에서 먹게 될 새 음식도 하나님이 주셔야만
한다. 그러므로 만나가 멈추고 땅의 소산을 먹게 된 일이 이스라엘을 향
한 하나님의 은총이 멈춘다는 사실을 뜻하는 것이 아니라, 그들의 필요
를 채우시는 하나님의 방법이 바뀌고 있다는 것을 의미한다. 우리는 상
황과 여건의 변화에 따라 하나님이 우리에게 베푸시는 은총의 모습도 바
뀔 수 있다는 것을 의식해야 한다. 하나님은 항상 같은 방법으로 우리를
보살피지 않으신다. 적절한 때에 적절한 방법으로 우리를 축복하신다.

II. 거룩한 정복 전쟁

(5:13-12:24)

여호수아의 리더십 아래 이스라엘은 무사히 요단 강을 건너 길갈에 머물면서 지난 40년 동안 하지 못했던 할례를 하고 유월절을 기념하여 하나님의 언약 백성의 모습을 되찾았다. 하나님이 모세와 함께하신 것처럼 여호수아와 함께하시겠다는 약속도 이때까지 잘 지켜졌다(cf. 1 장). 백성도 모세를 두려워했던 것처럼 여호수아를 두려워하며 모세에게 순종했던 것처럼 여호수아에게 순종하고 있다. 이때까지는 모든 것이 원만하게 진행되고 있다.

이스라엘은 자신들이 이 순간까지 경험한 모든 성공과 순조로움이 결코 자신들의 노동과 노력의 결과가 아니라는 것을 깨달아야 한다. 지금까지 그들이 한 것은 단 한 가지, 하나님의 율법과 말씀에 따라 순종한 것뿐이다. 이스라엘은 배를 띄워 범람하는 요단 강을 건너지 않았다. 여리고 성 사람들이 사람이 두려워서 자기들이 심은 곡식을 먹고 있는 이스라엘을 향해 돌진하지 못했겠는가? 이스라엘이 결코 여리고 성을 그냥 지나치지 않을 것이라는 사실을 여리고 사람들은 잘 알고 있다. 그들이 이스라엘과의 전쟁에 대비하여 성 안에 축적해 둔 식량이 아무리 많다 할지라도 머지않아 바닥날 것이기 때문에 성 안에 계속 머무는 것은 이 위기를 극복할 만한 해결책이 못 된다. 성 안에 머물면 이스라엘의 칼을 피할 수는 있어도 끝에 가서는 모두 굶어 죽게 될 것이기 때문이다. 그렇다면 굶어 죽으나 싸우다 죽으나 죽기는 마찬가지다. 또한 가나안 사람들은 누가 두려워서 할례를 받아 무기력해진 이스라엘을 치러 나오지 못했는가? 그들이 두려워한 것은 이스라엘이 아니라, 하나님 여호와였다(cf. 1절). 이스라엘이 이때까지 누린 성공은 오로지 하나님이 그들과 함께하신 결과였다.

이스라엘은 성공의 열쇠가 된 하나님의 함께하심을 순종과 성결을 통해 축복으로 받았다. 요단 강을 건너는 일에서부터 강을 건넌 후 전쟁을 하기 전에 먼저 할례를 행하고 유월절을 지키는 일을 모세를 통해 주신 율법에 따라 진행했고, 하나님이 여호수아를 통해 주시는 명령에 절대적으로 순종하며 행동했다. 그랬더니 하나님이 가나안 사람들의 마음을 녹아 내리게 하셔서 싸우러 나오지 못하도록 상황을 만들어 가셨다. 그래서 그들은 적들 앞에서 버젓이 할례도 행할 수 있었다. 순종하면 하나님이 특별히 개입하시리라는 믿음과 경건이 그들의 성공의 비결이 된 것이다. 이스라엘의 성공적인 약속의 땅 정착여부가 그들의 군사력이나 무기에서 결정되는 것이 아니라, 믿음 생활에 의하여 좌우될 것이다. 그러므로 소위 이 '전쟁 섹션'에서 발견되는 군사적 (military-style) 이야기는 단 하나뿐이다. 군사적 전투가 이 책의 중심 주제는 되지 못하는 것이다.

이러한 상황에서 여호수아와 이스라엘은 과연 어떻게 약속의 땅 정복 전쟁을 진행해 나갈 것인가? 지금까지 1-5장을 통해 하나님이 보여 주셨던 원칙을 교훈 삼아 믿음과 순종으로 하나님이 주도하시는 성전(聖戰)에 참여할 것인가, 아니면 인간적인 방법과 수단을 동원하여 이 땅을 스스로 얻고자 할 것인가? 우리는 이스라엘이 신앙으로 승승장구하기를 기대해 본다. 가나안 정복 이야기는 무엇보다도 이스라엘의 믿음을 시험한다. 이스라엘이 가나안 정복에 성공한 사례와 실패한 사례를 간략하게 정리하고 있는 이 섹션은 다음과 같이 구분될 수 있다.

A. 여리고 성과 천사장(5:13-15)

B. 여리고 성 함락(6:1-27)

C. 아이 성 정복 실패와 성공(7:1-8:29)

D. 언약 재확인: 에발 산에서(8:30-35)

E. 기브온 사람들과의 동맹 조약(9:1-27)

F. 가나안 남쪽 지역 정복(10:1-43)

G. 가나안 북쪽 지역 정복(11:1-23)

H. 정복한 왕들과 지역 목록(12:1-24)

II. 거룩한 정복 전쟁(5:13-12:24)

A. 여리고 성과 천사장(5:13-15)

¹³ 여호수아가 여리고에 가까이 이르렀을 때에 눈을 들어 본즉 한 사람이 칼을 빼어 손에 들고 마주 서 있는지라 여호수아가 나아가서 그에게 묻되 너는 우리를 위하느냐 우리의 적들을 위하느냐 하니 ¹⁴ 그가 이르되 아니라 나는 여호와의 군대 대장으로 지금 왔느니라 하는지라 여호수아가 얼굴을 땅에 대고 엎드려 절하고 그에게 이르되 내 주여 종에게 무슨 말씀을 하려 하시나이까 ¹⁵ 여호와의 군대 대장이 여호수아에게 이르되 네 발에서 신을 벗으라 네가 선 곳은 거룩하니라 하니 여호수아가 그대로 행하니라

여호수아가 여리고 성에 가까이 갔을 때 칼을 빼 들고 서 있는 사람을 보았다. 위협을 느낀 여호수아가 칼을 빼 들고 서 있는 사람에게 "적이냐, 아군이냐?"라는 질문을 했다. 그 사람은 여호수아의 누구 편이냐는 질문에는 아랑곳하지 않고 자신을 '여호와 하나님의 군사령

관'(קְהוָה־צְבָא)이라고만 밝혔다(14절). 여리고성 정복을 앞둔 여호수아
가 하나님의 군대를 지휘하는 대장을 만난 것이다. 그가 하나님의 군
사령관이라는 것은 하나님의 군대가 이미 이스라엘의 가나안 정복 전
쟁에 동원되었다는 것을 의미한다(Hawk).

왜 하나님의 군사령관은 '누구 편이냐?'는 여호수아의 질문에 직접적
인 대답을 주지 않는 것일까? 아마도 하나님이 이미 여호수아에게 수
차례 승리를 약속하신 상황이기 때문에 하나님의 군사령관은 이 질문
에 대답할 필요를 느끼지 못했던 것으로 생각된다. 천사는 여호수아에
게 하나님이 한번 약속하신 것은 의심하지 않아야 한다는 교훈을 가르
치고자 한다(Howard).

이 사건은 두 가지 이슈를 생각하게 한다. 첫째, 이 대장이 하나님의
현현인가, 아니면 천사인가? 여호수아가 천사장을 만나 신발을 벗는
이 사건이 모세가 타지 않는 나무에서 하나님을 만나 신발을 벗은 것
과 비슷하다고 해서 하나님의 현현이라고 해석하는 주석가들이 있다
(Pressler). 그러나 성경에 칼을 뽑아 든 신적(神的) 존재들이 두 차례 더
등장하는데, 모두 천사들이다. 첫 번째 등장은 민수기 22:23, 31에 기
록되어 있으며 발람의 앞길을 막았던 천사였다. 두 번째 등장은 다윗
이 교만에 빠져 인구 조사를 해서 3일 동안의 재앙이 이스라엘에 임했
을 때, 칼을 빼어 든 천사가 다윗 앞에 서 있다(대상 21:16). 이 두 예를
감안한다면 여기서도 하나님의 현현으로 보기보다는 천사로 보는 것
이 더 설득력이 있어 보인다. 그러나 구약에서 하나님의 현현과 천사
를 구분하는 것은 결코 쉬운 일이 아니다.

둘째, 그가 이끄는 군대(צְבָא)는 누구를 두고 하는 말인가? 지금 가나
안에 입성해 있는 이스라엘 군대를 두고 하는 말인가, 아니면 천사들
로 구성되어 있는 하늘의 군대를 뜻하는가? '여호와의 군대'라는 표현
이 성경에서 이곳에서만 사용되기 때문에 해석이 쉽지 않다. '여호와
의 모든 군대'라는 표현이 한 번 더 나오는데(출 12:41) 이집트를 출발하

는 이스라엘 군대를 두고 하는 말이다. 만일 본문에서 이 군대가 이스라엘 군이라면 잘 납득이 되지 않는 부분이 있다. 이스라엘 군대는 여호수아의 지휘하에 있다. 그런데 천사가 나타나 자신이 이스라엘 군을 지휘하는 사령관이라고 한다면 여호수아는 이 일을 어떻게 받아들여야 한단 말인가? 그러므로 본문에서는 하나님이 부리는 하늘의 군대로 간주하는 것이 더 바람직하다(Pressler). 하나님은 종종 '만군의 여호와'(viz., 큰 군대를 거느리신 여호와)로 소개가 된다.

천사의 정체를 알게 된 여호수아가 얼굴을 땅에 대고 그의 말을 청했다(14절). 여호수아는 이 천사의 입술을 통해 "나는 이스라엘을 위해 싸우러 왔다"라는 말을 듣기를 원했다. 그러나 천사의 대답은 의외였다. "네가 서 있는 곳은 거룩한 곳이니, 너의 발에서 신을 벗어라"(15절; 새번역). 의외라기보다 동문서답이 더 옳은 표현일 것이다. 그러나 천사의 말은 여호수아가 하나님으로부터 새로운 모세로 인정받았다는 것을 암시한다. 모세가 호렙 산에서 하나님을 만났을 때 불에 타지 않는 나무 앞에서 신발을 벗었던 것처럼 여호수아도 천사가 서 있는 곳에서 신발을 벗는 체험을 한다. 또한 모세가 시내 산에서 하나님의 현현을 경험했던 것처럼, 여호수아도 머지않아 하나님의 놀라운 현현을 목격하게 될 것을 암시하는 듯하다(Hubbard).

천사의 등장과 그가 한 말을 부정적인 시각에서 해석하는 학자들도 있다. 그들에 의하면 천사가 이스라엘 편이라고 밝히지 않은 것, 승리나 땅을 언급하지 않은 것 등이 이스라엘의 미래에 대한 불안감을 증폭시킨다는 것이다(Hawk). 그러나 하나님의 군대 장관이 땅을 정복하기 위해 진군하는 이스라엘 백성 앞에 모습을 드러낸 것 자체가 모든 것을 낙관적으로 몰아간다고 생각할 수 있다. 그는 이스라엘을 위해 싸우러 온 하나님의 군대를 이끌고 있는 천사장이며, 전쟁에서의 승리와 가나안 땅 정복은 이미 하나님이 여호수아에게 수차례 약속하셨기 때문에 천사가 다시 언급할 필요가 없다. 그러므로 천사장의 출현

197

의 의미를 이미 언급한 것처럼 여호수아를 새로운 모세로 세우기 위한 것에서 찾는 편이 바람직하다. 또한 가나안 사람들을 대상으로 전쟁을 앞둔 백성에게 천사의 출현은 매우 큰 격려로 작용했을 것이다.

천사의 출현은 세 가지 테마를 강조한다(Pressler). 첫째, 하나님의 능력과 개입 여부가 이 전쟁의 승패를 좌우할 것이다. 그러므로 이스라엘이 할 수 있는 유일한 일은 하나님께 헌신하고 그분의 말씀에 철저하게 복종하는 것이다. 둘째, 하늘의 군대는 전쟁에서 꼭 한쪽으로만 치우치지 않으며 독립성을 유지한다. 하나님의 군대는 이스라엘을 위해 싸우러 왔다. 그러나 항상 그러리라는 보장이 없다. 경우에 따라서는 이스라엘을 상대로 싸우실 수도 있다. 그러므로 여호수아가 걱정해야 할 것은 '하나님이 우리 편이신가'가 아니라 '우리가 하나님의 편에 서 있는가'이다(Harstad). 그래서 천사가 여호수아의 질문에 직접적인 답을 하지 않은 것이다. 셋째, 이 사건은 하나님의 위대하심과 하나님의 땅 가나안이 거룩하다는 것을 강조한다. 하나님이 이스라엘에게 선물하신 땅은 거룩한 땅이다. 거룩한 땅에서 살려면 이스라엘도 거룩해져야 한다. 땅을 차지하기 위한 전쟁을 앞둔 이스라엘이 가장 염려해야 할 것은 적군의 전술이나 무기가 아니다. 거룩하신 하나님과 영원히 함께하는 것이다.

I. 거룩한 정복(5:13-12:24)

B. 여리고 성 함락(6:1-27)

여리고 성 함락은 가나안 정복 이야기 중 가장 잘 알려져 있는 사건이다. 이 이야기가 하나님의 능력이 얼마나 대단한가를 유감없이 보여 준다고 해서 많은 사람에게 소망과 영감을 주는 상징적인 사건이 되었다. 주전 2세기에 시리아의 왕 안티오쿠스 에피파네 4세에게 저항하던 마카비 집안의 맏형 유다에게 여리고 성 사건은 엄청난 감동과 영감을 주었다(마카비2서 12:15). 노예가 되어 미국으로 팔려온 흑인들에게도 무너져 내리는 여리고 성벽은 큰 위로와 소망의 근거가 되었다(Pressler).

그러나 어떤 사람들에게는 여리고 성 사건은 성경에 기록된 최악의 이벤트다. 이 이야기가 믿지 않는 사람들에게는 한 포악한 신이 이스라엘에게 명령하여 평안히 살고 있던 한 성을 침략하게 하고 그곳 주민들을 남녀노소 가리지 않고 모두 몰살시키고 그 땅을 차지하게 한 매우 잔인한 사건에 불과하다. 심지어 일부 크리스천들은 여리고 성 사건을 포함한 가나안 정복 이야기를 인종 세탁과 억압을 정당화시키는 일에 이용했다. 미국으로 옮겨온 유럽인들은 자신들은 가나안에 입성하는 이스라엘 사람들이며, 이미 오래전부터 북미 대륙에서 살던 인디언들은 진멸을 당해야 할 가나안 사람들이라며 그들을 몰살하다시피 했다. 유럽에서 남아공으로 이주한 아프리카너들(Afrikaners)은 여호수아기에 기록된 정복 이야기를 흑인을 박해하는 흑인 차별 정책(apartheid)의 신학적 근거로 삼았다.

이처럼 여러 측면에서 유명해진 여리고 성 함락 이야기는 여호수아기 1-12장에서 전개되는 여러 테마가 어우러져서 이루어낸 걸작품이다. 이 이야기는 어떻게 성전(聖戰)이 치러져야 하는가에 대한 하나의 모델을 제시하고 있다. 저자는 여리고 성에 정확히 무슨 일이 있었는가에 대한 관심뿐만 아니라, 이 사건이 하나님에 대하여 어떤 교훈을 주고 있는가와 이 이야기를 접하는 신앙인들은 어떻게 반응해야 하는가에 대해서도 많은 관심을 가지고 있다. 즉, 이 이야기에는 역사적 사실이 신학적, 찬양적 요소들과 함께 어우러져 있는 것이다.

여리고는 주의 백성이 처음 공략하는 가나안 성읍이며 앞으로 이스라엘이 어떻게 이 땅을 정복해 나가야 하는가에 대한 중요한 모범 사례다. 다른 성 정복 이야기에서 여리고 성 사건이 자주 언급되는 것도 이러한 사실을 반영하고 있다(8:1-2; 10:28, 30). 이처럼 여리고 성 함락 이야기는 여러 가지 면에서 하나의 중요한 모델이 되기 때문에 저자는 이 성에서 있었던 일을 정복 여정 중 가장 자세하게 기록하고 있는 것이다.

저자가 이스라엘이 정복하여 차지할 가나안의 수많은 성 중에서 유독 여리고 성 정복에 관심을 쏟고 상세하게 기록하는 것은 이 성 정복 이야기가 이스라엘이 언제든지 하나님의 성전(聖戰)에 참여하려면 어떻게 해야 하는가를 가르쳐 주고 있기 때문이다. 여리고 성 정복 이야기는 다음과 같이 세 파트로 구분될 수 있다. 이 장 전체가 여리고 성 정복 방법과 과정과 결말에 대하여 회고하고 있는 것이다.

A. 여리고 성 정복 지시(6:1-7)
B. 여리고 성 공격(6:8-21)
C. 여리고 성 정복 뒷이야기(6:22-27)

> II. 거룩한 정복(5:13-12:24)
>   B. 여리고 성 함락(6:1-27)

1. 여리고 성 정복 지시(6:1-7)

¹ 이스라엘 자손들로 말미암아 여리고는 굳게 닫혔고 출입하는 자가 없더라 ² 여호와께서 여호수아에게 이르시되 보라 내가 여리고와 그 왕과 용사들을 네 손에 넘겨 주었으니 ³ 너희 모든 군사는 그 성을 둘러 성 주위를 매일 한 번씩 돌되 엿새 동안을 그리하라 ⁴ 제사장 일곱은 일곱 양각 나팔을 잡고 언약궤 앞에서 나아갈 것이요 일곱째 날에는 그 성을 일곱 번 돌며 그 제사장들은 나팔을 불 것이며 ⁵ 제사장들이 양각 나팔을 길게 불어 그 나팔 소리가 너희에게 들릴 때에는 백성은 다 큰 소리로 외쳐 부를 것이라 그리하면 그 성벽이 무너져 내리리니 백성은 각기 앞으로 올라갈지니라 하시매 ⁶ 눈의 아들 여호수아가 제사장들을 불러 그들에게 이르되 너희는 언약궤를 메고 제

사장 일곱은 양각 나팔 일곱을 잡고 여호와의 궤 앞에서 나아가라 하고 ⁷ 또 백성에게 이르되 나아가서 그 성을 돌되 무장한 자들이 여호와의 궤 앞에서 나아갈지니라 하니라

드디어 역사적인 가나안 정복이 시작되는 순간이다. 이 땅이 아브라함과 후손들에게 약속으로 주어진 이후 이스라엘은 이날이 오기만을 학수고대해 왔다. 요셉도 이날을 꿈꾸며 자신의 뼈를 꼭 약속의 땅에 묻어달라는 유언을 남기고 죽었다. 이스라엘 역사에 이정표가 세워질 날이 밝아온 것이다.

이스라엘은 전세를 가다듬고 무기를 준비하여 여리고 성을 공격하라는 하나님의 명령을 기다리고 있었다. 그러나 그들의 기대와는 달리 하나님은 다시 한번 기적을 베풀어 이스라엘에게 승리를 안겨주셨다. 여리고 성의 벽이 무기 때문에 파괴된 것이 아니라 이스라엘의 순종에 의하여 무너진 것이다. 하나님이 베푸신 기적을 통해 이스라엘이 도저히 '건널 수'(עבר) 없는 요단 강을 건넌 것처럼(4:22), 이번에도 여리고 성을 '건널 것'(עבר)이다(7절). 저자가 이처럼 요단 강을 건넌 일을 묘사하면서 사용한 동사를 이곳에서 다시 사용하는 것은 요단 강에서 시작된 이스라엘의 '거침없는 행보'가 여리고 성 정복에서도 실현되고 있고 있다는 것을 강조하기 위해서다(Howard, Hubbard). 이 사건 역시 성전(聖戰)에서는 무기가 아니라 참가하는 사람들의 순종과 성결이 승패를 좌우한다는 것을 강조한다.

여리고 성은 매우 오래된 도시다. 고고학자들에 의하면 성경의 여리고 성(오늘날 이 지역은 Tell es-sultan으로 알려짐)은 오늘날의 여리고 성에서 북서쪽으로 약 2㎞ 정도 떨어진 곳에 있었다. 이 성에는 주전 9000년쯤부터 인간이 거주했으며 주전 8000-7000년 경에는 성벽과 망대를 갖춘 인류 역사상 가장 오래된 도시로 발전했다(Mazar). 여호수아가 정복한 여리고 성은 폭이 약 200m, 길이가 약 100m에 달하는, 그 당시

의 수준으로 중간 규모의 도시 국가였다. 여리고 규모의 성 안에서는
당시 최고 1,500-2,000명이 거주했던 것으로 알려져 있다.[17] 물론 성
안에 사는 사람들보다 성 주변에 사는 사람들이 훨씬 더 많았다는 것
도 확인이 된 사실이다.[18]

여리고 성의 함락은 여호와의 구원의 실제적인 예이자 표본이다. 저
자는 1절에서 여리고 성이 결코 쉽게 무너질 수 없는 성이라고 한다.
히브리어 성경은 여리고 성의 문이 아주 굳게 닫혀 있는 점을 강조하
고 있다. "굳게 닫혀 있었다"(סֹגֶרֶת וּמְסֻגֶּרֶת)(새번역). 영어 번역본 중 NEB
는 이 히브리어의 강조점을 아주 적절하게 표현하고 있다. "볼트로 죄
고 빗장으로 걸었다"(bolted and barred). 여리고처럼 튼튼한 성벽을 과시
하는 성이 그나마 빗장을 걸어 잠그고 있으면 난공불락이 된다.

이런 성을 함락시키려면 기적이 필요하다. 홍수 때 범람하는 요단
강을 건너려면 기적이 필요했던 것처럼, 이스라엘이 여리고 성을 정복
하려면 기적이 필요하다(cf. 3:15). 하나님은 기적을 바라고 있는 이스라
엘 백성에게 이렇게 말씀하신다. "내가 여리고와 그 왕과 용사들을 네
손에 넘겨 주었으니"(2절). 하나님은 여호수아와 이스라엘이 여리고 성
을 상대로 이미 승리한 것이나 다름없다고 말씀하시는 것이다(Hawk).
그러므로 이스라엘 백성이 믿고 따르면 기적은 꼭 일어날 것이다.

여리고 성과 주변에 거주하던 사람들은 성으로 들어가 문을 굳게 잠
그고 출입을 금하면서 이스라엘이 이 성읍을 포기하고 그냥 지나갈 때
까지 기다릴 참이었다. 반면에 이스라엘은 어떻게 해서든지 굳게 잠

---

17 여리고 성은 약 10에이커(1 acre =4048㎡ 혹은 1224평)에 달했으며, 고고학자들이 인구를
계산할 때 1에이커당 200명 정도로 추산한다. 그러므로 10에이커(=40,480㎡ 혹은 12,240
평) 정도의 여리고 성에는 대략 2,000명 정도 살았을 것으로 추정된다(Hubbard).
18 이스라엘이 가나안에 입성한 시기(주전 1400년대 혹은 1200년대)에 여리고 성에 사람들
이 살고 있었는가에 대하여 학자들 사이에 논란이 분분하다(cf. Na'aman). 이 성에서 발
굴된 동일한 출토물들을 어떤 관점에서 보느냐에 따라 학자들은 최소한 네 가지의 입장
을 고수한다(cf. Hubbard). 학계가 아직 설득력 있는 결론에 도달하지 못했다는 뜻이다(cf.
Harstad).

긴 문을 열고 성 안으로 진입해야 한다. 이스라엘과 여리고는 이미 전쟁을 시작한 것이다(Boling & Wright). 전쟁이 오래갈수록 밖에 주둔하고 있는 침략군들이 초조해지므로 철통과 같은 요새 안에서 식량을 축적해 놓고 지내는 여리고 사람들이 일부러 요새 밖으로 나와 이 엄청난 숫자의 침략군과 대적해서 승산 없는 싸움을 할 필요가 전혀 없다. 그러므로 성 주변에서 전개되고 있는 상황을 종합해 볼 때 여리고 성이 무너지면, 그것은 믿음의 결과일 것이 확실하다(cf. 히 11:30).

여리고 성의 함락은 또 다른 측면에서 여호와의 역사임을 본문은 확실히 말한다. 우리는 5:13-15을 통해 여호와께서 그의 군대 장관을 통하여 이 일을 주도하신다는 것을 깨달았을 뿐만 아니라 6:2도 이 사실을 재확인하고 있다. 또한 이 성을 함락시키기 위해 이스라엘 사람들이 해야 할 일들을 생각해 보라. 그들은 살상 무기를 준비하거나 성벽을 무너뜨릴 만한 장비를 만들고 있는 것이 아니다. 하나님이 지시하신 방법에 따라 매일 여리고 성을 한 바퀴씩 6일 동안 돌고 7일째에는 7바퀴를 돌면 된다. 성 둘레가 600m에 불과했으니 느긋하게 돌아도 20분이면 마칠 수 있다. 정확히 얼마나 많은 사람이 매일 여리고 성을 돌았는지는 알 수 없지만, 아마도 행렬의 마지막 부분이 이스라엘 진영을 떠나기 전에 행렬의 첫 부분이 진으로 돌아왔을 것이다.[19]

그런데 하나님은 왜 7일 동안 이 일을 행하라고 하시는 것일까? 아마도 7일과 연관된 절기 때문인 것으로 풀이된다(Dallaire; Hess). 이스라엘의 종교적 절기 중에 무교절은 이스라엘이 하나님께 성결되었다는 것을 상징하기 위해 7일 동안 누룩이 들어간 빵을 먹지 않고 지내는 기간이다(출 12:14-20). 이스라엘이 기념한 최초의 유월절 다음날부터 시작된 이 절기 중에 이스라엘을 뒤쫓던 이집트 군대가 홍해에 수장되었

---

19 일부 주석가들은 이스라엘 군대가 여리고 성을 포위한 상태에서 그들의 보호아래 제사장들을 중심으로 한 시위대가 매일 한 바퀴씩 성을 돌았던 것으로 풀이하지만(Fleming), 3절은 포위되지 않은 성을 돌 것을 명령하는 듯하다.

다(출 12-14장). 바로 앞 장인 5장에서 이스라엘은 그들의 조상이 이집 트를 떠나며 지냈던 첫 유월절을 회상하며 약속의 땅에서도 유월절을 지냈다. 여리고 성 공격은 유월절 바로 다음에 있는 일이다. 그렇다면 이 두 사건의 연관성은 확실하다. 출애굽 때 하나님이 이집트 군대를 수장시키셔서 첫 유월절에 대한 기억의 일부로 만드셨던 것처럼 이번 에는 여리고 성을 함락시키셔서 이 사건을 이스라엘이 약속의 땅에서 처음 기념한 유월절 추억의 일부로 만드시고자 하신다(Hess).

여리고 성 함락에 있어서 본문이 강조하는 것은 하나님의 상세한 지 시이며 그 지시를 그대로 따라 실천하는 이스라엘의 순종이다. 즉, 불 순종과 자만으로 얼룩졌던 광야 생활과는 달리 가나안을 정복하기에 앞서 이스라엘은 구체적인 하나님의 명령에 그대로 순종하는 모범을 보이고 있다. 사실 이스라엘 백성의 입장에서 생각할 때 1주일 동안 특 별히 하는 일 없이 매일 성벽을 돌면 7일째 되는 날 성벽이 무너져 내 릴 것이라는 하나님의 말씀은 인간적으로는 도저히 이해할 수 없으며, 이치에 맞지 않는 일이다. 그러므로 하나님이 이스라엘에게 매일 제사 장들을 앞세우고 여리고 성을 돌아오라고 하신 것은 그들의 믿음을 테 스트하시는 일이었다.

물론 이스라엘은 광야와 요단 강에서 하나님의 수많은 기적을 직접 체험하며 이곳까지 왔다. 그러나 만일 7일째 되던 날 나팔을 불고 소 리를 질러도 성벽이 무너져 내리지 않는다면 얼마나 당혹스럽고 수치 스럽겠는가! 그럼에도 불구하고 이스라엘은 하나님이 지시한 대로 순 종하며 따랐기 때문에 나머지는 모두 하나님의 몫이다. 성벽이 무너져 내리지 않으면 이스라엘의 문제가 아니라, 하나님의 문제가 되는 것이 다. 그러므로 하나님은 자신의 명예가 훼손되는 것을 예방하기 위해서 라도 여리고 성을 무너뜨리셔야 한다.

매일 여리고 성을 돌아오는 이스라엘 행렬의 첫 부분에는 무장한 호 위병이 섰고, 그 뒤에 제사장들이 줄을 이었다. 바로 그 뒤를 언약궤가 따랐다. 언약궤 뒤에 다시 무장한 호위병이 섰다. 요단 강을 건널 때에는 법궤가 호위병 하나 없이 행군했는데, 이번에는 왜 호위병이 앞뒤에 선 것일까? 상황이 위험해서 그런 것일까? 법궤가 만군의 여호와의 임재를 상징하는 것이라는 점을 감안하면 그 어떠한 군사적인 보호도 필요하지 않다. 아마도 무장한 호위병들은 하나님이 하시는 이 거룩한 전쟁에 이스라엘이 함께 참여했음을 상징하는 듯하다(Hubbard).

이야기 진행을 잘 관찰해 보면 이 행렬의 초점은 법궤에 맞추고 있다. 법궤(אָרוֹן)는 '언약궤'(אֲרוֹן הַבְּרִית), '여호와의 궤'(אֲרוֹן יְהוָה) 등으로 불리기도 하며 처음 6일 동안에 있었던 일을 기록하고 있는 1-14절 사이에 10차례나 언급이 된다. 저자는 행진하는 제사장들이 '여호와 앞에서 진행'(לִפְנֵי יְהוָה עֹבְרִים)하고 있다고 표현한다(8절). 여호와의 임재와 언약궤가 동일시되고 있는 것이다.

이스라엘은 처음 6일 동안은 하루에 한 번씩 일곱 제사장들이 일곱 나팔을 불고 있는 동안 조용히 성을 돌고, 7일째 되는 날에는 제사장들이 나팔을 부는 동안 성을 일곱 바퀴 돌아야 한다. 그리고 드디어 제사장의 긴 나팔 소리가 있을 때, 모두 큰 함성을 질러야 한다. 이렇게 하면 성을 얻게 된다는 것이다. 그렇다면 이스라엘이 성 정복을 위해서 하는 일은 또 하나의 종교 예식이다. 이스라엘 사람들은 여리고 성 주변을 돌면서 영적인 행군을 하고 있으며, 이러한 영적인 시위는 5장에 기록된 성결 예식을 치른 백성의 당연한 행동이라 생각할 수 있다(Howard).

II. 거룩한 정복(5:13-12:24)
  B. 여리고 성 함락(6:1-27)

2. 여리고 성 공격(6:8-21)

⁸ 여호수아가 백성에게 이르기를 마치매 제사장 일곱은 양각 나팔 일곱을 잡고 여호와 앞에서 나아가며 나팔을 불고 여호와의 언약궤는 그 뒤를 따르며

[9] 그 무장한 자들은 나팔 부는 제사장들 앞에서 행진하며 후군은 궤 뒤를 따르고 제사장들은 나팔을 불며 행진하더라 [10] 여호수아가 백성에게 명령하여 이르되 너희는 외치지 말며 너희 음성을 들리게 하지 말며 너희 입에서 아무 말도 내지 말라 그리하다가 내가 너희에게 명령하여 외치라 하는 날에 외칠지니라 하고 [11] 여호와의 궤가 그 성을 한 번 돌게 하고 그들이 진영으로 들어와서 진영에서 자니라 [12] 또 여호수아가 아침에 일찍이 일어나니 제사장들이 여호와의 궤를 메고 [13] 제사장 일곱은 양각 나팔 일곱을 잡고 여호와의 궤 앞에서 계속 행진하며 나팔을 불고 무장한 자들은 그 앞에 행진하며 후군은 여호와의 궤 뒤를 따르고 제사장들은 나팔을 불며 행진하니라 [14] 그 둘째 날에도 그 성을 한 번 돌고 진영으로 돌아오니라 엿새 동안을 이같이 행하니라 [15] 일곱째 날 새벽에 그들이 일찍이 일어나서 전과 같은 방식으로 그 성을 일곱 번 도니 그 성을 일곱 번 돌기는 그 날뿐이었더라 [16] 일곱 번째에 제사장들이 나팔을 불 때에 여호수아가 백성에게 이르되 외치라 여호와께서 너희에게 이 성을 주셨느니라 [17] 이 성과 그 가운데에 있는 모든 것은 여호와께 온전히 바치되 기생 라합과 그 집에 동거하는 자는 모두 살려 주라 이는 우리가 보낸 사자들을 그가 숨겨 주었음이니라 [18] 너희는 온전히 바치고 그 바친 것 중에서 어떤 것이든지 취하여 너희가 이스라엘 진영으로 바치는 것이 되게 하여 고통을 당하게 되지 아니하도록 오직 너희는 그 바친 물건에 손대지 말라 [19] 은금과 동철 기구들은 다 여호와께 구별될 것이니 그것을 여호와의 곳간에 들일지니라 하니라 [20] 이에 백성은 외치고 제사장들은 나팔을 불매 백성이 나팔 소리를 들을 때에 크게 소리 질러 외치니 성벽이 무너져 내린지라 백성이 각기 앞으로 나아가 그 성에 들어가서 그 성을 점령하고 [21] 그 성 안에 있는 모든 것을 온전히 바치되 남녀 노소와 소와 양과 나귀를 칼날로 멸하니라

여리고 성 함락 이야기에는 7이라는 숫자가 자주 사용되며 이야기에 통일성과 점착성을 더한다. 또한 저자가 지속적으로 7을 사용하는 것

은 여리고 성 정복이 하나님의 사역이었음을 강조하기 위해서다. '일곱, 일곱 번 째'란 단어가 6장에서 14차례, 이 섹션에서만 무려 11회 사용된다. 총 7제사장이 7트럼펫을 불며 7일 동안 여리고 성을 돌았으며 7일째에는 7바퀴를 돌았다는 사실을 묘사하는 데 숫자 7이 사용된다.

우리가 잘 알다시피 7은 포괄성, 완전성, 완성 등을 상징한다(Birch). 본문에서 숫자 7이 이처럼 많이 사용되는 것은 이스라엘을 위해 싸우시는 여호와의 포괄적인 승리를 강조하기 위해서다(Howard). 또한 여호와께서 6일 동안 완벽한 세상을 창조하시고 7일째 되던 날에는 쉬신 것 같이 여리고 성의 함락 역시 완벽하게 이루어질 것을 의미하는 듯하다(cf. Dallaire).

매일 여리고 성을 도는 이스라엘의 행렬은 제사장들의 나팔 소리와 백성의 철통 같은 침묵으로 구성되어 있다(9-10절). 나팔 소리는 하나님의 임재와 여호와께서는 언제든지 전쟁을 하실 준비가 되어 있으시다는 것을 상징한다(Fleming). 백성의 침묵은 이 행렬이 진지하고 거룩한 예식이라는 것을 의미한다. 이스라엘은 마지막 날인 7일째 되는 날 승리를 축하하며 소리를 지를 것이다. 그러나 그날이 오기까지는 모두 경건하고 묵묵히 여호와의 전쟁에 참여해야 한다. 제사장들의 나팔 소리와 백성의 침묵은 여리고 성 안에서 이 광경을 지켜보는 사람들에게 공포를 자아내기에 충분했을 것이다(Hubbard).

저자가 성벽이 무너지는 일을 하나님의 사역으로 묘사해 나가는 것은 성벽이 무너져 내리는 모습을 설명하는 일에서도 포착된다. 독자들의 관점에서는 여리고 성 사건의 클라이맥스는 당연히 성벽이 허물어지는 순간이라고 생각할 수 있다. 그만큼 이 순간을 학수고대하면서 기다려 왔기 때문이다. 그러나 저자의 관점에서는 그렇지 않다. 그는 성벽이 무너지는 순간을 별다른 설명도 없이 간단히 "성벽이 무너져 내린지라"로 요약한다(20절).

저자는 또한 성 정복은 첫 번째 날에 이미 이루진 바와 다름없다고 생각한다(11절). 여호수아와 이스라엘 사람들은 하나님이 지시하신 규례대로(1-7절) 모든 것을 행했다(8-10절). 그들의 순종은 여호와께서 원하시는 대로 법궤가 여리고 성을 돌게 했으며, 하나님의 임재와 그의 백성의 순종이 아름다운 하모니를 이루고 있으니 더 이상 무엇이 필요하겠는가? 그러므로 저자는 12절 이후부터의 모든 것을 11절의 클라이맥스 이후에 나타나는 지극히 당연한 결과로 보는 점강적(anti-climactic) 표현을 사용하여 진행해 나가고 있다. 여리고 성의 함락은 처음부터 끝날 때까지 하나님의 사역으로 이해되어야 한다. 이스라엘은 하나님이 홀로 하시는 사역을 지켜 보았을 뿐이다.

첫째 날에 모든 것을 하나님의 명령에 따라 성공적으로 일을 수행한 이스라엘은 그 다음날들도 그렇게 했다(12-14절). 드디어 7일째 되던 날, 그들은 동이 트자마자 일어나 성을 일곱 바퀴 돌았다. 성을 일곱 바퀴째 도는 순간 여호수아가 명령을 내렸다. "외치라! 여호와께서 너희에게 이 성을 주셨느니라"(16절). 그는 또한 성과 성 안에 있는 모든 것에는 진멸(חרם)이 선포된 상태이니 모두 하나님께 제물로 드리라는 명령도 곁들였다. 이스라엘을 위하여 성전을 진행하시는 여호와께서 이미 여리고 성 주민들이 극도의 공포와 두려움으로 떨게 해놓으셨기 때문에, 이스라엘은 별다른 저항을 받지 않고 쉽게 성을 접수할 수 있었다.

진멸이라는 단어가 여호수아기 안에서 두 번째로 사용되고 있다(cf. 2:10; 신 20:16-18). 진멸에는 몇 가지 수준이 있는데(cf. Coote), 여리고 성의 경우에는 남녀노소 할 것 없이 모든 사람과 짐승을 죽여야 한다 (cf. 21절). 라합 이야기에서 본 것처럼 가나안 사람 중 여호와를 믿고 신뢰하는 사람은 진멸에서 제외될 수 있다.

진멸이 선포된 전쟁에서 얻어지는 귀금속은 하나님의 집에 들여놓아야 한다(19, 24절; cf. 민 31:54). 훗날 '하나님의 집'은 성전을 두고 하는 말이라 하여 본문에서 이 표현이 등장하는 것은 시대 착오적이라고 하는 학자들도 있다. 그다지 설득력이 있는 주장은 아니다(cf. Hubbard).

여호수아 시대 때 성전이 있을 리 없으니 당시 '하나님의 집'은 9:23이 언급하는 '길갈에 있는 하나님의 집'(viz., 하나님의 성막)을 뜻한다. 사무엘 시대 때 실로에 있던 장막도 '여호와의 집'으로 불린다(삼상 1:7).

여호수아는 여리고 사람들에게 선포된 총체적인 멸망에서 창녀 라합과 그녀의 집에 있는 사람들은 제외시킬 것을 지시했다(17절).[20] 이스라엘의 리더로서 여호수아는 그녀가 두 정탐꾼에게 베푼 은혜에 보답하고 동기가 어떻든 간에 그들 사이에 맺어진 계약을 그대로 준수하겠다는 것이다. 라합은 가나안 사람들을 버리고 이스라엘 사람들을 선택했기 때문에 여호수아는 그녀의 선택을 존중했다. 그러므로 라합 이야기는 이스라엘이 진멸을 당하게 될 가나안 사람 중에서 이스라엘을 상대로 싸우기를 포기하고 함께 살기를 선호하는 사람들은 환영하겠다는 의지를 보여 준다(Hess).

그러나 우리는 그녀가 죽음을 모면하게 된 것에는 그녀의 여호와에 대한 믿음이 더 큰 이유가 되었다는 것을 잘 알고 있다. 라합과 가족들의 이야기는 진멸이 선포된 가나안 사람들에게 하나의 대안을 제시한다. 누구든지 하나님을 경외하면 지금이라도 진멸을 피할 수 있다는 희망적인 대안이다. 그러나 불행하게도 그다지 많지 않은 사람들만이 (viz. 기브온 사람들) 라합 이야기가 주는 소망을 받아들였다.

여리고 사람들을 포함한 가나안 사람들은 왜 진멸을 당해야 하는가? 하나님이 아브라함에게 하신 말씀을 근거로 생각해볼 때에 그들의 죄가 하늘에 사무쳤기 때문에 멸망할 때가 되었다는 것을 알 수 있다(cf. 창 15). 게다가 이스라엘에게는 꼭 그들을 진멸시켜야만 하는 현실적인 이유가 있다. 하나님은 이 부분에 대하여 여러 차례 다음과 같이 말씀

---

20 일부 학자들은 라합의 집이 성벽 혹은 성벽들 사이에 있었는데도 성벽이 무너져 내릴 때 그녀와 가족들이 무사했다는 점에 대하여 의아해 한다. 그러나 성벽 전체가 아니라 성벽 곳곳이 부분적으로 무너져 내리는 것 등 다양한 가상 시나리오가 라합과 가족들이 무사하게 된 것을 충분히 설명할 수 있다(cf. Soggin, Kitchen, Hess, Hubbard). 게다가 라합과 가족들의 구원은 하나님이 계획하신 일이기 때문에 필요하면 기적을 베풀지 않으셨겠는가!

하셨다.

> 주 당신들의 하나님이 당신들에게 유산으로 주신 땅에 있는 성읍을 점령
> 하였을 때에는, 숨쉬는 것은 하나도 살려두면 안 됩니다. 곧 헷 사람과 아
> 모리 사람과 가나안 사람과 브리스 사람과 히위 사람과 여부스 사람은 주
> 당신들의 하나님이 당신들에게 명하신 대로 전멸시켜야 합니다. 그렇지
> 않으면, 그들이 그들의 신을 섬기는 온갖 역겨운 일을 당신들에게 가르쳐
> 서, 당신들이 주 당신들의 하나님께 죄를 짓게 할 것입니다(신 20:16-18; 새
> 번역; cf. 신7:1-5).

이스라엘이 종교적인 순수성을 유지하려면 가나안 사람들을 진멸해
야 한다. 죄는 오염성과 전염성이 매우 강하기 때문이다. 경건이 죄를
정결하게 하는 것보다 죄가 경건을 타락하게 하는 것이 훨씬 더 쉬운
일이다. 그래서 성경은 크리스천들에게 되도록이면 죄를 최대한 멀리
하라고 한다(cf. 히 12:1).

성 안에서 매일 성 주변을 한 바퀴 돌고는 곧장 자기 진영으로 돌아
가는 이스라엘 사람들을 바라보던 여리고 사람들은 어떤 생각을 했을
까? 상상력을 조금만 활용하면 다음과 같이 재미있는 상황을 그려볼
수 있다. 대군을 이끌고 온 적군 때문에 잔뜩 긴장하여 성문을 꼭꼭 잠
그고 초조하게 밖을 내다보는데, 이게 웬일인가! 적들이 싸울 생각은
안 하고 침묵 시위를 하고 있지 않은가! 물론 제사장으로 보이는 사람
들이 나팔을 불기는 하지만, 그 많은 군사가 한마디를 하지 않고 오직
침묵으로 일관한다. 그것도 1주일 동안이나!

처음 며칠은 두렵고 떨렸지만, 며칠이 지난 다음부터 여리고 사람들
은 어이없는 일을 목격하고 있다고 생각했다. 그래서 여리고 사람들은
슬슬 이스라엘을 비웃기 시작했다. 전쟁하러 온 사람들이 전혀 싸우려
는 생각은 하지 않고 그저 상자 하나 앞세우고 연일 성을 돌고 있으니

얼마나 우스운 일인가! 드디어 성벽 위에서 이 광경을 지켜보던 여리고 성 사람 중에 행군하는 이스라엘을 비아냥거리는 자들이 생겨나기 시작했다. "야, 그 박스 우리가 들어줄까? 뭐가 그리 무겁다고 온 군대가 매일 그 박스 들고 다니냐?" 이런 시나리오에서 우리가 얻을 수 있는 교훈이 있다. 믿음과 순종에서 비롯된 우리의 행동은 종종 다른 사람들로부터 오해와 야유를 불러일으킨다. 그러나 하나님이 역사하시는 날, 우리를 비웃는 사람들은 곧 소리를 내게 될 것이다!

3. 여리고 성 정복 뒷이야기(6:22-27)

²² 여호수아가 그 땅을 정탐한 두 사람에게 이르되 그 기생의 집에 들어가서 너희가 그 여인에게 맹세한 대로 그와 그에게 속한 모든 것을 이끌어 내라 하매 ²³ 정탐한 젊은이들이 들어가서 라합과 그의 부모와 그의 형제와 그에게 속한 모든 것을 이끌어 내고 또 그의 친족도 다 이끌어 내어 그들을 이스라엘의 진영 밖에 두고 ²⁴ 무리가 그 성과 그 가운데에 있는 모든 것을 불로 사르고 은금과 동철 기구는 여호와의 집 곳간에 두었더라 ²⁵ 여호수아가 기생 라합과 그의 아버지의 가족과 그에게 속한 모든 것을 살렸으므로 그가 오늘까지 이스라엘 중에 거주하였으니 이는 여호수아가 여리고를 정탐하려고 보낸 사자들을 숨겼음이었더라 ²⁶ 여호수아가 그 때에 맹세하게 하여 이르되

누구든지 일어나서 이 여리고 성을 건축하는 자는

여호와 앞에서 저주를 받을 것이라

그 기초를 쌓을 때에 그의 맏아들을 잃을 것이요

그 문을 세울 때에 그의 막내아들을 잃으리라

하였더라 ²⁷ 여호와께서 여호수아와 함께 하시니 여호수아의 소문이 그 온 땅에 퍼지니라

211

여리고 성이 함락되자 라합의 안전이 먼저 확보되었다(22-23절; cf. 17절). 라합과 그의 가족들이 죽음을 면하게 된 것은 순전히 그녀의 믿음 때문이다. 가나안을 정탐하러 온 스파이들에게 라합은 자비를 베풀며 이스라엘의 하나님 여호와에 대한 자신의 믿음을 고백했다(2:9-13; cf. 히 11:31). 라합과 가족들의 구원은 창녀에 불과한 라합의 신앙을 귀하게 받으신 하나님 그리고 정탐꾼들이 이 비천한 여인과 한 약속을 그대로 준수하도록 자비를 베푸신 여호와의 은혜가 빛을 발하는 아름다운 사건이다. 하나님이 라합을 구원하신 것은 마치 목자가 백 마리의 양 중 길을 잃어버린 한 마리의 양을 찾아 나섰다는 예수님의 비유를 생각나게 한다(Hess, cf. 마 18:12-14; 눅 15:4-7). 여리고 성이 완전히 멸망한 상황에서 가족들과 함께 생존할 수 있었던 라합은 소돔과 고모라에서 살아 남았던 롯을 연상시키기도 한다(Hawk).

저자는 여호와에 대한 믿음으로 인하여 죽음을 면한 라합이 '오늘날'(הַיּוֹם הַזֶּה)까지 이스라엘 백성 가운데 살고 있다고 한다(25절). 일부 주석가들은 이 말을 근거로 여호수아기 전체 혹은 이 부분을 포함한 일부가 여호수아 시대 때 저작된 것이라 주장한다. 그러나 호세아 3:5에서 '다윗'이 다윗 왕이 아니라 그의 후손(들)을 뜻하며 사용되는 예들로 보아 꼭 그런 의미로만 해석할 수는 없다. 저자가 이 표현을 통해 라합이 아니라 그녀의 자손들이 아직도 이스라엘 중에 살고 있다는 것을 의미할 수도 있기 때문이다(Coote).

여리고 성을 정복하고 난 후에 여호수아는 앞으로 이 성을 일으켜 다시 세우겠다고 나서는 사람을 저주했다(26절). 이 저주는 여리고 성에서 사는 것을 금하는 것은 아니다(cf. 18:21; 삿 3:13; 삼하 10:5). 여호수아는 단지 성읍을 요새화시키는 일을 금하고 있을 뿐이다. "성벽 기초를 놓는 자는 맏아들을 잃을 것이요, 성문을 다는 자는 막내 아들을 잃을 것이다"(26절; 새번역). 여호수아의 저주는 짧지만 노래/시 형태를 취한다. 여호수아는 자신의 저주가 마치 하나의 동요가 되어 두고두고 사람들의 입에 오르내리며 기억되기를 원했던 것이다. 이 저주는 아합 왕 시대 때 벧엘의 히엘이란 사람이 여리고 성을 요새화시킬 때 그대로 성취된다(왕상 16:34). 히엘은 여리고 성을 재건하다가 이 저주가 경고한 대로 두 아들을 잃었다.

여호수아는 왜 어렵게 취한 여리고 성의 재건을 저주하는가? 여러 가지 이유가 복합적으로 작용하고 있는 것으로 생각된다. 첫째, 여리고 성은 가나안 정복의 첫 열매다. 진멸을 당한 성의 폐허는 여호와의 승리를 기념하는 하나의 트로피가 되어 영원히 남겨질 가치가 있다(Hess). 둘째, 여리고 성은 이스라엘 사람들에게 전쟁에 대한 진리를 제시해 준 하나의 예로 간직될 필요가 있다. 백성이 폐허가 된 여리고 성을 볼 때마다 전쟁의 승패를 가리는 것은 하나님의 함께하심이라는 것을 깨달아야 한다.

셋째, 여리고 성의 폐허는 주변 국가들에게 이스라엘을 두려워하게 할 만한 가시적인 효과를 지녔다. 그러므로 이스라엘과 대항하여 싸우려고 하는 민족들에게 신중을 기하도록 하는 효과를 발휘했을 것이다. 넷째, 폐허가 된 여리고 성은 이스라엘에게도 영원한 경고가 되어야 한다. 만일 이스라엘이 하나님을 버리고 다른 신을 섬기면 그들도 여리고처럼 멸망할 수 있다는 경고인 것이다(Hubbard). 물론 여리고 성이 재건된 상황에서도 이 같은 교훈은 효력을 발할 수 있다. 그러나 효력 면에서는 폐허가 된 성읍이 훨씬 더 강한 인상을 남길 것은 의심할 여지가 없다. 그러므로 여리고 성의 폐허는 이스라엘에게는 하나님의 축복을 상징하는 예로, 그들의 적들에게는 두려움을 자아내는 이미지로 그대로 보존되었던 것이다.

마지막으로 여리고 성 정복이 또한 어떤 효과를 발휘했는가를 27절이 지적하고 있다. 저자는 여리고 성 함락을 통하여 여호수아의 명성이 그 온 땅에 퍼졌다고 한다. 여호수아는 하나님의 축복 아래 모세의 후계자로 세워졌다. 백성은 자신들이 모세를 신임하고 두려워한 것같이 여호수아를 두려워하고 신임했다. 이 사건이 있기 전까지 여호수아기를 읽어 내려가는 독자들 마음속에 질문이 있었을 수 있다. "여호수아가 과연 이 백성을 이끌고 가나안 땅을 정복할 만한 지도자인가?" 본문은 이 질문에 대하여 확실하고 긍정적인 답을 제시한다. 즉, 여리고 사건은 여호수아의 지도력을 입증해 주는 사건이기도 한 것이다.

II. 거룩한 정복(5:13-12:24)

C. 아이 성 정복 실패와 성공(7:1-8:29)

이스라엘과 여호수아는 요단 강 도하에 이어 여리고 성 전투에서도 능력의 하나님이 이루신 기적을 누리며 만세를 불렀다. 이대로라면 이스라엘은 별 어려움 없이 순식간에 가나안 땅을 정복할 수 있을 것 같다. 이 두 기적은 여호수아의 리더십과 연관된 모든 불안 요소도 말끔히 씻어 내렸다. 그러므로 여호수아와 이스라엘은 안도의 숨을 내쉬며 승승장구할 만반의 준비를 갖추어 나갔다. 반면에 이스라엘이 요단 강을 건너기 전부터 그들을 두려워하던 가나안 사람들의 마음이 여리고 성 함락 소식으로 더욱더 녹아 내렸다. 정복자 이스라엘과 정복당하는 가나안 사람들의 마음은 이처럼 극명한 대조를 이루고 있다.

이스라엘의 가나안 정복 여정이 순조롭게 진행되는가 싶더니 갑자기 7장에서 제동이 걸렸다. 이스라엘이 여리고 성보다 규모가 작은 아이 성 정복에 실패한 것이다! 충격에 휩싸인 이스라엘은 하나님 앞에 통곡을 했고, 하나님은 이스라엘 공동체에 속한 한 멤버가 하나님과의 언약을 위반했기 때문에 그들이 아이 성 정복에 실패한 것이라고 하셨다. 여리고 성 정복과 약탈 과정에서 한 사람이 하나님의 전에 들여놓아야 할 물건을 훔쳐 숨긴 것이다. 그는 은밀하게 비밀리에 한 일이지만, 하나님은 그의 죄를 온 천하에 드러내셨다.

성전(聖戰)에 참여하는 공동체의 모든 멤버는 순결해야 한다. 한 사람이라도 경건하지 못하면 하나님이 오히려 그들을 대적하실 수도 있다. 이런 사실을 아는지 모르는지, 아간이라는 사람이 하나님을 속이려 들었던 것이다. 그는 자기 한 사람 정도는 괜찮을 것이라고 생각했을지 모른다. 그러나 온 공동체의 순결을 요구하시는 하나님께 아간의 죄는 결코 묵인될 수 없었다.

아간의 일로 아이 성 정복에 실패한 이야기는 하나님이 이스라엘에게 허락하신 승리는 무조건적이 아니라는 것을 강조한다. 여호와께서는 오직 이스라엘 공동체가 하나가 되어 철저하게 하나님께 순종하는 믿음을 담보로 하는 조건적인 승리를 주셨다. 이스라엘이 아브라함의 자손이기 때문에 아무렇게나 행동해도 하나님과의 관계가 유지되는 것은 아니라는 뜻이다(Pressler). 이 사건은 가나안 사람들에게 선포된 진멸이 경건하지 못한 이스라엘 사람들을 상대로 선포될 수도 있다는 것을 경고한다.

여호수아가 아간의 죄를 통해 죄가 많은 백성을 인도한다는 것이 얼마나 어려운 일인지를 새삼 실감하는 이 이야기는(Dallaire) 다음과 같은 교차대구법적 구조를 지녔다(cf. Dorsey). 다소 아쉬운 것은 'B. 여호수아가 하나님의 계획을 구함(7:6-9)'과 'B'. 여호수아가 공격 계획을 지시함(8:3-9)'이 그다지 설득력 있는 연결점들을 지니지 않았다는 점이다.

  A. 아이 성이 이스라엘을 물리침(7:1-5)
    B. 여호수아가 하나님의 계획을 구함(7:6-9)
      C. 하나님이 죄를 해결할 방법을 제시함(7:10-15)
        D. 아간의 죄와 심판(7:16-26)
      C'.하나님이 아이 성을 정복할 방법을 제시함(8:1-2)
    B'. 여호수아가 공격 계획을 지시함(8:3-9)
  A'. 이스라엘이 아이 성을 정복함(8:10-29)

1. 아이 성이 이스라엘을 물리침(7:1–5)

¹ 이스라엘 자손들이 온전히 바친 물건으로 말미암아 범죄하였으니 이는 유다 지파 세라의 증손 삽디의 손자 갈미의 아들 아간이 온전히 바친 물건을 가졌음이라 여호와께서 이스라엘 자손들에게 진노하시니라 ² 여호수아가 여리고에서 사람을 벧엘 동쪽 벧아웬 곁에 있는 아이로 보내며 그들에게 말하여 이르되 올라가서 그 땅을 정탐하라 하매 그 사람들이 올라가서 아이를 정탐하고 ³ 여호수아에게로 돌아와 그에게 이르되 백성을 다 올라가게 하지 말고 이삼천 명만 올라가서 아이를 치게 하소서 그들은 소수이니 모든 백성을 그리로 보내어 수고롭게 하지 마소서 하므로 ⁴ 백성 중 삼천 명쯤 그리로 올라갔다가 아이 사람 앞에서 도망하니 ⁵ 아이 사람이 그들을 삼십육 명쯤 쳐죽이고 성문 앞에서부터 스바림까지 쫓아가 내려가는 비탈에서 쳤으므로 백성의 마음이 녹아 물 같이 된지라

한 사람의 죄가 온 이스라엘 공동체를 오염시켰다. 여리고 성 정복 과정에서 아간이란 사람이 노획물의 일부를 하나님의 전에 들여놓지 않고 훔쳐 자기 집에 숨겨두었다. 진멸이 선포되면 사람과 짐승은 모두 죽이고 귀금속과 같은 노획물은 모두 하나님의 전에 들여놓아야 한다. 그렇지 않으면 하나님의 진노가 오히려 이스라엘을 진멸시킬 수 있다. 여호수아는 이스라엘 사람들이 여리고 성에 입성하기 전에 이 사실을 다시 한번 상기시킨 적이 있다. "너희는, 전멸시켜서 바치는 희생제물(הַחֵרֶם)에 손을 댔다가 스스로 파멸당하는(תַּחֲרִימוּ) 일이 없도록 주의하여라. 너희가 전멸시켜서 바치는 그 제물(הַחֵרֶם)을 가지면, 이스라엘 진은 너희 때문에 전멸할 것이다(לְהַחֲרִים)"(6:18; 새번역). 여호수아는 이처럼 '진멸'(חרם)에서 비롯된 단어를 네 차례나 사용하면서 경고했건만, 최악의 시나리오가 현실로 드러난 것이다.

저자는 아간이 아니라 이스라엘 자손이 범죄했다고(מעל) 한다. 그렇기 때문에 하나님이 이스라엘 자손들에게 진노하셨다는 말을 덧붙인다(1c절). 동사 '범죄하다'(מעל)는 관계적인 의미를 지닌 것으로서 율법에서는 아내가 간음하여 남편을 배반하는 일을 이렇게 표현한다(민 5:12–13). 그 외에는 거의 항상 사람들이 하나님의 신뢰를 저버리는 일을 묘사할 때 쓰인다(TDOT, Milgrom). 마치 하나님께 드린 헌금함에서 돈을 훔치는 것과 같은 일이 벌어진 것이다(Hubbard). 아간은 단순히 재물을 훔쳤다고 생각하겠지만, 이 일로 인하여 온 이스라엘은 하나님과의 관계를 저버린 상황에 처했다.

한 사람의 죄가 왜 이처럼 온 공동체의 배신으로 취급되는 것일까? 이스라엘 공동체에 아간처럼 행동한 사람들이 많이 있었는데 아간이 시범 케이스로 걸려들었기 때문인가? 이미 여호수아가 "누구든지 진멸제물을 가지면 이스라엘이 그 일 때문에 진멸할 것이다"라고 경고한 것을 감안하면 전혀 그렇지 않다. 이스라엘은 지금 여호와의 지휘하에 성전을 치르고 있다. 성전을 성공적으로 치르려면 온 공동체가 하나님 앞에 경건해야 한다. 한 사람이라도 죄로 오염되어 있으면 하나님의 진노는 적을 불사르는 것이 아니라 오히려 이스라엘 공동체를 태울 수 있기 때문이다.

죄를 저지른 아간은 12지파 중 가장 으뜸 지파라 할 수 있는 유다 지파에 속한 사람이었으며 계보가 4대째 제공되는 것으로 보아 유능한 집안 출신이었음이 거의 확실하다(Hubbard). 여호수아기에서 누가 소개되면서 이처럼 계보가 자세하게 소개되는 경우는 없다. 유태인들의 전승에 따르면 아간은 다말과 유다 사이에 태어난 쌍둥이 세라의 후손이었다고 한다(Pressler). 그는 진정한 이스라엘 공동체의 내부 사람(true insider)이다. 오늘날로 말하자면 엘리트 집안 출신인 것이다.

그런데 그가 외부 사람(true outsider)인 라합과 대조되는 행동을 했다(Spina). 전혀 예기치 못했던 사람이 사고를 친 것이다. 이렇기 때문에 저자는 아간의 죄를 매우 심각하게 다루고 있다(Spina). 아간의 죄가 이스라엘 공동체에 영향을 미치기 전에 저자가 아와 같은 정보를 제공하는 이유는 앞으로 일어날 이스라엘의 패배는 하나님의 변심이나 무능에서 비롯된 것이 아니라 이스라엘의 죄 때문이라는 것을 강조하기 위해서다. 아간의 죄로 인하여 하나님의 백성 이스라엘은 어느덧 하나님의 원수가 되어 있다(Butler).

여리고 성 전투를 성공리에 끝낸 여호수아가 다음 목표인 아이 성에 정탐꾼을 보냈다. 아이(הָעַי) 라는 단어가 성경에 40여 차례 등장하는데 항상 정관사와 함께 사용된다. 이 이름은 문자적인 의미와 8:28에 근거하여 '폐허'(the ruin)라고 풀이된다. 일부 학자들은 아이 성이 성경의 벧엘로 간주되는 베이틴(Beitin)에서 동쪽으로 8㎞ 떨어진 곳에 위치한 엣텔(et-Tell)이라고 한다(Dallaire, Coote, cf. Wood).[21] 또한 아이 성은 여리고 성에서 서쪽으로 약 24㎞ 떨어진 산악 지대에 있었다(Harstad). 아이 성은 가나안 중심부에 형성된 산악 지대 위에 있는 곳으로 전략적인 중요성을 지닌 성읍이었다. 그러나 이 성의 정확한 위치는 아직도 학자들 사이에서 논란이 되고 있기 때문에 이곳이라고 단정지을 수는 없지만 거의 확실하다는 것이 많은 학자의 주장이다(Hess, Hubbard).

아이 성이 산악 지대에 있는 요충지라면 여호수아가 여리고 성 다음으로 아이 성을 지목한 이유를 충분히 상상할 수 있다. 그는 재빨리 가나안의 등뼈라 할 수 있는 고지를 점령하여 낮은 지역(여리고 성)에 거하던 이스라엘을 적들의 공격으로부터 보호하려고 했던 것이다. 저자는 아이 성이 벧엘(בֵּית־אֵל lit., '하나님의 집') 동쪽에 있는 벳아웬(בֵּית אָוֶן lit. '죄의 집') 근처에 있었다고 한다. 벧아웬 역시 정확한 위치는 확인되지 않는다.

정탐꾼들이 돌아와 여호수아에게 매우 낙관적인 보고를 했다. "모든

---

21 이 벧엘은 훗날 북 왕국 왕 여로보암이 금송아지를 세웠던 벧엘이 아니라 유다의 남쪽 브엘세바 지역에 있는 벧엘이다.

백성을 다 올라가게 할 필요가 없을 것 같습니다. 이천 명이나 삼천 명만 올라가도 아이 성을 칠 수 있습니다. 모든 백성이 그 성을 치느라고 다 수고할 필요가 없을 것 같습니다. 성 안에 있는 사람들의 수가 얼마되지 않습니다"(3절; 새번역). 그러나 잠시 후에 보겠지만, 정탐꾼들의 승리에 대한 자신감은 곧바로 패배한 군대의 탄식 소리로 변한다.

정탐꾼들의 보고는 여리고 성을 다녀와 여호수아에게 보고했던 두 정탐꾼의 것과는 사뭇 다르다(cf. 2:24). 그들의 보고는 오히려 모세가 가데스바네아에서 보냈던 12명의 정탐꾼이 한 보고를 연상케 한다(신 1:9-3:11; cf. 민 13:17-20). 이들의 보고는 다음과 같은 공통점을 지녔다 (Dallaire). (1) 정탐꾼을 보낸 일(신 1:22-26; 수7:2-3), (2) 이스라엘의 죄로 인해 정복이 지연되는 것(신 1:26-36; 수 7:11-12), (3) 여호와의 진노 (신 1:37; 수 7:1), (4) 회개하지 않는 백성은 전쟁터로 인도하실 수 없다는 여호와의 선언(신 1:41-42; 수 7:12), (5) 이스라엘의 패배와 울부짖음 (신 1:43-46; 수 7:5-9), (6) 녹아 내린 마음(신 1:28; 수 7:5), (7) 죄를 고백하는 범죄자들(신 1:41; 수 7:20).

또한 여리고 성에 관한 보고와 아이 성에 관한 보고의 가장 큰 차이점은 아이 성 보고에는 여리고 성 정탐꾼들이 강조했던 '하나님의 승리'가 빠져 있다는 점이다. 그들은 매우 '인간적인' 보고를 하고 있다. 그러므로 이들의 보고는 앞으로 일이 잘 되지 않을 수도 있다는 경고로 해석될 수 있다(Boling & Wright). 정탐꾼들은 아이 성 주민의 숫자가 많지 않으니 백성을 수고롭게 하지 말라고 한다. 그들의 발언은 여리고 성 정복 때 온 이스라엘이 매우 수고한 것을 전제한다(Hess). 그러나 우리가 잘 알다시피 이스라엘은 여리고 성 정복 때 이렇다 할 수고를 하지 않았다. 모든 일은 하나님이 하셨고, 이스라엘은 그저 그 결과를 누린 것뿐이었다. 그런데도 그들은 이렇게 말하고 있다. 역시 무언가가 잘못되어 가고 있다는 것을 암시한다.

정탐꾼이 제안한 군대는 매우 작은 규모다. 4:13은 이미 요단 강을 건넌 동쪽 2½ 지파의 군대수만 해도 4만 명에 이른다고 했다. 민수기 26:51은 가나안 입성을 앞둔 이스라엘의 군대를 601,730명이라고 한다. 여리고 성 전투에 비하면 전혀 문제될 것이 없다는 보고였다. 그러나 정탐꾼들이 잘못 보고한 부분이 분명히 있다. 아이 성 전투로 인해 사망한 성 주민은 12,000명이었다고 한다(8:25). 게다가 10:2에 의하면 기브온 사람들이 이스라엘과 동맹을 맺은 것에 대하여 가나안 사람들이 충격을 받은 이유가 기브온 사람들은 용맹한 군사들이며 그들의 성은 아이 성보다 더 컸기 때문이라고 한다. 기브온을 아이 성에 비교하는 것은 아이 성이 상당히 큰 규모였음을 전제하는 것이다.

이러한 상황에서 정탐꾼들이 2000-3000명을 제안하는 것은 그들이 믿음이 좋아서였을까, 아니면 그들의 오판 뒤에도 하나님의 섭리가 숨어 있었던 것일까? 여호수아는 스파이들이 제안한 대로 백성 3000명에게 아이 성을 치라고 명령했다. 당연히 가볍게 승리하고 돌아올 것으로 기대했다. 그런데 이게 웬일인가! 원정대는 오히려 36명의 전사자를 내고 패한 채 도망쳐 왔다! 큰 군대가 '성 안에 있는 몇몇 안 되는 사람들'(3절)에게 패하고 돌아온 것이다. 마치 다윗에게 당한 골리앗처럼 말이다. 군대의 규모에 비하여 36명의 전사자는 작다고 할 수 있다. 그러나 더 큰 성 여리고를 정복했을 때에는 한 사람도 죽지 않았다. 그때보다 36명이나 더 죽은 것이다. 게다가 여호수아와 이스라엘이 매우 간단하게 승리할 것을 기대하고 있는 상황에서 오히려 전사자들이 나왔으니 충격이 클 수밖에 없었다.

이 전투의 가장 큰 충격은 이스라엘 사람들의 사기 저하였다. 저자는 이 일로 인하여 이스라엘 백성의 마음이 녹아 물같이 되었다(לְמָיִם וַיְהִי לְבַב־הָעָם וַיִּמַּס)고 한다(5절). 이때까지는 여호와와 이스라엘의 성공 때문에 가나안 사람들의 마음이 녹아 물같이 되었다(2:9, 11, 24; 5:1). 이제 아간의 죄로 인하여 이스라엘이 가나안 사람처럼 되었다(Howard). 아이 성 전투를 계기로 상황이 완전히 반전되고 있는 것이다.

이 순간 이스라엘이 가장 두려워해야 할 부분은 하나님이 그들을 보호하시지 않았다는 점이다. 더구나 이대로 간다면 그동안 이스라엘을 두려워했던 가나안 사람들이 소식을 듣고 용기를 얻어 이스라엘을 멸망시키겠다고 나설 것이다(cf. 9절). 이스라엘은 요단 강을 도하한 이후 최고의 위기를 맞고 있다. 이 모든 것이 한 사람의 죄 때문이라는 사실이 공동체에서 한 사람이 얼마나 중요한가를 생각하게 한다.

II. 거룩한 정복(5:13-12:24)
   C. 아이 성 정복 실패와 성공(7:1-8:29)

2. 여호수아가 하나님의 계획을 구함(7:6-9)

⁶ 여호수아가 옷을 찢고 이스라엘 장로들과 함께 여호와의 궤 앞에서 땅에 엎드려 머리에 티끌을 뒤집어쓰고 저물도록 있다가 ⁷ 이르되 슬프도소이다 주 여호와여 어찌하여 이 백성을 인도하여 요단을 건너게 하시고 우리를 아모리 사람의 손에 넘겨 멸망시키려 하셨나이까 우리가 요단 저쪽을 만족하게 여겨 거주하였더면 좋을 뻔하였나이다 ⁸ 주여 이스라엘이 그의 원수들 앞에서 돌아섰으니 내가 무슨 말을 하오리이까 ⁹ 가나안 사람과 이 땅의 모든 사람들이 듣고 우리를 둘러싸고 우리 이름을 세상에서 끊으리니 주의 크신 이름을 위해 어떻게 하시려 하나이까 하니

이스라엘이 아이 성 정복에 실패하여 쫓겨왔다는 소식을 듣고 충격에 휩싸인 여호수아가 슬픔의 표현으로 옷을 찢고 하나님의 임재를 상징하는 궤 앞에서 하루 종일 슬퍼했다. 이스라엘의 뜻하지 않은 패배로 인해 여호수아의 역할이 백성의 지도자에서 중재자로 바뀐 것이다(Dallaire). 이스라엘의 장로들도 머리에 재를 뿌린 채 비통한 마음으로 여호수아와 함께 있었다. 구약에는 다양한 슬픔의 표현 방법이 있다. 슬피 우는 것(시 6:6; 렘 9:1), 가슴을 치는 것(사 32:12), 손을 위로 올리

는 것(시 141:2; 스 9:5), 침묵하며 누워 있거나 앉아 있는 것(삿 20:26; 삼하 12:16), 고개를 숙이는 것(애 2:10), 금식(삼하 3:35), 베옷을 입는 것(창 37:34), 재, 먼지, 흙 등을 머리에 뿌리는 것(수 7:6; 삼하 15:32). 그러나 이방인들처럼 자해를 하는 것과 수염을 깎는 것 등은 법으로 금지되었다(레 19:28; 신 14:1; 렘 16:6).

여호수아의 "차라리 우리가 요단 강 동쪽에서 그대로 살았더라면 좋을 뻔하였습니다"(7b절; 새번역)라는 탄식 어린 원망은 이스라엘 백성과 모세가 광야 생활을 하면서 하나님께 했던 "차라리 이집트에서 살게 놓아두지 왜 광야로 끌고 와서 죽이십니까?"라는 원망과 맥을 같이하고 있다(cf. 출 14:11-12; 16:2-8; 17:3; 민 11:4-6; 14:2-3; 20:3-5). 여호수아가 하는 말의 의미는 "차라리 광야 생활이 좋을 뻔했습니다"이다. 그러나 우리가 잘 알다시피 이스라엘의 광야 생활은 많은 문제를 안고 있었다. 게다가 최근에는 여리고 성 사건을 경험하면서 하나님이 주신 승리를 맛보지 않았던가? 그런데 금세 '옛날이 좋았다'라고 탄식한다. 사람의 기억력의 한계가 이것인가?

이 순간 여호수아가 리더로서 해야 할 기도는 체념이 아니라 왜 하나님이 아이 성에서 패배하게 하셨는가를 신중하게 묻는 것이어야 한다. 그런데 그는 지금 여호와께서 이스라엘을 파멸에 이르게 하셨다는 생각으로만 가득 차 있지 이 문제가 결코 자신들의 죄 때문에 비롯된 결과라는 것은 상상도 하지 못하고 있다. 그러므로 여호수아가 이곳에서 드리는 기도는 결코 우리가 답습할 만한 모범적인 것이 되지 못한다. 다행스럽게 크리스천은 우리가 어떤 기도를 드려야 하는지를 알지 못할 때 성령이 우리를 도우셔서 기도하실 것이기 때문에 여호수아가 드린 어이없는 기도는 드리지 않게 될 것이다(Harstad, cf. 롬 8:26-27).

여호수아는 이 일로 인하여 빚어질 일을 두 가지로 정리하고 있다(9절). 첫째는 그동안 이스라엘 사람들에게 대항할 엄두를 내지 못하던 가나안 사람들이 소식을 듣고 이스라엘과 싸우겠다고 나설 것이라는 우려다. 만일 그렇게 되면 이스라엘의 정복 전쟁은 매우 심각한 저항을 받을 수밖에 없다. 가나안 정복이 생각보다 훨씬 어려운 일이 될 뿐만 아니라 이스라엘이 완전히 실패하고 이 땅에서 쫓겨날 수도 있는 것이다. 둘째는 하나님의 명예가 훼손되는 것은 불 보듯 뻔한 일이라는 점이다. 여호수아의 이 같은 지적은 하나님의 가장 '아픈 곳'을 치는 행위다(Boling & Wright). 바로 며칠 전에 길갈에서 '이집트의 수치'를 겨우 굴려 버렸는데, 다시 체험하게 된 이 수치는 이스라엘에게만 문제가 되는 것이 아니라 이스라엘의 하나님이신 여호와의 명예도 심각하게 훼손할 것이라는 주장이다.

여호수아의 발언은 논리 정연하다. 그러나 그는 벌써 하나님이 가나안 땅을 이미 이스라엘에게 주셨다는 사실을 잊고 있다(1:3). 여호수아는 이스라엘이 당면한 문제의 해법을 자꾸 엉뚱한 데서 찾으려고 하고 있다. 물론 너무 큰 슬픔을 당해서 마음에 없는 소리를 하고 있다고 할 수도 있겠지만, 여호수아의 탄식은 그가 이 순간 하나님에 대하여 어떤 생각을 하고 있는가를 엿보게 한다. 하나님이 쓰시는 종들은 모두 이처럼 치명적인 신앙적 결함을 안고 있는 것일까?

여호수아의 논리 정연한 '열방이 우리의 소식을 듣고 비웃을 것'이라는 탄식은 모세의 것들과 비슷하기는 하지만 현저한 차이가 있다. 모세는 하나님이 이스라엘을 끝장내겠다고 위협하실 때 그러시면 안 된다고 호소했다. 만일 하나님이 이스라엘을 멸하시면 열방이 하나님은 연약한 신이라고 비웃게 될 것이라는 주장을 펴며 호소했다. 반면에 여호수아의 염려는 그가 당면한 가나안 사람들의 반격에 대한 것이며, 이스라엘이 아이 사람들에게 패배했다는 소식이 알려지면 이스라엘의 입지가 더욱더 위협을 받는다는 것이다. 그런 후에 그는 여호와의 명성을 언급한다.

이러한 차이는 매우 중요하다. 모세의 호소는 여호와의 영향력이 이스라엘을 초월하여 온 열방에 달하는 상황에서 이스라엘을 멸하시는

223

것은 이러한 하나님의 영향력에 역효과를 발휘할 것이라는 염려에 근거한 것이었다. 반면에 여호수아의 호소는 여호와를 이용하려는 상당히 계산적인 성향을 띄고 있다(Hawk). 그의 근본적인 염려는 하나님의 명예가 아니라, 이스라엘이 당면한 문제인 것이다. 이런 일이 진행되는 동안 아간의 마음은 어떠했을까? 이스라엘 전체가, 심지어는 여호수아도 모르지만 아간은 이 패배가 자신의 죄 때문에 일어난 일이라는 것을 알고 있었을 것이다.

II. 거룩한 정복(5:13–12:24)
　　C. 아이 성 정복 실패와 성공(7:1–8:29)

3. 하나님이 죄를 해결할 방법 제시함(7:10–15)

[10] 여호와께서 여호수아에게 이르시되 일어나라 어찌하여 이렇게 엎드렸느냐 [11] 이스라엘이 범죄하여 내가 그들에게 명령한 나의 언약을 어겼으며 또한 그들이 온전히 바친 물건을 가져가고 도둑질하며 속이고 그것을 그들의 물건들 가운데에 두었느니라 [12] 그러므로 이스라엘 자손들이 그들의 원수 앞에 능히 맞서지 못하고 그 앞에서 돌아섰나니 이는 그들도 온전히 바친 것이 됨이라 그 온전히 바친 물건을 너희 중에서 멸하지 아니하면 내가 다시는 너희와 함께 있지 아니하리라 [13] 너는 일어나서 백성을 거룩하게 하여 이르기를 너희는 내일을 위해 스스로 거룩하게 하라 이스라엘의 하나님 여호와의 말씀에 이스라엘아 너희 가운데에 온전히 바친 물건이 있나니 너희가 그 온전히 바친 물건을 너희 가운데에서 제하기까지는 네 원수들 앞에 능히 맞서지 못하리라 [14] 너희는 아침에 너희의 지파대로 가까이 나아오라 여호와께 뽑히는 그 지파는 그 족속대로 가까이 나아올 것이요 여호와께 뽑히는 족속은 그 가족대로 가까이 나아올 것이요 여호와께 뽑히는 그 가족은 그 남자들이 가까이 나아올 것이며 [15] 온전히 바친 물건을 가진 자로 뽑힌 자를 불사르되 그와 그의 모든 소유를 그리하라 이는 여호와의 언약을 어기고 이

스라엘 가운데에서 망령된 일을 행하였음이라 하셨다 하라

하나님을 원망하며 근신하는 여호수아와 장로들에게 여호와의 책망에 가까운 명령이 내려졌다(Harstad, Dallaire, Hess). 여호와께서 '[기도를 멈추고] 일어나라'라고 명령하시는 것은 여호수아와 장로들의 논리 정연한 탄식의 내용을 전적으로 부인하는 듯하다(Hawk). 여호수아가 이 일에 임하는 자세와 태도는 하나님이 기대하시는 것과 전혀 다르기 때문이다. 여호수아는 지금 자신이 해야 할 일이 무엇인가에 대하여 전혀 깨닫지 못하고 있다(Hubbard). 때로는 하나님 앞에서 탄식하는 것이 옳은 일이지만, 어떤 때는 고통을 자아내고 있는 인간적인 요소를 제거하는 일이 급선무인 것이다(Pressler). 하나님은 여호수아의 억지 주장에 대한 불편한 심기와 신속하게 죄가 제거되어야 할 필요성을 강조하기 위해 다섯 개의 짤막한 문장들을 '또한/아울러'(ם)라는 단어로 연결하여 신속하게 선언하신다(11절). (1) 나의 언약을 어겼으며, (2) 온전히 바친 물건을 가져가고, (3) 도둑질하며, (4) 속이고, (5) 그것을 그들의 물건들 가운데 두었다. 그러므로 '또한/아울러'(ם)의 수사학적 효과를 '…도 모자라'로 이해하여 '언약을 어기는 것도 모자라 온전히 물건을 가져갔고, 온전히 바친 물건을 가져가는 것도 모자라 도둑질했으며, 도둑질하는 것도 모자라 속였고, 속인 것도 모자라 그것을 그들의 물건들 가운데 두었다'로 이해하여 하나님의 진노가 극에 달한 것으로 해야 한다.

하나님은 이스라엘이 여리고 성 전쟁에서 하나님의 전에 들여놓아야 할 거룩한 것(viz., 이스라엘에게는 부정한 것)을 들여놓지 않고 가지고 있어 죄를 지었으니 지금은 탄식하며 기도할 때가 아니라고 말씀하셨다(10절). 속히 하나님의 진노의 화근이 된 죄를 공동체에서 제거하라는 명령이다. 하나님은 다시 한번 한 개인이 아니라 온 이스라엘이 죄를 지은 것이라고 말씀하신다(11절). 학자들은 이처럼 온 공동체를 하나로 취급하거나, 한 사람이 온 공동체를 대표하는 것으로 취급하거나, 혹

은 공동체와 개인을 함께 취급하여 서로 구분되지 않는 현상을 '단체 결속'(corporate personality/solidarity)이라고 한다(Robinson). 본문에서는 아간과 이스라엘은 개인이고 공동체이면서도 함께 취급되어 서로 구분이 되지 않는 세 번째 상황이 적용되고 있다. 하나님은 온 이스라엘이 죄를 지었다고 하시는데(11절), 나중에 죄를 고백하는 사람은 아간뿐인 것이다(20절).

하나님은 여호수아에게 무엇이 문제인가를 정확히 말씀하신다(11절). "이스라엘이 죄를 지었다(חטא). 나와 맺은 언약, 지키라고 명령한 그 언약을 그들이 어겼다(עבר). 전멸시켜서 주께 바쳐야 할 물건을 도둑질하여 가져갔다(לקח). 거짓말을 하면서(כחש) 그 물건을 자기들의 재산으로 만들었다(שים)." 처음 두 비난은 온 백성에 대한 것이며 온 공동체가 하나님께 죄를 범했다는 것을 강조한다. "내 언약을 어겼다"(עברו את־בריתי)라는 문구는 신명기 17:2에서 우상을 숭배하는 행위를 묘사한다(cf. 수 23:16; 삿 2:20). 신명기 17:2-7과 신명기 13:6-18은 이런 죄를 저지른 사람은 공정하게 재판한 다음 돌로 쳐서 죽이라고 하는데 그들을 처형하는 목적은 이스라엘 중에 악을 제거하기 위해서다. 이 사건은 바로 이러한 신명기의 가르침이 현실화될 가능성을 암시하고 있는 것이다. 아간은 '진멸'된 물건을 훔쳤다가 스스로 '진멸'될 상황에 처하게 되었다(Dallaire).

나머지 두 비난은 이스라엘이 어떤 죄를 저질렀는지를 구체적으로 가르쳐 주신다. 여리고 성을 진멸시키며 얻은 노획물을 하나님께 바쳐야 하는데, 이스라엘이 도둑질한 것이다. 이 말씀은 아간이 두 가지 죄를 저질렀다는 것을 전제한다. 첫째는 하나님의 것을 훔쳤다. 둘째는 인간이 가질 수 없는 거룩한 것(진멸로 얻어진 제물은 거룩해서 성전에 들여놓아야 한다)을 가지고 있어 자신을 스스로 부정하게 만들었다. 이 일로 인해 이스라엘이 '진멸되어야 할 것들'을 진멸하지 못하면, 이스라엘이 '진멸될 위기'에 처하게 되었다(Hess). 하나님의 것, 그것도 인간이 결코 소유할 수 없는 거룩한 것을 도둑질한 사람이 온전할 수 있을까?

하나님은 이날 이스라엘이 아이 성 전투에서 패배한 이유가 바로 이 죄 때문이라는 사실을 확인해 주셨다(12절). 또한 이 죄 문제가 해결되지 않는 한 이스라엘은 아이 성뿐만 아니라 가나안 정복 전쟁에서 승리할 수 없다고 경고하신다(13절). 사실 이스라엘 입장에서는 아이 성 정복 실패보다 더 심각한 문제가 있다. 이 일로 인하여 예전에 하나님이 가데스바네아에서 반역한 세대를 모두 버리신 것처럼 혹시 여호수아가 인도해서 가나안에 입성한 이 세대를 모두 버리시지 않을까 하는 염려다(Dallaire).

또한 이 말씀은 하나님이 결코 가나안 사람들과 이스라엘 사람들에게 이중적인 기준을 적용하지는 않으실 것을 확인한다(Howard). 이스라엘이 하나님 앞에 죄를 범하면 그들도 하나님의 심판의 대상이 될 것이다. 그러므로 하나님은 전쟁에 패배한 이스라엘에게 총체적인 전술 정비가 아니라 그들의 몸과 마음을 정결하게 하여 다음날 하나님 앞에 나아오라고 하셨다(13절).

하나님이 어떤 방법으로 죄지은 사람을 드러내실 것인가? 새번역은 '주사위'로 뽑으실 것으로 번역하지만, 원문에는 단순히 '여호와께서 취하시는 지파'(הַשֵּׁבֶט אֲשֶׁר־יִלְכְּדֶנּוּ יְהוָה)라고 말할 뿐이다(14절). 하나님이 어떤 방식으로 '취하실 것'인가는 밝히지 않으시는 것이다. 그러나 고대 근동의 정황과 성경적인 정황을 고려하면 '주사위'로 죄인을 색출했을 가능성이 가장 크다(Hubbard). '주사위'로 죄인을 색출하는 방법은 이러하다. 주머니에 '예'를 뜻하는 흰 돌 하나와 '아니오'를 뜻하는 까만 돌 하나를 넣어 두고는 질문을 하면서 돌을 하나 집어 내는 것이다. 만일 흰 돌이 나오면, 그 질문에 대하여 하나님이 'yes'로 대답하신 것이요, 까만 돌이 나오면 'no'로 대답하신 것으로 받아들여졌다. 이스라엘에서는 제비뽑기를 위해 대제사장이 지니고 다녔던 우림과 둠밈이 바로 이 주사위다.

제비뽑기는 하나님의 전적인 개입과 의사표시를 전제한다. 본문에서 하나님이 죄인을 직접 지목하시겠다고 하시는 것도(14절) 하나님이 이 모든 절차를 주관하실 것임을 암시한다(Howard). 이렇게 해서 드러나는 사람은 진멸을 당하게 된다. 그에게 속한 모든 가족과 물건이 함께 불태워질 것이다(15절). 다음날이면 가나안 사람들에게 진멸을 행해야 할 이스라엘 사람 중 진멸을 당할 자가 나올 것이다. 이날 밤이 아간에게는 세상에서 마지막이자 잠 못 이루는 밤이 되었을 것이다.

II. 거룩한 정복(5:13-12:24)
  C. 아이 성 정복 실패와 성공(7:1-8:29)

4. 아간의 죄와 심판(7:16-26)

[16] 이에 여호수아가 아침 일찍이 일어나서 이스라엘을 그의 지파대로 가까이 나아오게 하였더니 유다 지파가 뽑혔고 [17] 유다 족속을 가까이 나아오게 하였더니 세라 족속이 뽑혔고 세라 족속의 각 남자를 가까이 나아오게 하였더니 삽디가 뽑혔고 [18] 삽디의 가족 각 남자를 가까이 나아오게 하였더니 유다 지파 세라의 증손이요 삽디의 손자요 갈미의 아들인 아간이 뽑혔더라 [19] 그러므로 여호수아가 아간에게 이르되 내 아들아 청하노니 이스라엘의 하나님 여호와께 영광을 돌려 그 앞에 자복하고 네가 행한 일을 내게 알게 하라 그 일을 내게 숨기지 말라 하니 [20] 아간이 여호수아에게 대답하여 이르되 참으로 나는 이스라엘의 하나님 여호와께 범죄하여 이러이러하게 행하였나이다 [21] 내가 노략한 물건 중에 시날 산의 아름다운 외투 한 벌과 은 이백 세겔과 그 무게가 오십 세겔 되는 금덩이 하나를 보고 탐내어 가졌나이다 보소서 이제 그 물건들을 내 장막 가운데 땅 속에 감추었는데 은은 그 밑에 있나이다 하더라 [22] 이에 여호수아가 사자들을 보내매 그의 장막에 달려가 본즉 물건이 그의 장막 안에 감추어져 있는데 은은 그 밑에 있는지라 [23] 그들이 그것을 장막 가운데서 취하여 여호수아와 이스라엘 모든 자손에게 가지고 오매 그들이 그것을 여호와 앞에 쏟아 놓으니라 [24] 여호수아가 이스라엘

모든 사람과 더불어 세라의 아들 아간을 잡고 그 은과 그 외투와 그 금덩이와 그의 아들들과 그의 딸들과 그의 소들과 그의 나귀들과 그의 양들과 그의 장막과 그에게 속한 모든 것을 이끌고 아골 골짜기로 가서 ²⁵ 여호수아가 이르되 네가 어찌하여 우리를 괴롭게 하였느냐 여호와께서 오늘 너를 괴롭게 하시리라 하니 온 이스라엘이 그를 돌로 치고 물건들도 돌로 치고 불사르고 ²⁶ 그 위에 돌 무더기를 크게 쌓았더니 오늘까지 있더라 여호와께서 그의 맹렬한 진노를 그치시니 그러므로 그 곳 이름을 오늘까지 아골 골짜기라 부르더라

다음 날 아침 여호수아는 하나님이 전날 명령하신 대로 모든 백성을 모아놓고 제비뽑기를 시작했다. 아마도 흰 돌에 여섯 지파, 검은 돌에 여섯 지파를 배정하고는 제비를 뽑았고, 대제사장이 뽑은 돌에 지정된 여섯 지파를 두 그룹으로 나누어 두 돌에 새롭게 배정하고 다시 기도하고 뽑는 방식을 취했을 것이다. 지파 중 유다 지파가 뽑혔다. 열두 지파 중 가장 으뜸가는 지파인 유다가 범죄에 연루되었다는 것은 참으로 수치스러운 일이다. 그러나 어쩌겠는가! 아간이 유다 지파 사람이었으니! 그것도 유다 지파의 유력한 집안의 엘리트가 이런 일을 저질렀을 것을 누가 알았겠는가! 여호수아가 계속 뽑기를 진행해서 결국 유다 지파 중 세라의 가문이, 세라의 가문 중 삽디 집안이, 삽디의 집안 중, 그의 손자요 갈미의 아들인 아간을 지명하게 이르렀다(16-18절).

아간 때문에 이미 수많은 사람이 죽었기 때문에 여호수아가 아간을 거친 말로 다그치거나 범죄자로 몰더라도 아무도 그를 탓할 수 없을 것이다. 그러나 여호수아는 아버지가 아들에게 말하는 것처럼 부드럽고 인자한 말투로 아간에게 무슨 일이 있었는지를 말해 줄 것을 부탁했다(19절). 여호수아의 '목회자 기질'이 빛나는 순간이다(Harstad).

아간은 변명하지 않고 솔직하게 진실을 말했다. '내가 여호와께 범죄했습니다. 전리품 중 시날[바빌론]에서 온 외투 한 벌과 은 200세겔

229

(=2300g), 금 50세겔(=575g)을 빼돌렸습니다. 내가 거하는 장막 안 땅을 파보면 있습니다'(20–21절). 자신의 죄를 설명하면서 아간은 '내가 보았고(אָרְאֶה)… 욕심을 냈고(אֶחְמְדֵם)… 취했다(אֶקָּחֵם)'라는 3 동사를 사용하는데(21절), 이 동사들은 하와가 에덴동산에서 선악과를 따먹고 하나님께 죄를 범했을 때 사용되었던 것들이며 순서도 같다(Hess). 인류 최초의 죄와 아간의 죄가 평행을 이루는 것은 아간의 죄가 이스라엘이 가나안 땅에서 범한 최초의 죄이기 때문이다(Pressler).

여호수아가 사람을 보내 아간의 장막을 뒤졌더니 그가 말한 대로 숨긴 물건들이 나왔다. 오늘날로 말하면 명품 외투 한 벌과 엄청난 가치를 지닌 금괴와 은괴가 나왔다. 그가 빼돌린 것들을 보면 아간은 절대 배고파서 훔친 잡범이 아니다. 온 백성에게 증거물을 보게 한 뒤, 여호수아는 백성과 함께 아간과 그에게 속한 모든 가족과 짐승을 끌고 아골 골짜기(עָכוֹר)로 갔다. 그곳에서 여호수아는 "너는 어찌하여 우리를 괴롭게 하느냐(עֲכַרְתָּנוּ)? 오늘 여호와께서 너를 괴롭게 하실 것이다(יַעְכָּרְךָ)"라고 선언했다(25절). 백성이 곧 아간과 그의 가족들, 짐승들을 돌로 치고 불태워 죽였다.

이 사건이 온 가족에게 적용되기는 너무 잔인한 처벌이라고 생각하는 일부 주석가들은 아간만 처형되고 나머지 가족들은 이스라엘 공동체에서 제명된 것이라고 풀이한다. 그들이 증거로 제시하는 가장 큰 근거는 만일 아간의 가족들이 모두 죽었다면 이 사건이 아비의 죄 때문에 자식을 처형하는 것을 금하고 있는 율법(신 24:16)을 위반하고 있다는 것이다. 그러나 이스라엘은 성전(聖戰)을 통해 진멸을 진행하는 상황이기 때문에 더 중요한 법이 우선한다. 한 주석가는 아간의 자녀들은 언급되어 있지만 아내는 언급되지 않은 것은 자녀들은 아버지의 소유로 취급되어 죽게 되었지만, 아내는 남편의 소유로 여겨질 수 없기 때문에 아간의 아내가 죽음을 면했다는 것을 시사한다고 한다(Pressler). 그러나 이러한 해석 역시 이 '무자비한 처형'을 조금이라도 완

230

화시키려는 노력이며, 근거가 불충분한 추론에 불과하다. 가장(家長)의 죄 때문에 자녀들이 죽게 되었다면 아내(들)가 함께 죽는 것은 당연한 것 아니겠는가!

백성은 그들의 시신들 위에 큰 돌무더기를 쌓고는 오늘까지 '아골 골짜기'(עֵמֶק עָכוֹר)(lit., '고난/괴로운 골짜기')라고 불렀다(26절). 아간 집안 사람들이 묻힌 골짜기의 이름이 '괴롭게 하다'(עכר)라는 동사에서 비롯된 것이다. 이스라엘이 약속의 땅에 들어와 처음 저지른 죄를 회고하고 있는 본문은 또한 후대 사람들을 위해 이 골짜기의 이름이 어떻게 유래되었는가(aetiology)를 설명하고 있다. 아골 골짜기는 여리고 성에서 그리 멀지 않은 곳에 있으며 오늘날에는 엘부케아(El Buqe'ah, cf. 수 15:7)로 알려져 있는 곳이다(Mazar).

이 사건은 믿음 공동체에 거하는 '아간이 될 수 있는 사람들'(potential Achans)에 대한 경고다. 공동체나 각 개인이나 아간의 일을 교훈 삼아 죄를 짓지 말라는 권고인 것이다. 그러나 우리 중에 아간 같은 사람이 생기면 이렇게 하라는 모델을 제시하는 사건은 아니다. 저자는 이런 일이 있었다는 것을 회고하는 것이지(descriptive) 이런 일이 있을 때는 이렇게 하라고 처방을(prescriptive) 내리는 것이 아니다(Pressler).

이스라엘이 아간과 그의 가족들을 색출하여 진멸한 후에 하나님이 그들에게서 진노를 거두셨다(26절). 한 사람의 죄가 온 백성에게 재앙을 내리게 했다는 사실이 다소 생소할 수도 있지만, 이것이 공동체를 형성하면서 살아가는 것이 아니겠는가! 그렇기 때문에 공동체에 속한 멤버들은 서로를 지켜주고 보살펴야 한다. 공동체의 능력은 가장 연약한 멤버의 한계에 의하여 결정되기 때문이다. 영어에 이런 말이 있다. '쇠줄은 가장 약한 고리만큼 강하다'(A chain is as strong as the weakest link). 공동체의 건강과 한계도 마찬가지다.

광야 생활 중에 하나님의 진노가 이스라엘에게 임할 때면 많은 사람들이 재앙으로 죽었다(출 32:11-12; 민 11:1, 10, 33; 12:9; 25:3-4; 32:14-

15). 그러나 이번에는 하나님의 진노가 어떠한 현상으로 이스라엘에게 임했는가 하면, 그들에게서 부재하심(absence)으로 임했다. 하나님의 진노가 주님의 부재하심으로 표현된다는 것은 매우 중요한 포인트를 강조한다: 여호와의 함께하심이 이스라엘을 다른 민족들로부터 구분/차별화한다는 것이다(Hawk). 하나님의 임재가 떠나가면 이스라엘은 세상의 여느 민족처럼 된다.

아간 이야기는 분명 그의 죄와 여호수아의 한계를 드러낸다. 그러나 이 이야기가 강조하고자 하는 것은 다음 두 가지다(Hess). 첫째, 이스라엘은 하나님의 말씀에 철저하게 순종해야 한다. 하나님은 분명 여리고성에서 얻어지는 노획물을 어떻게 해야 하는지를 말씀하셨다. 그런데 아간이 그 말씀에 순종하지 않아 온 공동체에 재앙을 가져왔다. 이스라엘이 순종하는 한 그들은 하나님의 축복을 누리겠지만, 순종하지 않는 순간부터 그들은 하나님의 진노를 겪어야 할 것이다. 둘째, 아간이 죄를 범하여 멸망에 이른 것은 안타까운 일이지만, 그는 자신의 죄를 솔직하게 고백하고 죗값을 받았다. 그가 죄를 고백하고 처벌에 순수하게 응한 것은 앞으로 이스라엘에게 하나의 모범 사례로 기억되어야 할 것이다(Harstad). 인류 최초의 죄(cf. 창 3장)가 죄인들에게 자신들이 지은 죄에 대하여 책임을 회피하도록 했다는 사실을 생각해보면 각 사람이 주님 앞에 순순히 자기 죄를 고백하는 것은 곧 죄의 영향력에서 상당 부분 벗어났다는 것을 의미한다.

신실한 가나안 여인 라합은 진멸을 면했는데, 가나안 사람들을 진멸하라는 명령을 받은 아간은 오히려 진멸을 당했다. 그러므로 아간 이야기는 라합 이야기와 한 쌍을 이루며 우리에게 하나님의 심판에 대하여 가르쳐 준다. 라합은 비록 이방인, 그것도 창녀에 불과했지만 하나님은 그녀의 믿음을 귀하게 여기시고 살도록 하셨다. 라합 이야기는 비록 한 도시 혹은 온 나라가 죄악 속에 거하고 백성 모두가 심판을 받아 죽어야 하는 상황에 이른다 할지라도 하나님은 항상 신실한 사람들에게는 자비를 베풀어 주시는 분이라는 것을 강조한다.

반면에 아간의 이야기를 생각해 보자. 아간은 여리고 성 전투에서 외투 한 벌과 은 이백 세겔과 금 오십 세겔을 빼돌렸다. 이 일로 인하여 이스라엘은 하나님의 진노를 사게 되었으며, 아이 성에서 어처구니없는 패배를 맛보았다. 모든 것이 밝혀진 후 아간의 탐욕은 자신뿐만 아니라 그의 자녀들, 심지어는 그가 소유한 짐승들까지 아골 골짜기에서 돌에 맞아 죽게 했다(7:24-26). 그의 가정은 진멸을 당한 것이다. 진정 진멸을 당하도록 계획된 사람(라합)은 죽음을 면하고 진멸을 행해야 할 사람(아간)은 진멸을 당했다. 그러므로 아간 이야기는 이스라엘 백성에게 큰 경고로 들렸을 것이다. 이스라엘은 하나님의 선택을 받은 백성이지만 주님의 선택을 받았다는 사실이 결코 그들의 죄를 은폐할 수 없으며 필요에 따라서 하나님은 선민들에게도 진멸을 행할 준비가 되어 있으신 분이다.

II. 거룩한 정복(5:13-12:24)
  C. 아이 성 정복 실패와 성공(7:1-8:29)

5. 하나님이 아이 성을 정복할 방법을 제시함(8:1-2)

[1] 여호와께서 여호수아에게 이르시되 두려워하지 말라 놀라지 말라 군사를 다 거느리고 일어나 아이로 올라가라 보라 내가 아이 왕과 그의 백성과 그의 성읍과 그의 땅을 다 네 손에 넘겨 주었으니 [2] 너는 여리고와 그 왕에게 행한 것 같이 아이와 그 왕에게 행하되 오직 거기서 탈취할 물건과 가축은 스스로 가지라 너는 아이 성 뒤에 복병을 둘지니라 하시니

아간을 처형하여 공동체를 정결하게 한 이스라엘은 다시 아이 성 공략에 나섰다. 하나님은 아간 일로 인한 충격으로 어찌할 바를 모르는 여호수아에게 1장에서처럼 '두려워 말라! 겁내지 말라!'(1절; cf. 1:9)라

며 위로하셨다. 처음으로 돌아가 다시 시작해 보자는 것이다. 이제부터 아이 성 정복은 이스라엘이 가나안에 입성하여 처음 정복했던 여리고 성 사건처럼 성전(聖戰)의 모범이 될 것이다. 이제부터는 여호수아도 실패를 교훈 삼아 하나님께 정복 전쟁의 구체적인 순서와 절차를 물어가며 신중하게 전쟁에 임할 것이다. 첫 번째 공격에서는 여호수아와 백성이 아이 성을 간단하게 정복할 수 있을 것으로 생각해서 방심했다. 그래서 이스라엘은 작은 규모의 군대를 보내고 나머지 사람들은 후방에서 쉬었다. 이번에는 다르다. 여호수아와 모든 백성이 전쟁에 나섰다. 온 백성이 전쟁에 임하는 자세와 각오가 새로워진 것이다.

원래 아이 성 정복은 이스라엘에게 문제가 될 만한 일은 아니었다. 여호와 하나님이 그들 편에 서서 싸우고 계시며, 이미 이스라엘이 땅을 소유하게 될 것을 보장하셨기 때문이다. 일이 이렇게 된 것은 아간의 죄와 여호수아와 백성의 방심이 함께 작용했다. 그러므로 문제가 해결된 이 순간, 여호수아와 백성은 신중한 자세로 전쟁에 임해야 한다. 아마도 백성과 여호수아의 얼굴에 비장한 각오와 긴장감이 서려 있었을 것이다.

여호수아에게 하나님의 말씀이 임했다. '두려워하지 말아라! 겁내지 말아라!'(1절). 하나님의 말씀은 여호와께서 더 이상 이스라엘에게 화가 나 있지 않다는 7:26의 말씀을 확인하는 효과를 지녔다. 하나님과 이스라엘 사이를 갈라 놓았던 죄가 해결되었으니 관계가 옛날처럼 되었다는 뜻이다. 요즘 말로 하면 하나님은 '뒤끝'이 없으신 분이시다.

'두려워하지 말라'(אַל־תִּירָא)라는 문구는 구약에서 70회 이상 사용되는데 흔히 전투를 배경으로 사용되며 하나님이 승리를 주실 것을 암시한다(출 14:13; 신 1:21; 3:2; 7:18; 20:1; 31:8). '겁내지 말라'(אַל־תֵּחָת)라는 앞 문구와 비슷한 말이며 구약에서 16차례 등장한다. 이 중 12차례는 본문에서처럼 '두려워 말라'는 권면과 함께 사용된다. '겁내지 말라'는 1장에서 여호수아를 격려하던 하나님의 말씀을 연상케 한다(cf. 1:9).

하나님의 격려 말씀은 전쟁을 앞둔 여호수아와 이스라엘에게 적절한 위로다. 특히 공동체의 부정으로 인해 최근 전투에서 패배를 맛본 백성에게는 더욱더 그렇다. 또한 우리가 기억해야 할 것은 여호수아가 처음 아이 성을 공격할 때는 하나님이 그 어떠한 형태로든 간에 승리를 약속하지 않으셨다는 것이다. 여호수아가 하나님께 물었는지 여부도 기록되어 있지 않다. 이번에는 다르다. 전투가 시작되기 전에 이미 여리고 성 정복 때처럼 승리를 약속하신다.

이스라엘은 여리고 성에게 한 것처럼 아이 성에게 하게 될 것이다. 그러나 한 가지 중요한 차이가 있다. 이번에는 전리품을 백성이 나누어가져도 된다(2절). 이 성의 거주민들은 모두 죽여야 하겠지만, 그들의 재산에 대하여는 진멸이 선포되지 않았기 때문이다. 이미 언급한 것처럼 여리고 성은 상징성을 지녔기 때문에 하나님이 진멸하라고 하셨다. 여리고 성이 여호와의 전쟁을 상징하며 기념비로 서 있으니 아이 성까지 그렇게 할 필요가 없는 것이다. 아간이 조금만 참았다가 자신이 노획한 물건들을 가졌더라면 죽임을 당하지 않았을 텐데 하는 아쉬움이 남는다. 하나님은 적절한 때가 되면 우리의 필요를 채워 주시는 분이라는 이해와 믿음이 아간에게는 없었다. 전투에 임하는 것에도 차이가 있다. 이스라엘이 여리고 성을 행진으로 함락시켰다면, 아이 성은 매복 군을 통해 점령할 것이다. 이번에도 분명 하나님이 하시는 거룩한 전쟁이다. 그러나 이번에는 이스라엘 군을 중심으로 전쟁이 진행될 것이다. 하나님의 은총은 항상 동일한 방식이 아니라 정황과 여건을 고려하여 다양한 방법으로 임한다.

6. 여호수아가 공격 계획을 지시함(8:3-9)

³ 이에 여호수아가 일어나서 군사와 함께 아이로 올라가려 하여 용사 삼만 명을 뽑아 밤에 보내며 ⁴ 그들에게 명령하여 이르되 너희는 성읍 뒤로 가서 성읍을 향하여 매복하되 그 성읍에서 너무 멀리 하지 말고 다 스스로 준비하라 ⁵ 나와 나를 따르는 모든 백성은 다 성읍으로 가까이 가리니 그들이 처음과 같이 우리에게로 쳐 올라올 것이라 그리 할 때에 우리가 그들 앞에서 도망하면 ⁶ 그들이 나와서 우리를 추격하며 이르기를 그들이 처음과 같이 우리 앞에서 도망한다 하고 우리의 유인을 받아 그 성읍에서 멀리 떠날 것이라 우리가 그들 앞에서 도망하거든 ⁷ 너희는 매복한 곳에서 일어나 그 성읍을 점령하라 너희 하나님 여호와께서 그 성읍을 너희 손에 주시리라 ⁸ 너희가 그 성읍을 취하거든 그것을 불살라 여호와의 말씀대로 행하라 보라 내가 너희에게 명령하였느니라 하고 ⁹ 그들을 보내매 그들이 매복할 곳으로 가서 아이 서쪽 벧엘과 아이 사이에 매복하였고 여호수아는 그 밤에 백성 가운데에서 잤더라

아이 성은 길갈에서 약 25㎞ 정도 떨어져 있으며 계속 올라가는 길이다(ABD). 여호수아의 군인들은 길갈을 떠난 후 아마도 5-6시간의 강행군 후에 아이 성 근처에 도착할 수 있었을 것이다(Harstad). 아이 성 정복을 둘러싼 시간적 정황과 지형적 정황이 해석에 다소 어려움을 더한다(cf. Soggin). 저자는 마치 2개의 매복 부대가 서로 다른 시간에 이스라엘 진영을 빠져 나간 것처럼 묘사한다(3-9절; 10-13절).

여호수아가 두 번째 매복 군을 보내는 것은 하나님이 지시한 것(2절)과는 상관없어 보이는 전술이다. 게다가 첫 번째 매복 부대는 3만 명에 달했다(3절). 아이 성 인구가 모두 12,000명이라는 점을 감안할 때, 지나치게 많은 수이며, 이 많은 군인이 이틀 밤 동안 들키지 않

고 잠복해 있었다는 것이 결코 쉽게 이해되는 부분은 아니라는 것이다 (cf. Harstad). 현실적으로 생각할 때, 이 두 매복 부대는 같은 군대이며 10-13절이 이미 일어난 일을 회고하면서 더 세부적으로 설명한 것으로 이해하는 것이 바람직하다(Howard). 그러므로 그들은 이틀 밤이 아니라 하룻밤 매복해 있었던 것이다.

하나님께 승리를 보장받은 여호수아가 백성을 모아 작전을 지시했다. 먼저 3만 명을 뽑아 성 뒤쪽에 잠복시켰다. 여호수아 자신은 온 군대를 이끌고 아이 성 정면으로 가서 싸움을 걸 것이며 어느 정도 분위기가 무르익으면 후퇴하는 척하여 아이 성 사람들을 밖으로 유인할 것이라고 했다. 아이 성 사람들이 여호수아가 패배하여 후퇴하는 것으로 생각하여 성을 나와 여호수아를 뒤쫓거든 성 뒤에 잠복해 있던 3만명이 비어 있다시피 한 아이 성을 취하고 불태우라는 작전이었다.

여호수아의 계략은 아이 사람들의 방심을 최대한 이용하는 것이다. 이미 이스라엘을 상대로 한번 승리를 거둔 아이 사람들은 이스라엘이 싸우다 도망하면 이전에 있었던 일이 되풀이될 것을 기대하고 그들을 쫓을 것이다. 이런 점을 역이용하여 그들을 공격하겠다는 전략이다. 당시 고대 근동 전쟁에서 매복은 흔히 사용되는 전술이었다(Harstad, Younger). 군사들은 여호수아의 지시에 따라 아이와 벧엘 사이에 매복했다. 이미 언급한 것처럼 4-8절과 9-13절의 내용이 해석에 어려움을 주지만, 9-13절을 4-8절이 기록하고 있는 일의 일부를 다시 설명하고 있는 것으로 보면 대부분의 어려움을 해소된다.

II. 거룩한 정복(5:13-12:24)
  C. 아이 성 정복 실패와 성공(7:1-8:29)

7. 이스라엘이 아이 성을 정복함(8:10-29)

[10] 여호수아가 아침에 일찍이 일어나 백성을 점호하고 이스라엘 장로들과 더

붙어 백성에 앞서 아이로 올라가매 [11] 그와 함께 한 군사가 다 올라가서 그 성읍 앞에 가까이 이르러 아이 북쪽에 진 치니 그와 아이 사이에는 한 골짜기가 있더라 [12] 그가 약 오천 명을 택하여 성읍 서쪽 벧엘과 아이 사이에 매복시키니 [13] 이와 같이 성읍 북쪽에는 온 군대가 있고 성읍 서쪽에는 복병이 있었더라 여호수아가 그 밤에 골짜기 가운데로 들어가니 [14] 아이 왕이 이를 보고 그 성읍 백성과 함께 일찍이 일어나 급히 나가 아라바 앞에 이르러 정한 때에 이스라엘과 싸우려 하나 성읍 뒤에 복병이 있는 줄은 알지 못하였더라 [15] 여호수아와 온 이스라엘이 그들 앞에서 거짓으로 패한 척하여 광야 길로 도망하매 [16] 그 성읍에 있는 모든 백성이 그들을 추격하려고 모여 여호수아를 추격하며 유인함을 받아 아이 성읍을 멀리 떠나니 [17] 아이와 벧엘에 이스라엘을 따라가지 아니한 자가 하나도 없으며 성문을 열어 놓고 이스라엘을 추격하였더라 [18] 여호와께서 여호수아에게 이르시되 네 손에 잡은 단창을 들어 아이를 가리키라 내가 이 성읍을 네 손에 넘겨 주리라 여호수아가 그의 손에 잡은 단창을 들어 그 성읍을 가리키니 [19] 그의 손을 드는 순간에 복병이 그들의 자리에서 급히 일어나 성읍으로 달려 들어가서 점령하고 곧 성읍에 불을 놓았더라 [20] 아이 사람이 뒤를 돌아본즉 그 성읍에 연기가 하늘에 닿은 것이 보이니 이 길로도 저 길로도 도망할 수 없이 되었고 광야로 도망하던 이스라엘 백성은 그 추격하던 자에게로 돌아섰더라 [21] 여호수아와 온 이스라엘이 그 복병이 성읍을 점령함과 성읍에 연기가 오름을 보고 다시 돌이켜 아이 사람들을 쳐죽이고 [22] 복병도 성읍에서 나와 그들을 치매 그들이 이스라엘 중간에 든지라 어떤 사람들은 이쪽에서 어떤 사람들은 저쪽에서 쳐죽여서 한 사람도 남거나 도망하지 못하게 하였고 [23] 아이 왕을 사로잡아 여호수아 앞으로 끌어왔더라 [24] 이스라엘이 자기들을 광야로 추격하던 모든 아이 주민을 들에서 죽이되 그들을 다 칼날에 엎드러지게 하여 진멸하기를 마치고 온 이스라엘이 아이로 돌아와서 칼날로 죽이매 [25] 그 날에 엎드러진 아이 사람들은 남녀가 모두 만 이천 명이라 [26] 아이 주민들을 진멸하여 바치기까지 여호수아가 단창을 잡아 든 손을 거두지 아니하였고 [27] 오직 그 성읍의 가축과 노략한 것은 여호와께서 여호수아에게 명령하신 대로 이스라엘이 탈취하였더라 ²⁸ 이에 여호수아가 아이를 불살라 그것으로 영원한 무더기를 만들었더니 오늘까지 황폐하였으며 ²⁹ 그가 또 아이 왕을 저녁 때까지 나무에 달았다가 해 질 때에 명령하여 그의 시체를 나무에서 내려 그 성문 어귀에 던지고 그 위에 돌로 큰 무더기를 쌓았더니 그것이 오늘까지 있더라

이 이야기에서 주석가들에게 가장 큰 어려움을 주는 것은 이스라엘 군대의 잠복 숫자와 사건 순서다(Hess). 학자들은 12,000명을 이기기 위해 정면에서 싸움을 거는 군대 외에도 3만 명이 성 뒤에 잠복하는 것은 의외라고 생각한다. 게다가 한두 명도 아니고 3만 명이 들키지 않고 매복한다는 것이 이해가 잘 되지 않는다는 것이다. 그래서 4-8절과 9-13절이 같은 일을 회고하고 있다고 생각하는 주석가들은 3절이 말하는 3만 명이 아니라, 12절이 말하는 5천 명이 실제적으로 잠복한 군인의 숫자라고 생각한다(Howard).

그렇다면 3절의 3만 명은 어디서 비롯된 것일까? 성경을 손으로 복사하던 사람들이 실수한 것이라는 주장이다(Keil, Woudstra). 즉, 주석가들은 잠복 군이 5천 명이었고, 여호수아의 온 군대가 3만 명이었다고 하기도 하는 것이다(Hess, Dallaire). 또 다른 가능성은 여호수아의 군대 중 이 전투에 참석한 사람이 3만 명이었으며(나머지는 길갈에 머물고 있었음) 이 중 5천 명이 매복해 있던 군대라는 해석이다(Harstad).

이스라엘이 아이 성을 치기 위해 어떻게 매복했는지를 설명하고 있는 10-12절은 '아이 성'(הָעַי)이라는 단어를 네 차례, 이 성읍을 가리키며 '그 도성/시'(הָעִיר)라는 말을 세 차례 사용한다. 이 도시에 대한 언급이 총 일곱 차례 등장하는 것이다. 이 두 단어는 마지막에 자음 레쉬(ר)가 있고 없고의 차이다. '아이'에 레쉬를 더하면 '도성'이 된다. 여호수아와 이스라엘 군인들이 잠복한 '그 계곡'(הַגַּי)도 소리가 아이 성(הָעַי)과 비슷하다. 백성을 뜻하는 히브리어 단어 '그 백성'(הָעָם)도 본문에서 몇

차례 사용되는데 이 단어는 아이의 이름에 멤(ם)을 더한 것이며 '그 도성'(הָעִיר)의 마지막 자음을 바꾼 것이다. 저자는 이 이야기에서 네 개의 소리가 비슷한 다른 단어들을 사용하며 흥미와 짜임새를 더하고 있다 (cf. Hess).

전쟁은 하나님이 이스라엘에게 지시하신 대로 진행되었다. 다음 날 아침 아이 성의 왕은 여호수아를 보고 성을 빠져 나와 아라바 앞(עֲרָבָה הַלִּפְנֵי)에 있는 싸움터에서 싸움을 걸었다(14절). 일부 영어 번역본들은 아라바를 '사막 평지'(desert plain)로 해석하는데 아라바는 갈릴리 호수에서 남쪽으로 사해까지 이어지는 요단 강 주변의 넓은 계곡을 뜻한다 (HALOT). 그렇다면 그들은 지금 성의 동편에서 요단 강 계곡을 내려다보며 싸우고 있다.

여호수아가 그들과 싸우는 척 하다가 후퇴하니 성 안에서 광경을 지켜보던 모든 백성이 성 밖으로 나와 이스라엘 군대를 추격했다. 마소라 사본은 이때 인근에 있던 벧엘 성 주민들도 아이 성 백성과 합세하여 이스라엘 군을 추격했다고 한다(17절). 이스라엘이 벧엘과 아이 사이에 잠복해 있었던 것과 벧엘이 아이 성 전쟁에 합세하는 것을 감안하면 벧엘이 주요 도시이고 아이 성이 벧엘의 전초기지(outpost)였던 것이 확실하다(Coote, Howard, Hess). 이 경우 아이 성을 치는 것은 곧 벧엘을 치는 것과 같기 때문에 벧엘 사람들이 전쟁에 참여하는 것은 당연한 일이다.

문제는 8장에서 벧엘이 다시 언급되지 않으며 마치 아이 성만 정복된 것처럼 이야기가 진행된다는 것이다. 게다가 칠십인역(LXX)에는 벧엘에 대한 언급이 없다. 그래서 일부 학자들은 벧엘에 대한 이야기가 원(原) 이야기에는 없었는데 훗날 편집자에 의하여 삽입된 것이라고 한다. 그러나 12:16에서는 벧엘 왕의 이름이 여호수아가 정복한 왕들의 목록에 들어가 있다. 벧엘이 변방 방어막으로 사용하던 아이 성을 돕기 위해 전쟁에 참여한 것이 확실해지는 것이다.

아이 성 사람들은 며칠 전에 이스라엘에게 승리한 이후 자만에 빠져 상황을 제대로 파악하지 못하고 어리석게 행동했다. 하나님이 말씀하신 때에 따라 여호수아가 돌아서며 손을 쳐드니 잠복해 있던 군인들이 순식간에 성을 점령하고 불태워 버렸다(18-19절). 이스라엘은 하나님의 명령에 순종하는 일을 통해 다시 승리를 맛보게 된 것이다.

여호수아가 손을 쳐들어 전쟁을 이기게 된 것은 옛적 모세가 손을 들어 홍해를 가르던 일(출 14:16)과 아말렉 사람들과 싸울 때의 일(출 17:8-12)을 연상케 한다. 특히 여호수아가 아이 성 사람들이 완전히 진멸될 때까지 손을 내리지 않았던 것은(cf. 26절) 이스라엘이 아말렉 사람들과 전쟁할 때 모세가 손을 든 모습과 흡사하다. 저자는 다시 한번 여호수아를 모세처럼 묘사하는 것이다(Pressler). 도망하는 척하던 여호수아와 이스라엘 군도 뒤돌아서 반격을 시작했고, 성에 불을 지른 이스라엘 복병들은 뒤쪽에서 아이 사람들을 쳤다. 결국 앞뒤에서 포위당한 아이 사람들은 모두 전멸했다. 오직 왕만 생포되어 여호수아에게 끌려 왔다(23절).

이날 전쟁은 아이 성 사람들의 진멸로 끝났다(24절). 총 12,000명이 죽었다(25절). 여호수아기에 기록된 전투에서 죽은 사람의 숫자가 기록된 것은 이곳뿐이다. 경건하지 못한 자세로 여호와의 성전에 임했던 이스라엘에게 패배를 안겨 준 아이 성 이야기의 구체적이고 세부적인 내용을 보존하여 주의 백성에게 영원한 교훈을 주기 위해서다. 여호수아는 아이 사람들이 모두 전멸될 때까지 올린 손을 내리지 않았다(26절). 여호수아는 선임자 모세의 모습을 닮아가고 있는 것이다.

전리품은 하나님이 말씀하신 대로 모두 이스라엘 사람들이 차지했다(27절; cf. 2절). 아간 사건으로 혼이 난 이스라엘이 다시 하나님의 말씀에 철저히 순종하는 모습이 참으로 좋아 보인다. 특히 이번에는 전리품을 나누어 가지게 된 그들의 입가에 미소가 만연하다! 저자는 여호수아가 아이 성에 불을 질러 흙더미로 만들었는데, 이 성은 오늘날까지 그런 모습으로 남아 있다고 한다(28절). 여리고 성처럼 아이 성 역시 이스라엘에게 영원한 기념물이 된 것이다. 그러나 기쁘고 즐거운 마음으로만 바라보는 여리고 성과는 달리, 아이 성을 바라볼 때마다 이스라엘은 숙연해져야 하며, 한 멤버가 온 공동체에게 얼마나 큰 피해를 입힐 수 있는가에 대하여 깊이 생각해 보아야 한다.

생포해 온 아이 성의 왕은 처형하여 저녁때까지 나무에 매달아 두었다가 해질 무렵에 나무에서 내려 성문 어귀에 내버렸다(29절). 사람들은 그의 주검 위에 큰 돌무더기를 쌓았는데, 그것이 저자의 시대까지 그대로 보존되어 있다고 한다. 전쟁에서 승리한 사람들이 패한 사람들의 왕을 처형하여 이처럼 나무에 매달아 놓는 것은 앗시리아와 이집트 등에서도 알려진 전쟁 풍습이다(Younger, cf. 신 21:22). 율법은 시체를 밤새 나무에 매달아 놓는 것을 금한다(신 21:22-23). 여호수아와 백성은 최대한으로 율법을 준수하려고 노력하고 있다. 하나님의 말씀에 순종하는 것이 얼마나 중요한가를 새롭게 깨달았으니 당연한 일이다. 그는 훗날 기브온 사람들을 치러 나온 가나안 연합군의 다섯 왕도 같은 방법으로 처형한다(10:26).

아간의 이야기와 아이 성 정복 사건은 성경이 끊임없이 강조하는 교훈을 다시 강조한다. '죄는 멸망에 이르게 하고 순종은 성공에 이르게 한다'라는 진리다. 이스라엘은 하나님의 말씀대로 의식을 치러 여리고 성을 정복했다. 여리고 성보다 훨씬 작은 아이 성은 한 사람의 죄 때문에 정복에 실패했다. 앞으로도 정복 전쟁에 승리가 당연시 될 수는 없다. 그러나 이스라엘이 하나님께 순종하는 한, 여호와께서는 그들에게 승리를 주실 것이다.

D. 언약 갱신: 에발 산에서(8:30–35)

[30] 그 때에 여호수아가 이스라엘의 하나님 여호와를 위하여 에발 산에 한 제단을 쌓았으니 [31] 이는 여호와의 종 모세가 이스라엘 자손에게 명령한 것과 모세의 율법책에 기록된 대로 쇠 연장으로 다듬지 아니한 새 돌로 만든 제단이라 무리가 여호와께 번제물과 화목제물을 그 위에 드렸으며 [32] 여호수아가 거기서 모세가 기록한 율법을 이스라엘 자손의 목전에서 그 돌에 기록하매 [33] 온 이스라엘과 그 장로들과 관리들과 재판장들과 본토인뿐 아니라 이방인까지 여호와의 언약궤를 멘 레위 사람 제사장들 앞에서 궤의 좌우에 서되 절반은 그리심 산 앞에, 절반은 에발 산 앞에 섰으니 이는 전에 여호와의 종 모세가 이스라엘 백성에게 축복하라고 명령한 대로 함이라 [34] 그 후에 여호수아가 율법책에 기록된 모든 것 대로 축복과 저주하는 율법의 모든 말씀을 낭독하였으니 [35] 모세가 명령한 것은 여호수아가 이스라엘 온 회중과 여자들과 아이와 그들 중에 동행하는 거류민들 앞에서 낭독하지 아니한 말이 하나도 없었더라

일부 학자들은 이 이야기가 아이 성 정복과 직접 상관이 없는 일이라며 이 이야기의 위치가 자연스럽지 않다고 한다. 그러나 이스라엘 공동체가 한 멤버의 죄로 인하여 언약을 범하여(7:11, 15), 하나님을 분노케 했다. 여호수아가 죄인으로 지목된 아간과 가족들을 진멸시켜 하나님의 분노를 달래고 아이 성을 정복했지만, 하나님과의 관계가 예전같지 않다는 느낌을 지울 수 없다. 그러므로 정복 전쟁을 계속하기 전에 잠시 하나님과의 관계를 재확인하기 위하여 모든 것을 멈추고 하나님께 드리는 제물과 언약 갱신을 통해 한 번 더 하나님과 이스라엘의 관계를 확인하는 것은 매우 적절하다.

게다가 모세는 이스라엘이 가나안에 입성하면 너무 많은 시간을 지

체하지 말고 가능하면 빨리 세겜 지역으로 올라가 그리심 산과 에발
산에서 하나님과의 언약을 재확인하라고 했다(신 27:2-4). 여호수아는
아직까지 모세의 명령을 이행하지 못했다. 그러므로 여러 가지 면에서
그가 이때 백성들을 이끌고 에발 산을 찾은 것은 바람직한 일이다. 한
가지 확실하지 않은 것은 이스라엘이 아이 성을 정복한 후 베이스캠프
가 있는 길갈로 돌아갔다가 그곳에서 모든 백성을 이끌고 50㎞를 여
행하여 그리심 산으로 간 것인지, 아니면 아이 성 전쟁에 참여했던 사
람들은 아이 성에서 직접 세겜으로 가고, 길갈 베이스캠프에 있는 사
람들이 나중에 세겜에서 합세를 한 것인지이다. 아이 성에서 세겜까지
는 약 37㎞ 정도의 산악 길로 연결되며 당시 이 산악 지대에는 별로 사
람들이 살지 않았던 것으로 알려졌다(Hubbard). 길갈에서 출발하는 것
보다 아이 성에서 출발하여 세겜에 도착하는 길이 더 안전했던 것이다
(Howard).

세겜에 도착하자 여호수아는 이스라엘의 12지파를 두 그룹으로 나
누었다. 첫 번째 그룹을 형성한 6지파는 에발 산 앞에, 나머지 6지파로
구성된 두 번째 그룹은 그리심 산 앞에 서 있다. 세겜을 기준으로 에발
산은 북쪽에 있으며, 그리심 산은 남쪽에 있다. 이 두 산 사이로 형성
된 계곡에 세겜이 있다. 세겜은 이스라엘 선조들의 삶과 깊은 연관이
있는 곳이다. 아브라함과 야곱이 세겜을 방문한 적이 있으며, 아브라
함은 가나안에 입성한 후 이곳에 처음으로 제단을 쌓았다(창 12:6). 야
곱은 이곳에 땅을 사기도 했다(창 33:19). 야곱이 라반의 집에서 돌아온
후 처음으로 이곳에 정착하여 살았다. 세겜은 야곱의 딸 디나가 강간
을 당한 곳이기도 하다.

훗날 여호수아는 세겜에서 고별 설교를 하며, 이스라엘은 이곳에서
한 번 더 하나님과의 언약을 재차 확인한다(cf. 24장). 성경은 이스라엘
이 세겜을 공격했다는 말은 기록하지 않고 있다. 그래서 학자들은 세
겜이 기브온처럼 평화로운 방법을 통해 이스라엘에 영입된 것으로 생

각하거나(Hess), 여호수아서가 이 사실을 언급하지 않을 뿐, 이미 이 도시를 군사적으로 점령했다고도 한다(Hubbard). 그러나 이 섹션이 '이스라엘 중에 사는 이방인들'을 두 차례나 언급하는 것으로 보아 세겜이 기브온처럼 평화로운 방법을 통해 이스라엘에 영입된 것으로 해석하는 것이 바람직하다.

온 이스라엘이 세겜을 중심으로 에발 산과 그리심 산에 각각 6지파씩 나누어 서 있는 것이 옛적에 모세가 이스라엘을 축복할 때를 연상케 한다(신 11:26-32; 27:12-13). 모세는 또한 백성에게 가나안에 입성하면 에발 산에다 제단을 세우라고 지시한 적이 있다(신 27:4-5). 신명기에서 에발 산은 저주를 선포하는 곳이며, 이 산에 서게 된 여섯 지파는 르우벤, 갓, 아셀, 스불론, 단, 납달리 지파다(신 27:13; cf. 신 11:29). 그리심 산은 축복을 선포하는 산이며, 이곳에 서게 된 여섯 지파는 시므온, 레위, 유다, 잇사갈, 요셉, 베냐민 지파다(신 27:12; cf. 신 11:29). 모세는 에발 산에다 석회를 바른 큰 돌을 세우고 이 돌에 율법을 기록하라고 한다(신 27:2-3). 그는 하나님을 위하여 돌제단을 쌓되 쇠 연장을 사용하지 말라는 명령도 남겼다(신 27:5). 여호수아와 이스라엘은 모세의 명령에 순종하기 위하여 세겜을 찾은 것이다.

이 이야기는 이스라엘이 가나안에 입성한 이후 처음으로 모세가 중심이 되는 사건이다(Hawk). 물론 이야기가 시작될 때와 끝날 때에 여호수아의 이름이 언급되지만(30, 35절), 모세의 이름이 다섯 차례나 언급되는 것은 이야기가 모세를 부각시키고 있기 때문이다(31[2x], 32, 33, 35절). 저자는 또한 이스라엘이 모세의 율법과 명령에 따라 이곳에서 언약을 갱신하고 있다는 것을 네 차례나 강조한다(31[2x], 33, 35절). 아이 성 사건 이후 다시 한번, 이스라엘 공동체에게 군사적인 능력이 아니라 말씀에 따라 순종하는 것이 가장 중요한 이슈가 되었던 것이다.

본문은 결코 쉽지 않은 지리적 문제를 안고 있다. 이스라엘은 언약 갱신을 위해 아이 성에서 북쪽으로 37km 떨어진 에발 산과 그리심 산으로 갔다(30, 33절). 그리고는 아이의 동쪽이자 남쪽에 있는 길갈로 돌아온다(cf. 9:6). 기왕 세겜으로 올라갔으니, 올라간 김에 세겜 지역을 정복하는 것이 당연한 것으로 생각되는데, 이스라엘은 예배를 마치고 길갈로 50㎞를 되돌아 온 것이다. 본문의 정확한 위치도 논란의 대상이다. 마소라 사본에는 이 이야기가 아이 성 정복 이야기에 이어 이곳에 등장하지만, 쿰란 사본에서는 이스라엘이 가나안에 입성하여 할례를 행하기 전인 5:1과 5:2 사이에 삽입되어 있다. 고대 헬라어(Old Greek) 사본에는 9:2 다음에 등장한다. 그러므로 한 주석가는 이 텍스트를 '떠다니는 단락'(floating pericope)이라고 부른다(Nelson). 아간의 죄로 인하여 서먹서먹해졌던 하나님과 이스라엘의 관계를 감안하면, 이 이야기가 이곳에 있는 것이 가장 적절하게 여겨진다(cf. Dallaire).

이스라엘은 모세가 율법을 통해 명령한 대로 쇠연장으로 다듬지 않은 바위를 제단으로 세웠다(31절). 율법이 왜 다듬은 돌을 제단으로 사용하는 것을 금하는지 정확히 알 수는 없지만, 아마도 사람이 다듬은 돌은 부정하게 된다는 점을 전제하는 듯하다(Hubbard). 이스라엘이 에발 산에 세운 제단 위에서 하나님께 드린 제물은 두 가지였다. 번제(עלה)와 화목제(שלם)(31절). 번제(레 1:4)는 제물을 모두 태워서 하나님께 드리는 것으로써 드리는 자(들)의 죄를 속량하기 위해 드렸다. 여호수아는 에발 산에서 하나님께 국가의 죄를 용서해 달라고 간구했던 것이다. 화목제(레 3:1-17; 7:11-21)는 드리는 자와 제사장이 함께 먹을 수 있는 제물로써 관계를 확인하고 평안을 추구하면서 드린다. 여호수아는 에발 산에서 하나님과 이스라엘의 관계를 돈독히 하고자 했던 것이다. 이스라엘이 이곳에서 이 두 가지 제물을 하나님께 드리는 것은 하나님의 주권을 인정한다는 고백이며, 여호와가 이스라엘의 하나님이라는 사실을 예배를 통해서 온 천하에 드러내고자 해서다(Hubbard).

제물을 드리고 난 후 여호수아는 하나님의 율법을 그 돌들(האבנים)에 새겼다(32절). 이 돌들은 제단을 구성하고 있는 것들일 수 있고(cf.

31절), 모세가 10계명을 새긴 돌들일 수 있다(cf. 출 31:15). 혹은 시내산 언약을 확인하면서 지파별로 세운 열두 개의 돌이거나(Nelson, cf. 출 24:4), 여호수아가 언약 갱신을 기념하면서 세운 큰 돌들일 수 있다(Howard, cf. 24:26-27). 본문이 정확하게 밝히지 않기 때문이다. 본문에서는 가장 자연스러운 해석이 제단을 구성하고 있는 돌로 간주하는 것이지만, 신명기 27장이 이미 석회를 칠한 돌에는 율법을 새기도록 하고, 이와 별개로 하나님께 제물을 드릴 제단을 따로 쌓으라고 한 것을 보면 본문이 신명기 27장에 기록된 예식을 상당 부분 생략하고 있다고 생각된다. 그러므로 이 말씀은 신명기 27장과 함께 연구되고 해석되어야 한다. 이 이야기가 이미 모세가 신명기 27장에서 이스라엘에게 내린 명령을 준수하고 있는 일이라는 것을 감안하면, 본문에는 언급되어 있지 않지만 율법을 새기는/기록하는 돌은 에발 산에 세워진 석회를 칠한 돌이다(신 27:2).

제물을 드리고 있는 사람들은 남녀노소 이스라엘의 모든 사람(본토인들)(אֶזְרָח)과 이스라엘 중에 거하는 이방인들(גֵר)을 포함했다(33절). 율법은 이스라엘 중에 살고 있는 이방인(גֵר)은 추수하는 밭에서 이삭을 주울 수 있으며(레 19:10; 23:22), 이스라엘은 그들을 고아, 과부 등과 함께 특별히 보호해야 한다고 한다(출 22:21; 23:9; 신 10:17-22; 24:17-18). 이스라엘이 그들에게 자비를 베풀어야 하는 가장 큰 이유는 이스라엘도 한때 이집트에서 이방인으로 살았기 때문이다(출 22:21; 23:9; 신 10:17-22; 23:7).

이스라엘 영토에 정착하고 사는 이방인들도 할례를 받았다면 유월절, 안식일, 장막절 등 이스라엘의 다양한 종교 절기에도 참가할 수 있다(출 12:43-49; 20:10; 신 16:10-14; 26:10-11). 이방인들이 이처럼 이스라엘의 종교 생활에 적극적으로 참여할 수 있다는 것은 라합 이야기가 암시하는 것처럼 이스라엘 공동체는 닫힌 제도가 아니다. 이스라엘은 항상, 여호와를 경외하는 외부인들에게도 열려 있었던 것이다. 여호수아는 이방인들에게 도피성 혜택을 받을 수 있는 권한도 주었다(20:9).
오늘날 교회도 세상 사람들에게 더 많이 열려 있으면 좋겠다.

저자는 여호수아가 온 회중에게 모세의 율법책을 낭독했다고 두 차
례나 언급한다(34, 35절). 모세가 죽은 이후 사람들 앞에서 율법책이 읽
히기는 이번이 처음이다. 드디어 '시내 산이 가나안 땅에 정착한' 것이
다(Hubbard). 모세의 율법 중에서 특별히 축복과 저주가 강조된다(34절).
여호수아와 이스라엘이 축복과 저주를 강조하는 신명기 28장 같은 말
씀에 잘 순종하고 있다는 것을 암시한다. 축복과 저주는 말씀에 대한
순종이 가장 중요한 기준이며 말씀에 대한 순종은 임박한 삶과 죽음을
좌지우지할 수도 있다는 것을 의미한다(Pressler).

그러므로 여호수아는 축복과 저주에 중점을 둔 율법 낭독을 통해 이
스라엘에게 복된 선택을 강요한다. 하나님의 축복을 받아 행복하고 복
된 삶을 살려거든 순종(축복)을, 하나님의 징계를 받아 고난의 삶을 살
려거든 불순종(저주)을 택하라는 것이다. 성경에서 '이스라엘 회중'(שְׂרָאֵל
קְהַל)은 예배나 종교적인 예식을 치르기 위해 한 공동체로 모인 이스
라엘 사람들을 의미하는데(cf. 레 16:17; 신 31:30; 왕상 8:14; 스 10:1), 여호
수아기에서는 이곳에서만 사용된다. 저자는 이곳에서 아브라함의 후
손뿐 아니라, 하나님을 믿고 신뢰하는 가나안 사람들까지도 '이스라엘
회중'에 포함시키고 있다(Hawk).

저자는 언약 갱신 이야기를 통하여 신학적인 목적 세 가지를 달성한
다(Pressler). 첫째, 아간의 죄로 인해 깨어졌던 언약이 다시 갱신되었다
는 것을 강조하고자 한다. 아이 성 정복 후에 이 언약 갱신을 통하여
아간의 죄가 이스라엘에게 끼친 영향을 말끔히 씻겼다는 것을 선언한
다. 둘째, 청중들과 독자들에게 율법에 순종할 것을 권면한다. 하나님
과의 관계에서 순종보다 더 소중한 것은 없다는 것이다. 셋째, 약속의
땅 정복 이야기의 흐름을 제물과 율법에 대한 이야기로 방해하는 것은
독자들과 청중들에게 군사적 승리가 아닌 예배와 순종이 가나안에서

펼쳐지는 이 백성의 삶의 바탕이 되어야 한다고 강조하고자 한다.

E. 기브온 사람들과의 동맹조약(9:1-27)

여리고 성을 정복한 이스라엘의 명성이 가나안 사람 중에 공포감을 자아냈다(cf. 2:9-11; 5:1). 그러나 아이 성 전쟁에서 이스라엘이 한번 패했다는 소식이 가나안 사람들에게 전해지면서부터 그들은 이스라엘 사람들을 더 이상 예전처럼 두려워하지만은 않게 되었다. 잘 하면 이길 수도 있다는 생각을 하게 된 것이다. 그래서 가나안 사람들은 이스라엘과 협상하여 함께 살 길을 모색하기보다는 싸우기 위해 군대를 일으키고 있다. 지금까지는 이스라엘에 대한 저항이 각기 개별적인 성단위로 이루어졌다면 이제부터는 온 지역을 아우르는 연합군을 통해 이루어진다.

이 장을 기점으로 이야기의 흐름이 바뀌고 있다. 그동안에는 이스라엘 스스로가 여리고와 아이 등 공격 타깃을 결정했다. 이제부터는 숨죽이고 이스라엘의 진군을 방관하던 가나안 사람들이 주도적인 역할을 하며 이스라엘을 상대로 각자 다른 반응을 보인다(Hess). 기브온 사람들은 이스라엘에게 대항하기보다는 그들의 종이 되어서라도 살기를 원한다. 반면에 이스라엘의 행보에 위협을 느낀 여섯 왕은 힘을 합하여 연합 전선을 구축한다(9:1-2). 10장에서는 가나안 남쪽 지역 왕 다섯 명이 기브온 족과 이스라엘에 대항한다. 11장에서는 북쪽 지역의 여러 왕이 이스라엘을 대항하는 연합 전선을 구축한다. 전쟁이 온 가나안 지역으로 확산되고 있으며 규모가 커지고 있는 것이다. 이러한 정황에서 가나안 사람들은 이스라엘의 순수성을 위협한다(Pressler). 그러므로 이스라엘은 꼭 그들을 제거하여 자신들을 이 이방인들부터 차별화해야 한다.

본문이 묘사하고 있는 기브온 족 이야기는 이스라엘이 자신의 생존과 순수성을 위해 제거해야 할 가나안 주민 중에도 예외가 있을 수 있다는 것을 시사한다. 물론 기브온 사람들이 진멸을 당하지 않고 살게 된 것은 여호수아와 이스라엘의 실수로 빚어진 일이다. 그럼에도 불구하고 기브온 족이 살게 된 것은 진멸이 선포된 가나안 사람들에게 하나의 희망이 된다. 그들도 죽음을 피할 수 있는 길이 있다는 것을 암시하기 때문이다. 또한 기브온 족 이야기는 라합 이야기와 평행을 이루기도 한다. 라합이 진멸을 모면할 수 있었던 것처럼 기브온 족도 진멸을 모면한다. 이런 면에서 기브온 족 이야기는 라합 이야기의 '속편'이라고 할 수 있다(Hubbard).

그러나 라합은 영웅적인 믿음으로 구원에 이른 것에 반해 기브온 족은 속임수를 써서 죽음을 면한다. 뒤늦게 진실을 알게 된 여호수아가 그들에게 저주를 퍼부어댔지만 여호와의 이름으로 상호 보호 조약을 체결했기 때문에 더 이상 어떻게 할 수 없는 상황이었다. 결과적으로 라합은 개인적인 믿음을 의지하여 온 가족이 진멸을 피한 이야기이며, 기브온 족은 공동체적인 '믿음'으로 온 백성이 죽음을 면한 이야기다. 진멸이 선포된 지역에서라도 하나님을 경외하는 개인이나 국가는 살 수 있다는 것이다. 어떻게 해서든 죽음을 피해보려고 안간힘을 쓴 기브온 사람들의 이야기를 담고 있는 본 텍스트는 다음과 같은 구조를 지닌 세 섹션으로 구분될 수 있다.

A. 가나안 족속들의 이스라엘 대책: 무력 충돌(9:1-2)
　B. 기브온 사람들의 이스라엘 대책: 충돌 배제(9:3-15)
　B'. 기브온 사람들이 이스라엘에 흡수됨(9:16-27)

1. 가나안 족속들의 이스라엘 대책: 무력 충돌(9:1-2)

¹ 이 일 후에 요단 서쪽 산지와 평지와 레바논 앞 대해 연안에 있는 헷 사람과 아모리 사람과 가나안 사람과 브리스 사람과 히위 사람과 여부스 사람의 모든 왕들이 이 일을 듣고 ² 모여서 일심으로 여호수아와 이스라엘에 맞서서 싸우려 하더라

이 말씀은 9-11장에 기록된 사건들의 역사적 정황을 그리고 있다. 특별히 기브온 족이 이스라엘을 속이는 9장 이야기의 배경을 제시한다. 가나안 사람들이 이스라엘을 대항하려고 연합군을 일으키는 일에 분주한 동안, 기브온 사람들은 어떻게 이스라엘과 함께 살 수 있을 것인가를 고민했다. 일부 학자들은 기브온 사람들의 이야기가 역사적 사실이 아니라, 그들이 어떻게 해서 성전에서 잡일을 하게 되었는가에 대한 유래(etiology)를 설명하기 위하여 만들어낸 이야기라고 주장한다(Pitkänen). 그러나 이러한 주장에 동조하는 학자들은 거의 없다. 본문에 기록된 이야기는 역사적 사실이라는 것이다.

본 텍스트는 아이 성 사건을 전후로 해서 가나안 사람들이 이스라엘을 어떻게 생각하였는가를 보여 주기도 한다. '요단 강 서쪽 사람들의 모든 왕이 소식을 듣고'(וַיְהִי כִשְׁמֹעַ כָּל־הַמְּלָכִים אֲשֶׁר בְּעֵבֶר הַיַּרְדֵּן)로 시작하는 9:1은 '요단 강 서쪽에 있는 아모리 사람의 모든 왕이 소식을 듣고'(וַיְהִי כִשְׁמֹעַ כָּל־מַלְכֵי הָאֱמֹרִי אֲשֶׁר בְּעֵבֶר הַיַּרְדֵּן)라는 말로 시작하는 5:1과 거의 흡사하다. 그러나 결과에는 현저한 차이가 있다. 5장에서는 소식을 들은 왕들의 마음이 녹아 내렸지만, 9장에서 오히려 그들은 이스라엘 사람들을 대항해서 싸울 계획을 세우고 있다. 물론 궁지에 몰린 사람들의 최후 발악이라고 생각할 수도 있겠지만, 무모하게 승산 없는 싸움을 진행하는 것보다는 공존할 수 있는 방법을 모색하는 것도 지혜라

251

는 것을 잘 알고 있었던 사람들이 취하는 행동으로는 극단적이다.

이때쯤이면 이미 라합의 이야기는 가나안 전역에 알려졌을 것이며, 침략자 이스라엘과 가나안 사람들 사이에 협상의 여지가 있다는 것을 충분히 암시해 주었을 것이다. 그러므로 마음이 녹아 싸울 엄두를 내지 못했던 가나안 사람들이 순식간에 이처럼 돌변한 것은 역시 아이 성 사건에서 이스라엘이 한 번 패했다는 소식을 들었기 때문이라고 생각된다. 아이 성은 가나안에서 그다지 큰 규모의 성이 아니다. 그런데 그들이 침략자를 상대로 승리했다가, 방심하여 패했다는 것은 이 침략자들은 싸워 볼 만한 상대라고 생각한 것이다. 그러므로 본문이 묘사하고 있는 가나안 사람들의 태도는 이스라엘의 죄(viz., 아간의 죄)에 대한 대가라고 할 수 있다. 이스라엘이 가나안을 쉽게 정복할 수도 있었는데, 한 사람의 죄로 인하여 엄청난 저항을 감수하게 되었다.

한 사람 아간의 죄가 이처럼 큰 결과를 가져올 줄이야 누가 상상이라도 할 수 있었을까? 만일 아간이 죄를 짓지 않았다면 어떤 결과가 초래되었을까? 아간이 죄를 범하지 않았다면 아이 성 전투가 가나안 정복과정에서 마지막 유혈 사태가 되었을 가능성을 배제할 수 없다(Hess). 라합과 가족들이 죽지 않았다는 이야기는 이미 온 가나안에 퍼졌을 것이며, 궁지에 몰린 족속들이 이스라엘과 함께 살길을 모색했을 것이기 때문이다.[22]

기브온 족 이야기는 이러한 가능성을 보여 주는 좋은 예다. 그러나 이스라엘이 아이 성 공격에 실패한 이유가 아간의 죄 때문이라는 정보를 수집했을 리가 없는 가나안 사람들은 이스라엘에게도 허점이 있으며 전략을 잘 세우고 싸우면 자신들에게 승산이 있다는 막연한 소망과 기대에 모든 것을 걸기로 했다. 그들에게 이런 빌미를 제공한 것이 아

22 가나안 사람들은 이스라엘이 아이 성 공격에 실패한 것과 상관없이 대항하고 있다고 보는 학자들도 있다(Hubbard). 아간의 죄와 상관없이 전쟁은 계속되었을 것이라는 해석인 것이다. 그러나 문맥과 정황을 고려하면—특히 기브온 사람들의 이야기를 고려하면 이스라엘이 가나안 땅의 나머지 부분을 평화스럽게 점령했을 가능성이 더 설득력이 있다.

간의 죄다. 그러므로 아간이 죄를 짓지 않았더면 나머지 가나안 사람들이 죽지 않았을 수도 있는 것이다(Howard, Hess). 죄가 얼마나 심각한 영향력을 행사할 수 있으며, 얼마나 많은 사람을 죽일 수 있는가를 보여 주는 참으로 안타까운 일이다. 그러므로 우리가 전혀 알지 못하고, 상관없는 사람들을 살리기 위해서라도 죄는 짓지 않아야 한다.

'요단 서편'(בְּעֵבֶר הַיַּרְדֵּן)(lit., '요단 건너편')은 여호수아기에서 열세 차례 사용되는데, 때로는 요단 강 동편을(1:14-15; 2:10; 7:7; 9:10; 12:1; 13:8; 22:4; 24:8), 때로는 요단 강 서편을(5:1; 9:1; 12:7; 22:7)을 뜻한다. 처음에는 저자가 요단 강을 기준으로 어느 지형적 관점에서 책을 쓰고 있는가를 암시하는 표현이다가, 어느 순간부터는 더 이상 지형적 관점을 알리는 명확한 표현이 되지 못하는 것이다(Woudstra). 때로는 '바다쪽'(viz., 지중해 쪽), 혹은 '해 뜨는 쪽'(viz., 동쪽)이라는 추가 설명이 첨부되기도 한다(1:15; 5:1; 12:1, 7).

이스라엘을 대항하려는 연합군은 가나안 모든 지역에서 왔다. '야산'(הָר)은 가나안 중부에 있는 산악 지대를, '평원 지대'(הַשְּׁפֵלָה)는 중부에 있는 산악 지대와 바닷가 사이에 있는 평지를, '큰 바다[지중해] 연안'(חוֹף הַיָּם הַגָּדוֹל)은 해안 지역 전체를, '레바논에 이르는 곳'(מוּל־הַלְּבָנוֹן אֶל)은 [남쪽에서] 북쪽으로 분포해 있는 모든 지역을 포괄적으로 표현한다(cf. HALOT). 가나안 전체가 이스라엘을 대항하고 있는 것이다 (Woudstra). 여호수아와 이스라엘은 이 모든 지역을 정복하게 된다(cf. 10:40-42).

연합 전선을 형성하고 있는 여섯 가나안 족속은 '헷 사람과 아모리 사람과 가나안 사람과 브리스 사람과 히위 사람과 여부스 사람' 순으로 나열되어 있다(1절). 일곱 족속을 나열하고 있는 3:10의 순서와는 다르게 나열된 것이다. 성경에는 이와 같은 가나안 족속 목록이 스물한 차례 등장하는데 이 목록과 순서와 숫자가 일치하는 것은 신명기 20:17과 여호수아기 12:8 두 곳뿐이다. 신명기 목록은 모세가 이스라엘에게 어떤 일이 있어도 가나안 사람들과 동맹을 맺으면 안 된다는 권면을 하는 도중에 나온다. 안타까운 것은 여호수아는 모세가 그렇게 강조하며 금했던 일을 잠시 후 기브온 족하고 하게 된다는 것이다.

새번역 성경에 의하여 '뜻을 모았다'(פֶּה אֶחָד)로 번역되고 있는 문구를 문자적으로 해석하면 '한 목소리/입'이다. 우리는 이 표현에서 가나안 사람들의 확고한 연합 의지를 엿볼 수 있다. 그들은 기브온 사람들처럼 상생의 길을 모색하기보다는 생과 사의 기로에서 이스라엘과의 한판 승부는 피할 수 없는 운명이라고 생각하고 있다. 비록 그들에 대해 진멸이 선포되기는 했지만, 가나안 사람들의 의지와 노력이 있었더면 이스라엘과의 싸움은 피할 수도 있었다. 그러므로 가나안 사람들은 스스로 죽음의 길을 택했다. 하나님의 진멸이 선포되었다고 해서 그 대상이 모두 죽을 필요는 없다. 그들의 운명은 스스로 결정하는 부분이 분명 있다는 것이다.

우리의 삶에서도 비슷한 원리가 반복된다. 때로는 어떤 이슈에 대하여 이미 모든 것이 결정된 일인 것 같지만, 기도하고 하나님의 인도하심을 받으면 다소 유동성이 있고, 다른 가능성도 있다. 그런데도 무지함과 어리석음으로 인하여 우리 자신을 이미 결정된 운명의 피해자 정도로 생각하며 어리석은 선택을 한다. 어떤 면에서 우리의 미래는 우리 손 안에 있으며, 우리의 결정이 만들어간다는 사실을 기억해야 한다.

II. 거룩한 정복(5:13-12:24)
　　E. 기브온 사람들과의 동맹조약(9:1-27)

2. 기브온 사람들의 이스라엘 대책: 충돌 배제(9:3-15)

³ 기브온 주민들이 여호수아가 여리고와 아이에 행한 일을 듣고 ⁴ 꾀를 내어 사신의 모양을 꾸미되 해어진 전대와 해어지고 찢어져서 기운 가죽 포도주 부대를 나귀에 싣고 ⁵ 그 발에는 낡아서 기운 신을 신고 낡은 옷을 입고 다

마르고 곰팡이가 난 떡을 준비하고 ⁶ 그들이 길갈 진영으로 가서 여호수아에
게 이르러 그와 이스라엘 사람들에게 이르되 우리는 먼 나라에서 왔나이다
이제 우리와 조약을 맺읍시다 하니 ⁷ 이스라엘 사람들이 히위 사람에게 이르
되 너희가 우리 가운데에 거주하는 듯하니 우리가 어떻게 너희와 조약을 맺
을 수 있으랴 하나 ⁸ 그들이 여호수아에게 이르되 우리는 당신의 종들이니이
다 하매 여호수아가 그들에게 묻되 너희는 누구며 어디서 왔느냐 하니 ⁹ 그
들이 여호수아에게 대답하되 종들은 당신의 하나님 여호와의 이름으로 말
미암아 심히 먼 나라에서 왔사오니 이는 우리가 그의 소문과 그가 애굽에
서 행하신 모든 일을 들으며 ¹⁰ 또 그가 요단 동쪽에 있는 아모리 사람의 두
왕들 곧 헤스본 왕 시혼과 아스다롯에 있는 바산 왕 옥에게 행하신 모든 일
을 들었음이니이다 ¹¹ 그러므로 우리 장로들과 우리 나라의 모든 주민이 우
리에게 말하여 이르되 너희는 여행할 양식을 손에 가지고 가서 그들을 만나
서 그들에게 이르기를 우리는 당신들의 종들이니 이제 우리와 조약을 맺읍
시다 하라 하였나이다 ¹² 우리의 이 떡은 우리가 당신들에게로 오려고 떠나
던 날에 우리들의 집에서 아직도 뜨거운 것을 양식으로 가지고 왔으나 보소
서 이제 말랐고 곰팡이가 났으며 ¹³ 또 우리가 포도주를 담은 이 가죽 부대도
새 것이었으나 찢어지게 되었으며 우리의 이 옷과 신도 여행이 매우 길었으
므로 낡아졌나이다 한지라 ¹⁴ 무리가 그들의 양식을 취하고는 어떻게 할지를
여호와께 묻지 아니하고 ¹⁵ 여호수아가 곧 그들과 화친하여 그들을 살리리라
는 조약을 맺고 회중 족장들이 그들에게 맹세하였더라

이스라엘의 정복에 대한 소식을 들은(שמע) 가나안 사람들은 다양하
게 반응한다. 간담이 서늘해지는 사람이 있고(5:1), 오히려 자극을 받
아 대항하려는 사람도 있다(9:1). 이제는 소식을 듣고 이스라엘을 속이
려는 사람들이 있다(3절). 이스라엘과 싸우자니 그들의 하나님 때문에
패하게 될 것이 뻔하고(cf. 9-10절), 여호수아를 찾아가 솔직하게 털어
놓고 구원을 호소하자니 들어주지 않을 것 같아서 생각해낸 계책이다.

저자는 가나안 사람들의 '들은 것'에 대한 다양한 반응이 삶과 죽음을 결정짓는다는 것을 강조하는 듯하다(Stone).

저자는 같은 소식을 '듣고'(שָׁמַע) 이스라엘과 싸우기로 결정한 가나안 사람들(1-2절)과 이스라엘을 속여서라도 싸움을 피하고 살 길을 모색하는 기브온 사람들의 차이를 '왕들'과 '주민들'의 차이로 묘사한다. 이스라엘과 맞서서 싸우기로 결정한 사람들은 왕들(מְלָכִים)이다(1절). 반면에 기브온 사람들의 이야기에는 그 어디에도 왕에 대한 언급이 없으며 '주민들'(יֹשְׁבִים)이 있을 뿐이다(3절). 왕이 없이 운영되는 사회는 당시 아나톨리아 지역을 중심으로 상당히 활성화된 정치적 제도였다. 이 사회들은 왕이 아니라 원로회가 지배한 것으로 알려져 있다(Gurney, cf. Hess).

때문에 저자는 왕들은 어리석은 선택을 하지만, 백성은 지혜로운 선택을 했다는 점을 강조하는 듯하다(Hubbard). 왕들은 자신들의 나라가 이스라엘에 흡수되면 잃을 게 많기 때문에 이런 선택을 한 것일까? 반면에 주민들은 그들을 지배하는 세력이 누가 되든 간에 생계만 보장된다면 괜찮다는 생각을 가지고 있었던 것일까? 확실한 것은 주민들의 선택이 훨씬 지혜롭고 현실적인 것이라는 사실이다.

기브온(גִּבְעוֹן)은 예루살렘에서 약 12km 서북쪽에 있는 곳이며 이스라엘이 최근에 정복한 아이 성에서 남서쪽으로 12km 떨어져 있으며 오늘날에는 엘집(el-Jib)으로 알려져 있는 곳이며 유명한 샘물을 가졌다(Harstad, Coote). 훗날 다윗의 장군 요압의 군인들과 아브넬의 군인들이 이곳에서 '자살 전투'를 한다(cf. 삼하 2장). 기브온이 아이 성에서 멀지 않았기 때문에 이스라엘이 아이 성을 점령했다는 소식을 신속하게 접할 수 있었을 것이다. 기브온은 훗날 베냐민 지파에게 분배되며 레위 사람들에게 할당된 도시가 된다(18:25; 21:17).

기브온 사람들은 여호수아와 이스라엘을 속이기 위해 낡은 부대와 헤어지고 터져서 기운 가죽 포도주 부대를 나귀에 싣고, 낡아서 기운 신발을 신고, 낡은 옷을 걸치고는 마르고 곰팡이 난 빵을 들고 이스라엘 진영을 찾았다(4절). 그들이 입고 온 낡은 옷과 헤어진 신발은 이스라엘이 광야 생활 40년 동안의 경험과 대조적이다(신 29:5). 하나님의 은총과 보호 아래 이스라엘이 40년 동안 광야 생활을 하는 동안, 그들의 옷과 신발은 해어지지 않았다. 일부 학자들은 이 속임수의 사실성과 실효성을 문제삼지만(Soggin), 고대 근동에는 이와 비슷한 예가 많이 있다(Younger). 기브온 사람들의 계략은 성공할 가능성을 충분히 지니고 있었던 것이다.

저자는 기브온 족을 '히위 사람'이라고 밝히고 있는데(3절), 히위 사람들은 이스라엘이 반드시 진멸해야 할 족속이다(3:10). 이스라엘은 결코 이 족속하고 언약을 맺어서는 안 되는 것이다. 또한 대부분의 히위 사람은 이스라엘을 대적하려고 연합군을 형성하고 있다(9:1). 기브온 사람들은 이스라엘의 율법, 특히 가나안 사람들하고 언약 맺는 것을 금하고 있는 신명기에 대하여 잘 알고 있는 듯하다(Pressler). 그래서 그들은 속임수에 모든 것을 걸었다.

기드온 사람들이 어떻게 이스라엘의 율법에 대하여 잘 알고 있었을까? 아마도 여호수아와 이스라엘의 명성이 그들에게 이 민족과 그들의 종교에 대하여 많은 연구와 정보 수집을 하도록 했던 것으로 생각된다(Howard). 생존권이 달려 있는 문제이니 당연한 일이다. 모세는 이스라엘과 화평을 추구하는 이방인 도시들에 대하여 어떻게 해야 하는가에 대한 율법을 준 적이 있다(신 20:10-15). 인상적인 것은 기브온 사람들의 행동이 이 규정과 상당히 잘 맞는다는 것이다(Hubbard).

기브온 사람들이 여호수아를 찾은 곳은 길갈이다. 길갈은 이스라엘이 요단 강을 건넌 후 처음으로 묵었던 곳의 이름으로 그들은 이곳에 도하 기념비를 세우고 할례를 행했고 유월절을 지냈다(4:19-20). 그러나 본문이 언급하고 있는 길갈이 바로 이 길갈이라면 이스라엘 백성은 아이 성 정복 후 북쪽에 있는 에발 산으로 가서 언약 갱신을 하고 난 후 다시 50㎞를 남하해 이곳으로 왔다. 최소한 수십만 명에 달하는 사람들이 아이 성을 정복하고 난 후 곧장 40㎞를 북진해서 예배를 드리고 다시 50㎞를 이동해서 원위치로 돌아와서 정복 전쟁을 계속한다는 것은 쉽게 납득이 가는 일이 아니다.

그렇다면 다른 가능성이 있는가? 학자들은 이스라엘이 할례를 행한 길갈이 아닌 새로운 길갈을 제안한다(cf. Butler, Dallaire). 이 길갈은 에발 산 근처에 있었을 것으로 추정한다(Hess). 구약 성경에는 이 외에도 최소한 3개의 길갈이 언급된다. (1) 이스라엘이 요단 강을 건넌 후 할례를 행한, 바로 요단 강 계곡에 있었던 곳(수 4-5장; 삼상 7:16; 11:14-15; 13:3-4), (2) 벧엘의 북쪽 산악 지역에 있던 곳으로 엘리야와 엘리사가 머물던 곳(왕하 2:1), (3) 예루살렘과 여리고 사이에 있는 유다에 속한 도시(수 15:7)(Howard). 그러므로 본문이 언급하고 있는 길갈은 제4의 길갈이며, 신명기 11:29-30이 언급하는 에발 산과 그리심 산 그리고 모레 상수리 나무 근처에 있었던 곳으로 생각된다(Keil, Goslinga, Hess). 창세기 12:6은 모레 상수리 나무가 세겜 근처에 있었다고 하는데, 이미 언급한 것처럼 세겜은 에발 산과 그리심 산 사이에 있는 도시였다.

기브온 사람들은 어디서 왔냐는 여호수아의 질문에 아주 먼 곳에서 왔으며 여행 동기는 여호와 하나님의 명성(שֵׁם)을 들었기 때문이라고 한다(9절). 여호와께서 어떻게 이스라엘을 이집트에서 인도해 내셨으며, 어떻게 요단 강 동편의 왕들을 물리치셨는가에 대한 이야기를 듣고 백성의 대표로 이스라엘과 평화 조약을 맺으려고 왔다고 했다. 라합의 고백과 거의 흡사하다. 물론 이스라엘이 언약을 맺어주면 자신들은 이스라엘의 '노예'(עֶבֶד)가 될 각오가 되어 있다는 것도 시사한다(11절).

재미있는 사실은 기브온 사람들은 하나님이 가나안 땅 밖에서 행하신 일들만 언급할 뿐, 여리고 성 정복 등 가나안 지역 안에서 일어난 일들은 언급하지 않는다. 기브온 사람들은 의도적으로 가나안 지역에서 있었던 일들은 언급하지 않고 있다. 가나안 땅에서 일어나고 있는 일에 대하여는 소식도 모르고 관심도 없는 척하여 자신들은 가나안 주민이 아니라는 것을 암시하고자 하는 계략의 결과다(Howard). 어찌되었건 기브온 사람들에게는 여호와 하나님에 대한 두려움이 있다. 그들은 라합의 여호와에 대한 경외에 버금가는 믿음을 가지고 있었던 것이다.

기브온 사람들이 제시한 증거물(해어진 신발, 곰팡이가 생긴 빵 등등)에 여호수아와 이스라엘은 쉽게 설득당했다. 얼마나 확실히 설득을 당했는지 이스라엘 백성의 지도자들은 곧장 그들과 언약을 맺었다(15절). 그들이 맺은 언약은 종주와 종속자 관계의 언약이다(Blenkinsopp). 이스라엘은 군주가 되고 기브온 사람들은 그들을 주로 섬길 것을 약속한 것이다.

문제는 여호수아와 이스라엘이 언약을 체결하면서 정작 하나님께 물어보지 않았다는 것이다(14절). 여호수아와 이스라엘이 '여호와의 이름으로' 기브온 사람들과 언약을 체결하는 과정에서 여호와께 묻지 않았다는 사실은 생각할수록 기가 막힌 일이다(Butler). 그래서 저자는 이스라엘이 하나님께 묻지 않고 그들과 언약을 맺어 결코 해서는 안 될 일, 즉 가나안 사람들과 언약을 맺는 일을 저지르게 되었다고 비난한다. 일부 주석가들은 이 일이 이스라엘 사람들이 여호수아에게 강요한 일이기 때문에 그에게는 큰 책임이 없다고 한다(Boling & Wright). 그러나 여호수아도 분명 이 사건에 연루되어 있다(cf. 4, 8, 9, 15절). 게다가 그는 이스라엘의 지도자다. 설령 백성들이 잘못 생각했다 할지라도, 그들의 생각을 바로잡을 책임이 있다. 그러므로 저자는 이스라엘의 지도자 여호수아의 잘못된 결정을 비난하고 있는 것이다(Butler).

이 일은 분명 여호수아를 비롯한 이스라엘이 기도하지 않아서 비롯된 죄 혹은 실수다. 이스라엘의 영적 지도자 중 한 사람도 이 일에 대하여 기도할 생각을 하지 못했다는 사실이 참으로 기가 막힌다. 그럼에도 불구하고 저자가 기브온 족을 바라보는 관점은 관대하고 호의적이다(Pressler). 그들이 여호와를 경외했기 때문에 속임수를 써서라도 하나님의 공동체에 속하려고 노력한 사실을 높이 평가하고 있는 것이다.

만일 이스라엘이 하나님께 물었다면 어떻게 되었을까? 하나님은 분명 'No'를 하셨을 것이다. 그럼에도 불구하고 하나님은 다른 방법을 쓰셔서 기브온 사람들을 살리셨을 것이다. 이번에는 이스라엘의 어처구니 없는 실수가 하나님의 고민을 덜어 주었다! 기브온 사람들의 이야기는 예수님의 비유 중 주인에게 곧 해고당할 것을 의식한 한 지혜로운 종이 주인의 재물로 사람들의 선심을 사 친구들을 사귄 이야기를 연상케 한다(Hess, 눅 16:1-9). 그러나 이스라엘의 실수는 하나님이 기뻐하실 일은 아니다. 하나님의 백성은 이러한 실수를 최대한으로 줄여야 한다. 하나님이 그들의 실수를 사용하셨다 해서 그 실수를 인정하신 것은 아니기 때문이다.

> II. 거룩한 정복(5:13-12:24)
>   E. 기브온 사람들과의 동맹조약(9:1-27)

3. 기브온 사람들이 이스라엘에 흡수됨(9:16-27)

[16] 그들과 조약을 맺은 후 사흘이 지나서야 그들이 이웃에서 자기들 중에 거주하는 자들이라 함을 들으니라 [17] 이스라엘 자손이 행군하여 셋째 날에 그들의 여러 성읍들에 이르렀으니 그들의 성읍들은 기브온과 그비라와 브에롯과 기럇여아림이라 [18] 그러나 회중 족장들이 이스라엘의 하나님 여호와로 그들에게 맹세했기 때문에 이스라엘 자손이 그들을 치지 못한지라 그러므로 회중이 다 족장들을 원망하니 [19] 모든 족장이 온 회중에게 이르되 우리가 이스라엘의 하나님 여호와로 그들에게 맹세하였은즉 이제 그들을 건드리지 못하리라 [20] 우리가 그들에게 맹세한 맹약으로 말미암아 진노가 우리에게 임할까 하노니 이렇게 행하여 그들을 살리리라 하고 [21] 무리에게 이르되 그들을 살리라 하니 족장들이 그들에게 이른 대로 그들이 온 회중을 위해 나무를 패며 물을 긷는 자가 되었더라 [22] 여호수아가 그들을 불러다가 말하여 이르되 너희가 우리 가운데에 거주하면서 어찌하여 심히 먼 곳에서 왔다고 하

여 우리를 속였느냐 ²³ 그러므로 너희가 저주를 받나니 너희가 대를 이어 종
이 되어 다 내 하나님의 집을 위해 나무를 패며 물을 긷는 자가 되리라 하니
²⁴ 그들이 여호수아에게 대답하여 이르되 당신의 하나님 여호와께서 그의 종
모세에게 명령하사 이 땅을 다 당신들에게 주고 이 땅의 모든 주민을 당신
들 앞에서 멸하라 하신 것이 당신의 종들에게 분명히 들리므로 당신들로 말
미암아 우리의 목숨을 잃을까 심히 두려워하여 이같이 하였나이다 ²⁵ 보소서
이제 우리가 당신의 손에 있으니 당신의 의향에 좋고 옳은 대로 우리에게
행하소서 한지라 ²⁶ 여호수아가 곧 그대로 그들에게 행하여 그들을 이스라엘
자손의 손에서 건져서 죽이지 못하게 하니라 ²⁷ 그 날에 여호수아가 그들을
여호와께서 택하신 곳에서 회중을 위하며 여호와의 제단을 위해 나무를 패
며 물을 긷는 자들로 삼았더니 오늘까지 이르니라

이스라엘은 기브온 사람들과 조약을 맺은 지 3일 만에 그들이 가까
운 곳에 사는 가나안 사람들이라는 것을 '듣게'(שמע) 되었다(16절). 3일
은 성경에 자주 등장하는 기간으로 일이 있은 지 어느 정도의 시간이
지났다는 것을 암시한다. 이스라엘이 사실 여부를 확인하려고 가보았
더니 사실이었다. 이스라엘도 가나안 사람들처럼 들은 것에 대한 반
응을 보이고 있다(Hess). 기브온 사람들은 기브온과 그비라와 브에롯과
기럇여아림 등 네 성읍에서 살고 있었는데(17절), 훗날 이 성읍들은 모
두 베냐민 지파에 속하게 된다(18:25-26, 28). 이 도시들은 모두 예루살
렘에서 북서쪽으로 8-15㎞ 정도 떨어진 곳에 있었다(Blenkinsopp, Boling
& Wright).

이스라엘이 기브온 사람들에게 속았다는 사실을 깨달았지만 이미 언
약을 지키기로 맹세를 했기 때문에 어찌할 방법이 없다. 구약에서 맹
세하는 것은 매우 엄숙한 행위이고, 맹세한 사람이 꼭 지켜야 하는 것
을 전제로 하기 때문이다. 그러므로 화가 난 백성은 리더들을 원망했
다(18절). 여호와께 물어보지도 않고 성급하게 언약을 체결한 일을 못

마땅하게 생각한 것이다. 그러므로 백성이 지도자들을 원망하는 것은 당연한 일이다.

리더들과 백성 사이가 원망과 불신으로 가득 찬 이스라엘의 모습과 리더들과 백성이 하나 되어 이스라엘과 동맹을 체결한 기브온 사람들의 모습이 대조를 이룬다(Hawk, cf. 11절). 또한 '원망하다'(לון)는 이스라엘의 광야 생활을 연상케 하는 동사다. 이스라엘은 모세와 아론을 원망하기 일쑤였다(출 15:24; 16:2, 7, 8; 17:3; 민 14:2, 27; 16:11, 41; 17:5). 그러나 이번에는 상황이 바뀌었다. 광야에서는 백성이 잘못했고 지도자들이 옳았다. 이번에는 백성이 옳고 지도자들이 잘못했다(Butler).

이스라엘 백성이 원망하는 이유는 잘못 체결된 계약 때문이기 보다는 이 일로 인하여 기브온 사람들을 죽일 수 없게 되었다는 것이다(Howard, cf. 19-21, 26절). 백성의 분노에도 불구하고 지도자들은 기브온 사람들에게 손을 댈 수 없다는 사실을 분명히 하고 있다(19절). 만일 기브온 사람들을 해친다면 하나님의 진노가 이스라엘에게 임할 것이기 때문이다(20절). 그러나 기브온 사람들이 속여서 체결된 언약이기 때문에 이스라엘이 참으로 원한다면 무효화시킬 수 있는 가능성을 전적으로 배제할 수는 없다. 다만 이런 결정을 하기 전에 하나님께 물으면 된다.

그러나 이번에도 지도자들은 하나님을 찾지 않고 모든 것을 스스로 결정했다. 이 사건은 무엇보다도 여호수아와 지도자들의 한계를 지적하는 이야기인 것이다(Hubbard). 그들이 그토록 두려워하는 하나님의 진노는 훗날 사울이 기브온 사람들을 죽여 이 언약을 위반했을 때 이스라엘에 심한 기근이 임하는 것으로 이루어진다(삼하 21:1). 아마도 리더들이 두려워하는 하나님의 진노는 이런 것이었을 것이다.

백성에게 기브온 사람들을 결코 처형할 수 없다는 사실을 밝힌 지도자들은 대안을 제시했다. 그들을 이스라엘 중에 두어서 나무 패는 자와 물 긷는 자로 삼겠다는 것이다(21절). 즉, 그들을 이스라엘의 잡일꾼으로 영입하겠다는 뜻이다. 신명기 20:10-11은 이스라엘과 전쟁하는 것보다는 항복을 선택하는 성의 백성은 죽이지 말고 종으로 삼으라고 지시한다. 화가 나 있는 백성을 달래기에 충분한 계획이었다. 이스라엘이 기브온 사람들을 종들로 사용한다면 상당한 경제적 이익을 얻을 수 있기 때문이다. 그러므로 백성은 지도자들의 제안을 받아들였다(21절). 백성 중 일부는 오히려 일이 잘 되었다는 생각을 했을 것이다. 그러나 기브온 사람들의 일은 분명 여호수아와 리더들의 불찰로 빚어진 일이다. 그러므로 이런 결과를 너무 기뻐하거나 즐겨서는 안 된다.

여호수아는 기브온 족 대표들을 불러다 놓고 거짓말 한 것에 대하여 야단을 치며 앞으로 잡일꾼으로 살아가라는 저주를 내렸다(23절). 그런데 지도자들은 기브온 사람들이 이스라엘의 잡일꾼이 될 것이라고 했는데, 여호수아는 '우리 하나님의 집에서'(לְבֵית אֱלֹהַי) 잡일을 하라고 한다. 성경에서 '하나님의 집'은 일반적으로 성전을 두고 하는 말이지만, 이때는 성전이 없었으므로 실로 같은 곳에 있던 하나님의 장막을 의미한다(cf. 삼상 1:7). 이때부터 기브온은 종교적 중심지로 부각되며 훗날 기브온에 있는 산당은 솔로몬이 성전을 짓기 전에 찾아간 일로 유명해진다(왕상 3:4-5:1).

여호수아가 그들을 하나님의 집에 두고자 하는 것은 아마도 그들이 이스라엘 백성에게 끼칠 영향을 최소화하고자 해서일 것이다(Hawk). 그들은 분명 가나안 사람들이기 때문에 이스라엘 사람들에게 부정적인 영향을 끼칠 수 있다. 그러나 결과적으로 여호수아는 '저주받은 기브온 사람들'을 이스라엘의 가장 거룩한 곳에 두는 실수를 저지른다. 저자는 기브온 사람들이 '나무를 패고 물을 기르는 일'을 하게 된 것을 세 차례 언급한다(21, 23, 27절). 하나님의 집에서 온갖 허드렛일을 맡아 하게 되었다는 것을 뜻한다.

여호수아의 말을 들은 기브온 사람들은 자신들이 왜 속임수를 쓸 수밖에 없었는가를 설명한다(24절). 그들은 이미 하나님이 모세를 통해서 이스라엘에게 가나안 땅을 붙이신 것을 알고 있었고 그렇게 될 것이라고 확신했다. 여러 가지 면에서 라합의 증언과 비슷하다(Hess). 그들이 알고 있던 또 한 가지 사실은 하나님이 가나안 사람들을 모두 죽이라고 명령하신 것이다. 그러므로 자신들이 가나안 사람이라고 말하면 이스라엘은 결코 언약을 맺지 않을 것을 알았기 때문에 속일 수밖에 없었다고 고백한다. 이렇게 말하고는 자신들은 여호수아의 처분만을 기다릴 뿐이라고 한다(25절). 그러니 이런 사람들을 어떻게 죽이겠는가!

이 이야기는 어떻게 이방인이 이스라엘에 속하게 되었는가를 설명하는 또 하나의 예다(cf. Pitkänen). 기브온 사람들은 포로기 이후에도 이스라엘 사람 중에 살았다. 기브온 출신 사람들은 다른 유다 사람들과 함께 무너진 예루살렘 성벽을 재건했다(느 3:7; 7:25). 그들은 완전히 이스라엘에 흡수되었던 것이다. 라합의 후손들처럼 말이다. 라합과 기브온 사람들의 이야기는 진멸에도 항상 예외가 있을 수 있다는 점을 누누이 강조한다. 운명은 스스로 만들어가는 것이지, 정해진 것이 아니라는 것이다(Hubbard).

Ⅱ. 거룩한 정복(5:13-12:24)

F. 가나안 남쪽 지역 정복(10:1-43)

여리고 성과 아이 성을 정복하여 가나안의 중심에 교두보를 확보한 여호수아는 여세를 몰아 남쪽과 북쪽 지역을 차례로 정복한다. 여호수아기에서 가장 유명한 사건인 '해와 달이 멈추는' 기적을 담고 있는 남쪽 지역 정복 이야기(10:1-27)와 북쪽 지역 정복 이야기(11:1-23)는 여러 가지 공통점을 지녔다. 두 이야기 모두 이스라엘을 대적하기 위해 연합 전선을 구성하고 있는 가나안 왕들의 이야기로 시작한다(10:1-5; 11:1-9). 그들은 이스라엘에 대한 소식을 '듣고'(שמע) 힘을 합하기로 결정하는데(10:1; 11:1) 가나안 사람들이 이스라엘에 대한 소식을 듣고 연합군을 형성하는 것은 9:1과 같다. 두 이야기는 모두 하나님이 가나안 연합군들을 물리치도록 도우셨다고 한다.

두 이야기 모두 결정적인 승리 이야기로 시작하여(10:1-14; 11:1-9), 각 전투와 연관된 군사적 조치로 이어진다(10:16-27; 11:10-15). 두 이야기가 묘사하고 있는 가나안 연합군 중에 한 우두머리가 있다. 10장에서는 예루살렘의 왕 아도니세덱이, 11장에서는 하솔의 왕 야빈이 중심 인물이다. 여리고 성과 아이 성 전쟁에서는 이스라엘이 전쟁을 시작했지만, 이 두 이야기에서는 가나안 사람들이 먼저 움직인다. 두 이야기는 모두 이스라엘이 승리하여 그 지역을 정복한 것으로 끝을 맺는다(10:28-43; 11:16-23).

가나안 남쪽 지역 정복에 대하여 회고하고 있는 본 텍스트는 이스라엘이 기브온 족에게 속아서 조약을 체결한 9장의 이야기와 연관되어 있다. 기브온 사람들이 이스라엘과 조약을 체결했다는 소문이 돌자 이를 괘씸하게 여긴 가나안의 여러 도시 국가 왕이 연합군을 일으켜 기브온 성을 치러 올라온 것이다. 기브온 사람들은 즉시 여호수아에게 사람을 보내 도움을 요청했다. 그러므로 이 이야기는 이스라엘이 기브온 사람들에게 속아서 맺은 동맹 조약을 준수할 것인가에 대한 테스트이기도 하다.

사실 이스라엘은 기브온과 맺은 동맹 때문이 아니더라도 이번 전쟁에 참가할 만하다. 기브온을 치러 온 족속들은 이스라엘이 언젠가는 일일이 찾아서 대적해야 할 상대들이기 때문이다. 그러므로 그들이 한곳에 모여 있다는 것은 당연히 희소식이다. 그만큼 전쟁이 쉬워지며 시간도 단축될 것이기 때문이다. 물론 한꺼번에 많은 적을 상대하는 것이 부담스러울 수 있지만, 전쟁은 여호와께 속한 것이라는 사실을 인정한다면 별문제가 되지 않는다. 하나님이 이미 누누이 그들에게 승리를 보장하셨기 때문이다.

기브온 족을 둘러 싼 전쟁 이야기는 여호수아기가 상세하게 기록하고 있는 전쟁 이야기 중 마지막이다. 이후부터는 요약적인 회고가 있을 뿐이다. 하나님의 도움을 받아 이스라엘 군대가 기브온과의 동맹 조약을 준수하기 위해 얼마나 열렬하게 싸웠는가와 하나님이 이스라엘에게 기적적인 승리를 주신 일을 회고하고 있는 이 이야기는 다음과 같이 섹션화될 수 있다.

A. 공격: 아모리 족속의 응징(10:1-5)
B. 대응: 기브온 족속의 조치(10:6)
C. 승리: 하나님과 이스라엘의 압승(10:7-43)

> II. 거룩한 정복(5:13-12:24)
> F. 가나안 남쪽 지역 정복(10:1-43)

1. 공격: 아모리 족속의 응징(10:1-5)

¹ 그 때에 여호수아가 아이를 빼앗아 진멸하되 여리고와 그 왕에게 행한 것 같이 아이와 그 왕에게 행한 것과 또 기브온 주민이 이스라엘과 화친하여 그 중에 있다 함을 예루살렘 왕 아도니세덱이 듣고 ² 크게 두려워하였으니 이는 기브온은 왕도와 같은 큰 성임이요 아이보다 크고 그 사람들은 다 강함이라 ³ 예루살렘 왕 아도니세덱이 헤브론 왕 호함과 야르뭇 왕 비람과 라기스 왕 야비아와 에글론 왕 드빌에게 보내어 이르되 ⁴ 내게로 올라와 나를 도우라 우리가 기브온을 치자 이는 기브온이 여호수아와 이스라엘 자손과 더불어 화친하였음이니라 하매 ⁵ 아모리 족속의 다섯 왕들 곧 예루살렘 왕과 헤브론 왕과 야르뭇 왕과 라기스 왕과 에글론 왕이 함께 모여 자기들의 모든 군대를 거느리고 올라와 기브온에 대진하고 싸우니라

이스라엘이 전쟁에서 승승장구하고 있다는 소식과 기브온 족이 이스

라엘과 동맹을 맺었다는 소식이 가나안 지역에 퍼졌다. 이 소식은 가
나안 사람들에게는 큰 충격이었다(1-2절). 저자는 아도니세덱이 놀란
이유를 네 가지로 설명한다. (1) 기브온은 중요한(큰) 도시였으며, (2) 왕
이 다스리는 성읍 같았으며, (3) 아이 성보다 더 컸으며, (4) 거주민들이
모두 용맹스러운 전사들(כָּל־אֲנָשֶׁיהָ גִּבֹּרִים)이었다. 가나안 사람들은 이런
규모와 실력을 지닌 성읍이 스스로 이스라엘을 찾아가 속임수를 쓰면
서까지 항복한 것을 이해할 수 없다. 가나안 지역에서 이스라엘과 싸워
볼만한 도시 국가들이 있다면, 분명 기브온도 이 국가들에 속한 것이다.

반면에 우리는 이 이야기를 읽으면서 기브온 사람들이 참으로 지혜
로운 결정을 내렸다는 사실을 깨닫게 된다. 그들이 이스라엘에 투항하
게 된 것은 용기가 없어서, 능력이 부족해서가 아니라 이스라엘의 하
나님을 두려워했기 때문이다. 그들에게는 여호와와 싸워서는 절대 승
리할 수 없다는 확신과 믿음이 있었다. 그러므로 능력의 하나님이 함
께하시는 이스라엘과 대항하겠다는 생각을 버리고 신속하게 살 길을
모색했던 것이다. 이런 기브온 사람들을 누가 어리석다고 하겠는가!

아도니세덱을 포함하여 소식을 '들은'(שמע) 가나안 남쪽 지역 왕들이
동맹하여 기브온을 치고 이스라엘에 대항하기로 했다(4절). 라합과 기
브온은 이스라엘에 대한 소식을 '듣고'(שמע) 적절하게 대응하여 살게 되
었는데, 이와는 대조적으로 이 왕들은 똑같은 소식을 듣고 함께 죽을
동맹을 맺고 있다. 하나님의 말씀이 같은 장소에서 여러 사람에게 선
포되어도 각자 반응이 달라 생명의 길을 택하는 사람이 있는가 하면
끝까지 죽음의 길을 고수하는 사람들이 있는 것처럼 말이다.

연합 군에 참가한 왕들은 예루살렘(יְרוּשָׁלַםִ) 왕과 헤브론(חֶבְרוֹן) 왕과 야
르뭇(יַרְמוּת) 왕과 라기스(לָכִישׁ) 왕과 에글론(עֶגְלוֹן) 왕 등이었으며 주동자
는 예루살렘의 왕 아도니세덱이었다(1, 5절). 이 도시들은 모두 예루살
렘 남서쪽에 있다. 이곳에 언급된 이름들이 다르다 하여 9:1-2이 말하
고 있는 연합군과는 다른 새로운 연합군이 형성된 것으로 해석하는 주

석가도 있다(Howard). 그러나 9:1-2에 언급된 연합군은 인종을 중심으로 하고 있으며, 이곳에서는 구체적인 도시들 중심으로 형성되고 있다. 게다가 9:1-2는 가나안 전체를 포괄적으로 언급하고 있으며, 이곳에서는 남부 지역만 구체화시키고 있다. 즉, 9장은 가나안 전체의 분위기를 총체적으로 그리고 있으며, 10장에서는 구체적인 한 예를 묘사하고 있는 것이다.

예루살렘(יְרוּשָׁלִַם)이 구체적으로 성경에 언급되기는 이곳이 처음이다. 이 성읍의 왕 아도니세덱(אֲדֹנִי־צֶדֶק)은 '의의 주인'이라는 뜻의 이름을 지니고 있으며, 옛적 아브라함을 축복했던 예루살렘의 왕 멜기세덱(לְכִי־צֶדֶק)(lit., '나의 왕은 의롭다')의 이름과 비슷한 유형이다. 일종의 언어유희가 구성되고 있는 듯하다. '의의 주인'이 신의를 져버린 기브온 족속을 멸하러 왔다. 그러나 그는 여호와께서 인정하시는 구원에 이르는 '의'(곧 하나님에 대한 믿음)를 기브온 사람들이 갖게 되었다는 사실을 모른다. 아도니세덱의 '의'는 눈이 멀고 어리석은 '의'인 것이다.

눈이 먼 '의의 주인' 아도니세덱과 연합한 다섯 왕은 모든 군대를 거느리고 이스라엘과 동맹을 맺어 반역자가 된 기브온 족을 치기 위해 올라왔다. 기브온을 정벌해서 온 가나안 성읍들에게 '반역자는 이렇게 된다'라는 경고를 선포하고자 했던 것이다. 그들의 군대 규모가 얼마나 되었는지는 모르겠지만, 상당히 위협적이었다는 것은 확실하다.

그러나 기브온이 공격을 받으면 그들과 동맹 조약을 맺은 이스라엘이 자동적으로 전쟁에 참여하게 된다. 그렇게 되면 전쟁의 성향과 전세는 완전히 바뀌게 된다. 아도니세덱과 연합군은 이 부분에 대하여는 어떠한 대책도 세워놓지 않은 상황에서 홧김에 기브온을 치러 올라왔다. 그들은 '홧김'에 전쟁을 일으켰다가 '홧김'에 망하게 된 것이다. 사람이 화가 나서 이성을 잃으면 이렇게 된다는 경고가 포함되어 있는 듯하다.

II. 거룩한 정복(5:13-12:24)
  F. 가나안 남쪽 지역 정복(10:1-43)

2. 대응: 기브온 족속의 조치(10:6)

⁶ 기브온 사람들이 길갈 진영에 사람을 보내어 여호수아에게 전하되 당신의 종들 돕기를 더디게 하지 마시고 속히 우리에게 올라와 우리를 구하소서 산지에 거주하는 아모리 사람의 왕들이 다 모여 우리를 치나이다 하매

침략을 받은 기브온 사람들은 그들과 동맹을 맺은 여호수아에게 도움을 청했다(6절). 비록 속임수를 사용하여 얻어낸 동맹이지만, 동맹은 동맹이다. 게다가 이미 이스라엘의 지도자들도 이 사실을 인정했다. 그래서 그들은 기브온 사람들을 종으로 삼기는 했지만, 살려두었고 동맹 조약의 실효성을 인정했다(cf. 9:19-21, 26-27). 그렇다면 여호수아와 이스라엘은 분명 기브온 사람들의 요청에 응해야 한다. 그들은 군대를 이끌고 나가 기브온 사람들을 위해 아도니세덱의 연합군과 전쟁을 해야 하는 것이다. 관건은 여호와께서 과연 어떤 반응을 보이실 것이냐는 점이다. 만일 여호와께서 여호수아와 이스라엘에게 '너희가 저지른 일이니 스스로 해결하라'라며 돕지 않으시면 이스라엘은 승리를 장담할 수 없을 뿐만 아니라 앞으로도 계속될 정복 전쟁에서 곤혹스러울 수 있다. 그러므로 기브온 사람들의 도움 요청에 하나님의 반응이 가장 중요한 이슈다.

II. 거룩한 정복(5:13-12:24)
  F. 가나안 남쪽 지역 정복(10:1-43)

3. 승리: 하나님과 이스라엘의 압승(10:7-43)

다행히 이스라엘이 걱정하고 독자들이 우려했던 일은 일어나지 않았다. 하나님이 전쟁에 참여하신 것이다. 참여하신 정도가 아니라, 이스

라엘 역사에 두루 기억될 놀라운 승리를 주셨다. 저자는 이날처럼 여호와께서 사람의 목소리를 들어주신 일이 "전에도 없었고 후에도 없었다"라고 회고한다(14절). 비록 여호수아와 지도자들의 실수로 빚어진 일이기는 하지만, 하나님이 깔끔하게 뒷정리를 해주신 것이다. 그러므로 이 사건이 우리에게 주는 핵심적인 교훈은 바로 이것이다. '하나님은 자신이 종으로 세우신 사람들이 본의 아니게 저지른 실수를 책임져 주시는 분이시다.'

하나님은 사람을 종으로 세우실 때 그의 결함과 한계를 모두 알고 계시기 때문에 그가 실수를 하더라도 놀라지 않으시며, 그를 종으로 세우신 주인으로서 그의 실수가 빚어낸 결과를 해결해 주신다. 그러므로 주께 종들로 세움을 받은 사람들은 열심히 신실하게 사역에 임하면 된다. 때로 그들이 깨는 '그릇들'은 하나님이 정리해 주실 것이다. 가장 이상적인 것은 그릇을 하나도 깨지 않으면서 하나님의 사역에 동참하면 좋겠지만, 현실은 그렇지 않을 때가 많다. 그러므로 그릇을 깨는 것이 두려워 아예 일을 하지 않는 것은 일하다 그릇을 깨는 것보다 훨씬 더 나쁘다. 하나님이 어떻게 이스라엘과 기브온 사람들에게 승리를 주셨는가를 회고하는 이 이야기는 다음과 같이 세 파트로 구분된다.

A. 요약(10:7-10)
  B. 하나님의 역할(10:11-15)
  B'. 이스라엘의 역할(10:16-43)

(1) 요약(10:7-10)

⁷ 여호수아가 모든 군사와 용사와 더불어 길갈에서 올라가니라 ⁸ 그 때에 여호와께서 여호수아에게 이르시되 그들을 두려워하지 말라 내가 그들을 네 손에 넘겨 주었으니 그들 중에서 한 사람도 너를 당할 자 없으리라 하신지라 ⁹ 여호수아가 길갈에서 밤새도록 올라가 갑자기 그들에게 이르니 ¹⁰ 여호와께서 그들을 이스라엘 앞에서 패하게 하시므로 여호수아가 그들을 기브온에서 크게 살육하고 벧호론에 올라가는 비탈에서 추격하여 아세가와 막게다까지 이르니라

이스라엘은 기브온 사람들과의 동맹 조약을 준수하기 위해서라도 전쟁터로 가야 하지만, 언젠가는 싸워야 할 적들이기 때문에 더욱더 적극적으로 전쟁에 임하기로 했다. 여호수아는 이스라엘의 최고 정예 부대(גִּבּוֹרֵי הֶחָיִל)를 포함한 모든 군대를 이끌고 전투에 임했다(7절). 이스라엘이 싸워야 할 적들의 성향과 규모가 어느 정도였는지 추측해볼 수 있는 대목이다. 아이 성 정복에 소수만 보냈던 여호수아가 이번에는 온 이스라엘을 이끌고 가나안 정복의 승패를 담보로 한 한판을 치르기 위해 기브온으로 향했기 때문이다. 다행히 이번 전쟁에서도 여리고 성 전쟁에서처럼 하나님이 사전에 승리를 약속하셨다(8절). 아이 성으로 인하여 하나님과 이스라엘 사이에 생겼던 거리감이 깨끗하게 사라진 것이다.

본 텍스트는 이날 있었던 자세한 상황에 대하여 추가적으로 설명하기 전에 전쟁의 승패가 순식간에 결정되었음을 회고한다. 이 섹션 이후에 기록된 내용은 모두 승패가 결정되어진 후에 있었던 일들이다. 이스라엘이 전쟁에 패하고 도망가는 가나안 군을 쫓는 이야기이기 때

271

문이다. 하나님이 이스라엘이 전쟁을 시작하기도 전에 그들에게 승리를 약속하셨으니 당연히 승패는 순식간에 결정되었다.

이스라엘 군은 길갈을 떠나 밤새도록 진군하여 새벽녘에 기습 작전을 폈다. 아마도 아도니세덱과 연합군들은 이스라엘이 전쟁에 참여할 가능성을 완전히 배제하지는 않았지만, 밤새 진군하여 이처럼 불쑥 나타나리라고는 전혀 예측을 하지 못했을 것이다. 그러므로 이 전쟁의 승패는 기습(surprise)으로 판가름난 것이다(Hubbard).

전쟁은 이스라엘의 일방적인 승리로 끝났다. 저자는 이스라엘이 승리한 이유를 정확히 밝히고 있다. "주님께서 이스라엘 군대 앞에서 그들을 혼란에 빠지게 하시니, 여호수아는 기브온에서 그들을 크게 무찔러 승리하였다"(10절, 새번역). 가나안 사람들이 혼란에 빠졌다는 것은 성전(聖殿)의 전형적인 모습이다. 하나님이 하시는 전쟁이기에 승패는 순식간에 결정되었으며 그 다음부터는 쫓고 쫓기는 추격전만이 남았다. 이스라엘이 가나안 사람들을 벧호른의 오르막길을 따라서 아세가와 막게다까지 추격했다고 하는데, 이 지역은 기브온에서 30㎞정도 떨어진 곳이다(Harstad). 상당히 먼 길을 뒤쫓고 있다.

II. 거룩한 정복(5:13-12:24)
  F. 가나안 남쪽 지역 정복(10:1-43)
    3. 승리: 하나님과 이스라엘의 압승(10:7-43)

(2) 하나님의 역할(10:11-15)

[11] 그들이 이스라엘 앞에서 도망하여 벧호론의 비탈에서 내려갈 때에 여호와께서 하늘에서 큰 우박 덩이를 아세가에 이르기까지 내리시매 그들이 죽었으니 이스라엘 자손의 칼에 죽은 자보다 우박에 죽은 자가 더 많았더라 [12] 여호와께서 아모리 사람을 이스라엘 자손에게 넘겨 주시던 날에 여호수아가 여호와께 아뢰어 이스라엘의 목전에서 이르되

태양아 너는 기브온 위에 머무르라

달아 너도 아얄론 골짜기에서 그리할지어다

하매

¹³ 태양이 머물고

달이 멈추기를

백성이 그 대적에게 원수를 갚기까지 하였느니라

야살의 책에

태양이 중천에 머물러서

거의 종일토록 속히 내려가지 아니하였다

고 기록되지 아니하였느냐 여호와께서 사람의 목소리를 들으신 이같은 날은 전에도 없었고 후에도 없었나니 이는 ¹⁴ 여호와께서 이스라엘을 위하여 싸우셨음이니라 여호수아가 온 이스라엘과 더불어 길갈 진영으로 돌아왔더라

가나안 사람들을 큰 혼란에 빠뜨려 승패를 결정하신 하나님이 이번에는 쫓기는 가나안 사람들 위에 우박을 내리셨다. 저자는 하나님의 우박에 맞아 죽은 사람이 이스라엘의 칼에 맞아 죽은 사람보다 더 많았다고 한다(11절). 이러한 사실은 이날 하나님이 이스라엘을 위해 싸워 주셨다는 것을 확실하게 선언한다. 훗날 이와 비슷한 표현이 사무엘서에 등장한다. 다윗의 군대가 반역한 압살롬 군과 싸우게 되었는데, 그날 전투에서 압살롬의 군대 중 "그 날에 수풀에서 죽은 자가 칼에 죽은 자보다 많았더라"라고 한다(삼하 18:8). 다소 혼란스러운 표현이지만, 본문은 하나님이 전쟁에 개입하셨을 뿐만 아니라 기적을 베푸셨다고 하는 것이다(cf. Gordon).

저자는 이날의 일을 12-15절을 통해 다른 각도에서 한 번 더 조명한다. 저자의 이러한 의도는 그가 '그 즈음에'(אז)로 12절을 시작하는 것에서 알 수 있다. 본 텍스트에 기록된 일은 앞 부분에 기록된 일과 동시다발적으로 일어난 일이지, 이후에 일어난 일이 아니라는 것이다. 여

273

호수아는 "태양아, 너는 기브온 위에 머물러라! 달아, 너도 아얄론 골짜기에서 그리할지니라!"라고 짤막하게 외쳤다.

이 말은 저자가 '야살의 책'(סֵפֶר הַיָּשָׁר)을 인용하여 이곳에 삽입한 것이며 짤막하지만 시가체 형태를 취하고 있다(cf. 새번역).[23] 저자(편집자)가 이 사건을 회고하면서 야살의 책을 인용하고 있다는 것은 본인은 이 일을 직접 목격한 사람이 아니라는 것을 밝히는 것이다. 저자는 자신이 직접 목격한 일이 아니기 때문에 야살의 책을 인용할 필요성을 느꼈던 것이다.[24] 학자들 사이에 어디서 어디까지가 야살의 책의 일부인가에 대하여는 논란이 분분하다. 일부 학자들은 시가체를 띠고 있는 12절 후반부와 13절 전반부라고 한다(Butler). 일부 주석가들은 12-15절이 야살의 책을 인용한 부분이라 한다(Keil, Woudstra). 다른 학자들은 13절 후반부 이후가 야살의 책을 인용한 것이라 한다(Howard, Hess).

그런데 '태양아, 기브온 위에 머물러라! 달아, 아얄론 골짜기에 머물러라!'(12절)를 말한 사람은 누구인가? 대부분 번역본과 주석가는 여호수아가 한 것으로 이해하지만(Keil, Goslinga, Woudstra), 일부 학자들은 이러한 해석에 문제를 제기한다. 이유는 본문에는 여호수아가 달이나 해가 아닌 주께 아뢰었다(וַיְדַבֵּר יְהוֹשֻׁעַ לַיהוָה)고 되어 있으며, 이어서 '그가 외쳤다'(וַיֹּאמֶר)에서 '그'가 누군지 정확하지 않은 상황에서 여호수아가 아니라 하나님일 수 있다는 것이다(Miller). 이렇게 해석하면 여호수아가 하나님께 기도하니, 하나님이 해와 달에게 멈추라고 명령하신 것이 된다(Howard). 특별히 중요한 이슈는 아니며, 전통적인 해석이 제일 무난한 듯 보인다. 여호수아가 기도하다가 감동을 받아 하나님의 힘을 빌어 해와 달에게 멈추라고 명령한 것이다.

'해와 달이 멈춘' 이날 정확히 무슨 일이 있었던 것일까? 문자 그대

23 시/노래의 범위에 대하여도 학자들의 의견이 분분하다. 위 텍스트 섹션에 나열한 것은 허바드(Hubbard)의 분석을 바탕으로 한 것이다.
24 '야살의 책'은 문자적으로 '의롭고 정의로운 책'이라는 뜻이며 아마도 의롭고 정의로운 영웅들의 이야기를 수집하여 하나로 묶어둔 책으로 생각된다(ABD).

로 해와 달이 그 자리에 섰던 것일까? 그동안 여러 가지 다양한 해석이 제시되어 왔다(cf. Dallaire; Younger). 첫째, 지구가 자전을 멈추었다. 가장 전통적인 견해다. 외경에 속한 집회서 46:4, 요세푸스, 어거스틴, 제롬, 루터, 칼빈 등이 이 해석을 선호했다. 최근에도 이 해석을 선호하는 학자들이 있다(Goslinga, cf. Soggin). 그동안 여호수아 10장과 히스기야의 해시계가 10도 되돌아간 것이 합하여 하루를 이루며, 천문학적으로 추적을 해보면 하루가 빈다는 등 여러 가지 소위 '과학적인' 증거가 제시되었지만 모두 거짓 과학(pseudo-science)이거나 진실성이 확인될 수 없는 뜬소문에 불과하다(cf. Howard).

둘째, 태양의 빛이 보통 때보다 오래 머물렀다는 해석이다. 지구는 그대로 자전하였으며, 단지 하나님이 [우주에서] 빛을 반사하여 어두워야 할 가나안 지역을 비추는 기적을 베푸셨다는 것이다(Gruenthaner). 우주에서 혜성비가 내리며 빛을 지구로 반사했다는 주장도 있다(Pythian-Adams). 셋째, 태양의 빛이 차단되었다는 해석이 있다. 이 해석은 '멈추다'(דמם)를 '어두워지다'로 이해한다. 그러므로 이 해석에 의하면 해가 멈출 필요가 없다. 다만 일식(solar eclipse) 등을 통하여 태양의 빛이 많이 차단되어 전쟁을 하기에 덥지 않았던 것이다(Wilson, Sawyer). 이와 비슷한 주장으로 우박이 녹으면서 기온이 떨어져 여느 때보다 배로 전쟁을 할 수 있었다는 견해가 있다(Maunder, Kaiser).

넷째, 천체적인 이적/증표를 요구하는 것이라는 해석이다. 별과 달의 이동과 자리로 점을 치는 것은 고대 근동에 일반화되어 있었다. 여호수아가 여기서 바라는 것은 해와 달이 멈추는 것이 아니라 승리를 확신할 만한 위치에 있는 것을 보게 해 달라는 일종의 징표 요구라는 것이다(Holladay). 이와 비슷한 해석은 여호수아가 하나님께 기도하여 자신이 하나님의 능력을 빌어 해와 달을 멈추게 하는 이적을 행할 수 있다는 것을 가나안 사람들에게 보이게 해달라는 뜻이다(Younger).

다섯째, 여호수아의 선언은 비유/은유적인 표현이라는 해석이다.

12절 후반부와 13절 전반부 혹은 중반부까지가 시가체로 쓰여졌다는 것에 근거한 해석이다. 본문이 노래로 표현하고 있는 부분이 여호와나 하나님이 말씀하신 것이 아니라 이 노래를 지은 시인의 말이며, 해와 달에게 이날 일어난 참상을 보고 충격을 입어 갈 길을 멈추는 것을 이렇게 표현했다는 것이다(Nelson). 이와 비슷한 해석으로는 이스라엘과 시스라의 전쟁에 별들이 참여했다고 말하는 사사기 5:20에서처럼 본문은 처음부터 문자적으로 해석되어서는 안 된다는 주장이 있다(deVaux).

위의 다섯 가지 중 그 어느 하나도 모든 사람을 만족시키지는 못한다. 어떤 주석가는 본문이 아예 정확한 해석을 의도적으로 막고 있다고 생각한다(Hawk). 저자는 근본적으로 이 사건이 무엇을 의미하는가에 초점을 맞추고 있지, 정확히 어떤 일이 있었는가를 조명하는 데는 많은 공간을 할애하지 않는 것이 사실이다. 그렇다면 이 사건이 의미하는 바가 무엇인가? 여호수아가 기도했고 여호와께서 그의 말을 들어주셨다는 사실이다(Hubbard). 이날 이스라엘이 승리할 수 있었던 것은 연약한 여호수아의 기도를 전능하신 하나님이 들어주셨기 때문에 가능한 일이었다. 이야기의 초점은 어떤 기적이 일어났는가가 아니라, 어떻게 해서 기적이 일어나게 되었는가에 맞추어져 있는 것이다.

이 기적이 진행되는 동안 정확히 어떤 일이 있었는가를 현상적으로 규명하는 것은 어려울지 몰라도 어떠한 성향의 일이 있었는가는 상당히 확실하게 파악할 수 있다. 본문은 하나님이 이날처럼 열렬하게 싸우신 적이 없었다고 한다(14절). 첫째, 이날 하나님은 인간들을 사용하셨다(7-10절). 여호수아의 지휘 하에 이스라엘은 야밤 행군을 하여 새벽녘에 가나안 사람들을 쳤다. 둘째, 하나님은 이날 자연의 힘을 사용하셨다. 도망하는 가나안 사람들 위에 우박을 내리셔서 이스라엘의 칼에 맞아 죽은 숫자보다 더 많은 자를 죽이셨다. 성경에는 하나님이 이처럼 자연의 힘을 이용하셔서 이스라엘 군을 돕는 일이 많다. 셋째, 하나님은 초자연적인 힘을 통해 이스라엘을 도우셨다. 저자는 짤막한 노래를 통하여 이 점을 강조하고자 한다. 여호와께서 가나안 사람들을 혼란에 빠지게 하신 것은 전형적인 성전(聖戰)의 모습이다. 본문은 이 일이 분명 하나님께로부터 비롯된 기적이라는 사실을 강조하고 있는 것이다.

이 전쟁에서 열렬하게 싸우시는 하나님을 보면 매우 인상적이고 감동적이다. 어떻게 말하면 이 전쟁은 여호수아와 지도자들이 하나님께 묻지 않았기 때문에 빚어진 실수의 결과다. 그렇다면 하나님은 전쟁에 참여하지 않으시고 여호수아더러 알아서 하라고 하신다 해도 그 누구도 하나님을 비난할 수는 없다. 그런데 하나님은 자기 종의 실수로 빚어진 일의 뒷감당을 위해 이렇게 열렬히 싸우신 것이다. 마치 하나님의 종으로 세움을 받은 사람들이 종종 본의 아니게 범하는 실수에 대하여 너무 염려하지 말고 담대히 사역을 하라고 하시는 것 같다.

"여호수아가 온 이스라엘과 더불어 길갈 진영으로 돌아왔더라"(15절)가 43절에서 다시 반복된다는 것이 해석적인 문제가 되어왔다. 15절까지가 야살의 책에서 인용된 부분이라고 생각하는 사람들에게는 별문제가 없지만, 그렇게 생각하지 않는 사람들에게는 이야기의 흐름을 감안할 때 43절에 적합한 표현이 15절에도 등장하고 있다는 것이다. 이 문구가 15절과 43절에 사용되어 중간에 있는 부분을 감싸는 일종의 괄호(inclusion)를 형성하고 있다고 생각하는 사람도 있다. 그러나 이 괄호는 본문에 별 의미를 더하지 못한다.

다른 사람들은 성경을 복사하던 사람의 실수에 의하여 43절이 15절에 한 번 더 삽입된 것으로 추정한다. 옛 헬라어(Old Greek) 버전에는 15절과 43절 둘 다 없다. 원본에는 이 두 구절이 없었을 가능성도 있는 것이다. 성경 사본을 복사하던 사람이 실수로 15절을 삽입한 것이라는 추정이 가장 가능성이 있어 보인다.

Ⅱ. 거룩한 정복(5:13-12:24)
  F. 가나안 남쪽 지역 정복(10:1-43)
    3. 승리: 하나님과 이스라엘의 압승(10:7-43)

(3) 이스라엘의 역할(10:16-43)

¹⁶ 그 다섯 왕들이 도망하여 막게다의 굴에 숨었더니 ¹⁷ 어떤 사람이 여호수아에게 고하여 이르되 막게다의 굴에 그 다섯 왕들이 숨은 것을 발견하였나이다 하니 ¹⁸ 여호수아가 이르되 굴 어귀에 큰 돌을 굴려 막고 사람을 그 곁에 두어 그들을 지키게 하고 ¹⁹ 너희는 지체하지 말고 너희 대적의 뒤를 따라가 그 후군을 쳐서 그들이 자기들의 성읍에 들어가지 못하게 하라 너희 하나님 여호와께서 그들을 너희 손에 넘겨 주셨느니라 하고 ²⁰ 여호수아와 이스라엘 자손이 그들을 크게 살륙하여 거의 멸하였고 그 남은 몇 사람은 견고한 성들로 들어간 고로 ²¹ 모든 백성이 평안히 막게다 진영으로 돌아와 여호수아에게 이르렀더니 혀를 놀려 이스라엘 자손을 대적하는 자가 없었더라 ²² 그 때에 여호수아가 이르되 굴 어귀를 열고 그 굴에서 그 다섯 왕들을 내게로 끌어내라 하매 ²³ 그들이 그대로 하여 그 다섯 왕들 곧 예루살렘 왕과 헤브론 왕과 야르뭇 왕과 라기스 왕과 에글론 왕을 굴에서 그에게로 끌어내니라 ²⁴ 그 왕들을 여호수아에게로 끌어내매 여호수아가 이스라엘 모든 사람을 부르고 자기와 함께 갔던 지휘관들에게 이르되 가까이 와서 이 왕들의 목을 발로 밟으라 하매 그들이 가까이 가서 그들의 목을 밟으매 ²⁵ 여호수아가 그들에게 이르되 두려워하지 말며 놀라지 말고 강하고 담대하라 너희가 맞서서 싸우는 모든 대적에게 여호와께서 다 이와 같이 하시리라 하고 ²⁶ 그 후에 여호수아가 그 왕들을 쳐죽여 다섯 나무에 매달고 저녁까지 나무에 달린 채로 두었다가 ²⁷ 해 질 때에 여호수아가 명령하매 그들의 시체를 나무에서 내려 그들이 숨었던 굴 안에 던지고 굴 어귀를 큰 돌로 막았더니 오늘까지 그대로 있더라 ²⁸ 그 날에 여호수아가 막게다를 취하고 칼날로 그 성읍과 왕을 쳐 그 성읍과 그 중에 있는 모든 사람을 진멸하여 바치고 한 사람도 남기지 아니하였으니 막게다 왕에게 행한 것이 여리고 왕에게 행한 것과 같

278

았더라 [29] 여호수아가 온 이스라엘과 더불어 막게다에서 립나로 나아가서 립나와 싸우매 [30] 여호와께서 또 그 성읍과 그 왕을 이스라엘의 손에 붙이신지라 칼날로 그 성읍과 그 중의 모든 사람을 쳐서 멸하여 한 사람도 남기지 아니하였으니 그 왕에게 행한 것이 여리고 왕에게 행한 것과 같았더라 [31] 여호수아가 또 온 이스라엘과 더불어 립나에서 라기스로 나아가서 대진하고 싸우더니 [32] 여호와께서 라기스를 이스라엘의 손에 넘겨 주신지라 이튿날에 그 성읍을 점령하고 칼날로 그것과 그 안의 모든 사람을 쳐서 멸하였으니 립나에 행한 것과 같았더라 [33] 그 때에 게셀 왕 호람이 라기스를 도우려고 올라오므로 여호수아가 그와 그의 백성을 쳐서 한 사람도 남기지 아니하였더라 [34] 여호수아가 온 이스라엘과 더불어 라기스에서 에글론으로 나아가서 대진하고 싸워 [35] 그 날에 그 성읍을 취하고 칼날로 그것을 쳐서 그 중에 있는 모든 사람을 당일에 진멸하여 바쳤으니 라기스에 행한 것과 같았더라 [36] 여호수아가 또 온 이스라엘과 더불어 에글론에서 헤브론으로 올라가서 싸워 [37] 그 성읍을 점령하고 그것과 그 왕과 그 속한 성읍들과 그 중의 모든 사람을 칼날로 쳐서 하나도 남기지 아니하였으니 그 성읍들과 그 중의 모든 사람을 진멸하여 바친 것이 에글론에 행한 것과 같았더라 [38] 여호수아가 온 이스라엘과 더불어 돌아와서 드빌에 이르러 싸워 [39] 그 성읍과 그 왕과 그 속한 성읍들을 점령하고 칼날로 그 성읍을 쳐서 그 안의 모든 사람을 진멸하여 바치고 하나도 남기지 아니하였으니 드빌과 그 왕에게 행한 것이 헤브론에 행한 것과 같았으며 립나와 그 왕에게 행한 것과 같았더라 [40] 이와 같이 여호수아가 그 온 땅 곧 산지와 네겝과 평지와 경사지와 그 모든 왕을 쳐서 하나도 남기지 아니하고 호흡이 있는 모든 자는 다 진멸하여 바쳤으니 이스라엘의 하나님 여호와께서 명령하신 것과 같았더라 [41] 여호수아가 또 가데스바네아에서 가사까지와 온 고센 땅을 기브온에 이르기까지 치매 [42] 이스라엘의 하나님 여호와께서 이스라엘을 위해 싸우셨으므로 여호수아가 이 모든 왕들과 그들의 땅을 단번에 빼앗으니라 [43] 여호수아가 온 이스라엘과 더불어 길갈 진영으로 돌아왔더라

패배한 가나안 연합군의 다섯 왕은 모두 막게다의 굴로 숨어 들었다. 막게다의 위치는 정확히 밝혀지지 않았으며, 이 사건과 연관된 성읍 이름들을 감안할 때 대체적으로 유다의 평지에 있었고, 지중해 해변에서 약 6㎞ 내륙에 있던 곳으로 추정될 뿐이다(ISBE). 소식을 들은 여호수아는 굴 앞에 큰 바위를 굴려 굴에 숨은 가나안 왕들이 빠져 나오지 못하도록 막아두라고 했다. 그리고 여호수아는 계속 패잔병들을 추격했다. 이스라엘은 가나안 연합군을 거의 전멸시켰지만, 일부 생존자는 자신들의 성으로 돌아갔다(20절). 가나안 사람들을 상대로 크게 승리한 이스라엘 군대가 막게다에 있는 여호수아에게로 돌아왔다(21절).

드디어 동굴의 입구가 열리고 다섯 왕이 끌려 나왔다. 여호수아는 지휘관들에게 그들의 목을 밟으라고 했다. 승자들이 패자들의 목을 밟는 것은 당시 전쟁의 풍습이었으며(cf. Dallaire), 성경 다른 곳에서도 언급된다(시 18:39; 110:1; cf. 삼하 22:40; 고전 15:25-27). 여호수아는 지휘관들을 "두려워하지 말며 놀라지 말고 강하고 담대하라 너희가 맞서서 싸우는 모든 대적에게 여호와께서 다 이와 같이 하시리라"라고 격려했다(25절). 여호수아의 권면은 1장에서 하나님이 그에게 격려하신 말씀과 맥을 같이한다. 어느덧 여호수아의 위상이 확고하게 자리를 잡아가고 있다.

여호수아는 다섯 왕을 처형하여 나무에 매달아 두었다가 해질녘에 끌어내려 그들이 발견된 굴에 다시 쳐넣고는 바위로 막았다. 처음에는 그들을 감금하기 위해 바위로 막았는데, 이제는 그들의 무덤을 영구적인 기념비를 만들기 위해 바위로 막았다. 또한 그들의 시체를 밤새 매달아놓지 않고 해질녘에 끌어내렸다는 것은 이스라엘이 하나님의 율법에 잘 순종하고 있다는 것을 시사한다. 말씀에 대한 순종이 다시 중요한 이슈로 부각되고 있는 것이다. 저자는 그 굴이 '오늘날'까지 그대로 있다고 한다(27절). 저자의 시대에도 그 굴에 가면 이 모든 사실을 확인할 수 있다는 것이다.

가나안 왕들을 처형한 여호수아는 여세를 몰아 막게다, 립나, 라기스, 게셀, 에글론, 헤브론, 드빌 등 총 7개의 성읍을 정복했다. 숫자 7이 총체성을 뜻하며 상징적으로 사용되고 있다. 이 외에도 이 지역의 많은 성읍을 정복했지만, 여기서는 간단히 7개의 성 이름으로 대신한다는 뜻이다. 또한 이 일곱 도시에 대한 이야기는 게셀 왕 호람을 중심으로 다음과 같은 대칭 구조를 지니고 있다(Younger, Boling & Wright).

성읍(파괴된 것)	비교
A. 막게다(왕, 성읍, 백성)	여리고
B. 립나(왕, 성읍, 백성)	여리고
C. 라기스(성읍, 백성)	립나
X. 게셀 왕 호람	-----
C′. 에글론(성읍, 백성)	라기스
B′. 헤브론(왕, 성읍, 백성)	에글론
A′. 드빌(왕, 성읍, 백성)	립나와 헤브론

게셀의 독특한 위치는 각 성읍 정복 과정을 묘사하는 문구들 사용에서도 역력히 드러난다(Hess). 우리말 번역본에서는 문구들이 정확하게 반영되지 않았으므로 영어를 그대로 유지하되 번역을 첨부한다.

	막게다	립나	라기스	게셀	에글론	헤브론	드빌
he took it (그가 정복했다)	●		●		●	●	●
he took up positions against it (그가 [——상대로] 진을 쳤다)			●		●		
he attacked it(그가 공격했다)		●	●		●	●	●
the Lord gave that city(여호와께서 그 성읍을 주셨다)		●	●				

its king(그[성읍]의 왕)	●	●				●	●
its villages(그[성읍]의 마을들)						●	●
he put to the sword(그가 칼에 붙였다)	●	●	●		●	●	●
he totally destroyed it(그가 완전히 파괴했다)	●				●		●
everyone in it(그 안에 있는 모든 사람)	●	●	●		●	●	●
he left no survivors(그는 생존자를 남겨두지 않았다)	●	●				●	●
he did to Y as he had done to Z(그는 ──에게 한 것처럼 ──에게 하였다)	●	●	●		●	●	●

위 도표가 보여 주는 것처럼 다른 성들과는 달리 게셀 이야기에서는 성읍을 파괴하고 백성을 죽였다는 말이 없다. 다만 게셀 왕 호람과 그의 군사들을 진멸했을 뿐이다(33절). 이러한 사실은 16:10의 '그러나 그들이 게셀에 사는 가나안 사람을 쫓아내지 않았으므로, 가나안 사람들이 오늘날까지 에브라임 지파와 함께 살며 종노릇을 하고 있다'(새번역)라는 말씀과 사사기 1:29의 '에브라임 지파가 게셀에 사는 가나안 사람을 몰아내지 못하였으므로, 가나안 사람이 아직도 게셀에서 그들 가운데 섞여 살고 있다'라는 말씀과 일치한다.

저자는 이 섹션에서 여호수아의 지휘하에 '온 이스라엘'(כָּל־יִשְׂרָאֵל)이 함께했다는 것을 7차례 강조함으로써(Hess) 백성이 여호수아에게 절대적으로 복종하고 있으며, 온 이스라엘이 하나가 되어 전심으로 가나안 정복 전쟁을 수행하고 있다는 것을 강조한다. 저자는 또한 이 모든 전쟁에서 여호수아의 리더십을 부각시키고자 한다. 10:28-11:23에서 하나님의 이름은 15차례 사용되는 반면 여호수아의 이름이 36차례나 등장한다. 하나님이 이 전쟁을 여호수아의 승리로 높여 주시고자 하신 것이다.

저자는 40-43절에서 이스라엘 군의 가나안 남쪽 지역 원정을 요약하고 있다. 여호수아와 백성이 이 지역 주민을 한 사람도 살려두지 않았다는 말이 40절에서 두 차례나 강조되고 있다. 여호수아가 이 원정에서 정복한 땅은 동쪽으로는 가데스바네아에서 서쪽으로는 가사에 이르고, 북쪽으로는 기브온에까지 이르는 고센 지역을 차지했다. 이 고센은 이스라엘이 이집트에서 종살이할 때 머물던 곳이 아니라 가나안 남쪽 지역에 있던 도시로 15:51에 언급이 되어 있다. 그러나 정확한 위치는 알 수 없다. 남쪽 원정을 마친 여호수아와 이스라엘은 북쪽 원정을 위해 길갈로 돌아왔다. 이 모든 일이 이스라엘의 하나님 여호와께서 이스라엘의 편이 되어 싸우셨기 때문에 가능했다(42절). 이 전쟁은 이스라엘의 승리이기 전에 여호와의 승리였던 것이다(cf. Dallaire).

G. 가나안 북쪽 지역 정복(11:1-23)

가나안 남쪽 지역 원정에서 승리를 거둔 여호수아와 이스라엘은 방향을 틀어 북쪽으로 진군하기 시작했다. 소식을 들은 북쪽 지역 왕들이 연합하여 큰 대군("군인의 수효가 마치 바닷가의 모래와 같이 많고, 말과 병거도 셀 수 없이 많았다")(4절; 새번역)을 이끌고 이스라엘을 대적하러 나왔다. 본문이 묘사하고 있는 북쪽 지역 토벌은 13장에서부터 시작되는 땅 분배에 앞서 마지막으로 치르는 전쟁이기도 하다. 이야기 전개와 진행 방식에 있어서 11장의 이야기는 10장의 것과 비슷하다. 먼저 가나안 연합군에 대한 이야기가 각 장을 시작한다(10:1-5; 11:1-5). 전투에 대한 이야기가 뒤 따른다(10:6-15; 11:6-9). 그 다음 이스라엘이 패잔병을 전멸시키는 이야기로 이어진다(10:16-27; 11:10-15).

그러나 10장과 11장 이야기에는 큰 차이가 있기도 하다(cf. Pressler).

첫째, 10장에서는 연합군의 구성원들이 구체적인 것에 반해 11장 연합군의 구성원들은 훨씬 더 모호하다. 매우 많은 족속이 연합해서 더 이상 상세하게 전쟁에 참가한 족속들을 나열할 수 없거나, 아니면 저자가 더 이상 이 족속들의 구체적인 이름들을 언급하는 데 관심을 두지 않기 때문이다. 둘째, 남쪽 전쟁에서는 하나님이 기적을 행하셨지만, 북쪽 정복에서는 이렇다 할 기적은 행하지 않으신다. 그러므로 이번 승리는 이전 전쟁보다 이스라엘이 훨씬 더 노력해서 얻어낸 결과다. 이러한 현상은 하나님이 이스라엘에게 더 이상 관심이 없어서 은혜를 베풀지 않으시는 것이 아니라 이스라엘이 어느 정도 홀로 설 수 있는 때가 되었기 때문에 점차적으로 전쟁에서 그들에게 더 많은 비중을 주시는 것으로 생각된다. 그러므로 이스라엘이 스스로 노력하여 이 전쟁에서 승리한 것이 사실이지만, 아직도 전쟁은 여호와께 속했다는 것을 기억하고 겸손해야 한다. 셋째, 북쪽 전쟁에서는 순종과 승리의 관계를 남쪽 전쟁에서보다 더욱더 확실시 한다(11:9, 12, 15, 20절). 이스라엘이 홀로서기에 성공하더라도 하나님께 순종하고 주님을 지속적으로 신뢰하는 믿음이 있어야만 승리할 수 있다는 것을 암시하는 것이다.

본 텍스트의 메시지는 10장의 것과 비슷하다. 하나님이 이스라엘에게 땅을 주시기 위해 가나안 사람들과 싸워 승리하셨다. 아무리 많은 가나안 사람이 모여서 연합 전선을 구축한다 해도 결코 여호와를 막을 수는 없다. 북쪽 지역에 형성된 연합군의 규모는 남쪽 지역의 것보다 훨씬 더 크며 북쪽 모든 지역에서 몰려들었다. 심지어는 남쪽에서도 몰려왔으며 이스라엘이 가나안 남쪽에서 싸웠던 연합군보다 훨씬 더 조직적이며 전략적으로 전쟁에 임한다. 이번에는 남쪽 전쟁에서처럼 우박이 내리는 등 기적은 없다. 그러나 분명한 것은 남쪽 전쟁에서처럼 이번 전쟁도 하나님이 직접 하신다는 것이다. 이 장은 다음과 같이 두 파트로 나뉜다.

A. 정복 시작(11:1-15)
B. 정복 완료(11:16-23)

1. 정복 시작(11:1-15)

¹ 하솔 왕 야빈이 이 소식을 듣고 마돈 왕 요밥과 시므론 왕과 악삽 왕과 ² 및 북쪽 산지와 긴네롯 남쪽 아라바와 평지와 서쪽 돌의 높은 곳에 있는 왕들과 ³ 동쪽과 서쪽의 가나안 족속과 아모리 족속과 헷 족속과 브리스 족속과 산지의 여부스 족속과 미스바 땅 헤르몬 산 아래 히위 족속에게 사람을 보내매 ⁴ 그들이 그 모든 군대를 거느리고 나왔으니 백성이 많아 해변의 수많은 모래 같고 말과 병거도 심히 많았으며 ⁵ 이 왕들이 모두 모여 나아와서 이스라엘과 싸우려고 메롬 물 가에 함께 진 쳤더라 ⁶ 여호와께서 여호수아에게 이르시되 그들로 말미암아 두려워하지 말라 내일 이맘때에 내가 그들을 이스라엘 앞에 넘겨 주어 몰살시키리니 너는 그들의 말 뒷발의 힘줄을 끊고 그들의 병거를 불사르라 하시니라 ⁷ 이에 여호수아가 모든 군사와 함께 메롬 물 가로 가서 갑자기 습격할 때에 ⁸ 여호와께서 그들을 이스라엘의 손에 넘겨 주셨기 때문에 그들을 격파하고 큰 시돈과 미스르봇 마임까지 추격하고 동쪽으로는 미스바 골짜기까지 추격하여 한 사람도 남기지 아니하고 쳐죽이고 ⁹ 여호수아가 여호와께서 자기에게 명령하신 대로 행하여 그들의 말 뒷발의 힘줄을 끊고 그들의 병거를 불로 살랐더라 ¹⁰ 하솔은 본래 그 모든 나라의 머리였더니 그 때에 여호수아가 돌아와서 하솔을 취하고 그 왕을 칼날로 쳐죽이고 ¹¹ 그 가운데 모든 사람을 칼날로 쳐서 진멸하여 호흡이 있는 자는 하나도 남기지 아니하였고 또 하솔을 불로 살랐고 ¹² 여호수아가 그 왕들의 모든 성읍과 그 모든 왕을 붙잡아 칼날로 쳐서 진멸하여 바쳤으니 여호와의 종 모세가 명령한 것과 같이 하였으되 ¹³ 여호수아가 하솔만 불살

랐고 산 위에 세운 성읍들은 이스라엘이 불사르지 아니하였으며 ¹⁴ 이 성읍들의 모든 재물과 가축은 이스라엘 자손들이 탈취하고 모든 사람은 칼날로 쳐서 멸하여 호흡이 있는 자는 하나도 남기지 아니하였으니 ¹⁵ 여호와께서 그의 종 모세에게 명령하신 것을 모세는 여호수아에게 명령하였고 여호수아는 그대로 행하여 여호와께서 모세에게 명하신 모든 것을 하나도 행하지 아니한 것이 없었더라

예루살렘 왕 아도니세덱이 남쪽 지역 연합군을 모았던 것처럼(cf. 10장), 북쪽에서는 하솔 왕 야빈이 연합군을 모았다(1절). 하솔(חָצוֹר)은 성경에 몇 차례 언급되는 도시로써 갈릴리 호수에서 북쪽으로 16㎞ 정도 떨어져있는 곳에 있다(ABD). 하솔은 경제적-정치적으로 매우 중요하고 전략적인 도시였다(Dallaire). 여호수아가 군대를 이끌고 가나안에 입성했을 때인 후 청동기시대(Late Bronze Age, 1500–1250BC)에 하솔의 크기는 200에이커(대략 25만평)에 달했으며 대략 30,000명이 이 도시에 살았던 것으로 추정된다(Hubbard). 나머지 도시들은 하솔처럼 큰 도시가 아니었다. 이스라엘이 하솔을 차지하면 갈릴리 지역을 모두 장악하게 된다. 그러므로 이 대결은 북쪽의 패권을 다투는 매우 중요한 전쟁이었다.

하솔의 왕 야빈은 지역에 큰 영향력을 행사하는 사람이었다. 그는 이스라엘을 대항하여 싸우기 위해 매우 큰 군대를 일으켰다. 그가 동원한 큰 군대와 여러 왕이 1–2절에 언급되어 있으며, 3절은 6개 지역 주민들을 언급하는데 9:1과 동일한 목록이다. 이 연합군들이 정확히 어디에서 왔는지 규명하기는 쉽지 않다. 저자는 연합군의 왕들, 참여 도시, 지역, 사람들 순으로 묘사하며 숫자를 순차적으로 확대하고 있다. 왕 중 야빈과 요밥 등 두 사람의 이름만이 밝혀지고 있으며 도시 이름으로는 하솔, 마돈, 시므론, 악삽 등 네 개만 언급되고 있다.²⁵ 그

---

25 일부 주석가들은 마돈(1절)과 메롬(5절)을 같은 곳으로 간주한다(cf. Hess).

다음 여러 지역과 마지막으로 가나안 온 백성이 언급된다. 물론 그중 하솔이 가장 중요한 도시다(10절). 이 연합군은 이스라엘을 대적하기 위해 메롬 물가에 진을 쳤다(5절).

하솔의 왕 야빈(יָבִין)과 동일한 이름을 가진 사람이 사사기 4:2에서도 '가나안의 왕'으로 등장한다. 많은 학자가 역사에 한 명의 야빈이 있었으며, 사사기 4장의 이야기는 신빙성이 없거나, 본문의 이야기를 재활용 하고 있다고 생각한다(Coote, Soggin, Gray, Butler). 그러나 '야빈'은 사람의 이름이 아니라 이집트의 '바로'처럼 하솔의 왕을 부르는 호칭이었을 가능성이 크다(Yadin, Boling & Wright, Bimson). 또한 야빈 1세, 2세 등등을 배제할 수 없다.

마돈은 이곳과 12:19에서만 언급된다. 시므론은 스불론 지파에 속하게 되며(19:15), 성경 밖에서도 여러 차례 언급되는 것으로 보아 마돈보다는 중요한 도시였지만, 정확한 위치는 알려지지 않았다(cf. HALOT). 대체적으로 이스르엘 계곡에 있었던 것으로 추정된다. 악삽은 아셀 지파에 속한 땅이며(12:20; 19:25) 알려진 바가 별로 없는 곳이다. 성경의 여호수아기를 벗어나서는 별로 중요한 도시가 아니지만, 이집트 문헌에 자주 등장하는 정치적 요충지였다(Hubbard). 여러 곳에서 모여든 연합군 중 여부스 사람(יְבוּסִי)이 있다는 것이 조금은 놀랄 만한 일이다 (3절). 여부스는 예루살렘의 옛 이름인데 전쟁이 행해지는 곳에서 남쪽으로 매우 멀리 떨어져 있다. 아마도 가나안 사람들에게 이스라엘의 출현은 그만큼 위협적인 일이어서 남쪽에 있는 사람들마저 이처럼 먼 길을 떠나 원정을 왔던 것으로 생각된다.

남쪽 전쟁에서처럼 이번에도 전쟁이 시작되기 전에 하나님이 승리를 약속하셨다. "그들로 말미암아 두려워하지 말라 내일 이맘때에 내가 그들을 이스라엘 앞에 넘겨 주어 몰살시키리니"(6절). 하나님이 그동안 전쟁을 앞둔 이스라엘에게 여러 차례 승리를 약속하셨다. 여리고 성(6:2-5)과 아이 성(8:1-2, 18)과 남쪽 연합군(10:8)과 싸울 때도 그렇게 하셨다. 그러나 이번처럼 '내일 이맘때 너희들은 이미 승자가 되어 있을 것이다'라며 구체적으로 말씀하신 적이 없다. 이번 전쟁에서는 승리가 관건이 아니라, 기정 사실화된 승리 후의 뒤처리가 이슈인 것이다(Hubbard). 또한 승리는 분명 하나님이 주시지만, 이스라엘 사람들도 최선을 다해야 한다. 그래서 그들은 기습 작전을 벌여 적들을 덮쳐 대승을 거두었다(7절). 이 모든 일은 하나님이 그들을 이스라엘에게 넘겨주셨기 때문에 가능했다는 것이 저자의 고백이다(8절). 하나님과 이스라엘 파트너십이 일궈낸 승리였다. 여호수아는 하나님이 명령하신 대로 노획한 말들 뒷발의 힘줄을 끊고 적군들의 병거를 불살랐다(9절).

연합군을 전멸시킨 여호수아는 하솔을 시작으로 해서 성읍들을 점령해나가기 시작했다(10-13절). 하솔을 정복한 여호수아는 주민들을 전멸시켰으며 성은 불살랐다. 그러나 나머지 성들은 주민들만 전멸시켰으며, 짐승 등 노획물들은 나누어 가졌고, 성들도 파괴하지 않았다(13-14절). 여호수아가 왜 하솔만 불살랐을까? 무엇보다도 이 연합군을 출범시킨 주동자가 이 성의 왕이었고, 연합군에 참여한 성 중에 하솔이 가장 큰 성이었기 때문이다. 또한 이스라엘을 대적하는 자는 모두 이렇게 된다는 것을 경고하기 위한 목적도 있다. 하솔은 여리고와 아이와 함께 이스라엘이 유일하게 불태우고 진멸시킨 세 성읍 중 하나가 되었다.

저자는 여호수아가 이 모든 일을 모세의 명령에 따라 한 것이라는 사실을 두 차례 강조한다(12, 15절). 여호수아는 모세의 후계자로서 나무랄 데가 없는 사람이었다. 그뿐만 아니라 여호수아가 여리고 성으로 정탐꾼을 보낸 일부터 지금까지의 정복 이야기는 그가 모세의 율법에 얼마나 신실했는가를 강조하고 있다. 여호수아는 그의 뒤를 따를 이스라엘의 모든 지도자에게 모범을 보이고 있다. 이스라엘 리더의 역할은 법을 만들어내는 것이 아니라 법을 모범적으로 지키는 것에 있는 것이다(Butler).

2. 정복 완료(11:16-23)

¹⁶ 여호수아가 이같이 그 온 땅 곧 산지와 온 네겝과 고센 온 땅과 평지와 아라바와 이스라엘 산지와 평지를 점령하였으니 ¹⁷ 곧 세일로 올라가는 할락 산에서부터 헤르몬 산 아래 레바논 골짜기의 바알갓까지라 그들의 왕들을 모두 잡아 쳐죽였으며 ¹⁸ 여호수아가 그 모든 왕들과 싸운 지가 오랫동안이라 ¹⁹ 기브온 주민 히위 족속 외에는 이스라엘 자손과 화친한 성읍이 하나도 없고 이스라엘 자손이 싸워서 다 점령하였으니 ²⁰ 그들의 마음이 완악하여 이스라엘을 대적하여 싸우러 온 것은 여호와께서 그리하게 하신 것이라 그들을 진멸하여 바치게 하여 은혜를 입지 못하게 하시고 여호와께서 모세에게 명령하신 대로 그들을 멸하려 하심이었더라 ²¹ 그 때에 여호수아가 가서 산지와 헤브론과 드빌과 아납과 유다 온 산지와 이스라엘의 온 산지에서 아낙 사람들을 멸절하고 그가 또 그들의 성읍들을 진멸하여 바쳤으므로 ²² 이스라엘 자손의 땅에는 아낙 사람들이 하나도 남지 아니하였고 가사와 가드와 아스돗에만 남았더라 ²³ 이와 같이 여호수아가 여호와께서 모세에게 말씀하신 대로 그 온 땅을 점령하여 이스라엘 지파의 구분에 따라 기업으로 주매 그 땅에 전쟁이 그쳤더라

이미 언급한 것처럼 10장과 11장의 전쟁 이야기 진행이 평행을 이루는 것처럼 이 섹션 역시 10:28-43과 평행을 이루고 있다. 그러나 내용에 있어서는 차이를 두고 있다. 남쪽 지역 정복 완료를 기록하고 있는 10:28-43에 언급된 지형과 성읍 이름은 남쪽 가나안에 한정되어 있다. 반면에 본문이 묘사하고 있는 북쪽 지역 정복 완료는 온 가나안을 포함하는 총체성을 지니고 있다. 남쪽에 사는 여부스 족이 전쟁에 참여해서이기도 하지만, 이스라엘이 이미 남쪽 전쟁을 이겼으니 이제 그들이 북쪽 전쟁에서 승리하면서 가나안의 모든 땅을 차지했다는 것을

강조하기 위해서다.

이 이야기에서 여호수아가 절대적인 리더로 부상한다. 저자는 여호수아를 마치 유일한 하나님의 도구처럼 묘사하고 있다. (1) 그가 온 땅을 차지했다(16절). (2) 그가 왕들을 생포하여 처형했다(17절). (3) 그가 오랫동안 전쟁을 했다(18절). (4) 그가 아낙 사람들을 전멸시켰다(21절). (5) 그가 가나안 온 땅을 취하여 각 지파에게 유산으로 분배했다(23절). 처음부터 끝까지 여호수아의 행보를 중심으로 이야기가 구성되어 있는 것이다. 모세의 시종으로 시작한 여호수아가 드디어 모세에 버금가는 리더로 부각되고 있다. 물론 여호수아의 리더십과 명성은 모세를 통해 선포된 하나님 말씀에 절대적으로 순종해서 얻게 된 결과다(cf. 12, 15절). 하나님은 순종하는 종을 높이시는 분이시다.

16절이 언급하고 있는 지방 이름들은 10:40-41의 목록에 거의 모두 포함되어 있다. 이스라엘이 차지한 땅의 남쪽 한계는 할락 산(הָהָר הֶחָלָק)이다(cf. 12:7). 일부 주석가들은 이 산이 브엘세바에서 남동쪽으로 50㎞에 있었다고 하기도 하지만(Hubbard), 이 산의 정확한 위치는 아직 밝혀지지 않았다(cf. HALOT). 민수기 34:4와 여호수아기 15:3에서 할락 산이 신, 가데스바네아, 아크라빔과 함께 언급되는 것으로 보아 근처에 있었던 것으로 추정된다. 저자는 이스라엘 땅의 한계가 이 할락 산에서 동쪽에 있는 세일 산으로 이어진다고 한다(17절). 세일(שֵׂעִיר)은 사해의 남동쪽, 아라바의 동쪽에 있는 곳으로 에돔의 영토였다(cf. 창 32:3; 신 2:8).

이스라엘이 차지한 땅의 북쪽 한계는 레바논 계곡에 있는 바알갓(בַּעַל גָּד)이었다고 하는데(17절), 학자들은 이 바알갓이 이스라엘의 단 북쪽과 헤르몬 산의 남쪽에 있는 것으로 추측하지만(ABD), 정확한 위치 역시 알려진 바가 없다(Howard). 그러나 레바논 계곡이 헤르몬 산 근처에 있었던 점을 감안하면 이 성읍 역시 헤르몬 산 밑자락에 있었던 것은 거의 확실한 것으로 생각된다.

비록 가나안 정복 전쟁이 하나님이 하시는 전쟁이었고 이스라엘
은 상당 부분 승승장구했지만, 저자는 전쟁이 오랫동안 지속되었다
는 사실을 밝힌다(18절). 여리고 성 정복 때부터 이스라엘이 마치 단숨
에 이 순간까지 온 것 같지만, 실제적으로는 그렇지 않다는 것이다. 갈
렙이 모세의 명을 받아 가나안 땅 정탐에 나섰을 때 그의 나이가 40세
였고, 그가 여호수아에게 헤브론을 달라고 부탁했을 때가 85세였다
는 것(14:10) 역시 갈렙이 여호수아 앞에 나와 기업을 달라고 부탁했을
때까지 전쟁은 최소한 5년 동안 진행되었다는 것을 시사한다. 게다가
13:1-7은 가나안 정복이 시작된 지 20-30년이 지난 후를 배경으로 하
는 것 같다(cf. 13장 주해). 우리는 가나안 정복 이야기의 세세한 것들이
아니라 요약을 접하고 있는 것이다. 가나안 정복 전쟁은 분명 하나님
이 하시는 전쟁이지만 이처럼 오랫동안 진행되고 있다는 것은 성급해
진 오늘날의 크리스천들에게 큰 교훈으로 작용해야 할 것이다.

저자는 기브온 사람들을 제외하고 가나안 모든 사람이 죽게 된 것에
대한 신학적인 설명을 첨부한다. "여호수아가 그들 원주민을 조금도
불쌍하게 여기지 않고 전멸시켜서 희생제물로 바친 까닭은, 주님께서
그 원주민들이 고집을 부리게 하시고(חזק), 이스라엘에 대항하여 싸우
다가 망하도록 하셨기 때문이다. 그래서 여호수아는, 주님께서 모세에
게 명령하신 대로, 그들을 전멸시킨 것이다"(20절, 새번역). 저자는 분명
히 하나님이 가나안 주민들의 마음을 강퍅하게 하셨다고 한다. 그러나
이것이 무엇을 뜻하는지 성급하게 결론짓지 말고 다음 사항을 생각해
보자.

저자가 가나안 사람들의 결정에 대하여 이렇게 설명하는 것은 출애
굽 때 바로의 마음이 강퍅해졌던 일을 연상케 한다. 출애굽기 저자는
바로와 모세의 이야기에서도 동일한 동사를 사용한다. 그렇다면 하나
님께 그들의 죽음에 대한 책임이 있단 말인가? 출애굽기 저자는 모세
와 바로의 이야기에서 이 동사를 정확히 스무 차례 사용하는데, 열 차

례는 바로가 자신의 마음을 강하게 하는 것에, 열 차례는 하나님이 그의 마음을 강하게 하시는 것에 사용한다. 특징은 초반부에는 주로 바로가 자신의 마음을 강퍅하게 하는 것을 묘사하는 데 사용되며, 후반부에서는 주로 하나님이 바로의 마음을 강퍅하게 하시는 데 사용된다는 것이다. 즉, 바로가 초반부에는 회개할 수 있는 충분한 기회를 가졌다는 것이다. 그런데 그 기회를 사용하지 않자 어느 순간부터는 하나님이 더 이상 그에게 기회를 주지 않으셨다. 그러므로 바로가 그렇게 된 것은 자신의 책임이라는 것이 출애굽기 저자의 결론이다.

이 섹션이 정황을 한마디로 요약하다 보니 자세한 것이 언급되고 있지는 않지만 이러한 상황(처음에는 가나안 사람들이 이스라엘에 편입될 기회가 있었지만, 그들이 스스로 이러한 기회를 거부해서 일이 이렇게 된 것)이 있었다는 것을 짐작할 수 있다. 기브온 족과 라합 이야기 역시 이러한 이해를 지지하는 듯하다. 가나안 사람들의 죽음은 자신들이 택한 선택이었던 것이다. 이 말씀은 이스라엘이 가나안 정복 과정에서 경험했던 후퇴와 실패 역시 하나님의 선한 목적을 이루는 과정의 한 부분이었다는 것을 뜻한다(Nelson). 왜냐하면 이스라엘의 실패를 목격한 가나안 사람들은 자신들이 이스라엘을 물리칠 수 있다는 생각을 가지게 되었으며, 이러한 생각이 결국 그들이 마음을 강퍅하게 갖게 되는 동기가 되었기 때문이다.

가나안 정복 이야기가 아낙 사람들(הָעֲנָקִים)을 진멸시켰다는 회고를 통해 절정적인 결론에 도달한다(21절). 아낙 사람들은 매우 명성이 높았던 거인족 전사들이었으며 이스라엘의 역사에 중요한 이슈로 떠올랐다. 모세가 보낸 정탐꾼들은 그들을 창세기 6:4에 언급된 네피림(거인)의 후손 아낙의 자손이라 하며 자신들을 그들과 비교할 때 스스로를 '메뚜기 같다'라며 두려워하여 비관적인 보고를 하였다.[26] 결국 그들의

---

26 주전 13세기 이집트 문헌(Papyrus Anastasi I)은 가나안 족속 중에 얼굴이 매우 강인하고 코에서 발까지의 키가 270cm나 되는 거인 족이 있었다고 한다(Hess). 아낙 자손은 참으로 몸

보고에 영향을 받은 이스라엘이 하나님께 반역하여 40년의 광야 생활을 하며 출애굽 1세들이 모두 광야에서 죽어야 하는 비극을 맞이했다 (민 13:22, 28, 32−33).

이스라엘이 이때까지 수많은 가나안 사람을 물리쳤지만, 아낙 사람들을 진멸시켜 이번에는 가장 위협적인 거구의 가나안 사람들을 물리친 것이다. 그러므로 아낙 사람들이 이스라엘에 패하여 진멸했다는 정보가 가나안 정복 이야기 결론 부분에서 언급되는 것은 '드디어 모든 것이 끝났다'라는 상징적 의미를 지니고 있다. 이 점을 강조하기 위해 여호수아는 아낙 사람들을 끝까지 쫓으며 "산간지방과 헤브론과 드빌과 아납과 유다의 온 산간지방과 이스라엘의 온 산간지방에서 아낙 사람을 무찌르고, 그 성읍들을 전멸시켜서 희생제물로 바쳤다"라고 한다 (21절, 새번역). 아납은 헤브론에서 남서쪽으로 25㎞ 떨어진 곳에 있었다 (Hess, Boling & Wright).

헤브론과 드빌은 이미 여호수아가 남쪽 지역 원정에서 주민들을 진멸시킨 곳들이다(10:39). 그런데 여기서 다시 언급되고 있다. 그뿐만 아니라 헤브론은 다시 갈렙에 의하여(14:6−15), 드빌은 옷니엘에 의하여 (15:15−17) 정복되어야 한다. 어떤 일이 벌어지고 있는가? 여호수아의 남쪽 원정이 이 지역 주민들을 완전히 제거하지 못했든지, 아니면 이 성읍들이 지리적으로 매우 중요한 곳이어서 이스라엘과 가나안 사람들이 소유권을 확보하기 위해 계속 전쟁을 하고 있는 상황일 것이다. 역시 가나안 정복은 우리가 생각하는 것처럼 한순간에 이루어진 일이 아니라 오랜 과정을 통해 많은 대가를 치른 전쟁이었다.

드디어 가나안 전쟁이 끝나는 듯 보이지만, 모든 것이 긍정적이지만은 않다. 이스라엘은 가사(עַזָּה)와 가드(גַּת)와 아스돗(אַשְׁדּוֹד)은 정복하지 못했다(22절). 가드의 정확한 위치는 아직까지 알려지지 않았지만, 나

집이 큰 사람들이었으며, 이스라엘 정탐꾼들이 그들과 비교하여 자신들을 '메뚜기'로 비유할 수 있다는 것을 충분히 상상할 수 있다.

머지 두 도시가 지중해에 접한 중요한 도시들이었던 점을 감안할 때, 가드 역시 인근에 있었던 것으로 추정된다. 훗날 이 도시들은 블레셋 사람들의 중심지가 되어 이스라엘을 괴롭힌다. 이스라엘은 어떠한 이유에서인지 화근을 남겨두고 있는 것이다. 잠시 후 아스돗과 가사는 유다 지파에게 기업으로 주어진다(15:46-47).

저자는 23절을 통해 여호수아기 전반부의 막을 내린다. "여호수아는, 주님께서 모세에게 말씀하신 대로, 모든 땅을 점령하고, 그것을 이스라엘 지파의 구분을 따라 유산으로 주었다. 그래서 그 땅에서는 전쟁이 그치고, 사람들은 평화를 누리게 되었다."(새번역) 특히 "그 땅에서는 전쟁이 그치고, 사람들은 평화를 누리게 되었다"라는 표현은 모든 것이 막을 내리는 듯한 느낌을 준다. 또한 23절 말씀은 간단 명료하면서도 매우 포괄적인 것이며 이때까지 전개된 테마와 신학을 정리하고 있다(Howard). 여호수아의 리더십, 하나님의 약속대로 땅을 취하게 된 일, 이스라엘의 지파들이 땅을 기업으로 받고 평안을 누리게 된 것 등이 언급되고 있는 것이다. 그러나 이 '평안과 안식'은 오래 가지 못한다. 지금까지는 이스라엘과 여호수아가 하나님의 말씀에 잘 순종해서 평안을 누렸지만, 앞으로는 그렇지 못할 것이기 때문이다.

II. 거룩한 정복(5:13-12:24)

H. 정복한 왕들과 지역 목록(12:1-24)

저자는 11:16-23에서 이스라엘이 가나안 땅 전체를 정복했다고 선언했다. 이제 12장에서는 자신의 주장을 뒷받침할 만한 증거를 제시한다. 여호수아가 정복한 성읍들을 다스리던 왕들의 목록이다. 저자는 '성읍 이름 + 왕' 양식으로 왕들을 나열하지만, 왕들의 이름은 밝히지 않는다. 오직 헤스본 왕 시혼과 바산 왕 옥의 이름을 밝힐 뿐이다. 이스라엘에게 가나안 도시 국가 왕들의 이름은 별로 중요하지 않으며, 그들이 통치하던 성읍들이 더 중요하기 때문이다. 이 섹션은 크게 둘로 구분되어 있다.

A. 요단 강 동편 지역 왕들(12:1-6)
B. 요단 강 서편 지역 왕들(12:7-24)

> II. 거룩한 정복(5:13-12:24)
>   H. 정복한 왕들과 지역 목록(12:1-24)

1. 요단 강 동편 지역 왕들(12:1-6)

¹ 이스라엘 자손이 요단 저편 해 돋는 쪽 곧 아르논 골짜기에서 헤르몬 산까지의 동쪽 온 아라바를 차지하고 그 땅에서 쳐죽인 왕들은 이러하니라 ² 시혼은 헤스본에 거주하던 아모리 족속의 왕이라 그가 다스리던 땅은 아르논 골짜기 가에 있는 아로엘에서부터 골짜기 가운데 성읍과 길르앗 절반 곧 암몬 자손의 경계 얍복 강까지이며 ³ 또 동방 아라바 긴네롯 바다까지이며 또 동방 아라바의 바다 곧 염해의 벧여시못으로 통한 길까지와 남쪽으로 비스가 산기슭까지이며 ⁴ 옥은 르바의 남은 족속으로서 아스다롯과 에드레이에 거주하던 바산의 왕이라 ⁵ 그가 다스리던 땅은 헤르몬 산과 살르가와 온 바산과 및 그술 사람과 마아가 사람의 경계까지의 길르앗 절반이니 헤스본 왕 시혼의 경계에 접한 곳이라 ⁶ 여호와의 종 모세와 이스라엘 자손이 그들을 치고 여호와의 종 모세가 그 땅을 르우벤 사람과 갓 사람과 므낫세 반 지파에게 기업으로 주었더라

이 섹션에서 저자는 이스라엘이 요단 강을 건너기 전에 강 동편에서 있었던 일들을 회고한다. 시간대가 민수기까지 거슬러 올라가며, 여호수아가 이스라엘의 리더가 아니었을 때의 일들이다(민 21:21-35; 신

2:26-3:11). 헤스본의 왕 시혼과 바산 왕인 옥에 대한 이야기다. 이스라엘은 모세의 지휘 하에 이 지역을 정복했으며, 갓·르우벤·므낫세 반 지파에게 기업으로 주었다(6절). 여호수아가 이스라엘 백성을 이끌고 가나안 정복에 나선 것은 그의 선임자 모세가 하던 일의 연결선에서 보아야 한다는 점을 암시하는 듯하다. 여호수아는 모세가 시작한 일을 이어하고 있는 것이다.

이스라엘이 요단 강 동편에 차지한 땅의 범위는 남쪽으로는 사해로 흘러 드는 아르논 골짜기에서부터 북쪽으로는 헤르몬 산까지이다(1절). 강 서편을 모두 정복하여 분배를 시작하려는 시점에서 정복 여정을 복습하는 것은 적절하며 필요하다. 또한 이 이야기를 통해 저자는 하나님이 이스라엘에게 기업을 주시기 위해 땅을 정복하기 시작한 것이 요단 강을 건너서부터가 아니라, 오래전부터 진행되어온 과정이라는 것을 강조하고자 한다. 우리가 깨닫든, 깨닫지 못하든 간에 우리 모두는 창세 이후 계속되고 있는 하나님의 사역의 한 부분을 장식하고 있다.

> II. 거룩한 정복(5:13-12:24)
>   H. 정복한 왕들과 지역 목록(12:1-24)

2. 요단 강 서편 지역 왕들(12:7-24)

7 여호수아와 이스라엘 자손이 요단 이편 곧 서쪽 레바논 골짜기의 바알갓에서부터 세일로 올라가는 곳 할락 산까지 쳐서 멸한 그 땅의 왕들은 이러하니라 (그 땅을 여호수아가 이스라엘의 지파들에게 구분에 따라 소유로 주었으니 **8** 곧 산지와 평지와 아라바와 경사지와 광야와 네겝 곧 헷 족속과 아모리 족속과 가나안 족속과 브리스 족속과 히위 족속과 여부스 족속의 땅이라) **9** 하나는 여리고 왕이요 하나는 벧엘 곁의 아이 왕이요 **10** 하나는 예루살렘 왕이요 하나는 헤브론 왕이요 하나는 야르뭇 왕이요 **11** 하나는 라기스 왕이요 **12** 하나는 에글론 왕이요 하나는 게셀 왕이요 **13** 하나는 드빌 왕이요 하나는 게델 왕이요 **14** 하나는 호르마

왕이요 하나는 아랏 왕이요 ¹⁵ 하나는 립나 왕이요 하나는 아둘람 왕이요
¹⁶ 하나는 막게다 왕이요 하나는 벧엘 왕이요 ¹⁷ 하나는 답부아 왕이요 하나
는 헤벨 왕이요 ¹⁸ 하나는 아벡 왕이요 하나는 랏사론 왕이요 ¹⁹ 하나는 마돈
왕이요 하나는 하솔 왕이요 ²⁰ 하나는 시므론 므론 왕이요 하나는 악삽 왕이
요 ²¹ 하나는 다아낙 왕이요 하나는 므깃도 왕이요 ²² 하나는 게데스 왕이요
하나는 갈멜의 욕느암 왕이요 ²³ 하나는 돌의 높은 곳의 돌 왕이요 하나는
길갈의 고임 왕이요 ²⁴ 하나는 디르사 왕이라 모두 서른한 왕이었더라

저자는 이스라엘이 요단 강 서편에서 차지한 땅에 대하여 7-8절에
서 전반적으로 요약하며 31명의 왕과 그들이 다스리던 성읍 이름을 나
열한다(7-24절). 이스라엘이 요단 강 서편에서 차지한 땅의 경계는 북
쪽으로는 헤르몬 산 근처에 있는 레바논 골짜기이고 남쪽으로는 세일
로 올라가는 길목에 있는 할락 산이다. 8절은 이스라엘이 정복한 여섯
지역과 여섯 민족/족속을 언급하는데, 모두 이미 언급된 지역이고 족
속들이다(3:10; 10:40; 11:16). 앞 섹션이 모세의 리더십 아래 정복했던
지역을 요약하는 것이라면, 이 섹션은 요단 강을 건넌 후 그동안 여호
수아가 정복했던 지역을 요약하고 있다.

저자는 9-24절에서 이스라엘이 정복한 31개 성읍의 이름을 나열하
고 있는데, 그들 중 50%에 달하는 16 성읍 이름은 6-11장에서 이스
라엘이 정복한 성읍 목록에 등장한다. 여리고, 아이, 예루살렘, 헤브
론, 야르뭇, 라기스, 에글론, 게셀, 드빌, 립나, 막게다, 마돈, 하솔,
시므론(므론), 악삽, 도르. 나머지 성읍은 이미 10:40-41, 11:16-17,
12:7-8 등에서 정의된 경계선 안에 있던 것들이다. 일단 서른한 개의
성읍 이름이 이곳에 등장하는 것은 이스라엘의 승리가 매우 포괄적이
고 대단한 업적이었다는 것을 과시하기 위해서다(Howard).

이렇게 여호수아기의 전반부가 막을 내린다. 책의 전체적인 중심이
이스라엘이 하나님의 약속에 따라 가나안 땅에 정착하게 된 과정을 기

록하는 것이라면, 1-12장은 여호수아와 이스라엘이 하나님의 약속을 성취해가는 과정에서 어떤 수고를 했고, 또한 어떤 기적을 체험했는가를 기록하고 있다. 분명 이스라엘은 하나님의 은총에 따라 가나안 땅을 선물로 받았다. 저자는 1-12장에서 이러한 사실을 누누이 되새길 뿐만 아니라 하나님만이 베푸실 수 있는 기적들을 회고했다. 분명 하나님이 싸우셔서 가나안을 취하셨다는 것이다. 그러나 여호수아와 이스라엘도 최선을 다해서 하나님의 사역에 동참했다. 수많은 기습 작전, 야밤 진군 등 생명을 내놓고 전투를 펼쳐나갔다. 하나님의 사역과 인간의 노력이 합하여 이처럼 아름다운 결과를 이루어낸 것이다.

III. 거룩한 분배

(13:1-21:45)

여호수아기가 시작되면서 하나님은 여호수아에게 두 가지를 명령하셨
다(cf. 1장). 첫째, 이스라엘 백성을 이끌고 가나안 사람들과 전쟁하여
땅을 취하라는 명령이었다. 둘째, 전쟁을 통해 취한 땅을 이스라엘 백
성이 소유하도록 하라는 지시였다. 여호수아는 2-12장을 통해 첫 번
째 명령을 완수했다. 이제 그는 13-21장을 통해 하나님의 두 번째 지
시를 이행하고자 한다. 지금부터 시작되는 여호수아기의 후반부에는
우리에게 별로 의미가 없는 듯한 수많은 성읍과 지역 이름이 등장한
다. 그러나 이 이름들은 여호수아가 얼마나 하나님의 두 번째 명령을
철두철미하게 실천했는가를 증언한다. 또한 책의 후반부는 오래전에
하나님이 아브라함에게 하신 땅에 대한 약속이 얼마나 확실하게 실현
되었는가를 보여 준다. 만일 하나님이 아브라함에게 약속하신 땅이 실
제로 이스라엘의 땅이 되었는가, 아니면 아직도 가나안 사람들이 살고
있는 땅인가를 확인해 보고자 하면 지도를 펴 놓고 여호수아기 후반부
에 기록된 마을과 지역 이름들을 대조하며 확인해 보라는 것이다. 그
러므로 하나님의 신실하심을 증언하는 이 섹션이 진정한 의미에서 여
호수아기의 가장 핵심이라고 할 수 있다(Hess, Hubbard, Harstad).

여호수아기 13-21장은 1-12장과 몇 가지 중요한 연결점을 유지하고 있다. 첫째, 인간의 노력과 하나님의 역사가 아름다운 조화를 이룬다. 전반부에서는 하나님의 역사가 이스라엘 사람들의 피나는 노력과 함께 어우러져 가나안 땅을 정복하기에 이르렀다. 땅 분배에 있어서도 하나님이 직접 주관하신다는 사실이 여호수아나 이스라엘이 감당해야 할 몫을 없애는 것은 아니다. 비록 땅 분배도 여호와께서 직접 관여하시는 일이지만, 하나님은 여호수아에게 땅을 분배하라고 명령하신다(13:6). 땅을 정복하는 일에서처럼 땅을 분배하는 일에서도 하나님과 인간이 파트너가 되고 있는 것이다.

둘째, 여호수아의 리더십이 재확인된다. 정복 전쟁을 진두 지휘했던 그가 땅 분배도 지휘한다. 그러나 땅 분배에서는 여호수아의 리더십 일부가 제한되는 성향을 보이고 있다(Pressler). 땅을 분배하는 일에 있어서 여호수아가 엘르아살 제사장과 각 집안 우두머리들의 도움을 받고 있다는 점이 이러한 상황을 암시하는 듯하다. 셋째, 이스라엘 열두 지파의 통일성이 유지된다. 책의 전반부에서는 이 열두 지파가 힘을 합하여 가나안 사람들을 상대로 전쟁하여 자신들이 한 민족이라는 것을 과시했다. 후반부에서는 정복해 취한 땅을 차지하여 어우러져 살면서 같은 동족의 우애를 쌓아간다.

위와 같은 테마적 연결 고리를 지니고 있으면서도 내용과 분위기 면에서 13-21장은 1-12장과 대조를 이룬다. 율법이 정의하고 있는 예식에 따라 드리는 예배와 찬양 소리, 정탐꾼들의 민첩한 움직임, 아이성 뒤에 잠복해 있는 백성의 낮은 숨소리, 포효하는 사자를 방불케 하는 전쟁터의 함성 소리 등이 더 이상 들리지 않는다. 이 섹션은 중간중간에 짤막한 이야기 몇 개가 끼어 있기는 하지만 전반적으로 매우 지루하고 긴 성읍 목록일 뿐이다. 실제적으로 수많은 마을과 도시 이름으로 구성되어 있는 이 섹션의 분위기는 지루하다 못해 졸리기까지 하다. 그럼에도 불구하고 13-21장에 나열되어 있는 성읍들과 지역들의

300

이름은 '약속을 모두 이루신 하나님'이라는 신학적으로 매우 중요한 메시지를 담고 있다.

하나님은 책의 전반부(1-12장)에서는 이스라엘에게 땅을 주시기 위하여 신적 전사(divine warrior)가 되어 싸우셨다. 후반부(13-21장)에서는 땅의 소유주이신 하나님이 아직 기업을 받지 못한 지파들에게 땅을 주신다. 그러므로 땅의 주인이신 하나님이 이스라엘 영토의 한계를 정하시며, 각 지파가 소유할 땅의 경계선을 정하신다. 하나님이 정해 주신 경계선이기 때문에 이스라엘의 각 지파들은 이 경계선을 영구적으로 존중해야 한다. 가나안은 하나님이 주신 땅이기 때문에 이스라엘에게 땅은 그들의 생계와 연관이 있을 뿐만 아니라, 안전한 둥지이며, 정체성의 근원이다(Pressler).

저자는 각 지파가 어느 지역을 차지했는가를 기록하는 과정에서 규모가 크고 유력한 지파들이 차지한 지역들을 우선적으로, 더 상세하게 기록한다. 그러므로 이미 분배된 요단 강 동편 지역의 상황(13장)과 요단 강 서편의 땅에 대한 전반적인 정황을 기록한 다음(14장), 제일 먼저 남쪽을 차지하는 지파 중 가장 중요한 유다 지파가 소유하게 된 땅을 설명한다(15장). 그 다음 북쪽 지역에 정착하게 된 지파 중 가장 중요한 에브라임 지파와 므낫세 반 지파의 땅을 기록한 후(16장), 나머지 7지파의 영토에 대하여 설명한다(18-19장). 저자는 마지막으로 도피성 목록(20장)과 레위 지파에게 주어진 성읍들 목록으로 이 섹션을 마무리한다(21장). 이 섹션의 대부분을 차지하는 13:8-21:42는 다음과 같은 구조를 지니고 있다(cf. Koorevaar).

A. 요단 강 동편 지역을 나눈 2½지파(13:8-33)
　B. 분배의 원칙(14:1-5)
　　C. 시작: 갈렙의 기업(14:6-15)
　　　D. 유다와 요셉 후손들의 기업(15:1-17:18)

> E. 실로에 있는 회막과 땅을 받지 못한 7지파에 대한
> 대책(18:1-10)
>> D′. 나머지 7지파들의 기업(18:11-19:48)
>> C′. 끝: 여호수아의 기업(19:49-51)
>> B′. 도피성의 원칙(20:1-6)
> A′. 도피성과 레위인들의 성읍(20:7-21:42)

위 내용을 조금 조정하고, 13:1-7과 21:43-45를 더하여 다음과 같이 텍스트를 구분하여 주해해 가고자 한다.

A. 분배에 대한 지시(13:1-7)
B. 요단 강 동편 지역 분배 회고(13:8-33)
C. 요단 강 서편 지역 분배 소개(14:1-5)
D. 갈렙이 헤브론을 차지함(14:6-15)
E. 유다 지파의 기업(15:1-63)
F. 요셉 자손들의 기업(16:1-17:18)
G. 그 외 지파들의 기업(18:1-19:51)
H. 도피성들(20:1-9)
I. 레위 사람들의 도시들(21:1-42)
J. 땅 분배를 마침(21:43-45)

II. 거룩한 분배(13:1-21:45)

A. 분배에 대한 지시(13:1-7)

¹ 여호수아가 나이가 많아 늙으매 여호와께서 그에게 이르시되 너는 나이가 많아 늙었고 얻을 땅이 매우 많이 남아 있도다 ² 이 남은 땅은 이러하니

블레셋 사람의 모든 지역과 그술 족속의 모든 지역 ³ 곧 애굽 앞 시홀 시내에서부터 가나안 사람에게 속한 북쪽 에그론 경계까지와 블레셋 사람의 다섯 통치자들의 땅 곧 가사 족속과 아스돗 족속과 아스글론 족속과 가드 족속과 에그론 족속과 또 남쪽 아위 족속의 땅과 ⁴ 또 가나안 족속의 모든 땅과 시돈 사람에게 속한 므아라와 아모리 족속의 경계 아벡까지와 ⁵ 또 그발 족속의 땅과 해 뜨는 곳의 온 레바논 곧 헤르몬 산 아래 바알갓에서부터 하맛에 들어가는 곳까지와 ⁶ 또 레바논에서부터 미스르봇마임까지 산지의 모든 주민 곧 모든 시돈 사람의 땅이라 내가 그들을 이스라엘 자손 앞에서 쫓아내리니 너는 내가 명령한 대로 그 땅을 이스라엘에게 분배하여 기업이 되게 하되 ⁷ 너는 이 땅을 아홉 지파와 므낫세 반 지파에게 나누어 기업이 되게 하라 하셨더라

가나안 정복 전쟁이 시작된 이후 상당한 시간이 흐른 듯하다. 이스라엘의 리더로서 전쟁을 지휘하던 여호수아가 늙어 나이가 많아졌다 (1절). 하나님이 늙은 여호수아에게 아직 정복하지 못한 땅마저 이스라엘 백성에게 분배하라고 하신다(6절). 여호수아의 수명이 많이 남지 않았다는 것을 암시한다. 여호수아가 죽을 때 나이가 110세였다(24:29). 성경은 그가 모세를 처음 만났을 때의 나이를 밝히지 않는다. 다만 출애굽기 33:11은 여호수가 모세를 만났을 때 청년이었다고 밝히고 있으며, 민수기 11:28은 여호수아가 어릴 때부터 모세와 함께했다고 한다. 이러한 정황에서 광야 생활 40년을 고려하더라도 여호수아가 백성을 이끌고 요단 강을 건넜을 때, 아마도 최소한 60-70세 정도 되었을 것으로 생각된다. 만일 그가 갈렙과 나이가 비슷했다면, 여호수아는 가나안 정복이 시작된 지 30년이 지난 후에 일생을 마친다(cf. Dallaire).

그렇다면 본문에 기록된 일은 언제쯤 있었던 일일까? 여호수아가 백성을 이끌고 가나안 정복에 나섰을 때에는 그가 늙었다는 말이 전혀 없었던 것으로 보아 땅을 분배하려는 때는 정복 전쟁 시작 후 최소한

20-30년은 흐르지 않았을까 생각된다. 머지 않아 죽음을 앞둔 시점에서 분배에 대한 하나님의 말씀이 여호수아에게 임한 것으로 보인다.

가나안 정복이 시작된 지 한참 후에 이 말씀이 임했다면, 우리는 가나안 정복을 현실적인 차원에서 볼 필요가 있다. 하나님이 진두지휘하시고 이스라엘이 여호와의 성전(聖戰)에 동참하는 형식을 취하는 가나안 정복이 한순간에 이루어진 것이 아니라 오랜 세월(30-40년?) 동안 진행되었다는 것이다. 가나안 정복은 분명 하나님이 이스라엘에게 베푸신 은총이다. 하나님은 정복 과정에서 이스라엘을 위하여 많은 기적을 베푸셨다. 그럼에도 불구하고 많은 시간이 소모되었다는 것은 하나님께 드리는 우리의 기도가 곧바로 응답되어야 한다는 착각 속에 사는 크리스천들에게 시사하는 바가 크다. 하나님의 축복 아래 그분의 섭리와 은총에 따라 진행되는 일이라 해도 많은 시간이 소모될 수 있다. 그러므로 믿음은 기다리는 것이요, 사랑은 오래 참는 것이 아니겠는가! 모든 것을 순식간에 이루려는 조급한 생각은 자제해야 한다.

저자는 10-11장에서 마치 이스라엘이 가나안의 모든 땅을 이미 차지한 것처럼 묘사했다. 그러나 이 섹션에서는 아직도 이스라엘이 정복하지 못한 지역들이 있다는 사실을 밝히고 있다. 이스라엘은 아직 남쪽으로는 블레셋 사람들과 주변 민족들의 영토를 차지하지 못했으며(2-3절), 북쪽으로는 페니키아 사람들의 영토(4절)와 레바논 근처의 산악 지대를 정복하지 못했다(5-6절). 이스라엘이 상징적으로는 가나안의 모든 땅을 이미 차지했지만(cf. 10-11장), 아직도 일부 마을과 성읍은 정복 단계에 있다. 정복 전쟁은 이미 이스라엘의 승리로 판가름났지만, 아직도 곳곳에서 전투가 계속되고 있다는 뜻이다. 이 사실에서 우리는 신학적 대화에 자주 등장하는 '이미(already)-아직(not yet)'의 원리를 보는 듯하다(Pressler).

여호수아가 아직 정복하지 못한 땅을 각 지파에게 미리 나누어준다는 것은 여기에 언급되어 있는 땅을 정복하는 것이 여호수아의 몫이 아니라는 것을 의미한다(cf. 1, 6절). 여호수아는 머지 않아 하나님이 그 땅에서 가나안 사람들을 내치실 것을 믿고 미리 9½지파에게 그 땅을 유산으로 나누어 주면 된다(6-7절). 본문에 묘사된 행위는 여호수아의 믿음을 요구하는 일인 것이다.

블레셋 사람들(הַפְּלִשְׁתִּים)이 여호수아기에서는 처음으로 언급되고 있다(2절). 블레셋 사람들은 여러 인종이 섞인 소아시아에서 유래한 해적들로 주전 1200년 경에 가나안 남쪽 해안 지역을 중심으로 많은 숫자가 정착했다. 이들은 원래 이집트에 정착하려고 했으나, 이집트의 왕이 허락하지 않아 이곳에 정착하게 되었다.

그런데 성경은 이미 아브라함 시대에도 블레셋 사람들이 가나안 지역에 살고 있었다고 한다(cf. 창 21:32-34; 26:1). 이러한 사실을 어떻게 설명할 것인가? 아브라함 시대 때 있었던 블레셋 사람들이 나중에 블레셋 사람으로 불리는 사람들과 피를 섞은 원주민 선조들이었든지, 아니면 훗날 블레셋 사람들이 살게 될 지역에 거주하던 사람들을 창세기 저자가 이렇게 불렀을 것이다. 아브라함이 살던 때부터 세월이 많이 지난 다음에 살고 있는 독자들의 이해를 돕기 위한 저자의 배려인 것이다.

여호수아기 안에서 여호수아가 이스라엘 지파들에게 분배한 땅에 대한 언급은 다음과 같다(Howard). 다음 도표에 의하면 모든 지파가 유산을 받는다. 지파별로 지역, 성읍, 혹은 둘 다를 받는다. 심지어는 레위 지파도 곳곳에 성읍들을 받는다. 그러나 레위 지파는 성읍은 받지만 지역(기업)은 받을 수 없다.

지파	유산	지역	성읍
르우벤	13:15-23	13:16-21a, 23	13:16b-20
갓	13:24-28	13:25-27	
동쪽 므낫세	13:29-31	13:30-31	
유다	14:6-15:63	15:1-12	15:21-62

에브라임	16:5-10	16:5-9	
서쪽 므낫세	17:1-13	17:7-10	
베냐민	18:11-28	18:12-20	18:21-28
시므온	19:1-9		19:2-8
스불론	19:10-16	19:10-14	19:15
잇사갈	19:17-23	19:22	19:18-21
아셀	19:24-31	19:26-29	19:25-30
납달리	19:32-39	19:33-34	19:35-38
단	19:40-48		19:41-46
레위	21:1-42		21:9-42

II. 거룩한 분배(13:1-21:45)

B. 요단 강 동편 지역 분배 회고(13:8-33)

여호수아가 이스라엘의 리더가 된 다음 군대를 이끌고 정복한 땅은 모두 요단 강 서쪽에 있다. 요단 강 동쪽에 있는 땅은 모세가 여호수아를 후계자로 세우기 전에 이미 취하여 분배했다. 그러므로 저자가 굳이 요단 강 동쪽에 있는 땅에 대하여 회고할 필요는 없어 보인다. 그러나 저자는 그렇게 생각하지 않는다. 저자는 요단 강 동쪽과 서쪽에 있는 이스라엘의 땅과 지파들이 자손 대대로 통일성과 정체성을 유지해 나가기를 바란다. 강 동편과 서편에 정착하게 되는 지파들은 모두 같은 조상에서 비롯되었으며, 같은 하나님을 섬기는 같은 백성이기 때문이다.

이러한 정서와 기대 속에서 저자는 여호수아가 요단 강 서쪽 땅을 지파들에게 분배한 일을 기록하기 전에 모세가 오래전에 몇몇 지파들에게 분배해 준 강 동쪽 땅에 대하여 언급한다. 하나님이 강 서쪽 지역을 이스라엘 지파들에게 선물로 주신 것처럼, 강 동쪽 지역도 아브라함의 후손들에게 주셨다는 것을 강조하기 위해서다. 요단 강 동편 땅 분배를 회고하고 있는 이 섹션은 다음과 같이 다섯 파트로 구분될 수 있다.

A. 요단 강 동편 땅에 대한 전체적인 소개(13:8-13)
B. 레위 지파의 기업(13:14)
C. 르우벤 지파의 기업(13:15-23)
D. 갓 지파의 기업(13:24-28)
E. 므낫세 반 지파의 기업(13:29-33)

> II. 거룩한 분배(13:1-21:45)
>   B. 요단 강 동편 지역 분배 회고(13:8-33)

1. 요단 강 동편 땅에 대한 전체적인 소개(13:8-13)

8 므낫세 반 지파와 함께 르우벤 족속과 갓 족속은 요단 저편 동쪽에서 그들의 기업을 모세에게 받았는데 여호와의 종 모세가 그들에게 준 것은 이러하니 9 곧 아르논 골짜기 가에 있는 아로엘에서부터 골짜기 가운데에 있는 성읍과 디본까지 이르는 메드바 온 평지와 10 헤스본에서 다스리던 아모리 족속의 왕 시혼의 모든 성읍 곧 암몬 자손의 경계까지와 11 길르앗과 및 그술 족속과 마아갓 족속의 지역과 온 헤르몬 산과 살르가까지 온 바산 12 곧 르바의 남은 족속으로서 아스다롯과 에드레이에서 다스리던 바산 왕 옥의 온 나라라 모세가 이 땅의 사람들을 쳐서 쫓아냈어도 13 그술 족속과 마아갓 족속은 이스라엘 자손이 쫓아내지 아니하였으므로 그술과 마아갓이 오늘까지 이스라엘 가운데에서 거주하니라

저자는 여호수아가 강 서편 땅을 분배한 일을 회고하기 전에 이미 모세가 분배한 강 동편 땅에 대하여 전반적인 소개를 하고 있다. 요단 강 동편 지역은 이미 2½지파에게 분배되었다. 저자는 동편 땅에 대한 전

반적인 소개를 통하여 몇 가지 목표를 달성한다(Howard). 첫째, 요단 강 동편에 머물게 된 지파들의 땅의 범위를 구체적으로 밝힌다. 지금까지 저자는 이처럼 자세하게 강 동편 지파들의 땅에 대하여 언급한 적이 없다. 둘째, 강을 사이에 둔 열두 지파의 통일성을 강조하고자 한다. 강 동편에 살든, 서편에 정착하든 이들은 한 민족이며 모두 아브라함의 후손들이다. 요단 강은 결코 이스라엘 열두 지파의 통일성과 하나됨을 제한하는 물리적인 한계가 되어서는 안 된다. 셋째, 여호수아는 모세의 대를 이은 리더다. 모세가 요단 강 동편에서 시작한 땅 분배를 여호수아가 이어받아 서편에서 마무리 하고 있다. 넷째, 땅을 분배하는 이 시점에 가나안 전쟁이 다 끝난 것은 아니다. 이스라엘이 차지해야 할 땅에 아직도 가나안 사람들이 살고 있다. 그러므로 이스라엘은 앞으로도 가나안 사람들과 싸워 나머지 땅을 쟁취해야 한다.

모세가 르우벤 지파와 갓 지파와 므낫세 반 지파에게 요단 강 동편을 기업으로 준 일은 민수기 32:33-42와 신명기 3:8-17에 기록되어 있다. 저자는 본문에서 그들이 차지한 땅의 한계를 대체적으로 남쪽에서 북쪽으로 올라가며 회고한다. 남쪽으로는 모압 접경 지역인 아르논 골짜기(12:2; cf. 13:16)가 한계점이며, 북쪽으로는 메드바 평지가 한계다(9절). 디본(דיבון)은 남쪽 지역에 있는 성읍으로 갓 지파 사람들이 요새화시켰지만(민 32:24), 르우벤 지파에게 기업으로 주어졌다(13:17). 모세가 하나님이 주신 권위에 따라 이들에게 요단 강 동편을 준 것처럼, 여호수아도 곧 동일한 권위를 가지고 강 서편을 나머지 지파들에게 나누어 줄 것이다.

지역에 대한 목록이 10절에서 헤스본의 왕 시혼에 대한 이야기로 바뀌고 있다. 헤스본은 르우벤 지파 땅의 북동쪽 접경이 되었으며 암몬 사람들과 땅을 접하고 있었다(10절). 시혼은 성경에 여러 차례 언급되는 왕이며 이스라엘이 그를 물리친 사건은 민수기 21:21-31에 가장 자세하게 기록되어 있다. 저자는 시혼 왕에 대하여 언급한 후 다시 지역 이름에 초점을 맞추고 있다(11절). 남쪽의 아르논 강에서 북쪽의 바산에 이르는 길르앗 지역은 이스라엘에게 매우 중요한 영토였으며 구약에 100번 이상 언급된다. 길르앗은 고산 지역에 있는 비옥한 옥토였으며(렘 22:6; 50:19) 길르앗의 서쪽 지역에 올리브, 곡물, 포도 등이 풍부했다(cf. ABD). 길르앗은 특별히 약재로 사용된 향유로 유명했던 곳이다(렘 8:22; 46:11; cf. 37:25).

모세가 바산의 왕 옥을 치고 그의 나라를 정복했지만 이스라엘 자손이 그술 사람과 마아가 사람을 쫓아내지 않았기 때문에, 그들이 '오늘날까지' 이스라엘 자손 가운데 섞여서 살고 있다고 한다(12-13절). 그러나 저자는 이미 12:5-6에서 이들의 땅이 모세에 의하여 정복되었다고 했다. 이처럼 상반되는 회고는 여호수아기가 회고하고 있는 정복이 항상 상대방의 완전한 전멸을 의미하는 것이 아니라는 것을 암시한다. 그들이 저자 시대에까지 이스라엘 백성 중에 살고 있다는 것은 여호수아기 안에서 '이스라엘이 가나안 사람들을 진멸했다'와 '이스라엘이 가나안 사람들을 물리치지 못했다'라는 대립하는 관점의 한 예를 통해 알 수가 있다(cf. 10:40-43주해).

실제적으로 그술 사람들은 다윗 시대에도 있었다. 다윗의 아들 압살롬의 어머니는 그술의 공주였으며(삼하 3:3), 압살롬은 암논을 살해한 후 그곳으로 도망가 아버지의 진노를 피할 수 있었다(삼하 13:37-38). 마아가 사람들 역시 다윗에게 골칫거리를 선사한 사람들이었다. 마아가 사람 1000명이 다윗에 대항했던 암몬 사람 연합군에 속했기 때문이다(삼하 10:6, 8). 여호수아 시대 때 제거하지 못했던 사람들이 훗날 다윗에게 피해를 입혔던 것이다. 여호수아기와 사사기에 의하면 이스라엘이 정복하지 못한 가나안의 성읍들은 다음과 같다(Howard).

실패한 지파	여호수아기	사사기	민족/족속	도시/지역
이스라엘	13:13			그술, 마아갓

유다	15:63		여부스 족	예루살렘
베냐민		1:21	여부스 족	예루살렘
서쪽 므낫세	17:11–12	1:27–28	가나안 사람	벧스안, 다아낙, 돌, 이블르암, 므깃도, 엔돌, 나벳
에브라임	16:10	1:29	가나안 사람	게셀
스불론		1:30	가나안 사람	기드론, 나할롤
아셀		1:31–32	가나안 사람	악고, 시돈, 알랍, 악십, 헬바, 아빅, 르홉
납달리		1:33	가나안 사람	벧세메스, 벧아낫
단	19:47	1:34–35	아모리 사람	레셈

II. 거룩한 분배(13:1–21:45)
  B. 요단 강 동편 지역 분배 회고(13:8–33)

2. 레위 지파의 기업(13:14)

¹⁴ 오직 레위 지파에게는 여호수아가 기업으로 준 것이 없었으니 이는 그에게 말씀하신 것과 같이 이스라엘의 하나님 여호와께 드리는 화제물이 그들의 기업이 되었음이더라

모세는 레위 지파에게는 유산을 주지 않았다. 왜냐하면 백성이 하나님께 바치는 제물이 그들의 유산이기 때문이다. 칠십인역(LXX)은 이 구절을 '주 이스라엘의 하나님이 그들의 유산이기 때문이다'(κύριος ὁ θεὸς Ισραηλ, οὗτος αὐτῶν κληρονομία)라는 표현으로 번역했다. 마치 같은 내용을 반복하고 있는 33절의 말씀을 이곳에 옮겨온 것처럼 느껴지기도 한다. 레위 사람들은 이스라엘의 장자들을 대신한다(민 8:15–22; 신 10:8–9). 유월절 때 하나님이 이집트의 모든 장자를 죽이셨는데, 문설주에 양의 피를 발라둔 이스라엘 가정의 장자들은 살려주셨다. 이 사

건과 아론이 금송아지를 만든 일이 유래가 되어 레위 사람들은 하나님의 특별한 소유가 된 것이다. 그들은 온 이스라엘을 대표해서 하나님을 섬기는 일을 맡게 되었다.

레위 사람들은 하나님을 유산으로 받았다. 비록 레위 사람들이 땅을 기업으로 받지 못했지만, 그들은 하나님을 전심으로 섬길 수 있는 특권을 받았을 뿐만 아니라 땅의 소산물 중 가장 좋은 것들을 먹게 될 것이다. 왜냐하면 백성은 가장 좋은 것으로 하나님께 드려야 하는 의무가 있기 때문이다. 만일 레위 사람들이 이스라엘 백성이 하나님께 드리는 제물을 먹고 살아야 한다면, 그들은 열심히 이스라엘 백성의 신앙을 지도해야 한다. 백성이 하나님을 제대로 알고 열심히 예배드릴 때, 그들의 '몫'도 커지기 때문이다. 훗날 레위 사람들과 성전에서 노래하는 사람들이 생계를 위하여 밭일을 하는 모습이 보인다(느 13:10-13). 백성이 그들의 몫인 십일조와 그 외 다른 제물들을 제대로 들여놓지 않았기 때문이다.

레위 사람들이 땅을 유산으로 받지 못했기 때문에 가나안 지역을 차지한 이스라엘의 지파 수가 12였다. 원래는 요셉의 아들들(에브라임과 므낫세)이 두 몫을 차지하기 때문에 가나안 땅이 13으로 분배되어야 한다. 그런데 레위 사람들이 제외되어 12지파가 된 것이다(cf. 14:3-4). 레위 사람들이 한 지역을 차지하지는 못하지만 각 지파에 속한 지역 안에 있는 개별적인 성읍들은 차지했다(cf. 21장).

이 원칙에 따라 레위 사람들은 요단 강 동편뿐만 아니라 서편에도 성읍들을 할당 받게 된다. 또한 그들이 받은 성읍은 이스라엘 모든 지파의 영토에 흩어져 있다. 레위 사람들은 자신들이 사는 곳의 지파들을 하나님의 말씀으로 꾸준히 가르쳐 이스라엘의 12지파를 한 나라로 묶는 접착제 역할을 하도록 소명을 받은 것이다. 레위 사람들이 어떻게 이스라엘을 하나로 묶어야 하는가? 다름 아닌 여호와께 드리는 예배를 통해서다. 그들은 곳곳에 흩어져 각 지파가 규례에 따라 하나님께

예배를 드리는 것을 도와야 하며, 하나님의 말씀을 끊임없이 가르쳐야
한다. 레위 사람들은 이스라엘을 신앙으로 하나되게 해야 하는 사명을
받은 것이다. 우리도 이런 나라를 꿈꾸어보자. 온 대한민국이 여호와
를 아는 지식으로 하나되는 날을 말이다.

II. 거룩한 분배(13:1-21:45)
　B. 요단 강 동편 지역 분배 회고(13:8-33)

3. 르우벤 지파의 기업(13:15-23)

¹⁵ 모세가 르우벤 자손의 지파에게 그들의 가족을 따라서 기업을 주었으니
¹⁶ 그들의 지역은 아르논 골짜기 가에 있는 아로엘에서부터 골짜기 가운데
있는 성읍과 메드바 곁에 있는 온 평지와 ¹⁷ 헤스본과 그 평지에 있는 모든
성읍 곧 디본과 바못 바알과 벧 바알 므온과 ¹⁸ 야하스와 그데못과 메바앗과
¹⁹ 기랴다임과 십마와 골짜기의 언덕에 있는 세렛 사할과 ²⁰ 벳브올과 비스가
산기슭과 벧여시못과 ²¹ 평지 모든 성읍과 헤스본에서 다스리던 아모리 족속
의 왕 시혼의 온 나라라 모세가 시혼을 그 땅에 거주하는 시혼의 군주들 곧
미디안의 귀족 에위와 레겜과 술과 훌과 레바와 함께 죽였으며 ²² 이스라엘
자손이 그들을 살륙하는 중에 브올의 아들 점술가 발람도 칼날로 죽였더라
²³ 르우벤 자손의 서쪽 경계는 요단과 그 강 가라 이상은 르우벤 자손의 기
업으로 그 가족대로 받은 성읍들과 주변 마을들이니라

모세가 르우벤 지파에게 준 땅의 동편 경계선은 남동쪽에 있는 아로
엘에서부터 메드바에 있는 모든 평지와 북동쪽에 있는 헤스본에 이른
다(16절). 이곳에 언급되어 있는 르우벤 지파의 동쪽 경계선은 9절의 내
용과 동일하다. 서쪽 경계선은 요단 강이다(23절). 저자는 르우벤 지파
가 차지한 영토의 범위를 전반적으로 언급한 다음, 그들이 차지한 성
읍들 12개의 이름을 나열한다. 디본, 바못 바알, 벧 바알 므온, 야하스,

그데못, 메바앗, 기랴다임, 십마, 세렛 사할, 벳브올, 비스가 기슭, 벧여시못. 이 목록이 12 이름으로 구성되었다는 것은 르우벤 지파가 이외에도 많은 성읍을 가졌지만, 저자가 상징적으로 12개만 나열하고 있다는 가능성을 배제할 수 없다.

'비스가 기슭'(אַשְׁדוֹת הַפִּסְגָּה)이 지형을 뜻하는지, 성읍의 이름이 이렇게 불렸는지는 확실하지 않다(cf. Boling & Wright). 이 도시 중 디본은 르우벤 영토의 남쪽에 있었으며, 야하스, 그데못과 메바앗은 동쪽에 있었고, 벳브올, 벧여시못 등은 북쪽에 있었다(Howard). 영토의 전반적인 설명 순서에 따라(16절) 도시들의 순서도 정해진 것이다. 민수기 32:37-38에 르우벤 지파가 재건한 성읍들의 이름이 등장하는데, 이곳에 언급된 헤스본, 기랴다임, 바알므온, 십바 등도 민수기 목록에 포함되어 있다.

헤스본은 나중에 르우벤 지파가 아니라 갓 지파의 영토에 있는 레위 사람의 성읍으로 주어졌다(21:39; cf. 13:26). 어떤 성읍들은 두 지파에게 이중적으로 주어지는 것으로 보아 지파들 사이의 경계선이 확고하지 않았던 것을 알 수 있다. 메바앗도 훗날 레위 사람들의 성읍이 된다(21:37). 야하스도 훗날 레위 사람들의 몫으로 돌아가는데(21:36) 이스라엘은 이곳에서 시혼을 대적해서 싸웠다(민 21:23; 신 2:32). 그데못도 레위 사람들의 성읍이 되며(21:37), 이스라엘이 시혼과 싸우기 직전에 머물던 곳이다(신 2:26). 벳브올은 이스라엘 사람들이 모압 여인들의 농간에 놀아나 그들의 신 바알브올을 숭배하던 곳이다(민 25:1-3; 31:16). 모압 사람들에게 이런 방법으로 이스라엘 사람들을 유혹하라고 한 사람은 발람이었다(민 31:16). 발람은 시혼과 함께 이스라엘의 칼에 맞아 죽었다(13:22; cf. 민 31:8).

313

4. 갓 지파의 기업(13:24-28)

²⁴ 모세가 갓 지파 곧 갓 자손에게도 그들의 가족을 따라서 기업을 주었으니 ²⁵ 그들의 지역은 야셀과 길르앗 모든 성읍과 암몬 자손의 땅 절반 곧 랍바 앞의 아로엘까지와 ²⁶ 헤스본에서 라맛 미스베와 브도님까지와 마하나임에서 드빌 지역까지와 ²⁷ 골짜기에 있는 벧 하람과 벧니므라와 숙곳과 사본 곧 헤스본 왕 시혼의 나라의 남은 땅 요단과 그 강 가에서부터 요단 동쪽 긴네렛 바다의 끝까지라 ²⁸ 이는 갓 자손의 기업으로 그들의 가족대로 받은 성읍들과 주변 마을들이니라

갓 지파의 유산에 대한 설명은 르우벤 지파의 것보다 더 간단 명료하다. 그들이 차지한 성읍 목록에 포함된 아로엘과 야스엘은 민수기 32:34-35에 기록된 갓 지파 소유의 도시 목록에도 등장한다. 그러나 민수기 텍스트에 언급된 대부분의 도시는 이곳에 언급되지 않는다. 야스엘은 지역이자 성읍이었으며 모세가 정복하기 앞서 스파이를 보낸 곳이다(민 21:32). 야스엘은 나중에 레위 사람들의 성읍이 된다(21:39). 아로엘은 암몬 사람들의 수도 랍바 근처에 있었다. 이 아로엘은 남쪽 아르논 계곡 근처에 있는 아로엘과 다른 곳이다(12:2; 13:9)(Howard).

갓 지파의 땅을 설명하는 것도 역시 남쪽에서 북쪽으로 가고 있다. 남쪽의 헤스본에서 중간에 있는 라맛 미스베와 브도님을 거쳐 북쪽에 있는 마하나임과 드빌에 이르고 있다. 마하나임은 나중에 레위 사람들의 성읍이 된다(21:38).

5. 므낫세 반지파의 기업(13:29-33)

²⁹ 모세가 므낫세 반 지파에게 기업을 주었으되 므낫세 자손의 반 지파에게 그들의 가족대로 주었으니 ³⁰ 그 지역은 마하나임에서부터 온 바산 곧 바산 왕 옥의 온 나라와 바산에 있는 야일의 모든 고을 육십 성읍과 ³¹ 길르앗 절반과 바산 왕 옥의 나라 성읍 아스다롯과 에드레이라 이는 므낫세의 아들 마길의 자손에게 돌린 것이니 곧 마길 자손의 절반이 그들의 가족대로 받으니라 ³² 요단 동쪽 여리고 맞은편 모압 평지에서 모세가 분배한 기업이 이러하여도 ³³ 오직 레위 지파에게는 모세가 기업을 주지 아니하였으니 이는 그들에게 말씀하신 것과 같이 이스라엘의 하나님 여호와께서 그들의 기업이 되심이었더라

므낫세 반 지파의 영토에 관한 기록은 위 두 지파 것보다 더 짧다. 그들의 땅은 마하나임(cf. 26절)에서 시작하지만 어디까지가 한계였는지는 정확히 기록되어 있지 않다. 바산의 모든 땅이 이 지파의 소유가 되었는데 60성읍을 포함하고 있다. 바산은 기름진 땅으로 길르앗 북쪽 고원 지대였으며 갈리리 호수의 동쪽과 북동쪽에 있었다. 나무가 울창한 산들로 둘러 쌓여 있었고(시 68:15; 사 2:13; 겔 27:6), 땅이 평평하여 가축들을 먹이는데 이상적인 곳이었으므로 이곳에서 매우 좋은 소들이 생산되었다(렘 50:19; 겔 39:18; 믹 7:14)(ABD). 이 지역의 땅은 므낫세의 아들 중에서도 마길의 자손들을 위한 것이었다(31절). 마길은 요셉의 손자요 므낫세의 아들이었다(창 50:23). 그의 후손들은 이미 이 지역을 정복했다(민 32:39-40; 신 3:15).

요단 강 동편의 땅은 이미 모세가 모압 평지에서 이 2½지파에게 준 것들이다(32절). 레위 사람들은 모세로부터 유산을 받지 못했다. 왜냐하면 이스라엘의 하나님 여호와가 바로 그들의 유산이기 때문이

다(33절). 저자는 14절에서 백성이 여호와께 드리는 제물들이 그들의 유산이라고 했는데, 이번에는 여호와가 바로 그들의 유산이라고 한다. 14절과 33절은 여호와와 제물이 얼마나 레위 지파와 밀접한 연관성이 있는가를 보여 준다(Howard). 주의 백성이 하나님께 제물을 바치지 않으면 레위 지파의 형편이 어려워진다.

II. 거룩한 분배(13:1–21:45)

C. 요단 강 서편 지역 분배 소개(14:1–5)

¹ 이것은 이스라엘 자손이 가나안 땅에서 받은 기업 곧 제사장 엘르아살과 눈의 아들 여호수아와 이스라엘 자손 지파의 족장들이 분배한 것이니라 ² 여호와께서 모세에게 명령하신 대로 그들의 기업을 제비 뽑아 아홉 지파와 반 지파에게 주었으니 ³ 이는 두 지파와 반 지파의 기업은 모세가 요단 저쪽에서 주었음이요 레위 자손에게는 그들 가운데에서 기업을 주지 아니하였으니 ⁴ 이는 요셉의 자손이 므낫세와 에브라임의 두 지파가 되었음이라 이 땅에서 레위 사람에게 아무 분깃도 주지 아니하고 다만 거주할 성읍들과 가축과 재산을 위한 목초지만 주었으니 ⁵ 이스라엘 자손이 여호와께서 모세에게 명령하신 것과 같이 행하여 그 땅을 나누었더라

이 섹션은 요단 강 서편 지역의 땅 분배를 기록하고 있는 14–19장에 대한 전체적인 소개다. 13장에 기록된 요단 강 동편 지역의 분배는 이미 모세가 한 일이다. 그러므로 여호수아가 주도한 분배는 이제부터다. 여호수아가 땅을 분배한 장소가 정확히 밝혀지지는 않지만, 최소한 두 곳에서 이 일을 했던 것으로 생각된다. 유다 자손이 여호수아가 길갈에 있을 때 찾아왔던 것으로 보아(14:6), 분배 작업이 이곳에서 시작되었을 것이다. 이 길갈은 이스라엘이 가나안에 입성하여 할례를 받

앉던 바로 그 길갈이었던 것이 확실하다. 또한 온 이스라엘이 실로에 모였다(18:1). 여호수아가 이곳에서도 땅을 분배했을 가능성이 있다. 아마도 이스라엘에서 가장 유력한 유다와 요셉의 후손들은 길갈에서 땅을 받은 것 같고(Howard), 나머지 지파들은 실로에서 기업을 받은 것으로 생각된다.

'가나안 땅'(אֶרֶץ כְּנַעַן)(1절)이 여호수아기 안에서 언급되는 것은 이곳이 처음이다. '가나안 땅'은 분명 요단 강 서편에 있는 땅에만 적용될 수 있는 호칭이다(ABD, Hess). 요단 강 서쪽 땅을 분배하는 일은 여호수아가 홀로 하는 것이 아니라 엘르아살 제사장과 각 지파 우두머리가 함께했다. 엘르아살은 아론의 아들이었으며(출 6:25; 민 20:26-28), 광야 생활 중 여러 가지 제사장직과 연관된 일을 했던 사람이다(민 3:4, 32; 4:16; 16:37). 그는 여호수아를 모세의 승계자로 삼는 예배에도 참여했다(민 27:18-23). 광야 시절의 산 증인인 그가 여호수아기에서는 처음으로 모습을 드러낸다. 엘르아살도 이때쯤이면 상당히 나이가 많았을 것이다.

엘르아살은 여호수아가 땅을 분배하는 일에 참여하여 그를 돕는다. 제사장이 가나안 땅 분배에 참여한다는 것은 이스라엘 여러 지파에게 땅을 나누어 주는 일이 매우 종교적인 일이라는 것을 암시한다. 가나안 정복이 하나님이 지휘하셨던 거룩한 전쟁이었던 것처럼 땅을 분배하는 일도 하나님이 제사장을 통하여 직접 개입하신 일이다.

하나님은 이미 민수기 34:16-29에서 여호수아, 엘르아살 그리고 각 지파를 대표하는 한 사람씩 함께 모여 땅을 분배하라고 하셨다. 그러므로 저자는 1절에서 여호수아와 엘르아살이 각 지파 대표와 함께 이 일을 하고 있다는 것을 기록하여 여호수아와 이스라엘이 하나님의 말씀에 순종하고 있다는 것을 강조하고자 한다. 이 지도자들이 각 지파에게 땅을 분배하는 방법은 '제비뽑기'(גּוֹרָל)에 의한 것이다(2절; cf. 민 26:55, 56; 33:54; 34:13; 36:2). 여호수아기 안에서 제비뽑기가 직접적으로 언급되는 것은 이번이 처음이다.

제비뽑기가 정확히 어떤 식으로 사용되거나 진행되었는지는 아직까지 알려지지 않았다. 아마도 각기 색이 다르거나 임의적으로 표시된 돌들 혹은 나무 조각을 용기에 넣어 섞은 후에 땅에 던지거나 용기에서 뽑아 결정을 내렸던 것으로 추측할 뿐이다(ABD, Hubbard). 그러므로 이 기구/제도는 하나님의 뜻을 분별하기 위하여 사용된 것이며, 하나님이 이것을 사용하라고 명령하실 때에만 사용되었다(Hess). 제비뽑기는 오늘날 우리가 생각하는 것처럼 무분별한 우연이나 확률에 의존한 것이 아니다. 철저히 하나님의 통제와 지휘 하에 드러난 하나님의 뜻을 분별하는 방법이었다. 여호수아기 안에서는 모든 지파가 이 방법을 통해 기업을 얻는다(15:1; 16:1; 17:1, 14; 18:6, 8, 10, 11; 19:1, 10, 17, 24, 32, 40, 51; 21:4-10, 20, 40).

모세가 레위 지파에게 땅을 주지 않았다는 사실이 다시 확인된다(3절). 비록 레위 사람들이 이렇다 할 지역은 차지하지 못했지만, 여러 지파에게 분배된 영토 안에 있는 성읍들과 짐승들을 먹일 수 있는 목장들을 얻었다(4절; cf. 21장). 레위 사람들은 이스라엘 전역에 흩어져 살면서 하나님의 말씀을 가르치는 것을 기업으로 삼아야 한다. 요셉의 자손들이 두 지파가 되었으므로 레위 사람들이 빠져도 기업을 받은 지파 수는 12이 된다.

II. 거룩한 분배(13:1-21:45)

D. 갈렙이 헤브론을 차지함(14:6-15)

6 그 때에 유다 자손이 길갈에 있는 여호수아에게 나아오고 그니스 사람 여분네의 아들 갈렙이 여호수아에게 말하되 여호와께서 가데스 바네아에서 나와 당신에게 대하여 하나님의 사람 모세에게 이르신 일을 당신이 아시는 바

라 [7] 내 나이 사십 세에 여호와의 종 모세가 가데스 바네아에서 나를 보내어 이 땅을 정탐하게 하였으므로 내가 성실한 마음으로 그에게 보고하였고 [8] 나와 함께 올라갔던 내 형제들은 백성의 간담을 녹게 하였으나 나는 내 하나님 여호와께 충성하였으므로 [9] 그 날에 모세가 맹세하여 이르되 네가 내 하나님 여호와께 충성하였은즉 네 발로 밟는 땅은 영원히 너와 네 자손의 기업이 되리라 하였나이다 [10] 이제 보소서 여호와께서 이 말씀을 모세에게 이르신 때로부터 이스라엘이 광야에서 방황한 이 사십오 년 동안을 여호와께서 말씀하신 대로 나를 생존하게 하셨나이다 오늘 내가 팔십오 세로되 [11] 모세가 나를 보내던 날과 같이 오늘도 내가 여전히 강건하니 내 힘이 그 때나 지금이나 같아서 싸움에나 출입에 감당할 수 있으니 [12] 그 날에 여호와께서 말씀하신 이 산지를 지금 내게 주소서 당신도 그 날에 들으셨거니와 그 곳에는 아낙 사람이 있고 그 성읍들은 크고 견고할지라도 여호와께서 나와 함께 하시면 내가 여호와께서 말씀하신 대로 그들을 쫓아내리이다 하니 [13] 여호수아가 여분네의 아들 갈렙을 위하여 축복하고 헤브론을 그에게 주어 기업을 삼게 하매 [14] 헤브론이 그니스 사람 여분네의 아들 갈렙의 기업이 되어 오늘까지 이르렀으니 이는 그가 이스라엘의 하나님 여호와를 온전히 좇았음이라 [15] 헤브론의 옛 이름은 기럇 아르바라 아르바는 아낙 사람 가운데에서 가장 큰 사람이었더라 그리고 그 땅에 전쟁이 그쳤더라

가나안 정복이 시작된 지 5년이 지나 85세가 된 갈렙이 여호수아를 찾았다(cf. 7, 10절). 갈렙은 유다 지파의 대표로 모세가 가나안 정탐에 보낸 사람이었다(민 13:6). 40일 동안 가나안을 정탐하고 온 열두 사람 중 유일하게 갈렙과 여호수아만 긍정적인 보고를 했다(민 14:6-9). 모세는 이 일로 인하여 그에게 특별한 배려를 약속했다(9절). 그러나 그 이후 이스라엘은 광야에서 40년 동안 방랑 생활을 했고 출애굽 1세대가 다 죽은 후에야 겨우 가나안에 입성했다. 이스라엘의 불신에 대한 하나님의 심판이었다.

성경은 갈렙이 유산을 받았다는 이야기를 세 차례나 전하고 있다(수 14:6-15; 15:13-19; 삿 1:12-15). 갈렙이 이스라엘 공동체에 매우 중요한 신앙의 모델이 되었다는 사실을 강조하기 위해서다. 또한 갈렙은 가나안을 정탐한 후 믿음으로 긍정적인 보고를 했던 일로 인하여 하나님의 특별한 축복을 받은 것을 강조하기 위해서다.

일부 주석가들은 갈렙이 이방인이었다고 주장한다(Pressler, Hubbard, cf. Hawk). 성경은 그를 그니스 사람(הַקְּנִזִּי)이라고 하는데(6절), 창세기 15:19는 아브라함의 후손들이 내쫓아야 할 가나안 사람 중 그니스 사람을 언급하고 있다(cf. 창 36:11, 15, 42; 대상 1:36, 53). 그렇다면 모세가 정탐꾼을 선발하여 가나안 땅으로 보낼 때, 유다 지파의 대표로 이방인인 갈렙이 뽑혔다는 것이다. 이스라엘 연합체가 인종/혈통적으로 우리가 생각하는 만큼 순수하지 않았던 것을 의미한다. 충분히 가능한 해석이다. 또한 라합과 기브온 사람들이 이미 이스라엘 공동체에 속하게 되었다는 점도 이스라엘이 혈통을 중심으로 형성된 공동체가 아니라 믿음을 중심으로 형성된 공동체라는 사실을 뒷받침한다. 그러나 갈렙의 조카 옷니엘도 그나스의 아들(בֶּן־קְנַז)이라고 불린다(15:17). 문맥을 고려하면 갈렙이 그니스 사람으로 불리는 것은 그가 이방인이어서가 아니라 조상 중에 그니스라는 이름을 가진 사람이 있었기 때문이라는 가능성을 배제할 필요는 없다. 그러므로 그를 믿음 좋은 이방인으로 단정짓기 전에 좀더 확고한 연구가 필요하다. 또한 대부분의 사람은 그니스(קְנִז)와 그나스(קְנַז)를 같은 이름으로 간주하지만(cf. HALOT), 서로 다른 족속/이름으로 구분하는 학자들도 있다(cf. Hess).

갈렙은 여호수아에게 자신의 지난날을 간략히 회고하며 모세가 그에게 약속했던 대로(9절; cf. 신1:36) 정복해서 취할 땅을 달라고 요구했다. 갈렙은 비록 자신의 나이가 85세이지만, 아직도 청년들처럼 전쟁을 할 수 있다는 말도 덧붙였다(11절). 그가 아직까지 살아 있다는 것은 하나님의 신실하심을 드러내는 일이다. 갈렙이 오래전에 하나님이 모세를 통해 약속하신 것을 이 순간 요구하는 것은 그의 신실함과 믿음의 표현이기도 하다.

반면에 그는 지난 45년 동안 한결같이 하나님이 약속을 이행하실 것을 믿고 기다리다가, 드디어 때가 되었다 싶어서 여호수아 앞에 당당하게 나와 하나님의 약속대로 땅을 달라고 요구하고 있다. 갈렙은 세월이 많이 지나 어느덧 85세의 노인이 되어 있었지만, 그는 아직도 순종(obedience), 열정(zeal), 선제(initiative)의 화신이었다(Hawk). 이러한 갈렙의 모습은 적당한 선에서 사역을 그만두고 물러날 생각을 하는 사람들에게 자극이 되어야 할 것이다. 목회자에게는 은퇴가 있어도 크리스천에게 은퇴는 없다.

갈렙은 아낙 사람들이 살고 있는 산간 지방을 달라고 한다(12절). 아낙 사람들을 무시해서가 아니다. 그들은 이스라엘이 가장 두려워해야 할 적이다. 그가 옛적 모세 시대 때 보고했던 것처럼 하나님이 함께하시면 아낙 사람들은 밥에 불과하다는 확신이 아직도 이 노인에게는 역력하다(12절). 많은 세월이 지났지만, 갈렙의 하나님의 능력에 대한 확신은 하나도 변하지 않았던 것이다. 이런 사람을 하나님이 축복하시는 것은 당연한 일이 아니겠는가! 갈렙이 유산을 달라고 부탁하는 것처럼 14-21장에는 자기에게 특별한 기업을 달라는 사람들이 더 있다. 악사(15:18-19), 슬로부핫의 딸들(17:3-6), 요셉 자손들(17:14-18), 레위 사람들(21:1-3)이다. 이들은 자신이 속해 있는 지파에 주어진 유산 외에 추가적인 땅을 요청했다.

갈렙의 말을 듣고 난 여호수아는 그에게 헤브론을 유산으로 주었다(13절). 모세의 후계자로서 하나님이 모세를 통해 주신 약속을 여호수아가 그대로 준수해 주는 것은 당연한 일이다. 또한 갈렙처럼 온전히 하나님을 따랐던 사람은 적절한 보상을 받아야 한다(Hess). 갈렙은 오늘날 크리스천들이 추구해야 할 가장 이상적인 믿음과 열정을 가진 사람 중 하나다. 갈렙은 사람보다는 하나님을 두려워했고, 하나님만 함께해 주신다면 나이와 육체적인 제한은 결코 한계가 될 수 없다는 것을 역력하게 드러낸 사람이었다.

헤브론은 아브라함의 아내 사라가 죽은 곳이다(창 23:2). 갈렙은 곧 헤브론을 정복하여 집안의 유산으로 삼았다. 물론 정복은 쉽지 않았을 것이다. 헤브론의 옛 이름 기럇아르바(קִרְיַת אַרְבַּע)는 '아르바의 성읍'이란 뜻이며, 이곳에 살았던 아르바는 아낙 사람들 가운데서 가장 위대한 인물이었으며(14절), 아낙 사람들의 조상이었다(15:13). 헤브론은 가나안 지역에서도 몸집이 가장 크고 두려운 거인 족의 성읍이었던 것이다.

아낙 자손의 영웅 아르바가 세운 도시에 이스라엘의 영웅 갈렙이 도전장을 냈다. 갈렙의 신념이 되어 있는 하나님에 대한 믿음에 따라 갈렙이 승리했다. 하나님의 도움을 받은 갈렙이 아낙 사람들, 그것도 그들이 가장 소중히 여기는 성읍 사람들과 싸워 승리했던 것이다. 저자는 '오늘날까지' 헤브론은 갈렙의 후손 몫으로 내려오고 있다고 한다(14절). 그가 하나님을 충성스럽게 따른 것에 대한 축복이라는 말도 더한다. 갈렙이 헤브론을 차지하게 된 것은 모든 사람이 'No!'라고 할 때, 홀로 하나님을 의지하고 'Yes!'라고 했던 그의 믿음과 신뢰에 대한 보상이다.

저자는 여호수아가 이미 헤브론을 정복했다고 한 적이 있다(10장; cf. 36, 39절; 11:21). 게다가 11:21은 여호수아가 아낙 자손들에게 이 성읍을 빼앗았다고 한다. 그렇다면 여기서 다시 갈렙이 헤브론을 받게 된 것은 무엇을 의미하는가? 이스라엘이 헤브론을 취한 후에 다시 아낙 사람들에게 넘어갔기 때문에 다시 빼앗을 필요가 있었단 말인가? 그렇게 해석하는 사람들도 있다(Howard).

그러나 11장은 아낙 자손들이 산악 지역에서 모두 진멸을 당했다는 점을 강조한다. 또한 갈렙이 여호수아 앞에 나타나 기업을 요구한 시기는 가나안 정복이 시작된 지 5년이 지난 다음이다(cf. 10절). 반면에 13:1은 여호수아가 가나안 정복을 시작한지 상당한 시간이 흐른 정황을 전제한다. 그렇다면 갈렙이 기업을 요구하는 이 사건은 아낙 사람들을 진멸시키고 헤브론을 정복했다는 11장의 일보다 먼저 있었던 사건으로 생각된다. 두 이야기의 시대적인 순서가 바뀌어 있는 것이다. 구약 내러티브에서 사건의 시대적 순서가 바뀌어 기록된 예는 종종 찾아볼 수 있는 현상이다.

E. 유다 지파의 기업(15:1-63)

유다 지파가 차지한 땅에 대한 설명은 그 어느 지파의 땅에 대한 설명보다 더욱 상세하고 구체적이며 명확하다. 유다 지파가 이스라엘 12지파 중 차지하고 있는 위치에 걸맞은 상황이다. 저자는 2-11절에서 그들이 차지한 땅을 설명하면서 아홉 가지 동사를 39차례 사용하고 있으며 동시에 수많은 전치사(to, from, alongside, etc.)를 함께 이용하고 있다(Howard). 게다가 경계선(גְּבוּל)이라는 단어가 이 섹션에서 21차례 등장하고 있는데, 이 단어가 책 전체에 84차례 사용된다는 점은 그만큼 저자의 유다 지파 땅에 대한 묘사가 생생하며 실질적이라는 것을 강조한다. 유다 지파에 속한 땅의 경계선들을 따르다 보면 마치 어린아이가 종이에 찍혀 있는 점들을 연필로 연결하는 듯한 느낌을 준다(Pressler).

이스라엘의 가장 유력한 지파인 유다는 가나안 남쪽 지역을 차지했다. 이 지파가 차지한 땅을 상세히 기록하고 있는 본 텍스트는 다음과 같이 세 섹션으로 구분될 수 있다. 핵심은 유다 지파의 자랑거리인 갈렙에 대한 이야기이다.

  A. 유다 지파가 차지한 땅(15:1-12)
    B. 갈렙의 헤브론과 드빌 정복(15:13-19)
  A′. 유다 지파가 차지한 성읍(15:20-63)

1. 유다 지파가 차지한 땅(15:1-12)

¹ 또 유다 자손의 지파가 그들의 가족대로 제비 뽑은 땅의 남쪽으로는 에돔 경계에 이르고 또 남쪽 끝은 신 광야까지라 ² 또 그들의 남쪽 경계는 염해의 끝 곧 남향한 해만에서부터 ³ 아그랍빔 비탈 남쪽으로 지나 신에 이르고 가데스 바네아 남쪽으로 올라가서 헤스론을 지나며 아달로 올라가서 돌이켜 갈가에 이르고 ⁴ 거기서 아스몬에 이르러 애굽 시내로 나아가 바다에 이르러 경계의 끝이 되나니 이것이 너희 남쪽 경계가 되리라 ⁵ 그 동쪽 경계는 염해이니 요단 끝까지요 그 북쪽 경계는 요단 끝에 있는 해만에서부터 ⁶ 벧 호글라로 올라가서 벧 아라바 북쪽을 지나 르우벤 자손 보한의 돌에 이르고 ⁷ 또 아골 골짜기에서부터 드빌을 지나 북쪽으로 올라가서 그 강 남쪽에 있는 아둠밈 비탈 맞은편 길갈을 향하고 나아가 엔 세메스 물들을 지나 엔로겔에 이르며 ⁸ 또 힌놈의 아들의 골짜기로 올라가서 여부스 곧 예루살렘 남쪽 어깨에 이르며 또 힌놈의 골짜기 앞 서쪽에 있는 산 꼭대기로 올라가나니 이곳은 르바임 골짜기 북쪽 끝이며 ⁹ 또 이 산 꼭대기에서부터 넵도아 샘물까지 이르러 에브론 산 성읍들로 나아가고 또 바알라 곧 기럇 여아림으로 접어들며 ¹⁰ 또 바알라에서부터 서쪽으로 돌이켜 세일 산에 이르러 여아림 산 곧 그살론 곁 북쪽에 이르고 또 벧 세메스로 내려가서 딤나를 지나고 ¹¹ 또 에그론 비탈 북쪽으로 나아가 식그론으로 접어들어 바알라 산을 지나고 얍느엘에 이르나니 그 끝은 바다며 ¹² 서쪽 경계는 대해와 그 해안이니 유다 자손이 그들의 가족대로 받은 사방 경계가 이러하니라

유다 지파가 받은 땅은 가나안 남쪽 지역이며, 남동쪽으로는 에돔을 접하고 있다. 남쪽으로는 신 광야에까지 이른다고 하는데(1절), 신 광야의 정확한 위치는 아직까지 밝혀지지 않았다(Howard). 저자는 2-4절을 통해 남쪽 경계선을 설명한다. 남쪽 경계선의 동쪽은 사해의 남쪽

끝에서 시작하여 아그랍빔(עַקְרַבִּים) 비탈, 신, 가데스바네아, 헤스론, 앗달, 갈가, 아스몬을 지나 지중해에 이른다. 아그랍빔은 '전갈들'을 뜻한다 해서 '전갈들의 비탈'이라고 풀이되기도 한다(NIV). 그러나 고유 명사이기 때문에 그대로 아그랍빔을 보존하는 것이 바람직하다.

이 섹션이 언급하고 있는 지명들의 구체적인 위치는 아직까지 확실하게 밝혀지지 않았지만, 한 가지 확실한 것은 유다의 남쪽 경계선은 사해 남쪽에서 지중해에 이르는 선을 따르고 있다는 것이다. 동쪽 경계선은 간단하다. 북쪽에서 남쪽으로 흐르는 요단 강이 자연적인 동쪽 경계선이 되었다(5절).

유다의 북쪽 경계선이 가장 자세하게 기록되어 있다. 경계선은 요단 강이 끝나며 사해를 만나는 곳에서 시작하여 벧호글라, 벧아라바, 르우벤의 아들 보한의 돌, 아골 골짜기, 드빌, 아둠밈 비탈, 길갈, 엔 세메스 물, 엔로겔, 힌놈의 아들 골짜기, 예루살렘 남쪽 비탈, 넵도아 샘물, 에브론, 바알라, 기럇여아림, 세일, 그살론 북쪽 비탈, 벧 세메스, 딤나, 식그론, 얍느엘을 거쳐 지중해에 이른다(5-11절). 유다 땅의 북쪽 경계선에 대한 이 설명은 유다가 북쪽 이웃이 될 베냐민 지파의 땅의 남쪽 경계선에 거의 일치한다(18:15-19).

야곱의 아들 르우벤에게는 보한이라는 아들이 있었다는 기록이 없다. 야곱의 아들이 아닌 다른 르우벤일 가능성이 있다. 또한 보한의 돌이 당시 사람들에게는 잘 알려진 곳이었겠지만, 우리는 이 돌이 어디에 있었는지도 모른다. '엔 세메스 물가'(מֵי־עֵין שֶׁמֶשׁ)(lit., '태양의 샘')는 예루살렘 근처에 있었다(Howard, Kallai). 엔로겔(עֵין רֹגֵל)은 훗날 다윗 성으로 알려진 곳의 남쪽에 있는 샘이었으며, 기드론 계곡에 있었다. 벧 세메스(בֵּית־שֶׁמֶשׁ)(lit. '태양의 집')는 이스갈(19:22)과 납달리(19:38)의 벧세메스와 구분되어야 한다.

저자는 마지막으로 '유다 지파에 속한… 사방 경계선이다'라는 말을 더한다(12절). 마치 모든 것이 순조롭고 평안하게 진행되고 있음을 시

사하는 듯한 표현이다. 드디어 유다 지파는 하나님의 은혜를 입어 수
백 년 동안 기대하던 기업을 받고 평안히 누리기 시작했다는 것이다.

2. 갈렙의 헤브론과 드빌 정복(15:13-19)

¹³ 여호와께서 여호수아에게 명령하신 대로 여호수아가 기럇 아르바 곧 헤브
론을 유다 자손 중에서 분깃으로 여분네의 아들 갈렙에게 주었으니 아르바
는 아낙의 아버지였더라 ¹⁴ 갈렙이 거기서 아낙의 소생 그 세 아들 곧 세새와
아히만과 달매를 쫓아내었고 ¹⁵ 거기서 올라가서 드빌 주민을 쳤는데 드빌의
본 이름은 기럇 세벨이라 ¹⁶ 갈렙이 말하기를 기럇 세벨을 쳐서 그것을 점령
하는 자에게는 내가 내 딸 악사를 아내로 주리라 하였더니 ¹⁷ 갈렙의 아우 그
나스의 아들인 옷니엘이 그것을 점령함으로 갈렙이 자기 딸 악사를 그에게
아내로 주었더라 ¹⁸ 악사가 출가할 때에 그에게 청하여 자기 아버지에게 밭
을 구하자 하고 나귀에서 내리매 갈렙이 그에게 묻되 네가 무엇을 원하느냐
하니 ¹⁹ 이르되 내게 복을 주소서 아버지께서 나를 네겝 땅으로 보내시오니
샘물도 내게 주소서 하매 갈렙이 윗샘과 아랫샘을 그에게 주었더라

이 섹션에 기록된 이야기는 14:6-15의 내용(특히 13-15절)을 확대하
여 설명한 것이다. 동시에 새로운 정보를 추가로 제공한다. 이스라엘
이 드빌을 정복한 것에 대하여서는 14장이 언급하지 않았다. 또한 여
호수아가 갈렙에게 땅을 준 것을 이 섹션에서는 '여호와께서 명하신 대
로' 순종한 것이라고 한다(13절). 갈렙이 땅을 달라고 찾아왔을 때 여호
수아가 하나님께 기도했고, 하나님께서 갈렙에게 땅을 주라고 하셨다
는 것을 뜻한다.
　갈렙이 헤브론을 차지하기 위하여 전쟁을 치렀고, 이 일로 인하여

세새, 아히만, 달매 등 세 명의 아낙 사람 지도자를 물리쳤다(14절). 이 세 사람은 갈렙이 모세의 명령에 따라 처음으로 가나안 땅에 정탐을 갔을 때 헤브론에 있었던 사람들이다(민 13:22). 갈렙은 45년 만에 이들을 자신의 '밥'으로 만들 수 있는 기회를 얻은 것이다. 갈렙은 이들을 성에서 내치면서 어떤 생각을 했을까? 이스라엘 백성이 45년 전에 하나님을 거역하지만 않았어도 이미 그들의 삶이 많이 달라져 있었을 것이라는 생각을 떨칠 수 없었을 것이다.

갈렙은 여세를 몰아 기럇 세벨(קִרְיַת־סֵפֶר)(lit., '책의 마을/성읍')이라고 알려진 드빌을 쳤다(15-16절). 그러나 드빌을 갈렙이 직접 정복하여 취한 것은 아니다. 그는 누구든지 올라가서 기럇 세벨을 치는 사람에게 자기 딸 악사를 아내로 주겠다고 했고, 그의 조카 옷니엘이 기럇 세벨을 정복하자 그에게 딸 악사를 아내로 주었다(17절). 사촌들끼리 결혼하게 된 것이다. 그러므로 옷니엘이 차지할 땅은 갈렙 집안에 머물게 된다. 옷니엘은 사사기가 기록하고 있는 이스라엘의 열두 사사 중 첫 번째 인물이다(삿 3:9-11).

악사가 아버지 갈렙에게 샘을 요구하는 이야기(18-19절)는 옛적에 리브가가 이삭을 처음 만났을 때와 비슷한 유형으로 진행된다(Hess, cf. 창 24:61-67). 첫째, 리브가와 악사 모두 짐승을 타고 이야기에 등장한다. 둘째, 둘 다 타고 있던 짐승에서 내려온다. 셋째, 두 사람 모두 요청하는 것이 있다. 넷째, 리브가와 악사 둘 다 원하는 것을 얻는다. 두 사람 모두 하나님이 아브라함에게 약속하신 축복을 유산으로 받기를 원하는 것이다. 이런 이유에서 아마도 이 이야기가 여기에 포함되었을 것으로 생각된다(Hess). 스스로 축복을 찾아나선 악사는 모든 크리스천에게 답습하고자 하는 모델이 되어야 한다.

그러나 악사 이야기는 여러 가지로 혼란스럽다. 첫째, 악사가 옷니엘에게 갈렙에게 가서 밭을 얻어내라고 재촉했다고(סות) 하는데, 이 동사는 성경에서 '화나게 하다, 자극하다' 등 항상 부정적으로 사용된다

(HALOT). 그렇다면 저자는 악사의 밭 요구가 바람직하지 않다고 평가하는 듯하다. 둘째, 악사가 누구를 재촉하는지 정확하지 않다. 물론 문맥을 감안할 때, 남편 옷니엘을 재촉하는 것이 거의 확실하지만, 마소라 사본은 그녀가 남성 3인칭 단수인 '그'(תוּ)를 자극했다고 되어 있을 뿐이다.

셋째, 악사가 남편 옷니엘에게 갈렙에게 가서 밭을 얻어오라고 했다면, 왜 악사가 남편 대신 아버지를 찾아간 것일까? 일부 칠십인역(LXX) 사본들은 악사가 옷니엘을 재촉한 것이 아니라, 옷니엘이 악사에게 아버지를 찾아가서 밭을 얻어오라고 재촉한 것으로 기록하고 있는데, 아마도 이 문제를 고려해서 이렇게 보완한 것으로 생각한다. 넷째, 악사가 처음에는 아버지로부터 밭(שָׂדֶה)을 얻기를 희망했는데(18절), 정작 그녀가 갈렙에게 요구한 것은 땅이 아니라 샘이다(19절). 아버지를 만나러 가는 도중에 마음이 바뀐 것일까? 악사가 먼저 밭을 달라고 해서 갈렙이 그녀에게 땅을 주었는데, 그녀가 받은 땅이 너무 메마르다는(אֶרֶץ הַנֶּגֶב)(lit., '남쪽 땅') 것을 알고 있었기에 추가로 샘을 달라고 하는 것으로 해석할 수도 있다. 갈렙은 딸에게 샘물 두 개를 주었다.

II. 거룩한 분배(13:1-21:45)
　　E. 유다 지파의 기업(15:1-63)

3. 유다 지파가 차지한 성읍(15:20-63)

²⁰ 유다 자손의 지파가 그들의 가족대로 받은 기업은 이러하니라 ²¹ 유다 자손의 지파의 남쪽 끝 에돔 경계에 접근한 성읍들은 갑스엘과 에델과 야굴과 ²² 기나와 디모나와 아다다와 ²³ 게데스와 하솔과 잇난과 ²⁴ 십과 델렘과 브알롯과 ²⁵ 하솔 하닷다와 그리옷 헤스론 곧 하솔과 ²⁶ 아맘과 세마와 몰라다와 ²⁷ 하살갓다와 헤스몬과 벧 벨렛과 ²⁸ 하살 수알과 브엘세바와 비스요댜와 ²⁹ 바알라와 이임과 에셈과 ³⁰ 엘돌랏과 그실과 홀마와 ³¹ 시글락과 맛만나와 산산나와 ³² 르바옷과 실힘과 아인과 림몬이니 모두 스물아홉 성읍과 그 마

을들이었으며 ³³ 평지에는 에스다올과 소라와 아스나와 ³⁴ 사노아와 엔간님과 답부아와 에남과 ³⁵ 야르뭇과 아둘람과 소고와 아세가와 ³⁶ 사아라임과 아디다임과 그데라와 그데로다임이니 열네 성읍과 그 마을들이었으며 ³⁷ 스난과 하다사와 믹달갓과 ³⁸ 딜르안과 미스베와 욕드엘과 ³⁹ 라기스와 보스갓과 에글론과 ⁴⁰ 갑본과 라맘과 기들리스와 ⁴¹ 그데롯과 벧다곤과 나아마와 막게다이니 열여섯 성읍과 그 마을들이었으며 ⁴² 립나와 에델과 아산과 ⁴³ 입다와 아스나와 느십과 ⁴⁴ 그일라와 악십과 마레사니 아홉 성읍과 그 마을들이었으며 ⁴⁵ 에그론과 그 촌락들과 그 마을들과 ⁴⁶ 에그론에서부터 바다까지 아스돗 곁에 있는 모든 성읍과 그 마을들이었으며 ⁴⁷ 아스돗과 그 촌락들과 그 마을들과 가사와 그 촌락들과 그 마을들이니 애굽 시내와 대해의 경계에까지 이르렀으며 ⁴⁸ 산지는 사밀과 얏딜과 소고와 ⁴⁹ 단나와 기럇 산나 곧 드빌과 ⁵⁰ 아납과 에스드모와 아님과 ⁵¹ 고센과 홀론과 길로이니 열한 성읍과 그 마을들이었으며 ⁵² 아랍과 두마와 에산과 ⁵³ 야님과 벧 답부아와 아베가와 ⁵⁴ 훔다와 기럇 아르바 곧 헤브론과 시올이니 아홉 성읍과 그 마을들이었으며 ⁵⁵ 마온과 갈멜과 십과 윳다와 ⁵⁶ 이스르엘과 욕드암과 사노아와 ⁵⁷ 가인과 기브아와 딤나니 열 성읍과 그 마을들이었으며 ⁵⁸ 할훌과 벧술과 그돌과 ⁵⁹ 마아랏과 벧 아놋과 엘드곤이니 여섯 성읍과 그 마을들이었으며 ⁶⁰ 기럇 바알 곧 기럇 여아림과 랍바이니 두 성읍과 그 마을들이었으며 ⁶¹ 광야에는 벧 아라바와 밋딘과 스가가와 ⁶² 닙산과 소금 성읍과 엔 게디니 여섯 성읍과 그 마을들이었더라 ⁶³ 예루살렘 주민 여부스 족속을 유다 자손이 쫓아내지 못하였으므로 여부스 족속이 오늘까지 유다 자손과 함께 예루살렘에 거주하니라

"이 땅이 유다 자손의 지파에 속한 여러 가문이 나누어 받은 유산이다"(20절, 새번역)가 앞 부분(1-19절)의 요약이자 결론인지, 아니면 다음 섹션(21-63절)의 서론인지에 대하여 다소 논란이 있다. 대부분 번역본과 주석가는 다음 섹션의 서론으로 취급하지만(NIV, 새번역; Pressler,

Hawk), 앞부분의 결론으로 보는 사람들도 있다(Howard). 내용을 이해하는 데 크게 문제되지는 않는다.

저자는 블레셋 사람들의 세 도시에 대한 언급(45-47절)만 제외하고는 유다가 차지한 성읍들의 이름만을 기록한다. 마소라 사본은 이 성읍들의 이름을 11개의 그룹으로 분류하고 있는데, 이 그룹들은 5개의 더 큰 단위로 묶여 있다. 이 단위들은 (1) 한 그룹으로 구성되어 있는 남쪽 지역(21-32절), (2) 세 그룹으로 형성되어 있는 서쪽 산기슭(33-44절), (3) 세 블레셋 도시로 구성된 한 그룹(45-47절), (4) 다섯 그룹으로 구성된 산악 지대(48-60절), (5) 한 그룹으로 구성된 광야 지역(61-62절) 등이다. 훗날 왕들이 유다를 통치할 때 이 구분을 기준으로 지역 혹은 도(province)로 나누어 세금을 거두고 군사를 징병한 것으로 생각된다(cf. 왕상 4:17-19).[27]

마소라 사본에 따라 성읍들의 숫자를 세어보면 122개에 달한다. 그러나 중간 중간에 저자가 기록하고 있는 숫자를(32, 36, 41, 44, 51, 54, 57, 59, 62절) 더해 보면 115밖에 되지 않는다. 여기에 옛 헬라어(Old Greek) 버전이 59절에 첨부하는 11개의 성읍을 더 추가하면 133과 126개의 성읍이 된다.

이 섹션에 기록된 성읍들의 반(=58개)이 성경의 다른 곳에서는 아예 언급되지 않는다. 또한 115개/122개 중 반 이상(69개)이 여호수아기를 벗어 나서는 언급되지 않는 이름들이다. 이 성읍 중 여호수아기 밖에서 등장하는 이름들 중 14개는 역대기와 느헤미야서의 목록에 등장한다. 유다의 성읍 중 2/3가 성경의 도시 목록에 등장할 뿐 별다른 중요성을 지니지 않고 있는 것이다. 게다가 이 성읍 중 상당수는 어디에 있었는지도 모른다. 유다가 차지한 남쪽 지역 목록(21-32절)은 시므온 지파의 기업과 겹치는 부분이 있다(19:2-8).

---

27 이와 반대로 대부분의 비평학자는 훗날 왕들이 유다를 여러 지역으로 나누어 다스렸던 일을 저자가 본문에 도입했다고 생각한다(Nelson, Hubbard, Hess). 이들은 가장 유력한 시대로 요시아 왕이 통치하던 시대(641-609)를 지목한다.

유다가 차지한 성읍들의 이름은 매우 광범위하고 인상적이다. 그 어느 지파의 목록보다 길고 자세하다. 역시 유다 지파의 위상에 걸맞은 목록인 것이다. 심지어는 유다의 성읍들이 가장 상세하게 나오는 것은 여호수아기의 저자/편집자가 유다 지파 사람이었거나 '유다 지파를 중심으로 하는 관점'을 지녔음을 보여주는 것으로 풀이하는 학자들도 있다(Hubbard).

유다의 성읍 중 9개는 시므온 지파가 차지한 18개의 성읍에 포함되어 있다(19:2-9). 시므온 지파가 유다의 영토 안에 기업을 받았기 때문이다(19:1, 9). 이러한 지리적 여건 때문에 시므온 지파는 세월이 지나면서 유다 지파에 자연스럽게 흡수된 것이라고 생각한다.

유다의 성읍 중 일부는 다른 지파들의 영토에도 포함되어 있다. 에스다올(33절; cf. 19:41), 에그론(45절; cf. 19:43), 딤나(47절; cf. 19:43) 등은 단 지파에게 주어진 도시들이다. 그러나 단 지파는 이 도시들을 정복하지 못했다(19:47). 실제적으로 유다도 이 성읍들을 차지하지 못했다. 다윗 시대에 접어들어서야 블레셋 사람들을 평정할 수 있었다. 벧아라바(61절)는 유다와 베냐민 지파의 경계선에 있었으며, 베냐민 지파의 경계선과 도시 목록에 등장한다(18:18, 22).

남쪽 도시들(21-32절)은 유다의 영토 중 가장 남쪽에 있는 것들이다. 저자는 32절에서 이 목록에 등장하는 성읍의 수를 29개라고 하지만, 실제적으로 세어 보면 36개의 이름으로 구성되어 있다. 이름들을 재구성해서 다른 숫자를 찾아내는 사람들도 있다. 볼잉과 라이트(Boling & Wright)와 넬슨(Nelson)은 각각 33개, 칼라이(Kallai)는 34개로, NIV, NASV, JPS, NRS 등은 36개로 구분한다. 저자가 29개라고 하는 것은 아마도 일부 성읍들이 이 목록에 숫자로 포함하기에는 너무 작은 규모의 마을이었기 때문이든지, 사본을 복사하던 사람들의 실수에서 빚어진 것이라고 생각한다(Keil). 이 목록은 유다의 성읍 그룹 중 가장 큰 것이다.

서쪽 산기슭에 있는 성읍들의 목록(33-44절)은 예루살렘에서 남서쪽으로 최소한 40㎞ 이상 떨어져 있는 세 지역의 도시로 구성되어 있다. 첫 번째 그룹(33-36절)은 예루살렘에서 가장 가까운, 이 목록에 등장하는 도시 중 가장 북쪽에 있는 것들로 14개의 이름으로 이루어져있다. 두 번째 그룹(37-41절)은 남서쪽에 있는 성읍들이며 16개로 구성되어 있다. 세 번째 그룹(42-44절)은 남동쪽에 있는 것들로 9개의 성읍으로 형성되어 있다. 이 지역은 총 39개의 도시를 포함하고 있으며, 26, 41, 44절이 주는 숫자의 셈과 맞아떨어진다.

목록의 처음 두 도시인 에스다올과 소라는 단 지파에게 주어졌던 것이기도 하다(19:41). 이 도시들은 유다 지파의 경계선에 조금 벗어난 도시들이며, 삼손이 블레셋 사람들과 싸우던 지역에 인접해 있던 곳이다(Howard, cf. 삿 13:25; 16:31). 도시의 이름 중 일부는 이스라엘이 차지한 지역의 다른 곳에 있는 성읍의 이름들이기도 하다. 게데스(23절)는 같은 이름을 지닌 납달리 지파의 것과 구분되어야 한다(19:37). 답부아(34절)는 에브라임과 므낫세 지파와 연관되어 여러 차례 언급되는 동일한 이름의 북쪽 도시와 다르다(16:8; 17:7-8; cf. 12:17). 엔간님(34절)과 벧다곤(41절) 역시 동일한 이름을 가진 잇사갈 지파의 성읍들과 다른 곳이다(19:21, 27).

블레셋 도시 셋(45-47절)이 목록의 중심부에 등장하는 것이 시사하는 바는 이스라엘의 실패를 부각시키고자 하는 듯하다(Hawk). 저자는 이미 13:2-6에서 이스라엘이 이 성읍들을 정복하지 못했다고 했다. 비록 이 성읍들이 유다에게 주어졌지만, 다윗 시대까지 이스라엘은 블레셋 지역을 평정하지 못했다. 에그론은 세 도시 중 가장 북쪽에 있었으며 나중에 단 지파에게 주어진다(19:43).

산악 지대의 성읍들(48-60절)은 대체적으로 남쪽에서 북쪽으로 올라가면서 만나는 순서로 기록되어 있다. 가장 남쪽에 있는 도시들(48-51절)은 11개의 이름으로 구성되어 있다. 두 번째 그룹(52-54절)은 첫 번째 그룹의 서쪽에 있는 것들로 9개의 이름을 포함하고 있다. 세 번째 그룹(55-57절)은 첫 번째 그룹의 북쪽에 있는 성읍들이며 총 10개를 포함하고 있다. 네 번째 그룹(58-59절)은 두 번째 그룹의 북쪽에 있었으며 6개로 구성되어 있다. 다섯 번째 그룹(60절)은 기럇 바알/기럇 여아림과 랍바 등 두 도시로 구성되어 있다. 이스르엘(56절)은 북쪽에 있는 잇사갈의 이스르엘과 구분되어야 한다(19:18). 기브아(57절)는 베냐민에게 기업으로 주어진 곳(18:28)으로 엘르아살 제사장이 묻힌 에브라임 지파의 성읍과는 다른 곳이다(24:33).

광야 지역의 성읍들 목록은(61-62절) 여섯 도시로 구성되어 있다. 이 도시들은 모두 사해의 북서쪽에 있는 것들이다. 이 중 엔 게디는 가장 중요한 도시로서 사해를 내려다보는 오아시스가 있는 곳이었다.

저자는 63절에서 유다 지파의 실패를 언급한다. 그들은 여부스 사람들이 사는 예루살렘을 정복하지 못하여 '오늘날까지' 그들이 그곳에서 살고 있다고 한다. 이스라엘의 지파가 원주민을 몰아내지 못한 것으로 기록되는 것은 유다가 처음이다. 가장 유력한 지파가 정복에 실패했다면 다른 지파들은 어떻게 될 것인가를 예측할 수 있는 빌미를 제공한다. 다소 혼란스러운 것은 예루살렘은 유다 지파의 기업에서 제외되었는데(8절), 본문은 예루살렘이 유다의 기업이라는 것을 전제한다는 것이다. 여호수아는 예루살렘을 베냐민 지파에게 할당한다(18:28). 아마도 예루살렘이 이 두 지파의 영토 경계선에 위치해서 비롯된 혼선이든지, 아니면 지파 중 가장 강인한 유다 지파가 베냐민 지파를 위하여 이 성읍을 정복하려 했지만, 실패했다는 것을 회고하는 것으로 생각된다.

결과적으로 예루살렘은 그 누구에 의하여도 정복되지 않은 성읍으로 남아 다윗에게는 이곳을 나라의 수도로 삼을 빌미를 제공한다. 예루살렘은 북쪽 지파들을 대표하는 요셉의 집안(viz., 베냐민)이나 남쪽 지파들을 대표하는 유다의 집안에도 속하지 않은 독립적인 땅이었기에 온 이스라엘을 다스리기에는 이상적인 곳이었던 것이다. 예루살렘은 다윗이 주전 1003년경에 정복했다. 그렇다면 '오늘까지' 예루살렘이 정복되지 않았다는 저자의 시대는 그 이전이었음을 암시한다.

저자는 이미 수차례 이스라엘이 가나안 땅에서 내쫓지 못한 민족들이 있다고 언급한 적이 있다. 사실 몰아내지 못한 것이 아니라, 몰아내지 않았다는 말이 더 정확한 표현이다. 노예를 부려서 얻는 이익 등 여러 가지 경제적인 이유로 인해 이들은 가나안 사람들을 모두 죽이지 않고 옆에 두고 노예로 부렸다(cf. 삿 1:28). 또한 히브리어 표현으로 힘이 약해 몰아내지 못한 것과 힘이 있으면서도 몰아내지 않은 것은 분명 다른데, 본문은 지속적으로 몰아내지 않았다고 한다. 앞으로 이스라엘은 이들과 함께 이웃이 되어 살아야 할 것이다. 사사기 1:8은 유다 지파가 예루살렘을 정복했다고 한다. 반면에 사사기 1:21은 베냐민 지파가 예루살렘을 정복하지 못했다고 한다.

| II. 거룩한 분배(13:1-21:45) |

F. 요셉 자손들의 기업(16:1-17:18)

이스라엘의 12 지파 중 가장 유력한 지파인 유다의 영토에 대하여 설명한 다음, 저자는 그 다음으로 중요한 지파들에게 눈을 돌린다. 특히 에브라임 지파는 훗날 분열 왕국 시대에 북 왕국 이스라엘에서 가장 중요한 위치를 누리게 된다. 이들은 베냐민 지파와 경계선을 같이하고 있으며 그들의 남쪽 라이벌인 유다 지파의 영토에서 그다지 멀리 떨어져 있지 않은 곳에 기업을 받았다. 한 가지 특이한 것은 저자는 요셉의 후손들이 차지한 도시들의 목록을 제시하지 않는다는 것이다. 저자는 이들이 차지한 땅의 전반적인 경계선을 설명할 뿐이다. 요셉 자손들이 지파 별로 얻은 땅의 범위를 설명하고 있는 이 섹션은 다음과 같이 네 파트로 구분된다. 첫 부분(A)과 마지막 부분(A')이 요셉 자손들이 차지한 땅에 대하여 전반적으로 설명하며, 요셉의 두 아들에서 비롯된 지파들의 몫(B, B')을 감싸고 있다.

    A. 요셉 자손들의 기업(16:1-4)
       B. 에브라임 지파의 기업(16:5-10)
       B'. 므낫세 반 지파의 기업(17:1-13)
    A'. 요셉 자손들을 위한 산악 지역(17:14-18)

III. 거룩한 분배(13:1-21:45)
  F. 요셉 자손들의 기업(16:1-17:18)

1. 요셉 자손들의 기업(16:1-4)

¹ 요셉 자손이 제비 뽑은 것은 여리고 샘 동쪽 곧 여리고 곁 요단으로부터 광야로 들어가 여리고로부터 벧엘 산지로 올라가고 ² 벧엘에서부터 루스로 나아가 아렉 족속의 경계를 지나 아다롯에 이르고 ³ 서쪽으로 내려가서 야블렛 족속의 경계와 아래 벧호론과 게셀에까지 이르고 그 끝은 바다라 ⁴ 요셉의 자손 므낫세와 에브라임이 그들의 기업을 받았더라

요셉에게서 비롯된 지파는 에브라임과 므낫세 등 둘이다. 이들 중 므낫세 지파의 일부는 이미 요단 강 동쪽에서 르우벤 지파, 갓 지파와 함께 기업을 받았다. 그러므로 이곳에서 언급되는 므낫세는 동편에서 유산을 받지 않은 나머지 사람들이다. 요셉의 자손들이 차지한 땅의 남쪽 경계선은 사해에서 지중해에 이르는데, 베냐민 지파가 받은 땅의 북쪽 한계선과 상당 부분 일치한다(cf. 18:12-13). 요셉의 자손들이 차지한 땅이 요셉의 동생 베냐민에게서 유래된 지파의 땅을 맞대고 있다는 뜻이다.

요셉의 후손들이 차지한 땅의 남쪽 한계선은 '여리고의 요단'(יַרְדֵּן יְרִיחוֹ)에서 시작한다(1절). 요단 강 물줄기 중 여리고 성 근처를 지나

335

는 부분을 의미하는 것이라고 생각한다. 이곳에서부터 북서쪽 산간 지역으로 올라가 벧엘에 이른다. 저자는 벧엘(בֵּית-אֵל)과 루스(לוּזָה)를 구분하는데, 성경의 다른 곳에서는 이 두 이름을 동일시한다(18:13; 창 28:19; 삿 1:23). 이러한 현상에 대하여 학자들의 의견이 분분하지만(cf. Woudstra, Boling & Wright, Nelson), NIV의 "Bethel (that is, Luz)"('벧엘[루스를 뜻함]')도 충분히 가능한 해석이다(Howard).

북서쪽 산악 지대를 향했던 경계선이 벧엘에서 남서쪽으로 뻗어 아렉 사람들의 지역을 지나 아다롯에 이른다(2절). 아렉 사람들(הָאַרְכִּי)은 창세기의 가나안 사람들 목록에 등장하는데(창 10:17), 다윗 왕의 전략가였던 후새가 이 아렉 사람이었다(삼하 15:32; 16:16). 아다롯(עֲטָרוֹת)은 에브라임 지파 영토의 북쪽 경계선에 있는 아다롯(16:7)과는 다른 곳이며, 베냐민 지파가 차지한 땅의 한계선으로 다시 언급된다(16:5; 18:13). 아다롯은 벧엘의 남서쪽에 있었다(Howard).

경계선은 서쪽으로 뻗어나가 야블렛 사람들의 땅을 지나 지중해에 이르렀다(3절). 야블렛 사람(יַפְלֵטִי)에 대하여 알려진 바는 없으며, 역대기 기자는 이들을 아셀 지파의 후손이라고 한다(대상 7:30-33). 경계선은 벧호른(בֵּית-חוֹרוֹן)과 게셀(גֶּזֶר)을 지나 지중해에 이른다(3절). 이 두 성읍은 해안에서 20㎞ 이상 떨어져 있는 내륙에 있다.

II. 거룩한 분배(13:1-21:45)
  F. 요셉 자손들의 기업(16:1-17:18)

2. 에브라임 지파의 기업(16:5-10)

[5] 에브라임 자손이 그들의 가족대로 받은 지역은 이러하니라 그들의 기업의 경계는 동쪽으로 아다롯 앗달에서 윗 벧호론에 이르고 [6] 또 서쪽으로 나아가 북쪽 믹므다에 이르고 동쪽으로 돌아 다아낫 실로에 이르러 야노아 동쪽을 지나고 [7] 야노아에서부터 아다롯과 나아라로 내려가 여리고를 만나서 요단

으로 나아가고 ⁸ 또 답부아에서부터 서쪽으로 지나서 가나 시내에 이르나니 그 끝은 바다라 에브라임 자손의 지파가 그들의 가족대로 받은 기업이 이러하였고 ⁹ 그 외에 므낫세 자손의 기업 중에서 에브라임 자손을 위하여 구분한 모든 성읍과 그 마을들도 있었더라 ¹⁰ 그들이 게셀에 거주하는 가나안 족속을 쫓아내지 아니하였으므로 가나안 족속이 오늘까지 에브라임 가운데에 거주하며 노역하는 종이 되니라

앞 섹션에서 에브라임과 므낫세 등 요셉의 후손들이 차지한 땅에 대한 전반적인 소개를 한 저자는 이제 에브라임 지파가 차지한 땅의 범위를 설명한다. 므낫세가 요셉의 장자였고 에브라임이 차남이었는데도 불구하고 에브라임의 후손이 먼저 언급되는 것은 야곱이 에브라임에게 더 큰 축복을 내렸기 때문이다(cf. 창 48장). 에브라임 지파의 땅은 위에서 소개된 땅 중에서도 가나안 지역의 중심 부분에 있다.

남쪽 경계선(5-6절)은 이미 2-3절에서 언급한 것과 별다른 차이가 없다. 에브라임 지파 땅의 북쪽 경계선은 믹므다(מִכְמְתָת)를 포함하고 있다(6절). 다아낫 실로(תַּאֲנַת שִׁלֹה)와 나아라(נַעֲרָה)는 이곳에서만 언급되는 이름들이며 야노아(יָנוֹחָה)는 이곳과 열왕기하 15:29에서 앗시리아 왕 디글랏이 정복한 성읍들 이름에 등장할 뿐이다.

북쪽 한계선의 서쪽은 답부아에서 시작되며 가나 개울을 따라 바다로 향한다고 한다(6절). '가나 개울'(נַחַל קָנָה)은 오늘날도 같은 이름(Wadi Qanah)으로 불리며 쉽게 확인할 수 있는 곳이다(Thompson). 저자는 므낫세 자손들에게 주어진 유산 중 일부는 에브라임 지파에게 주어진 것이라고 한다(9절). 아마도 야곱이 요셉의 두 아들에게 손을 얹고 축복했을 때, 에브라임이 더 많은 축복을 받았기 때문에 이런 일이 일어난 것 같다(cf. 창48장).

불행하게도 에브라임 지파도 유다처럼 일부 가나안 주민들을 몰아내지 못했다(10절). 아니 능력이 되면서도 일부러 몰아내지 않았다는 것

이 더 정확한 표현이다. 그들이 가나안 사람들을 내몰지 못한 성읍은 게셀이다. 여호수아는 게셀의 왕과 군대와 싸워 진멸시킨 적이 있다 (10:33). 그러나 본문의 내용을 감안할 때, 그때 게셀을 정복하지 못했거나 정복했지만, 곧바로 가나안 사람들에게 빼앗겼던 것으로 생각된다. 에브라임 지파가 게셀을 정복하지 못했기 때문에 가나안 사람들이 '오늘날까지' 에브라임 지파와 함께 살며 종 노릇 하고(מַס־עֹבֵד) 있다고 한다.

이스라엘도 이집트에서 종살이를 한 적이 있다(출 1:11). 그러므로 이스라엘이 가나안 사람들을 종으로 부리는 일은 좋은 일이 아니다. 노예가 되어 억압당하고 착취당하는 것이 얼마나 힘들고 불공평한 일이라는 것을 잘 아는 사람들이 어느덧 가해자가 되어 다른 사람들을 착취하고 억압하는 사람들이 되었기 때문이다.

하나님은 이스라엘에게 가나안 사람들을 진멸시키라고 하셨다(신 20:16-18). 그러므로 북쪽에서 가장 유력한 지파로 부상하는 에브라임은, 남쪽에서 가장 유력해질 유다 지파처럼 하나님의 말씀에 따라 맡겨진 임무를 완수하는데 실패한 것이다. 이스라엘에서 가장 큰 영향력을 행사하는 두 지파가 동일하게 실패했다는 것이 온 이스라엘의 미래를 불안하게 한다.

II. 거룩한 분배(13:1-21:45)
  F. 요셉 자손들의 기업(16:1-17:18)

3. 므낫세 반 지파의 기업(17:1-13)

¹ 므낫세 지파를 위하여 제비 뽑은 것은 이러하니라 므낫세는 요셉의 장자였고 므낫세의 장자 마길은 길르앗의 아버지라 그는 용사였기 때문에 길르앗과 바산을 받았으므로 ² 므낫세의 남은 자손을 위하여 그들의 가족대로 제비를 뽑았는데 그들은 곧 아비에셀의 자손과 헬렉의 자손과 아스리엘의 자손과 세겜의 자손과 헤벨의 자손과 스미다의 자손이니 그들의 가족대로 요셉

338

의 아들 므낫세의 남자 자손들이며 ³ 헤벨의 아들 길르앗의 손자 마길의 증손 므낫세의 현손 슬로브핫은 아들이 없고 딸뿐이요 그 딸들의 이름은 말라와 노아와 호글라와 밀가와 디르사라 ⁴ 그들이 제사장 엘르아살과 눈의 아들 여호수아와 지도자들 앞에 나아와서 말하기를 여호와께서 모세에게 명령하사 우리 형제 중에서 우리에게 기업을 주라 하셨다 하매 여호와의 명령을 따라 그들에게 그들의 아버지 형제들 중에서 기업을 주므로 ⁵ 요단 동쪽 길르앗과 바산 외에 므낫세에게 열 분깃이 돌아갔으니 ⁶ 므낫세의 여자 자손들이 그의 남자 자손들 중에서 기업을 받은 까닭이었으며 길르앗 땅은 므낫세의 남은 자손들에게 속하였더라 ⁷ 므낫세의 경계는 아셀에서부터 세겜 앞 믹므닷까지이며 그 오른쪽으로 가서 엔답부아 주민의 경계에 이르나니 ⁸ 답부아 땅은 므낫세에게 속하였으되 므낫세 경계에 있는 답부아는 에브라임 자손에게 속하였으며 ⁹ 또 그 경계가 가나 시내로 내려가서 그 시내 남쪽에 이르나니 므낫세의 성읍 중에 이 성읍들은 에브라임에게 속하였으며 므낫세의 경계는 그 시내 북쪽이요 그 끝은 바다이며 ¹⁰ 남쪽으로는 에브라임에 속하였고 북쪽으로는 므낫세에 속하였고 바다가 그 경계가 되었으며 그들의 땅의 북쪽은 아셀에 이르고 동쪽은 잇사갈에 이르렀으며 ¹¹ 잇사갈과 아셀에도 므낫세의 소유가 있으니 곧 벧 스안과 그 마을들과 이블르암과 그 마을들과 돌의 주민과 그 마을들이요 또 엔돌 주민과 그 마을들과 다아낙 주민과 그 마을들과 므깃도 주민과 그 마을들 세 언덕 지역이라 ¹² 그러나 므낫세 자손이 그 성읍들의 주민을 쫓아내지 못하매 가나안 족속이 결심하고 그 땅에 거주하였더니 ¹³ 이스라엘 자손이 강성한 후에야 가나안 족속에게 노역을 시켰고 다 쫓아내지 아니하였더라

요셉의 큰아들 므낫세의 후손들이 차지한 땅에 대한 이야기이다. 므낫세 반 지파의 영토를 설명하는 이 섹션의 분량이 에브라임 지파의 기업을 설명하는 것보다 더 많다. 내용이 상세해서라기보다는 므낫세 지파에 속한 사람들의 특별한 이야기들(1-6절)이 포함되어 있기 때문

이다. 므낫세 지파가 차지한 땅의 범위에 대한 실제적인 설명은 7-13
절로 제한되어 있다.

므낫세의 맏아들이었다는 길르앗의 아버지 마길(1절)은 성경이 언급
하는 므낫세의 유일한 아들이었다(창 50:23; 민 26:29). 마길의 후손들은
이미 요단 강 동편에 있는 길르앗과 바산을 차지했다(1절). 그의 나머
지 후손들로 언급되는 이에셀, 헬렉, 아스리엘, 세겜, 헤벨, 스미다 등
은 모두 길르앗의 아들들이다(민 26:30-32). 마길의 후손 중 길르앗의
아들들에게서 유래된 사람들만 요단 강 서편을 차지했고, 나머지 사람
들은 모두 동쪽에 정착한 것을 뜻한다.

길르앗의 여섯 아들 중 헤벨은 슬로브핫을 낳았는데, 슬로브핫에게
는 아들은 없었고 딸만 다섯이 있었다(3절; cf. 민 26:33). 그 딸들의 이름
은 말라, 노아, 호글라, 밀가, 디르사였다. 유산은 남자 자손들에게만
주어지기 때문에 슬로브핫의 집안은 유산을 잃을 수 있는 위기에 처해
있었으며, 딸들은 이 사실을 잘 알고 있었다. 그러므로 그들은 모세에
게 가서 자신들이 처한 상황에 대하여 호소했고, 모세는 하나님께 이
들의 상소를 어떻게 처리해야 하는지를 물었다. 하나님은 모세에게 그
들의 요구가 정당하시다며 아들이 없이 죽는 사람들의 유산에 대한 규
칙을 말씀해 주셨다(민 27:1-11).

모세의 판례에 따라 슬로브핫의 딸들은 여호수아와 엘르아살 제사
장을 찾아와 옛적 하나님의 말씀을 상기시키며 땅을 달라고 했다(4절).
모세를 통한 말씀에 절대적으로 복종하고 있던 여호수아는 당연히 그
들의 요구에 따라 므낫세 영토 안에 그들의 몫을 주었다. 그러므로 요
단 강 서쪽 지역은 길르앗의 다섯 아들과 그의 다섯 손녀 등 총 10명의
몫이 되었다(5절). 므낫세 지파가 강 동쪽에서 길르앗과 바산 등 두 몫
을 이미 차지했던 것을 감안할 때, 므낫세 지파는 총 12몫을 차지하고
있다. 슬로브핫 딸들의 몫이 어느 정도 컸는지는 모르겠지만, 저자는
이들이 다섯 숙부와 비등한 크기의 땅을 받은 것으로 기록하고 있는

듯하다. 아들이 없었던 길르앗의 여섯째 아들 슬로브핫의 딸들이 한 지파에게 가는 땅의 반을 차지했던 것이다.

므낫세 지파가 차지한 땅을 규정하고 있는 10-11절에는 몇 개의 성읍 이름이 포함되어 있지만, 유다 지파의 것과 같은 목록은 등장하지 않는다. 므낫세 지파는 북쪽으로 아셀 지파의 영토를 접하며, 남쪽으로는 믹므닷에 이른다(7절). 므낫세의 남쪽 경계선은 에브라임의 북쪽 경계선과 흡사하다. 경계선은 믹므닷에서 남쪽으로 뻗었으며 엔답부아(lit., '답부아의 우물')를 통과하지만, 답부아를 포함하지는 않는다(7절). 답부아는 에브라임 지파의 땅이다(16:8). 경계선은 남쪽에 있는 가나개울(cf. 16:8)을 지나 지중해에 이른다.

므낫세가 차지한 땅의 북동쪽은 잇사갈에, 북서쪽은 아셀에 맞닿았다. 가나 개울 남쪽에 있는 성읍들은 므낫세 지역 가운데 있지만, 에브라임에 속했다(9절). 아울러 11절은 잇사갈과 아셀 등 다른 지파들의 영토 안에 있는 므낫세의 땅을 언급한다. 전체적으로 각 지파 사이에 경계선이 그어지고 있지만, 예외의 경우들이 생기고 있는 것이다. 영토의 경계선에 등장하는 세겜(2, 7절; cf. 21:21)과 다아낙(11절; cf. 21:25) 등 두 도시는 레위 사람들의 땅이 된다.

므낫세 지파의 땅에 대한 이야기도 불안한 정보를 제공하며 막을 내린다. 므낫세 자손들이 11절에 언급된 성읍들에서 가나안 사람들을 쫓아내지 못했다는 것이다(12절). 사실 쫓아내지 못한 것이 아니라, 쫓아내지 않았다. 결국 가나안 사람들은 이스라엘 사람들의 종이 되어 그들 사이에 살게 되었다(13절). 유산을 받은 지파가 가나안 사람들을 쫓아내지 못했다(않았다)는 말이 벌써 세 번째 등장하고 있다(cf. 15:63; 16:10). 유다, 에브라임, 므낫세 등 이스라엘 지파 중 가장 크고 여력이 있는 세 지파가 유산으로 받은 땅에서 가나안 사람들을 몰아내지 못했다는 것은 이스라엘의 미래에 먹구름이 끼고 있다는 것을 암시한다. 이 구름은 사사기에서 비구름으로 변한다.

4. 요셉 자손들을 위한 산악 지역(17:14–18)

[14] 요셉 자손이 여호수아에게 말하여 이르되 여호와께서 지금까지 내게 복을 주시므로 내가 큰 민족이 되었거늘 당신이 나의 기업을 위하여 한 제비, 한 분깃으로만 내게 주심은 어찌함이니이까 하니 [15] 여호수아가 그들에게 이르되 네가 큰 민족이 되므로 에브라임 산지가 네게 너무 좁을진대 브리스 족속과 르바임 족속의 땅 삼림에 올라가서 스스로 개척하라 하니라 [16] 요셉 자손이 이르되 그 산지는 우리에게 넉넉하지도 못하고 골짜기 땅에 거주하는 모든 가나안 족속에게는 벧 스안과 그 마을들에 거주하는 자이든지 이스르엘 골짜기에 거주하는 자이든지 다 철 병거가 있나이다 하니 [17] 여호수아가 다시 요셉의 족속 곧 에브라임과 므낫세에게 말하여 이르되 너는 큰 민족이요 큰 권능이 있은즉 한 분깃만 가질 것이 아니라 [18] 그 산지도 네 것이 되리니 비록 삼림이라도 네가 개척하라 그 끝까지 네 것이 되리라 가나안 족속이 비록 철 병거를 가졌고 강할지라도 네가 능히 그를 쫓아내리라 하였더라

요셉의 후손들이 차지한 땅에 대한 이야기(16–17장)는 그들이 차지한 땅의 전반적인 소개로 시작했다(16:1–4). 저자는 그들의 땅에 대한 이야기를 다시 므낫세와 에브라임 지파 구분 없이 요셉 자손들의 전체적인 이야기로 끝을 맺는다. 요셉의 자손들(에브라임 지파와 므낫세 지파 사람들)이 불만을 가지고 여호수아를 찾아온 것이다(14절). 그들은 인구에 비해 주어진 땅이 너무 좁다고 한다(14절). 자손이 많은 것은 여호와의 축복인데, 왜 여호수아는 그들에게 걸맞지 않은 작은 땅을 주느냐는 것이다. 그러나 요셉 자손들의 어투에 교만과 욕심이 서려 있다.

개인이나 집단이 여호수아를 찾아와 땅을 달라고 하는 일명 '땅 수여 이야기'(land grant narrative)로는 이 이야기가 네 번째다. 갈렙, 그의 딸 악사, 슬로브핫의 딸들이 이미 여호수아를 찾아와 땅을 얻었다. 이 이야

기는 처음 세 이야기보다 훨씬 더 부정적인 분위기를 지니고 있다. 처음 세 이야기는 모두 이미 하나님이 약속하신 대로 땅을 달라고 온 사건들이었다. 반면에 요셉의 후손들은 하나님의 약속에 따라 여호수아를 찾은 것이 아니라, 단지 욕심 때문에 그를 찾았다(Howard). 당연히 처음 세 가지 요구를 허락했던 여호수아가 이번 요구는 거부한다.

여호수아는 요셉 자손들에게 자신들이 차지한 에브라임 산간 지방이 너무 작다면, 브리스 사람과 르바임 사람의 땅인 산간 지대로 올라가 취하라고 한다(15절). 여호수아의 발언은 이스라엘이 정복해야 할 땅이 아직도 많이 남아 있다는 것을 시사한다(cf. 13:1). 이에 대해 그들은 여호수아가 말하는 산간 지방마저도 넉넉한 땅이 아니라며, 이곳에는 철 병거를 가진 가나안 사람들이 살고 있다고 대답한다(16절). 좀더 풍요롭고, 차지하기도 쉬운 땅을 달라는 것이다. 실제적으로 산간 지역에서 철 병거는 효과적인 전쟁 무기가 아니다. 그러므로 이들이 철 병거가 두렵다고 하는 것은 핑계에 불과하다. 땀을 흘리지 않고 욕심을 채우겠다는 심보다.

여호수아는 다시 그들에게 도전한다. 그들 자신이 말한 것처럼(cf. 14절) 요셉 자손들은 큰 무리요, 큰 힘을 가졌으니 그들을 쫓아내지 못할 이유가 없다고 단언한다(17~18절). 즉, 추가적인 땅이 필요하면 열심히 땀 흘려서 스스로 얻으라는 것이다. 또한 여호수아기가 지금까지 강조한 것은 전쟁은 철 병거와 같은 기술력과 무기에 달려 있지 않고 여호와께 속했다는 것이다. 이 순간 요셉 자손들은 이러한 사실을 잊고 있다. 이스라엘의 신앙이 벌써 쇠퇴하고 있는 것일까? 그러므로 여호수아의 권고는 마치 신앙을 다시 회복하라는 소리로 들린다.

여호수아가 이처럼 단호하게 말할 수 있었던 것은 하나님의 확고한 의지가 뒷받침되었으며, 여기에 여호수아 자신도 에브라임 지파에 속한 사람이라는 사실이 작용했을 것이다. 지파별 땅 분배 문제는 매우 예민한 이슈일 수밖에 없다. 이런 상황에서 요셉의 후손이 아닌 사람들이 이처럼 강하게 요구했다면, 여호수아와 지도자들이 그들의 요구를 쉽게 물리치지 못할 수도 있다. 다행히 여호수아가 에브라임 지파 사람이었기 때문에 이렇게 말할 수 있었으며, 그의 지파 사람들이 여호수아가 사심 없이 하나님의 뜻을 전달하고 있다고 생각했기 때문에 여호수아의 거부를 그대로 수용하게 되었을 것이다.

II. 거룩한 분배(13:1–21:45)

G. 그 외 지파들의 기업(18:1–19:51)

여호수아가 이스라엘의 가장 유력한 세 지파에게 땅을 분배한 곳은 여리고 근처에 있는 길갈이었다(cf. 14:6). 이제 남은 일곱 지파의 땅 분배 이야기는 무대를 옮겨 실로에서 진행된다(18:1). 실로는 여리고에서 북서쪽으로 24㎞ 정도 떨어져 있는 곳이다. 실로는 에브라임 지파에 속한 땅이며(16:6), 다윗 시대에 이르기까지 종교적으로 매우 중요한 곳이었다(삼상 1:9). 하나님의 법궤가 줄곧 이곳에 있다가(삼상 3:3) 엘리 제사장의 아들들에 의하여 블레셋과의 전쟁터로 나갔다가 다시는 이곳으로 돌아오지 않았다(cf. 삼상 4장). 그 이후 실로는 종교적인 중요성에서 몰락한 것으로 추정된다(시 78:60; 렘 7:14). 대부분 학자는 실로의 몰락을 주전 1050년 경에 있었던 일로 본다.

이스라엘의 나머지 일곱 지파가 받은 기업에 대한 회고를 중심으로 형성된 본 텍스트는 다음과 같이 구분될 수 있다.

A. 개요(18:1–10)
B. 베냐민 지파의 기업(18:11–28)
C. 시므온 지파의 기업(19:1–9)
D. 스불론 지파의 기업(19:10–16)

> II. 거룩한 분배(13:1-21:45)
>   G. 그외 지파들의 기업(18:1-19:51)

1. 개요(18:1-10)

¹ 이스라엘 자손의 온 회중이 실로에 모여서 거기에 회막을 세웠으며 그 땅은 그들 앞에서 돌아와 정복되었더라 ² 그러나 이스라엘 자손 중에 그 기업의 분배를 받지 못한 자가 아직도 일곱 지파라 ³ 여호수아가 이스라엘 자손에게 이르되 너희가 너희 조상의 하나님 여호와께서 너희에게 주신 땅을 점령하러 가기를 어느 때까지 지체하겠느냐 ⁴ 너희는 각 지파에 세 사람씩 선정하라 내가 그들을 보내리니 그들은 일어나서 그 땅에 두루 다니며 그들의 기업에 따라 그 땅을 그려 가지고 내게로 돌아올 것이라 ⁵ 그들이 그 땅을 일곱 부분으로 나누되 유다는 남쪽 자기 지역에 있고 요셉의 족속은 북쪽에 있는 그들의 지역에 있으니 ⁶ 그 땅을 일곱 부분으로 그려서 이 곳 내게로 가져오라 그러면 내가 여기서 너희를 위하여 우리 하나님 여호와 앞에서 제비를 뽑으리라 ⁷ 레위 사람은 너희 중에 분깃이 없나니 여호와의 제사장 직분이 그들의 기업이 됨이며 갓과 르우벤과 므낫세 반 지파는 요단 저편 동쪽에서 이미 기업을 받았나니 이는 여호와의 종 모세가 그들에게 준 것이니라 하더라 ⁸ 그 사람들이 일어나 떠나니 여호수아가 그 땅을 그리러 가는 사람들에게 명령하여 이르되 가서 그 땅으로 두루 다니며 그것을 그려 가지고 내게로 돌아오라 내가 여기 실로의 여호와 앞에서 너희를 위하여 제비를 뽑

으리라 하니 ⁹ 그 사람들이 가서 그 땅으로 두루 다니며 성읍들을 따라서 일곱 부분으로 책에 그려서 실로 진영에 돌아와 여호수아에게 나아오니 ¹⁰ 여호수아가 그들을 위하여 실로의 여호와 앞에서 제비를 뽑고 그가 거기서 이스라엘 자손의 분파대로 그 땅을 분배하였더라

저자는 지금부터 하는 이야기가 이스라엘이 가나안 땅을 정복한 뒤의 일이라고 한다. 이스라엘은 실로에 하나님의 임재의 상징인 회막(אֹהֶל מוֹעֵד)을 세웠다(1절). 회막은 레위 사람들이 운반하고 다니던 하나님의 장막을 뜻한다. 일종의 이동식 성전이었던 것이다(cf. 출 26장). 모세와 이스라엘 사람들이 하나님을 만나기 위하여 진영의 바깥쪽에 종종 세웠던 텐트도 회막이라고 불렀다(출 33:7). 여호수아는 아직 땅을 차지하지 않은 일곱 지파에게 지파마다 세 사람씩 선발하여 땅을 두루 돌아본 다음 7등분 해오면 제비뽑기로 각 지파에게 땅을 주겠다고 했다. 본문은 각 지파에서 선발된 사람들이 자신들이 본 것을 기록해야 한다는 것을 세 차례나 강조한다(4, 6, 8절). 여호수아가 지시한 대로 그들은 조심스럽게 땅에 대하여 기록했다(9절).

일곱 지파에게 땅을 주시는 분은 '그들의 조상의 하나님'이다(3절). 일곱 지파가 땅을 받는 것은 이미 하나님이 그들의 조상들에게 하신 약속을 지키시는 일이라는 것을 암시한다. 그런데도 이스라엘이 적극적으로 땅 정복에 나서지 않는다. 그래서 여호수아는 그들에게 "여호와께서 너희에게 주신 땅을 점령하러 가기를 어느 때까지 지체하겠느냐"라며 책망을 한다(3절). 여호수아는 조금만 더 열정적으로 노력하면 될 일을 미루고 있는 이스라엘이 아쉽다(cf. Dallaire).

저자는 5-7절을 통해 땅을 나누는 일에 있어서 이스라엘의 모든 지파가 빠짐없이 고려되었다는 것을 강조한다. 므낫세 반 지파가 강 동편과 서편에서 기업을 받은 것을 감안하면 본문은 총 13개의 땅 분배를 언급한다. 여기에 레위 지파도 고려의 대상이다. 비록 그들이 다른

지파들처럼 기업을 받지는 못했지만, 왜 레위 사람들은 유산을 받지 못했는지 그 이유를 정확히 밝히고 있는 것이다. 그동안 이스라엘은 가나안 사람들을 내쫓는 일에만 주력했지 땅 분배는 보류하고 있었던 것으로 생각된다.

여호수아가 지파들에게 땅을 분배해 주시는 일에 하나님이 함께하시면서 그를 지도하시는 것이 역력하다. 첫째, 하나님의 회막이 함께한다(18:1; 19:51). 둘째, '하나님 앞'(לִפְנֵי יְהוָה)이라는 표현이 계속 강조된다(18:6, 8, 10; 19:51). 셋째, 하나님이 주관하시는 제비뽑기가 분배 방법으로 사용된다(18:6, 10-11; 19:1, 10, 17, 24, 32, 40, 51). 하나님의 임재가 강조되는 것은 레위기 26:11-12에 약속된 축복이 성취되어 가고 있다는 것을 시사한다(Koorevaar): "너희가 사는 곳에서 나도 같이 살겠다. 나는 너희를 싫어하지 않는다. 나는 너희 사이에서 거닐겠다. 나는 너희의 하나님이 되고, 너희는 나의 백성이 될 것이다"(새번역).

이 일곱 지파가 차지하는 땅의 면적을 계산해 보면 이스라엘이 차지한 전체의 1/3 정도가 된다(Pressler). 유다 지파가 이미 1/3을 차지했고, 에브라임과 므낫세가 1/3을 차지했으며, 나머지 지파들이 남은 1/3을 나누었던 것이다. 훗날 나머지 지파 중 일부는 이 유력한 세 지파에게 흡수되는 듯한 느낌을 준다. 예를 들자면 유다의 영토에 기업을 얻은 시므온 지파가 세월이 흐르며 유다에 흡수되었던 것으로 추정되는 것이다.

---

2. 베냐민 지파의 기업(18:11-28)

[11] 베냐민 자손 지파를 위하여 그들의 가족대로 제비를 뽑았으니 그 제비 뽑은 땅의 경계는 유다 자손과 요셉 자손의 중간이라 [12] 그들의 북방 경계는 요단에서부터 여리고 북쪽으로 올라가서 서쪽 산지를 넘어서 또 올라가서 벧

347

아웬 황무지에 이르며 [13] 또 그 경계가 거기서부터 루스로 나아가서 루스 남쪽에 이르나니 루스는 곧 벧엘이며 또 그 경계가 아다롯 앗달로 내려가서 아래 벧호론 남쪽 산 곁으로 지나고 [14] 벧호론 앞 남쪽 산에서부터 서쪽으로 돌아 남쪽으로 향하여 유다 자손의 성읍 기럇 바알 곧 기럇 여아림에 이르러 끝이 되나니 이는 서쪽 경계며 [15] 남쪽 경계는 기럇 여아림 끝에서부터 서쪽으로 나아가 넵도아 물 근원에 이르고 [16] 르바임 골짜기 북쪽 힌놈의 아들 골짜기 앞에 있는 산 끝으로 내려가고 또 힌놈의 골짜기로 내려가서 여부스 남쪽에 이르러 엔 로겔로 내려가고 [17] 또 북쪽으로 접어들어 엔 세메스로 나아가서 아둠밈 비탈 맞은편 글릴롯으로 나아가서 르우벤 자손 보한의 돌까지 내려가고 [18] 북으로 아라바 맞은편을 지나 아라바로 내려가고 [19] 또 북으로 벧 호글라 곁을 지나서 요단 남쪽 끝에 있는 염해의 북쪽 해만이 그 경계의 끝이 되나니 이는 남쪽 경계며 [20] 동쪽 경계는 요단이니 이는 베냐민 자손이 그들의 가족대로 받은 기업의 사방 경계였더라 [21] 베냐민 자손의 지파가 그들의 가족대로 받은 성읍들은 여리고와 벧 호글라와 에멕 그시스와 [22] 벧 아라바와 스마라임과 벧엘과 [23] 아윔과 바라와 오브라와 [24] 그발 암모니와 오브니와 게바이니 열두 성읍과 또 그 마을들이며 [25] 기브온과 라마와 브에롯과 [26] 미스베와 그비라와 모사와 [27] 레겜과 이르브엘과 다랄라와 [28] 셀라와 엘렙과 여부스 곧 예루살렘과 기부앗과 기럇이니 열네 성읍이요 또 그 마을들이라 이는 베냐민 자손이 그들의 가족대로 받은 기업이었더라

아직 기업을 받지 못한 나머지 일곱 지파 중 베냐민 지파의 땅에 대한 언급이 가장 먼저 나오며 가장 자세하게 기록되어 있다. 나머지 지파들의 땅에 대한 이야기는 평균 8절에 불과하지만, 베냐민 지파가 차지한 땅 이야기는 18절을 차지한다. 베냐민 지파의 유산이 이렇게 자세히 기록되는 이유는 이 지파가 이스라엘에서 차지하는 비중도 중요한 요소이지만, 베냐민의 땅이 남쪽으로는 유다 지파를, 북쪽으로는 에브라임 지파를 접하고 있기 때문이다. 베냐민이 두 슈퍼 지파 사이

에 완충 지역 역할을 하고 있는 것이다.

베냐민 지파가 차지한 땅에 대한 설명은 북쪽에서 시작하여, 서쪽, 남쪽, 동쪽, 즉 시계의 반대 방향으로 진행된다. 베냐민이 북쪽으로는 에브라임 지파의 땅을 접하고 있기 때문에 북쪽 한계선에 대한 설명이 대체적으로 에브라임 지파의 남쪽 한계선 설명과 일치한다(cf. 16:1-5). 다만 차이점은 본문이 벧아웬을 언급하고 있다는 것이다(13절). 저자는 이미 벧아웬이 벧엘의 동쪽에 있으며 여리고와 아이에서 멀지 않다고 했다(7:2). 그러나 정확한 위치는 아직도 논란의 대상이다 (Arnold). 아모스서는 벧엘을 비하하면서 벧아웬이라고 부르는데, 본문에서는 이 둘이 비슷한 지역에 있었지만, 분명 다른 고장이라는 것을 암시하고 있다.

베냐민 지파가 차지한 땅의 한계선을 살펴보면 서쪽 경계선은 매우 짧다. 그들이 차지한 땅이 남쪽에서 북쪽까지는 매우 짧다는 뜻이다. 반면에 동쪽에서 서쪽으로는 훨씬 더 길다. 베냐민의 경계선 중 남쪽 경계선이 가장 자세하게 기록되어 있다. 아마도 그들이 이스라엘에서 가장 유력한 지파인 유다를 남쪽에 두고 있기 때문일 것이다(Howard). 베냐민 지파의 땅의 동쪽 한계선은 요단 강이다(20절).

베냐민 지파의 유산에 대한 설명이 그들이 차지한 도시 목록으로 끝을 맺는다(21-28절). 그들의 성읍 목록은 유다 지파와 레위 사람들의 목록에 이어 세 번째로 큰 것이다. 이 도시 목록은 동쪽에 있는 열두 성읍과(21-24절), 서쪽에 있는 열네 성읍(25-28절)의 이름으로 구성되어 있다. 벧 아라바(22절)는 유다의 경계선 설명뿐만 아니라 도시 목록에도 등장했다(15:6, 61). 이 성읍이 단순히 경계선에만 등장하는 것이 아니라 두 지파의 성읍 목록에 동일하게 등장하는 것은 아마도 이 도시를 두 지파가 함께 사용해야 한다는 것을 의미하는 듯하다(Keil).

베냐민의 성읍 중 다른 지파들의 성읍들과 이름이 같은 것들이 있다. 이 성읍들은 같은 이름을 가지고 있을 뿐, 서로 다른 지역에 있는

것들이다. 오브라(23절)는 므낫세의 영토에 있는 오브라와 다른 곳이
다(삿 6:24; 8:27). 라마(25절)는 아셀 지파의 북쪽 한계선에 있는 라마
(19:29), 납달리 지파의 라마(19:36), 시므온 지파의 라마(19:8)와 구분되
어야 한다. 아마도 라마(רָמָה)라는 이름이 '높은 곳'이라는 뜻을 지니
고 있어서 많은 곳이 라마라고 불렸던 것으로 생각된다. 미스바(26절)
는 유다의 미스바와 다르다(15:38). 기브아(27절)는 유다의 기브아(15:57)
와 엘르아살 제사장이 묻힌 에브라임의 기브아가 아니다(24:33). 기럇
(28절)은 유다의 기럇여아림과 다른 곳이다(15:60; 18:14-15). 베냐민 지
파가 차지한 성읍 중 10개는 성경의 다른 곳에서 더 이상 언급되지 않
는다. 에멕 그시스, 아윔, 바라, 그발 암모니, 오브니, 모사, 이르브엘,
다랄라, 셀라, 엘렙.

II. 거룩한 분배(13:1-21:45)
  G. 그 외 지파들의 기업(18:1-19:51)

3. 시므온 지파의 기업(19:1-9)

¹ 둘째로 시므온 곧 시므온 자손의 지파를 위하여 그들의 가족대로 제비를
뽑았으니 그들의 기업은 유다 자손의 기업 중에서라 ² 그들이 받은 기업은
브엘세바 곧 세바와 몰라다와 ³ 하살 수알과 발라와 에셈과 ⁴ 엘돌랏과 브둘
과 호르마와 ⁵ 시글락과 벧 말가봇과 하살수사와 ⁶ 벧 르바옷과 사루헨이니
열세 성읍이요 또 그 마을들이며 ⁷ 또 아인과 림몬과 에델과 아산이니 네 성
읍이요 또 그 마을들이며 ⁸ 또 네겝의 라마 곧 바알랏 브엘까지 이 성읍들을
둘러 있는 모든 마을들이니 이는 시므온 자손의 지파가 그들의 가족대로 받
은 기업이라 ⁹ 시므온 자손의 이 기업은 유다 자손의 기업 중에서 취하였으
니 이는 유다 자손의 분깃이 자기들에게 너무 많으므로 시므온 자손이 자기
의 기업을 그들의 기업 중에서 받음이었더라

시므온 지파에게는 독자적인 영토가 주어지지 않고, 유다 지파의 영토 안에 흩어져 있는 성읍들이 유산으로 주어진다. 그 이유는 '유다 자손의 몫이 필요 이상으로 크기 때문이다'라고 한다(9절). 이미 유다 지파의 성읍들을 논하면서 언급한 것처럼 아홉 개의 유다 성읍이 시므온이 받은 도시 목록에 등장한다. 시므온이 받은 도시가 18개인데, 이 중 반이 유다 지파의 도시이기도 한 것이다. 시므온이 유다와 함께 나누어야 했던 아홉 성읍은 몰라다, 하살 수알, 에셈, 엘돌랏, 호르마, 시글락, 아인, 에델, 아산이다. 발라, 브둘, 하살수사, 벧 르바옷, 사루헨, 바알랏 브엘 등은 이 목록에서만 등장한다. 나머지 성읍 이름들도 대부분 다른 목록에 등장할 뿐 이스라엘의 역사에서 특별한 중요성은 없다.

역대기 저자는 시므온 지파의 규모가 유다 지파처럼 크지 못했다고 한다(대상 4:27). 민수기 26장은 시므온 지파에 속한 군인 숫자를 22,000명이라 하는데 이 숫자는 다른 11지파들의 평균 군인 숫자의 반(半)에도 미치지 못한다. 독자적인 영토를 추구하기에는 너무 작았던 것으로 생각된다. 또한 시므온 지파가 왜 독자적인 영토를 유산으로 받지 못했는가는 야곱이 창세기 49장에서 아들들에 대하여 예언했던 것과 연관이 있어 보인다(Harstad, Boling & Wright). 야곱은 창세기 49:5-7에서 다음과 같이 시므온과 레위를 비난한다(새번역).

> 시므온과 레위는 단짝 형제다.
> 그들이 휘두르는 칼은 난폭한 무기다.
> 나는 그들의 비밀 회담에 들어가지 않으며,
> 그들의 회의에 끼여들지 않을 것이다.
> 그들은 화가 난다고 사람을 죽이고,
> 장난삼아 소의 발목 힘줄을 끊었다.
> 그 노여움이 혹독하고,
> 그 분노가 맹렬하니,

저주를 받을 것이다.

그들을 야곱 자손 사이에 분산시키고,

이스라엘 백성 사이에 흩어 버릴 것이다.

이 예언에 의하면 레위 지파가 기업을 받지 못하는 이유도 레위가 시므온과 함께 디나 사건 때 세겜 사람들을 잔인하게 죽였기 때문이다. 물론 레위 사람들이 유산을 받지 못하는 것에 대해서는 신학적인 이유(여호와가 그들의 유산이라는 점)가 주어지기는 한다. 레위 지파가 특별히 구분되는 데는 광야에서 금송아지 사건이 있었을 때 이들만이 유일하게 모세의 편에 서서 우상 숭배자들을 제거했던 일이 크게 작용했다(출 32:26). 이 일이 있은 후에 모세가 그들을 축복하면서 하나님을 위하여 특별히 구분된 지파라고 선언했다(출 32:27-29). 그러나 그들이 땅을 차지하지 못하게 된 일의 발단은 진실하게 대했던 사람들을 속여 억울하게 죽였던 일 때문이었던 것이다(Howard).

II. 거룩한 분배(13:1-21:45)
  G. 그 외 지파들의 기업(18:1-19:51)

4. 스불론 지파의 기업(19:10-16)

[10] 셋째로 스불론 자손을 위하여 그들의 가족대로 제비를 뽑았으니 그들의 기업의 경계는 사릿까지이며 [11] 서쪽으로 올라가서 마랄라에 이르러 답베셋을 만나 욕느암 앞 시내를 만나고 [12] 사릿에서부터 동쪽으로 돌아 해 뜨는 쪽을 향하여 기슬롯 다볼의 경계에 이르고 다브랏으로 나가서 야비아로 올라가고 [13] 또 거기서부터 동쪽으로 가드 헤벨을 지나 엣 가신에 이르고 네아까지 연결된 림몬으로 나아가서 [14] 북쪽으로 돌아 한나돈에 이르고 입다엘 골짜기에 이르러 끝이 되며 [15] 또 갓닷과 나할랄과 시므론과 이달라와 베들레헴이니 모두 열두 성읍과 그 마을들이라 [16] 스불론 자손이 그들의 가족대로

받은 기업은 이 성읍들과 그 마을들이었더라

세 번째로 스블론 지파가 기업을 받았는데, 스블론은 가나안 북쪽
지역에 정착하게 된 작은 다섯 지파 중 처음으로 언급되고 있다. 북쪽
에 유산을 받은 다섯 지파에 대하여는 매우 제한된 정보가 주어진다.
그나마 스블론 지파가 차지한 땅에 대한 정보가 가장 자세하며 나머지
지파들에 대한 정보는 가면 갈수록 더 적어진다. 마지막으로 언급되는
단 지파 역시 작은 지파였고, 가나안 남쪽 지역에 유산이 주어졌지만,
정복하는 데 어려움을 겪고는 북쪽으로 옮겨갔다(19:47).

스블론 지파의 땅은 잇사갈, 므낫세, 아셀, 납달리 지파들의 땅 사이
에 있었지만, 정확한 경계선을 그리기가 매우 어렵다. 한계선에 대한
설명이 상당히 불확실하기 때문이다. 이들도 이미 저자가 언급한 다른
지파들처럼 가나안 사람들을 내쫓지 못했다(cf. 삿 1:30). 스블론이 차지
한 성읍의 수가 12개라고 하는데(15절), 도시 목록에 이름이 언급되는
성읍은 5개에 불과하다(15절). 반면에 경계선을 설명하면서 등장하는
성읍 이름은 13개에 이른다(10-14절). 아마도 규모가 크지 않은 마을들
의 이름은 목록에서 빠진 것으로 생각된다(cf. 15:59).

스블론 지파의 땅으로 표기된 이름 중 상당수는 그 위치가 파악되지
않고 있다. 그러므로 정확한 경계선을 그리는 데는 무리가 따른다. 갓
닷과 이달라(15절)는 성경에 다시 등장하지 않으며, 나할랄은 레위 지
파의 성읍 목록에 등장할 뿐이다(21:35). 시므론(15절)은 이스라엘을 공
격했던 가나안 연합군에 속한 도시였다(11:1). 베들레헴(15절)은 메시
아가 탄생할 유다에 속한 그 베들레헴이 아니다(cf. 삿 17:7; 룻 1:1; 삼상
16:1; 미 5:2). 이 베들레헴은 스블론 지파의 땅에 속한 것으로써 훗날
입산이라는 사사가 이곳에 묻힌다(삿 12:8-10). 경계선을 구성하고 있
는 도시 중 셋-욕느암(11절; cf. 21:34), 나할랄(15절; cf. 21:35), 다브랏(13
절; cf. 21:28)은 레위 지파의 성읍이 된다. 다브랏은 21장에서 잇사갈

353

지파 소유로 구분되기도 하는데, 아마도 경계선에 있어서 공동으로 소유했기 때문일 것이다.

5. 잇사갈 지파의 기업(19:17-23)

[17] 넷째로 잇사갈 곧 잇사갈 자손을 위하여 그들의 가족대로 제비를 뽑았으니 [18] 그들의 지역은 이스르엘과 그술롯과 수넴과 [19] 하바라임과 시온과 아나하랏과 [20] 랍빗과 기시온과 에베스와 [21] 레멧과 엔 간님과 엔핫다와 벧 바세스이며 [22] 그 경계는 다볼과 사하수마와 벧 세메스에 이르고 그 끝은 요단이니 모두 열여섯 성읍과 그 마을들이라 [23] 잇사갈 자손 지파가 그 가족대로 받은 기업은 이 성읍들과 그 마을들이었더라

잇사갈은 갈릴리 지역을 차지한 작은 지파였다. 이들의 땅을 표기하는 경계선은 오직 세 성읍으로 구성되어 있다(22절). 잇사갈의 도시 목록은 열세 성읍 이름을 포함하고 있다. 총 열여섯 성읍을 유산으로 받은 것이다(22절). 도시 목록(18-21절)에 포함된 열세 성읍 중 아홉 개는 성경의 다른 곳에서 다시 언급되지 않는다. 이 아홉 도시 중 일부는 다른 이름으로, 혹은 다른 철자 표기로 다른 곳에 등장한다. 그술롯, 하바라임, 시온, 아나하랏, 랍빗, 에베스, 레멧, 엔핫다, 벧 바세스(Howard). 경계선에 등장하는 사하수마 역시 성경에 다시 언급되지 않는다. 또한 엔간님과 기시온(21절)은 레위 지파의 성읍 목록에 등장할 뿐이다(21:28-29). 그러므로 잇사갈이 차지한 열여섯 성읍 중 열두 개는 이곳과 레위 사람들의 목록에 등장할 뿐 그 외 성경의 다른 곳에서는 다시 언급되지 않는 것들이다.

잇사갈이 차지한 땅의 위치는 대체적으로 정확하다. 므낫세 지파의

북쪽에 있었고, 스불론 지파의 동쪽과 남쪽에 있었고, 요단 강 서편에 있었으며, 납달리의 남쪽에 있었다. 그러나 이러한 정보를 가지고 정확한 경계선을 그리기는 어렵다(Howard). 그들이 받은 땅은 이스르엘을 포함했는데(18절), 이곳은 이스라엘의 '빵 바구니'(breadbasket)로 불릴 정도로 비옥한 곳이었다(Pressler). 또한 이스르엘에는 가나안 전역으로 연결되는 중요한 도로들이 있었다.

II. 거룩한 분배(13:1-21:45)
  G. 그외 지파들의 기업(18:1-19:51)

6. 아셀 지파의 기업(19:24-31)

24 다섯째로 아셀 자손의 지파를 위하여 그 가족대로 제비를 뽑았으니 25 그들의 지역은 헬갓과 할리와 베덴과 악삽과 26 알람멜렉과 아맛과 미살이며 그 경계의 서쪽은 갈멜을 만나 시홀 림낫에 이르고 27 해 뜨는 쪽으로 돌아 벧 다곤에 이르며 스불론을 만나고 북쪽으로 입다 엘 골짜기를 만나 벧에멕과 느이엘에 이르고 가불 왼쪽으로 나아가서 28 에브론과 르홉과 함몬과 가나를 지나 큰 시돈까지 이르고 29 돌아서 라마와 견고한 성읍 두로에 이르고 돌아서 호사에 이르고 악십 지방 곁 바다가 끝이 되며 30 또 움마와 아벡과 르홉이니 모두 스물두 성읍과 그 마을들이라 31 아셀 자손의 지파가 그 가족대로 받은 기업은 이 성읍들과 그 마을들이었더라

아셀 지파의 땅은 서쪽으로는 지중해를 한계로 하고 있었으며, 동쪽으로는 므낫세와 스불론 지파들을 접하고 있었던 남북으로 기다란 땅이었다. 이들에게 주어진 지중해 해안은 남쪽은 갈멜 산에서 시작하여 북쪽은 시돈에 이르렀다(Pressler). 사사기 1:31은 아셀 지파가 시돈 사람들을 내쫓지 못했다고 기록하고 있다. 다른 지파들과는 달리 아셀 지파의 땅에 대한 설명은 경계선과 도시 목록이 확실하게 구분되지 않는

355

다. 경계선 설명에 조그만 도시 목록들이 이곳 저곳 끼어 있다.

주석가들은 대체적으로 아셀이 차지한 성읍 수를 23개로 세는데, 저자는 22개라고 한다(30절). 어떤 기준으로 저자가 성읍의 숫자를 계산했는지 모르기 때문에 빚어지는 일이다. 또한 학자들이 성읍들의 이름을 어떻게 나누거나 처리해야 하는 것에 대하여도 혼선을 빚고 있다. 예를 들자면 새번역이 "악십 지방에 이르러"(מֵחֶבֶל אַכְזִיבָה)(29절; cf. NAS, NIV)라고 번역하고 있는 문구를 NRS, TEV, JPS 등은 "마할랍, 악집을 포함했다"(It included Mahalab, Achzib)로 번역하고 있다.

사사기 저자가 아셀 지파의 성읍이라고한 악고, 알랍, 헬바 등 세 곳은 여기에 포함되어 있지 않다(삿 1:31). 반면에 아셀의 성읍 중 일곱 개는 성경에 다시 등장하지 않는다. 할리, 베덴(25절), 알람멜렉, 아맛(26절), 벧에멕, 느이엘(27절), 움마(30절). 시홀 림낫 역시 다시 등장하지 않는데, 이것은 지명 이름이라기보다는 일종의 지형을 묘사하는 표현(강 혹은 습지?)으로 이해된다(Howard).

레위 지파 성읍 목록에 기록되어 있는 아셀의 4 도시가 모두 본문에 언급되어 있다. 헬갓(25절), 미살(26절), 압돈/에브론(28절), 르홉(28절)(cf. 21:30-31). 압돈/에브론(עֶבְרֹן)은 정확하지 않다. 히브리어 사본은 에브론으로 되어 있지만, 이 도시에 대하여 전혀 알려진 바가 없다. 그래서 NIV는 레위 도시 목록에서 도입하여(21:30; cf. 대상 6:74) 이 성읍 이름을 압돈이라고 표기한다(cf. 공동번역). 에브론을 압돈으로 대입하는 것은 탈굼에서 먼저 있었던 일이다.

II. 거룩한 분배(13:1-21:45)
  G. 그외 지파들의 기업(18:1-19:51)

7. 납달리 지파의 기업(19:32-39)

³² 여섯째로 납달리 자손을 위하여 납달리 자손의 가족대로 제비를 뽑았으

니 33 그들의 지역은 헬렙과 사아난님의 상수리나무에서부터 아다미 네겝과 얍느엘을 지나 락굼까지요 그 끝은 요단이며 34 서쪽으로 돌아 아스놋 다볼에 이르고 그 곳에서부터 훅곡으로 나아가 남쪽은 스불론에 이르고 서쪽은 아셀에 이르며 해 뜨는 쪽은 요단에서 유다에 이르고 35 그 견고한 성읍들은 싯딤과 세르와 함맛과 락갓과 긴네렛과 36 아다마와 라마와 하솔과 37 게데스와 에드레이와 엔 하솔과 38 이론과 믹다렐과 호렘과 벧 아낫과 벧 세메스니 모두 열아홉 성읍과 그 마을들이라 39 납달리 자손의 지파가 그 가족대로 받은 기업은 이 성읍들과 그 마을들이었더라

여섯 번째로 땅을 받은 납달리는 갈릴리 지역에서도 숲과 기름진 땅으로 어우러진 중심부를 받았다. 서쪽으로는 아셀 지파가, 남쪽으로는 스불론과 아셀 지파가, 동쪽으로는 요단 강과 므낫세 지파가 납달리의 이웃이 되었다. 납달리의 땅은 대략적인 경계선 설명(33-34절)과 도시 목록(35-38절)으로 구성되어 있다. 납달리 지파의 남쪽 경계선만 상대적으로 자세하게 표기되어 있을 뿐, 나머지 경계선은 명확하지 않다. 그들은 갈릴리 호수와 훌라 호수 사이의 지역을 차지했으며, 이 지역을 통과하는 주요 길들은 그들에게 축복과 저주가 되었다(Pressler).

납달리 지파의 도시 목록은 '요새화된 성읍들'(עָרֵי מִבְצָר)이라는 말로 시작한다. 다른 지파들의 성읍들에 대한 설명과 다르다. 이 표현은 여호수아기에서는 흔히 사용되는 단어가 아니며 오직 세 차례만 등장할 뿐이다(cf. 19:29; 10:20). 물론 이스라엘이 정복한 가나안 도시 중 납달리가 차지한 성읍들만 요새화된 것은 아니다(10:20; 민 13:28). 다만 저자가 이러한 정보를 이곳에서 처음 주는 것뿐이다.

본문에 언급된 성읍의 숫자는 16이다. 반면에 저자는 이들이 19개의 도시를 차지했다고 한다(38절). 역시 저자는 이곳에 모든 이름을 주지 않고 있는 것이다. 납달리 지파에 속한 도시의 이름 중 일부가 다른 지파들이 소유한 성읍들의 이름과 같다. 얍느엘(33절; 유다 지파, 15:11), 라

마(36절; 아셀 지파, 19:29), 에드레이(37절; 유다 지파, 15:23), 벧 세메스(38
절; 유다 지파, 15:10; 잇사갈 지파, 19:22). 납달리의 19개 도시 중 9개는 성
경의 다른 곳에 다시 등장하지 않는다: 싯딤, 세르, 함맛, 락갓(35절),
아다마(36절), 엔 하솔(37절), 이론, 믹다렐, 호렘(38절). 납달리 지파 역
시 자신들의 영토에서 가나안 사람들을 모두 몰아내지 못했다(삿 1:33).

8. 단 지파의 기업(19:40–48)

⁴⁰ 일곱째로 단 자손의 지파를 위하여 그들의 가족대로 제비를 뽑았으니 ⁴¹ 그
들의 기업의 지역은 소라와 에스다올과 이르세메스와 ⁴² 사알랍빈과 아얄론
과 이들라와 ⁴³ 엘론과 딤나와 에그론과 ⁴⁴ 엘드게와 깁브돈과 바알랏과 ⁴⁵ 여
훗과 브네브락과 가드 림몬과 ⁴⁶ 메얄곤과 락곤과 욥바 맞은편 경계까지라
⁴⁷ 그런데 단 자손의 경계는 더욱 확장되었으니 이는 단 자손이 올라가서 레
셈과 싸워 그것을 점령하여 칼날로 치고 그것을 차지하여 거기 거주하였음
이라 그들의 조상 단의 이름을 따라서 레셈을 단이라 하였더라 ⁴⁸ 단 자손의
지파가 그에 딸린 가족대로 받은 기업은 이 성읍들과 그들의 마을들이었더라

일곱 번째이자 마지막으로 단 지파가 땅을 받는다. 그들은 유다 지
파를 비롯한 남쪽 지파들 근처에 땅을 받았다. 서쪽으로는 지중해를
접했고, 남쪽으로는 유다 지파와 동쪽으로는 베냐민과 에브라임 지파
들과 북쪽으로는 에브라임과 므낫세 지파들과 이웃이 되었다. 단 지파
의 18개 도시 중 이곳에서만 언급되는 도시들이 7개에 이른다. 사알랍
빈, 이들라(42절), 엘론(43절), 여훗, 브네브락(45절), 메얄곤(46절). 단 지
파에게 주어진 도시 중 일부가 유다 지파의 유산과 연관되어 언급되었
다: 소라와 에스다올(41절; 15:33), 이르세메스(41절; 15:10에서 벧 세메스로

표기됨), 딤나(43절; 15:57), 에그론(43절; 15:11, 45-46). 레위 사람들이 단 지파로부터 받은 네 성읍이(21:23-24) 모두 본문에 기록되어 있다. 아 얄론(42절), 엘드게, 깁브돈(44절), 가드 림몬(45절).

문제는 단 지파가 유산으로 주어진 땅을 차지하지 못했다는 점이다 (47절). 이미 수차례 목격했던 것처럼 주어진 땅을 정복하지 못한 것이 단 지파만의 문제가 아니다. 다만 차이가 있다면, 단 지파는 모두 포기 하고 아예 다른 곳으로 이동해 갔다는 점이다. 결국 그들은 가나안 땅 최북단으로 이동해 레셈을 정복하여 그곳에 머물게 되었다. 단이 이처 럼 처음에는 남쪽 지역에 기업을 받았으나, 최종적으로 북쪽에 정착하 게 되었기 때문에 그들에 대한 이야기가 북쪽에 정착한 지파들의 이야 기에 등장하는 것이다. 물론 단 지파의 일부는 남쪽에 정착했고, 대다 수가 북쪽으로 이동해 갔을 가능성도 배제는 못한다(Pressler). 훗날, 온 이스라엘을 땅을 언급할 때, '단에서 브엘세바까지'라는 말이 생겨난다 (삿 20:1; 삼상 3:20; 왕상 4:25). 단 지파가 우여곡절 끝에 이스라엘 지파 중 최북단에 정착하게 되었던 것을 이렇게 표현하는 것이다.

단 지파의 땅에 대한 이야기에는 경계선에 관한 정보가 없다. 다만 18개의 이름으로 구성된 성읍 목록이 있을 뿐이다. 그들은 주어진 땅 을 정복하지 못하고 다른 곳으로 옮겨가야 했기 때문이다. 레셈(לֶשֶׁם)은 이곳에서만 알려진 곳이며, 사사기 18장은 단 지파의 땅을 라이스(לַיִשׁ) 라고 부른다(삿 18:7, 14, 27, 29). 사사기 1:34는 단 지파가 가나안 사람 들에 의하여 압박을 받고 산악 지대로 떠나게 되었다고 한다. 단 지파 는 실패와 극단적인 결정의 상징이 된 것이다(Hawk).

II. 거룩한 분배(13:1-21:45)
  G. 그외 지파들의 기업(18:1-19:51)

9. 여호수아의 기업(19:49-50)

⁴⁹ 이스라엘 자손이 그들의 경계를 따라서 기업의 땅 나누기를 마치고 자기
들 중에서 눈의 아들 여호수아에게 기업을 주었으니 ⁵⁰ 곧 여호와의 명령대
로 여호수아가 요구한 성읍 에브라임 산지 딤낫 세라를 주매 여호수아가 그
성읍을 건설하고 거기 거주하였더라

분배 이야기가 여호수아의 땅 이야기로 막을 내린다. 요단 강 서편
의 땅 분배가 모세의 원정대였던 갈렙에게 헤브론을 주는 것으로 시작
했던 것을 고려할 때(14:6-15), 그 원정대의 또 다른 생존자인 여호수
아의 땅 이야기는 적절한 결말이다. 하나님이 그에게 충성한 자들을
이렇게 특별히 축복하는 것은 당연한 일이다(Pressler). 물론 여호수아는
자신에게 땅을 분배할 수 없는 입장이다. 사람들이 권력 남용으로 오
해할 수 있기 때문이다(Hess). 그러므로 이스라엘 백성이 그에게 땅을
주었다(49절).

하나님이 여호수아에게 땅을 약속하셨다는 말은 성경 어디에도 없
다. 주석가들은 하나님이 반역한 이스라엘을 향하여 그들은 모두 광야
에서 죽을 것이지만 여호수아와 갈렙만이 살아서 가나안 땅을 밟게 될
것이라고 하신 말씀(민 14:30)이 이러한 결정의 근거가 되는 것으로 풀
이한다(Howard). 여호수아는 스스로 나서지 않고 기다리고 백성은 자
신들의 리더의 노고를 높이 치하하여 알아서 그의 몫을 챙겨주는 것이
참으로 아름답게 보인다.

여호수아가 받은 땅은 에브라임 산간 지방에 있는 딤낫 세라였다.
여호수아가 에브라임 지파에 속한 사실을 감안한 배려였다(cf. 민13:8).
훗날 여호수아는 이때 받은 성읍에 묻힌다(24:30). 딤낫 세라는 여호수
아기에만 두 차례 언급될 뿐 성경의 다른 곳에는 등장하지 않는다. 사

사기 2:9은 에브라임 산간 지방에 위치한 딤낫 헤레스를 언급하는데, 많은 주석가는 이 성읍이 딤낫 세라라고 생각한다. 딤낫 세라가 에브라임의 성읍 목록에 등장하지 않는 것은 이 성읍이 여호수아 집안의 고유 소유였기 때문이다(Nelson, Hubbard). 여호수아 외에는 그 누구도 땅을 개인적인 소유로 받은 적이 없다. 심지어는 갈렙이 받은 헤브론도 유다 지파에게 소속된 것으로 기록되어 있다(15:13, 54). 이스라엘의 역사에서 여호수아는 그만큼 특별한 인물이며, 따라서 딤낫 세라는 그의 노고에 대한 하나님의 특별한 은총의 징표다.

II. 거룩한 분배(13:1-21:45)
  G. 그 외 지파들의 기업(18:1-19:51)

10. 결론(19:51)

[51] **제사장 엘르아살과 눈의 아들 여호수아와 이스라엘 자손의 지파의 족장들이 실로에 있는 회막 문 여호와 앞에서 제비 뽑아 나눈 기업이 이러하니라 이에 땅 나누는 일을 마쳤더라**

드디어 땅 분배의 대장정이 막을 내린다. 레위 지파만 제외하고는 모든 지파가 땅을 얻었다. 저자는 땅 분배가 실로에서 있었던 일이며, 여호수아, 엘르아살 제사장 그리고 각 지파의 대표가 이 일을 함께했다고 기록하고 있다. 실로에서 여호수아를 중심으로 여러 사람이 이 일을 함께했다는 것은 18:1-10에 대한 적절한 결론이다. 그러나 동시에 14-19장에 대한 결론으로도 적합하다(Hubbard).

여호수아는 이렇게 해서 하나님이 그에게 주신 사명을 신실하게 완수했다. 저자는 여호수아가 이때 나이가 얼마였다는 것을 밝히지 않는다. 다만 그가 늙어 죽을 날이 멀지 않았다는 것을 이미 암시했다(13:1). 그가 죽었을 때 110세였고, 젊었을 때부터 모세의 시종으로 섬

겼던 점을 감안하면, 그는 상당한 시간을 가나안 땅 정복과 분배에 보
낸 것이다. 여호수아의 매우 어렵고 힘들었던 일생이 서서히 막을 내
리려 한다. 이제는 하나님이 계시는 곳으로 떠날 일만 남았다.

II. 거룩한 분배(13:1-21:45)

H. 도피성들(20:1-9)

땅 분배가 모두 끝났다. 이제 남은 것은 지역마다 도피성을 지정하는
것과 각 지파의 유산에서 레위 사람들이 머물며 짐승들을 먹일 수 있
는 성읍들을 정해 주는 일이다. 레위 사람들의 성읍과 도피성들은 서
로 연관되어 있다. 레위 사람들의 성읍은 48개에 달하는데 도피성은
이 레위 사람들의 성읍 중 여섯 개를 지정한 것이다.

율법은 사람이 본의 아니게 실수로 사람을 죽이게 될 경우 가해자가
보복하려는 피해자의 가족들로부터 보호받을 수 있는 도피성을 정하
도록 명령한다. 실수로 사람을 죽이고도 도피성으로 피하지 않아서 피
해자의 가족들에게 죽임을 당하는 것은 어쩔 수 없는 일이다. 그러므
로 가해자가 살기 위해서는 사고가 나자마자 곧바로 도피성으로 도피
해야 한다. 출애굽기 21:12-14는 미리 계획한 살인은 가해자를 사형
에 처하지만, 실수로 사람을 죽이는 일, 즉 일종의 과실 치사의 경우에
는 가해자를 죽이지 못하도록 하고 있다.

성전이나 장막의 제단이 과실 치사를 범한 사람들의 임시적인 피신
처가 되기도 하지만, 이 도피성들은 장기적인 피신처의 역할을 한다.
물론 의도적으로 사람을 죽인 자는 성전이나 장막의 제단 뿔을 잡는다
해도 보호를 받을 수 없다. "그러나 홧김에 일부러 이웃을 죽인 자는,
나의 제단으로 피하여 오더라도 끌어내서 죽여야 한다"(출 21:14). 훗날
솔로몬에 의하여 아도니야와 요압이 제단에서 끌려 나와 죽임을 당한

다(왕상 1:50-53; 2:28).

　민수기 35:9-29는 이러한 명령을 더 구체적이고 자세하게 설명한다. 하나님은 요단 강 동편에 세 개, 요단 강 서편에 세 개 등 총 여섯 개의 도피성을 정하라고 지시하셨다(민 35:9-15). 신명기 4:41-43은 모세가 하나님의 말씀에 따라 요단 강 동편에 도피성 세 개를 지정했다고 한다. 더 나아가 모세는 신명기 19:1-10에서 이스라엘이 요단 강 서편에서도 이처럼 세 도시를 지정할 것을 지시했다. 또한 민수기 35:6은 이 여섯 도피성은 레위 사람들의 성읍 중에서 정할 것을 지시한다. 그러므로 이곳에 기록된 일은 전혀 새로운 것이 아니며, 이미 하나님이 명령하신 대로 하는 것뿐이다. 요단 강 동편에 세 개, 서편에 세 개 등 총 여섯 개의 도피성을 지정하고 누가 혜택을 받을 수 있으며 어떻게 운영해야 하는가를 설명하는 이 섹션은 세 파트로 나뉜다.

　A. 도피성에 대한 규례(20:1-3)
　B. 도피자에 대한 규례(20:4-6)
　C. 도피성들(20:7-9)

> II. 거룩한 분배(13:1-21:45)
> 　H. 도피성들(20:1-9)

1. 도피성에 대한 규례(20:1-3)

¹ 여호와께서 여호수아에게 말씀하여 이르시되 ² 이스라엘 자손에게 말하여 이르기를 내가 모세를 통하여 너희에게 말한 도피성들을 너희를 위해 정하여 ³ 부지중에 실수로 사람을 죽인 자를 그리로 도망하게 하라 이는 너희를 위해 피의 보복자를 피할 곳이니라

하나님이 여호수아에게 자신이 모세에게 지시한 것에 따라 도피성

을 지정하라 하셨다. 하나님이 모세에게 도피성에 대하여 하신 말씀은 출애굽기 21:12-14, 민수기 35:9-29, 신명기 19:10 등 여러 곳에 기록되어 있다. 하나님은 이스라엘에게 도피성을 '너희 자신들에게 주라'(לָכֶם תִּתְּנוּ)라고 하신다(2절). 즉, 하나님이 이들에게 새로운 성읍들을 도피성으로 주실 것이 아니라, 각 지파가 이미 받은 성읍 중에서 일부를 도피성으로 내 놓으라는 뜻이다. 도피성은 또한 이스라엘 사람들이 자신들에게 주는 선물이기도 하다. 왜냐하면 도피성은 공동체에 속한 사람들이 본의 아니게 실수로, 혹은 사고로 사람을 죽였을 때, 그들에게 피난처를 제공할 수 있기 때문이다.

한 가지 중요한 것은 실수나 사고로 사람을 죽게 하는 경우 가해자가 이 도피성 제도의 보호를 받아 죽음은 면하지만, 이러한 사실이 그가 결코 결백하다는 것을 뜻하는 것은 아니다. 실수로 사람을 죽이는 경우에도 분명 속죄가 필요하다(Pressler). 성경은 미리 계획한 살인을 뜻하면서 흔히 '살해하다'(רָצַח)라는 동사를 사용하는데(민 35:16, 21; 신 22:26), 이곳에서는 실수로 빚어진 일을 뜻하면서도 동일한 동사를 사용하고 있다(cf. 민 35:6, 11; 신 4:42; 19:3, 4, 6). 십계명의 '살인하지 말라'라는 말씀에서도 이 동사를 사용하는데, 불법적이고 부적절한 죽임을 뜻한다(HALOT). 살인이건 실수이건 간에 사람이 죽는 것에는 차이가 없다는 의미다.

또한 도피성이 가해자를 위해 할 수 있는 것은 그가 이곳에 머무는 동안 피해자의 죽음을 보복하려는 친족들에게서 보호를 받는 것뿐이다(3절). 도피성을 벗어나면 살해될 수도 있다. 실수나 사고로 사람을 죽였다 해도 가해자는 분명 죄를 지은 것이다. 그러나 법은 정상을 참작해서 그를 관대하게 대해야 한다. 모든 법에는 눈물과 예외가 있어야 한다는 것이 성경적인 생각이다. 법이 사람을 위해 있는 것이지 사람이 법을 위해 존재하는 것이 아니기 때문이다.

사람이 실수로 짓는 죄(שְׁגָגָה)는 도사리고 있는 위험에 대하여 알면서도 방치하거나 무시하다가 일어나는 사고이거나(민 35:22-24; 신 19:4-5) 자신의 행위가 잘못되었거나 어떤 결과를 초래할 것이라는 것에 대하여 무지한 것에서 비롯되는 것들이다(NIDOTTE, cf. 삼상 26:21; 시 19:12; 잠 5:23; 겔 45:20). 성경은 이러한 경우에도 가해자를 죄인이라고 한다. 특히 두 번째 경우(무지한 것에서 비롯된 죄)는 변명이 되지 않는다.

> II. 거룩한 분배(13:1-21:45)
>   H. 도피성들(20:1-9)

2. 도피자에 대한 규례(20:4-6)

⁴ 이 성읍들 중의 하나에 도피하는 자는 그 성읍에 들어가는 문 어귀에 서서 그 성읍의 장로들의 귀에 자기의 사건을 말할 것이요 그들은 그를 성읍에 받아들여 한 곳을 주어 자기들 중에 거주하게 하고 ⁵ 피의 보복자가 그의 뒤를 따라온다 할지라도 그들은 그 살인자를 그의 손에 내주지 말지니 이는 본래 미워함이 없이 부지중에 그의 이웃을 죽였음이라 ⁶ 그 살인자는 회중 앞에 서서 재판을 받기까지 또는 그 당시 대제사장이 죽기까지 그 성읍에 거주하다가 그 후에 그 살인자는 그 성읍 곧 자기가 도망하여 나온 자기 성읍 자기 집으로 돌아갈지니라 하라 하시니라

고대 사회에서는 가족이나 친척 중 누가 살해를 당하면 보복은 살아 있는 자들의 몫이었다. 고의가 아닌 실수로 사람을 죽게 해도 상황은 마찬가지였다. 유가족들은 보복을 해야만 죽은 사람에 대한 예우를 다 갖춘 것으로 생각했다. 경우에 따라서는 보복이 새로운 보복을 낳는 악순환도 있었다. 자칫 잘못하면 온 사회/공동체에 큰 피해가 갈 수도 있었던 것이다. 도피성에 대한 규례는 실수로 사람을 죽게 한 경우에 이 고리를 끊기 위하여 제정되었다(Hubbard).

실수나 사고로 사람을 죽인 사람은 가장 가까운 도피성으로 급히 피

한 다음 성의 장로들에게 상황을 설명하고 그들의 허락에 따라 성에 머물 수 있다. 신명기 19:12는 도피성 장로들이 사람의 설명을 듣고 나서 그 사람이 도피성에 머무는 것에 대하여 설득이 되지 않을 경우 그 사람을 그가 도주한 곳으로 돌려보내 자신이 흘린 피에 대하여 응징을 받도록 할 수 있다고 한다. 도피성 장로들이 설득이 되어 살인자가 일단 성에 들어가게 되면 그 사람은 도피성 사람들의 보호를 받는다. 피해자의 친족들이 쫓아와 보복하는 것을 막아야 하는 책임이 도피성 사람들에게 있는 것이다. 훗날 도피성 장로들은 이 사람을 정식적인 재판에 회부해야 한다.

본문이 명시하고 있지는 않지만, 경우에 따라서 법정은 피해자의 가족들에게도 증언할 기회를 주어서 쌍방의 의견을 충분히 고려했을 것으로 생각된다. 재판을 통해 그가 도피성에 머물러야 하는 타당한 이유가 인정되면, 그는 도피성에서 당시의 대제사장(הַכֹּהֵן הַגָּדֹול)이 죽을 때까지 머물러야 한다. 그 전에 성을 벗어났다가는 죽은 사람의 유족들에게 죽임을 당할 수도 있다. 가해자의 도피성 생활은 일종의 '자택감금'이었던 것이다(Koopman). 그렇게 도피성에서 세월을 보내다가 대제사장이 죽은 다음에는 고향으로 돌아가 다시 가족들과 함께 살 수 있다. 시간이 지나면서 피해자 가족들의 감정이 조금씩 누그러드는 것을 유도하며 동시에 가해자도 오랫동안 가족들과 떨어져 살면서 근신할 기회를 갖도록 하는 것이 법의 취지에 포함되어 있다.

도망자가 대제사장이 죽을 때까지 도피성에 머물러야 하는 이유에 대하여 몇 가지 해석이 가능하다. 많은 주석가는 대제사장의 죽음이 새 시대의 시작을 상징하기 때문에 이때를 기념하기 위하여 사면이 이루어졌다고 한다(Boling & Wright). 오늘날 대통령 취임식과 맞물려 많은 사람이 사면을 받는 것과 비슷하다. 더 설득력 있는 해석은 대제사장이 희생제도(sacrificial system)를 대표하는 인물이었기 때문에, 그의 죽음이 살인자의 죄를 대속하는 것으로 풀이하는 것이다(Greenberg, Dallaire;

Woudstra, Pressler). 이러한 차원에서 대제사장의 죽음은 예수 그리스도의
죽음의 모형이다(Hess, Howard).

3. 도피성들(20:7-9)

> [7] 이에 그들이 납달리의 산지 갈릴리 게데스와 에브라임 산지의 세겜과 유다
> 산지의 기럇 아르바 곧 헤브론과 [8] 여리고 동쪽 요단 저쪽 르우벤 지파 중
> 에서 평지 광야의 베셀과 갓 지파 중에서 길르앗 라못과 므낫세 지파 중에
> 서 바산 골란을 구별하였으니 [9] 이는 곧 이스라엘 모든 자손과 그들 중에 거
> 류하는 거류민을 위하여 선정된 성읍들로서 누구든지 부지중에 살인한 자가
> 그리로 도망하여 그가 회중 앞에 설 때까지 피의 보복자의 손에 죽지 아니
> 하게 하기 위함이라

여섯 개의 도피성 이름이 나열된다. 세 개는 요단 강 동편에, 세 개
는 서편에 있다. 강 서쪽에는 북쪽에 납달리 지파의 땅에 속해 있는 갈
릴리의 게데스(cf. 12:22; 19:37), 중부 지역에 에브라임 지파에 속해 있
는 세겜(cf. 17:2, 7), 남부 지역에 유다 지파에 속하고 갈렙이 취한 기럇
아르바(헤브론)(cf. 11:21; 14:13-15; 15:13-14)가 지명되었다. 요단 강 동
편에는 이미 모세가 도피성으로 지정한 성읍들이 있다(cf. 신 4:41-43).
남쪽에는 사해 동편 평지에 있는 르우벤 지파의 베셀이, 중부 지역에는
갓 지파에 속한 길르앗 라못이, 북쪽에는 갈릴리 호수 동편에 있는 바
산 골란이 구분되었다. 이 여섯 성읍은 레위 사람들의 소유였다.

하나님은 이처럼 도피성 여섯 개를 강 동편과 서편에, 그리고 이스라
엘 영토의 남부, 중부, 북부에 두어 이스라엘 지파에 속한 사람들이라면
누구든지 도피성으로 피해야 할 일이 생겼을 때, 자신이 살던 곳에서 하

루 이상의 길을 가지 않도록 하셨다. 이스라엘 어느 곳에서든 몇 시간 안에 이 도피성 중 하나에 도착할 수 있었던 것이다(Dallaire, cf. Howard). 도피성 제도는 이스라엘 백성뿐만 아니라 그들 중에 사는 이방인(גר)에게도 동일한 혜택을 주었다(9절). 물론 이 이방인들에게는 율법을 지킬 의무도 있다(8:35). 라합과 기브온 사람들이 이 부류에 속한다.

II. 거룩한 분배(13:1-21:45)

I. 레위 사람들의 도시들(21:1-42)

¹ 그 때에 레위 사람의 족장들이 제사장 엘르아살과 눈의 아들 여호수아와 이스라엘 자손의 지파 족장들에게 나아와 ² 가나안 땅 실로에서 그들에게 말하여 이르되 여호와께서 모세에게 명령하사 우리가 거주할 성읍들과 우리 가축을 위해 그 목초지들을 우리에게 주라 하셨나이다 하매 ³ 이스라엘 자손이 여호와의 명령을 따라 자기의 기업에서 이 성읍들과 그 목초지들을 레위 사람에게 주니라 ⁴ 그핫 가족을 위하여 제비를 뽑았는데 레위 사람 중 제사장 아론의 자손들은 유다 지파와 시므온 지파와 베냐민 지파 중에서 제비 뽑은 대로 열세 성읍을 받았고 ⁵ 그핫 자손들 중에 남은 자는 에브라임 지파의 가족과 단 지파와 므낫세 반 지파 중에서 제비 뽑은 대로 열 성읍을 받았으며 ⁶ 게르손 자손들은 잇사갈 지파의 가족들과 아셀 지파와 납달리 지파와 바산에 있는 므낫세 반 지파 중에서 제비 뽑은 대로 열세 성읍을 받았더라 ⁷ 므라리 자손들은 그 가족대로 르우벤 지파와 갓 지파와 스불론 지파 중에서 열두 성읍을 받았더라 ⁸ 여호와께서 모세에게 명령하신 대로 이스라엘 자손이 제비 뽑아 레위 사람에게 준 성읍들과 그 목초지들이 이러하니라 ⁹ 유다 자손의 지파와 시므온 자손의 지파 중에서는 이 아래에 기명한 성읍들을 주었는데 ¹⁰ 레위 자손 중 그핫 가족들에 속한 아론 자손이 첫째로 제비 뽑혔으므로 ¹¹ 아낙의 아버지 아르바의 성읍 유다 산지 기럇 아르바 곧 헤브

론과 그 주위의 목초지를 그들에게 주었고 ¹² 그 성읍의 밭과 그 촌락들은 여분네의 아들 갈렙에게 주어 소유가 되게 하였더라 ¹³ 제사장 아론의 자손에게 준 것은 살인자의 도피성 헤브론과 그 목초지이요 또 립나와 그 목초지와 ¹⁴ 얏딜과 그 목초지와 에스드모아와 그 목초지와 ¹⁵ 홀론과 그 목초지와 드빌과 그 목초지와 ¹⁶ 아인과 그 목초지와 윳다와 그 목초지와 벧 세메스와 그 목초지이니 이 두 지파에서 아홉 성읍을 냈고 ¹⁷ 또 베냐민 지파 중에서는 기브온과 그 목초지와 게바와 그 목초지와 ¹⁸ 아나돗과 그 목초지와 알몬과 그 목초지 곧 네 성읍을 냈으니 ¹⁹ 제사장 아론 자손의 성읍은 모두 열세 성읍과 그 목초지들이었더라 ²⁰ 레위 사람인 그핫 자손 중에 남은 자들의 가족들 곧 그핫 자손에게는 제비 뽑아 에브라임 지파 중에서 그 성읍들을 주었으니 ²¹ 곧 살인자의 도피성 에브라임 산지 세겜과 그 목초지이요 또 게셀과 그 목초지와 ²² 깁사임과 그 목초지와 벧호론과 그 목초지이니 네 성읍이요 ²³ 또 단 지파 중에서 준 것은 엘드게와 그 목초지와 깁브돈과 그 목초지와 ²⁴ 아얄론과 그 목초지와 가드 림몬과 그 목초지이니 네 성읍이요 ²⁵ 또 므낫세 반 지파 중에서 준 것은 다아낙과 그 목초지와 가드 림몬과 그 목초지이니 두 성읍이라 ²⁶ 그핫 자손의 남은 가족들을 위한 성읍들은 모두 열 성읍과 그 목초지들이었더라 ²⁷ 레위 가족의 게르손 자손에게는 므낫세 반 지파 중에서 살인자의 도피성 바산 골란과 그 목초지를 주었고 또 브에스드라와 그 목초지를 주었으니 두 성읍이요 ²⁸ 잇사갈 지파 중에서는 기시온과 그 목초지와 다브랏과 그 목초지와 ²⁹ 야르뭇과 그 목초지와 엔 간님과 그 목초지를 주었으니 네 성읍이요 ³⁰ 아셀 지파 중에서는 미살과 그 목초지와 압돈과 그 목초지와 ³¹ 헬갓과 그 목초지와 르홉과 그 목초지를 주었으니 네 성읍이요 ³² 납달리 지파 중에서는 살인자의 도피성 갈릴리 게데스와 그 목초지를 주었고 또 함못 돌과 그 목초지와 가르단과 그 목초지를 주었으니 세 성읍이라 ³³ 게르손 사람이 그 가족대로 받은 성읍은 모두 열세 성읍과 그 목초지들이었더라 ³⁴ 그 남은 레위 사람 므라리 자손의 가족들에게 준 것은 스불론 지파 중에서 욕느암과 그 목초지와 가르다와 그 목초지와 ³⁵ 딤나와 그 목초지와 나할랄과 그 목초지이니 네 성읍이요 ³⁶ 르우벤 지파 중에서 준 것은 베셀과 그 목초지와 야하스와 그 목초지와 ³⁷ 그데못과 그 목초지와 므바앗과 그 목초지이니 네 성읍이요 ³⁸ 갓 지파 중에서 준 것은 살인자의 도피성 길르앗 라못과 그 목초지이요 또 마하나임과 그 목초지와 ³⁹ 헤스본과 그 목초지와 야셀과 그 목초지이니 모두 네 성읍이라 ⁴⁰ 이는 레위 가족의 남은 자 곧 므라리 자손이 그들의 가족대로 받은 성읍이니 그들이 제비 뽑아 얻은 성읍이 열두 성읍이었더라 ⁴¹ 레위 사람들이 이스라엘 자손의 기업 중에서 받은 성읍은 모두 마흔여덟 성읍이요 또 그 목초지들이라 ⁴² 이 각 성읍의 주위에 목초지가 있었고 모든 성읍이 다 그러하였더라

레위 사람들은 다른 지파들처럼 한 지역을 유산으로 받지 못했다(cf. 13:14, 33; 14:3; 18:7). 하나님이 그들의 유산이시기 때문이다. 레위 사람들은 이스라엘의 여러 지파 사이에 흩어져 살면서 빛과 소금의 역할을 해야 한다. 그들은 이스라엘 사람들에게 율법을 가르쳐야 하는데(신 33:10; cf. 대하 17:7-9; 35:3; 말 2:6-9), 당연히 흩어져 사는 것이 이러한 임무를 수행하는데 도움이 된다. 그러므로 이 일을 위하여 땅이 아니라 하나님이 유산인 레위 지파 사람들에게 각 지파가 차지한 땅에 위치한 성읍들이 주어지고 있는 것이다. 또한 백성에게 율법을 가르치는 레위 사람들이 이스라엘의 영토 전역에 분산되어 성읍을 차지하며 산다는 것은 이스라엘 백성의 거룩성을 상징한다(Pressler).

레위 사람들에게 주어진 성읍은 총 48개다. 그들은 이 도성들에 살면서 주변에 가축을 먹일 수 있다. 레위 성읍들은 제비뽑기를 통해 레위의 세 아들(cf. 창 46:11)-고핫, 게르손, 므라리의 후손들에게 분배되었다. 물론 레위 사람들도 다른 지파들처럼 이 모든 성읍을 취하는 데는 실패한다(cf. Hawk). 그러므로 이 텍스트의 중요성은 이 성읍들이 여호와께서 그들에게 주신 것이라는 점을 강조할 뿐, 실제로 이 성읍들을 모두 취하였다는 것에 있지 않다.

많은 학자가 레위 지파 성읍 목록을 연구하고는 이것은 역사성이 결여된 일종의 이상적인 상상(ideal fantasy)에 불과하다는 결론짓는다 (Nelson, Auld). 반면에 이 목록이 다윗과 솔로몬 시대의 역사적 현실을 반영하고 있는 것이라는 주장도 만만치 않다(Kallai, Coote, cf. Peterson). 학자들의 이러한 논쟁에서 우리가 기억해야 할 것은 레위 지파가 이 모든 성읍을 여호수아 시대 때 정복한 것은 아니라는 사실이다. 본문은 이 도시들이 레위 사람들에게 주어졌다는 사실만을 강조할 뿐이다(Howard).

이스라엘의 12지파는 지파당 평균 4개 성읍을 내놓아 총 48개 성읍을 레위 사람들에게 주었다. 지파 중 유일하게 납달리만 세 도시를 내놓았는데(32절), 유다와 시므온이 합하여 9개를 내놓아 부족한 한 성읍을 보충한다(13-16절). 요단 강 동편과 서편에 정착한 므낫세 지파 사람들은 각각 2개씩 분담하여 총 4개의 성읍을 내놓았다. 평상시에는 마치 두 지파로 취급되지만, 레위 사람들에게 성읍을 주는 일에 있어서는 한 지파의 몫을 감당하는 것이다.

이곳에 기록된 성읍 이름은 이미 여러 곳에서 언급된 지파별 도시 목록과 상당히 일치하지만, 일부는 정확하게 일치하지 않는다. 다음 다섯 도시 이름은 그동안 책 어느 곳에서도 언급이 없다가 이 목록에서 처음 등장하는 것들이다. 깁사임(22절), 브에스드라(27절), 함못 돌 (32절), 가르단(32절), 딤나(35절). 도피성 6개 중 4개의 이름만 이곳에 언급된다. 일부 성읍들에 대해서는 이미 유산으로 받은 지파와 이곳에서 기부하는 지파의 이름이 다르다. 이러한 차이는 일부 성읍들은 두 지파의 경계선에 위치하다 보니 빚어지는 일이며, 일부 성읍들은 같은 이름의 다른 도시들일 수 있다.

개인이나 한 집단이 대표단을 여호수아와 제사장 엘르아살에게 보내 유산을 달라고 하는 이야기가 여호수아기 안에 다섯 개가 있는데, 그 중 이 이야기가 마지막이다. 하나님은 이미 레위 사람들에게 이스라엘 각 지파의 땅에 48개의 성읍을 주실 것을 약속하셨다(민 35:1-8). 레위 지파 사람들은 이 약속을 근거로 여호수아와 엘르아살 그리고 각 지파의 지도자들을 찾아와 땅을 요구했다(1-2절). 여호수아가 실로에 머물고 있을 때 일이다(cf. 18:1-10). 성읍들을 분배하는 일에 있어서 제비뽑기가 사용되었다(8절).

레위 지파에게 할당된 48개의 성읍은 레위의 세 아들에게서 비롯된 자손들에게 분배되는데, 이중 고핫 자손들의 경우 아론의 후손들과 아론의 후손이 아닌 사람들의 몫이 구분된다(4-8절). 이스라엘의 첫 대제사장이었던 아론의 특별한 위치 때문에 그의 후손들이 특별한 대우를 받고 있다(Howard). 고핫 사람 중 아론의 후손들에게 유다, 시므온, 베냐민 지파의 영토에 성읍 13개가 주어진다(4절; cf. 9-19절). 헤브론이 그들의 소유에 들어오는 유일한 도피성이다. 레위의 후손 중에서도 고핫 자손들이 가장 중요한 임무를 맡았다. 그들은 성소/성전을 중심으로 사역했으며, 특히 "그들의 임무는 법궤와 상과 등잔대와 제단들과 제사드릴 때에 쓰는 거룩한 도구들과 휘장과, 이것들에 관련된 모든 예식을 보살피는 것이다"(민 3:31).

고핫 자손들이 유다 지파의 영토 중에 성읍들을 받은 것은 매우 중요한 일이다. 훗날 성전이 유다의 소유인 예루살렘에 건축되며, 몇 세기 후에는 거의 유다 지파만 생존하게 되기 때문이다. 고핫 사람 중 나머지 후손들에게는 에브라임, 단, 므낫세 서편 지파들의 지역에 10개가 할당된다(5절; cf. 20-26절). 그들의 소유에 도피성 하나(세겜)가 포함되어 있다.

레위의 둘째 아들 게르손의 후손들에게는 잇사갈, 아셀, 납달리, 므낫세 동편 지파들에게서 얻어낸 13개의 성읍이 주어졌다(6절; cf. 27-33절). 도피성 중 바산의 골란(27절)과 갈릴리의 가데스(32절) 등 두 개가 이들의 몫이었다. 레위의 셋째 아들인 므라리의 후손들에게는 르우벤, 갓, 스불론 지파가 내놓은 12개의 성읍이 돌아갔다(7절; cf. 34-40절). 이들의 몫에는 베셀(36절)과 길르앗 라못(38절) 등 두 도피성이 포함되어 있었다. 레위 지파가 얻게 된 모든 성읍에는 주변에 목장(가축들을 먹일 만한 곳)이 딸려 있었다(42절).

J. 땅 분배를 마침(21:43-45)

43 여호와께서 이스라엘의 조상들에게 맹세하사 주리라 하신 온 땅을 이와 같이 이스라엘에게 다 주셨으므로 그들이 그것을 차지하여 거기에 거주하였으니 **44** 여호와께서 그들의 주위에 안식을 주셨으되 그 조상들에게 맹세하신 대로 하셨으므로 그들의 모든 원수들 중에 그들과 맞선 자가 하나도 없었으니 이는 여호와께서 그들의 모든 원수들을 그들의 손에 넘겨 주셨음이니라 **45** 여호와께서 이스라엘 족속에게 말씀하신 선한 말씀이 하나도 남음이 없이 다 응하였더라

드디어 13장에서부터 시작된 가나안 땅 분배 이야기가 막을 내린다. 이스라엘이 이처럼 가나안 땅을 차지하고 정착할 수 있었던 것은 처음부터 끝까지 하나님의 은총이라는 것이 저자가 강조하고자 하는 메시지이다. 하나님은 이스라엘의 선조들에게 약속하신 모든 것을 행하셨다(43절). 이 말씀(43절)은 특별히 13-21장의 땅 분배 이야기를 회상하고 있다. 하나님이 선조들과의 약속을 하나도 빠짐없이 지키셨기 때문에 이런 날이 온 것이다.

여호와께서 오래전에 선조들에게 맹세하신 대로, 이스라엘이 땅에 정착하여 안전하게 살 수 있도록 평화를 주셨다. 이스라엘의 원수들을 모두 그들의 손에 붙이셨기 때문에 가능한 일이었다(44절). 이 말씀(44절)은 1-12장에 기록된 가나안 정복 이야기를 요약하는 듯하다. 하나님이 하신 일이기 때문에 그 누구도 이스라엘에게 대항할 수 없다. 이

스라엘이 이집트를 출발하여 가나안 땅에 정착하게 되기까지 많은 우여곡절이 있었지만, 그래도 이런 일이 가능했던 것은 하나님이 약속하신 것을 하나도 어긋남이 없이 다 이루어 주셨기 때문이다(45절). 이 말씀(45절)은 땅 정복과 분배 이야기를 총 망라하여 회상하고 있다. 즉, 1-21장의 내용을 축약하고 있는 것이다.

저자는 무엇보다도 하나님의 신실하심을 강조한다. 아브라함과 사라의 정황을 생각할 때, 이스라엘의 시작 자체가 하나님이 베푸신 기적이었다. 그 이후 선조들과 이스라엘은 하나님의 수많은 은총을 체험하면서 이집트를 출발하여 가나안까지 왔다. 그들이 가나안에 입성해서 이룬 업적도 모두 하나님의 은총이었다. 물론 이스라엘도 하나님의 성전에 동참하면서 열심히 노력했다. 그러나 모든 것을 이루고 난 이 시점에서 다시 뒤를 돌아다보니, 역시 모든 것이 하나님의 인도하심이요 은총이라는 것이 저자의 고백이다. 한 복음성가가 노래하는 것처럼 우리가 일생 여정을 마치고 천국 문에 이르러 하는 고백이 '예수 인도하셨네'인 것이다.

크리스천들은 미래 지향적으로 살면서 동시에 뒤를 돌아볼 수 있는 여유를 지녀야 한다. 특히 힘이 들고 어려울 때, 하나님의 함께하심이 확실하지 않을 때, 그때는 더욱더 그렇다. 과거에 베풀어 주신 하나님의 은총을 생각하면 현실을 적극적으로 살고 미래를 꿈꿀 수 있는 확신과 능력이 생기기 때문이다. 그러므로 어떤 때는 그저 모든 것을 멈추고 지난날 베풀어 주신 하나님의 은총을 세어보는 것이 가장 의미 있는 일이다.

IV. 거룩한 정착

(22:1-24:33)

저자는 땅 분배에 대한 이야기를 마치고 드디어 책을 마무리하는 섹션
을 시작한다. 이 섹션에 기록된 것들은 땅을 받은 지파들이 각기 자신
들의 기업으로 옮겨가 정착 생활을 시작한 이후의 이야기이다. 여호수
아기에 대한 에필로그(epilogue)인 셈이다. 여호수아의 고별 설교(23장)와
언약 갱신 예식(24:1-28)과 장례식 이야기(24:29-33) 등은 참으로 평화
로워 보이며 책을 마무리하는 에필로그를 구성하는 요소들로써 손색
이 없는 것들이다. 그러나 이런 평온함으로 책이 끝나기 전에 이스라
엘은 한때 위기를 맞는다.

　요단 강 동편 지파들이 세운 제단으로 인해 동쪽과 서쪽 지파들간 전
쟁이 일어날 뻔한 것이다(22장). 다행히 서로 간의 오해가 풀려 평화롭
게 문제가 해결되었으므로 유혈 사태는 피했지만, 이 사건은 이스라엘
12지파의 미래에 대하여 상당한 불안감을 조성한다. 조그마한 오해 때
문에 하마터면 동족 간 전쟁이 일어날 뻔 한 상황에서 요단 강과 계곡
이라는 물리적인 경계를 중심으로 동쪽과 서쪽 지파들로 나뉘어진 이
스라엘이 한 민족과 국가로써 언제까지 연합과 하모니를 유지할 수 있
겠는가라는 질문을 하게 한다.

어떻게 생각하면 이 섹션에 기록된 세 사건 즉, 제단을 둘러싼 갈등, 여호수아의 고별 설교, 언약 갱신 예식은 서로 별다른 연관성이 없어 보이며 우연히 이곳에 수록된 것처럼 보인다. 그러나 그렇지 않다. 우리는 여호수아기를 예배에 관한 책이라 하여 가나안 입성에서부터 정복과 분배와 정착에 이르기까지 예배적인 관점에서 책을 해석해 왔다. 책의 에필로그 역할을 하는 이 섹션도 예배라는 주제로 하나로 묶여 있다. 저자는 이 섹션에 기록된 사건들을 통해 여호와께 드리는 진정한 예배는 어떤 것인가를 정의하고 있으며, 만일 이스라엘이 이 예배에 대한 가이드라인을 온전히 따르지 않으면 어떤 일이 일어날 것인가를 경고하고 있다(Hess). 이러한 관점에서 이 섹션이 기록하고 있는 사건들을 예배와 연결하여 생각해보자.

제단을 둘러싼 갈등은 예배가 어떻게 공동체를 나누지 않고 하나로 연합하도록 해야 하는가에 관한 이야기이다. 여호수아는 고별 설교에서 자신이 어떻게 모세의 뒤를 이어 이스라엘의 리더가 되어 이날까지 오게 되었는가를 회고한 후 이스라엘이 하나님의 말씀에 불순종하여 반역하는 일에 대하여 경고한다. 온 이스라엘이 여호와와의 언약을 갱신하기 위하여 다시 한번 세겜에 모여 오직 여호와만 예배하고 섬길 것을 맹세한다. 마지막으로 저자는 선조 요셉의 뼈가 세겜에 묻혔다는 회고와 평생 하나님만을 섬기고 예배했던 여호수아와 엘르아살의 죽음에 대한 이야기로 책을 마무리 한다. 마치 이 책을 읽는 독자들도 이들(요셉, 여호수아, 엘르아살)처럼 평생 여호와만을 사랑하고 섬기다가 죽어야 한다고 권면하는 듯 하다.

본 텍스트를 통해 우리는 창세기에서 시작된 대장정이 드디어 마침표를 찍고 있음을 목격한다. 창세기를 마무리했던 요셉의 뼈가 드디어 세겜에 안치되었다는 말로 여호수아기가 마무리되기 때문이다(24:32). 우리는 또한 새로운 모세가 되어 그동안 이스라엘을 인도해왔던 여호수아의 죽음도 목격하게 된다. 그는 '모세의 시종'으로 사역을 시작했지만(1:1), '여호와의 종'으로 생을 마감한다(24:29). 그의 사역의 시작과 끝은 책을 읽는 모든 사람에게 도전과 감동을 주는 하나의 패러다임이 되며 시작은 미약하였으나 끝은 창대하리라는 말씀을 생각나게 한다. 예배를 중심 주제로 삼아 책의 에필로그를 형성하고 있는 본 텍스트는 크게 두 파트로 나뉜다.

  A. 요단 강 동편에 세워진 제 2제단(22:1-34)
  B. 여호수아의 고별과 죽음(23:1-24:33)

A. 요단 강 동편에 세워진 제2제단(22:1-34)

가나안 정복과 정복한 땅의 지파별 분배가 일단락 된 뒤, 여호수아는 요단 강 동편에 정착한 지파들의 장정들로 구성된 군대를 집으로 돌려 보냈다. 이 군대의 숫자는 4만 명에 달했으며 그들의 가족은 이미 그들에게 분배된 요단 강 동편 땅에 정착했다(4:13). 그들은 모세와의 협의에 따라 요단 강 서편에 정착한 지파들을 돕기 위해 그들과 함께 강을 건너와 지난 수 년 동안 함께 온 가나안 땅에 원정을 다니며 전쟁을 치렀던 사람들이다. 드디어 정복과 분배가 어느 정도 마무리 되자 여호수아는 요단 강 동편 군대를 축복하면서 오직 여호와만을 섬길 것을 권면하고, 불순종하게 되면 그들에게 내려질 저주들에 대하여 경고하며 떠나 보냈다.

  이처럼 모든 것이 순조롭게 진행되고 평화롭게 끝나는 듯 했으나, 요단 강 동편과 서편에 정착한 지파들 사이에 하마터면 전쟁이 일어날 뻔했다. 동편에서 온 군인들이 요단 강을 건너 집으로 돌아가는 길에 강 강둑에 제단을 쌓은 것이다. 서쪽에 정착한 지파들은 순식간에 분노했고 큰 군대를 일으켜 그동안 가나안 사람들을 상대로 펼쳤던 전쟁을 방불케 하는 전쟁을 동쪽 지파들을 상대로 하려고 했다. 이 일에 앞서 사절단을 보내 자초지종을 듣고 나서야 오해가 풀려 서로 원만하게 협상하게 되었다.

이 사건은 여호와 종교의 제단을 중심으로 한 이스라엘의 정체성과 요단 강 동편에 정착한 지파들이 서쪽에 정착한 지파들과 어떠한 관계를 설정할 것인가를 생각하게 하는 계기를 마련해 주었다. 본 텍스트는 다음과 같이 세 섹션으로 구분된다.

A. 동편 지파들이 돌아감(22:1-8)
B. 정체성 위기(22:9-20)
C. 정체성 재확인(22:21-34)

IV. 거룩한 정착(22:1-24:33)
    A. 요단 강 동편에 세워진 제 2제단(22:1-34)

1. 동편 지파들이 돌아감(22:1-8)

¹ 그 때에 여호수아가 르우벤 사람과 갓 사람과 므낫세 반 지파를 불러서 ² 그들에게 이르되 여호와의 종 모세가 너희에게 명령한 것을 너희가 다 지키며 또 내가 너희에게 명령한 모든 일에 너희가 내 말을 순종하여 ³ 오늘까지 날이 오래도록 너희가 너희 형제를 떠나지 아니하고 오직 너희의 하나님 여호와께서 명령하신 그 책임을 지키도다 ⁴ 이제는 너희의 하나님 여호와께서 이미 말씀하신 대로 너희 형제에게 안식을 주셨으니 그런즉 이제 너희는 여호와의 종 모세가 요단 저쪽에서 너희에게 준 소유지로 가서 너희의 장막으로 돌아가되 ⁵ 오직 여호와의 종 모세가 너희에게 명령한 명령과 율법을 반드시 행하여 너희의 하나님 여호와를 사랑하고 그의 모든 길로 행하며 그의 계명을 지켜 그에게 친근히 하고 너희의 마음을 다하며 성품을 다하여

그를 섬길지니라 하고 ⁶ 여호수아가 그들에게 축복하여 보내매 그들이 자기 장막으로 갔더라 ⁷ 므낫세 반 지파에게는 모세가 바산에서 기업을 주었고 그 남은 반 지파에게는 여호수아가 요단 이쪽 서쪽에서 그들의 형제들과 함께 기업을 준지라 여호수아가 그들을 그들의 장막으로 돌려보낼 때에 그들에게 축복하고 ⁸ 말하여 이르되 너희는 많은 재산과 심히 많은 가축과 은과 금과 구리와 쇠와 심히 많은 의복을 가지고 너희의 장막으로 돌아가서 너희의 원 수들에게서 탈취한 것을 너희의 형제와 나눌지니라 하매

정복이 시작된 후 시간이 얼마나 흘렀을까? 저자는 정확한 언급을 하지 않는다. 그러나 책의 흐름과 이 사건의 배경을 감안할 때, 상당 히 많은 세월이 흐른 것이 확실하다(cf. 3절). 일단은 전쟁이 어느 정도 끝나가는 분위기이고, 여호수아도 나이가 많이 들었기 때문이다. 동쪽 지파들이 강을 건넌지 수 년, 혹은 십수 년이 지났을 가능성이 크다. 요단 강 동편에 정착하게 된 지파들의 가족도 침략자들로부터 군사적 인 보호가 필요하고, 특별히 농사철 때 남자들의 도움이 많이 필요하 다는 점을 감안할 때, 아마도 순차적으로 징병되어 강을 건너와서 일 정한 기간 봉사하고는 다시 집으로 돌아가는 형식으로 전쟁에 참여했 을 것으로 추정된다.

가나안 정복과 분배의 대사역을 성공적으로 마친 여호수아는 동쪽 지파들로부터 징병된 군사들을 모아놓고 그들의 공로를 치하했다. 그 러므로 이 이야기는 전쟁이 모두 끝난 것을 전제하며 시작되는 것이 다. 본문이 이야기 진행 장소를 구체적으로 언급하지는 않지만, 이 이 야기가 시작되기 전에 책이 언급한 마지막 사건이 여호수아가 실로에 서 일곱 지파에게 땅을 분배한 것으로 보아 아마도 이 이야기도 실로 에서 있었던 것으로 생각된다(Hubbard). 여호수아가 실로에서 지파들에 게 땅을 분배해 준 다음에 곧바로 요단 강 동편 지파들을 돌려 보낸 것 이다. 또한 18장 이후 이스라엘의 집결 장소로 실로가 주로 언급되는

느낌을 준다(cf. 18:1; 19:51; 21:2).

내용을 살펴보면 책이 시작되면서 여호수아가 동쪽 지파 군인들에게 요구했던 것들이 충분히 충족되었다는 것을 시사한다(cf. 1:12-15). 그들은 이때까지 오랫동안 주어진 사명에 충실했고(3절), 여호와께서 요단 강 서편 지파들에게 안식을 주셨으니 이제는 돌아가도 좋다는 것이다(4절). 여호수아는 그들의 순종이 하나님의 축복을 온 이스라엘에게 끼친 사실을 강조한다(Pressler). 저자는 이 군인들이 이스라엘에게 충성한 것이 아니라, 하나님께 순종했기 때문에 이 같은 축복이 임했다는 것을 강조한다. 책이 누누이 강조하는 순종의 중요성이 다시 한번 암시되고 있는 것이다.

여호수아는 그들에게 지금까지 말씀에 순종해온 것처럼 앞으로도 꼭 하나님이 모세를 통해 주신 율법을 열심히 순종하면서 살 것을 당부했다(5절). 여호수아의 당부는 주의 백성들이 하나님과의 관계를 유지하기 위하여 꼭 유념해야 할 다섯 가지 지침을 담고 있다. (1) 하나님을 사랑하라. (2) 주께서 지시하시는 길을 따르라. (3) 하나님의 명령을 지키라. (4) 주를 가까이 하라. (5) 하나님을 섬기라. 하나님이 1장에서 여호수아에게 당부하신 것을 여호수아가 이 지파들에게 당부하고 있는 것이다.

또한 여호수아의 이 같은 당부는 오래전에 모세가 이스라엘에게 주었던 '쉐마'의 일부인 신명기 6:5을 반복하고 있다(Boling & Wright, Hess, Woudstra). 저자가 묘사하고 있는 상황은 마치 여호수아와 요단 강 동편 지파들이 옛적에 모세의 말씀에 귀를 기울이던 온 이스라엘과 동일하다(Hubbard). 요단 강 평지에서 모세의 '쉐마' 강론을 듣던 여호수아가 어느덧 세월이 지나 이제는 '새로운 모세'가 되어 이스라엘을 상대로 '쉐마'를 강론하고 있는 것이다.

첫 번째 권면인 '여호와 너희 하나님을 사랑하라'(הַבָּה אֶת־יהוה אֱלֹהֵיכֶם לְאַ)라는 말씀은 여호수아기에서 처음 등장하는 표현이며, 매우 포괄적인 의미를 지녔다. 또한 이 첫 번째 권면에 다섯 가지 권면 중 나머지 네 가지가 모두 함축되었다고 할 수 있다(Pressler). 이 다섯 가지 권면에 반영된 원칙들은 시간과 장소를 초월해서 어느 때, 어느 곳에서 살든 상관없이 모든 주의 백성이 마음에 새기고 실현하도록 노력해야 하는 것들이다. 물론 겉으로 드러나는 경건만으로 만족해서는 안 된다. 이러한 사실을 강조하기 위해 여호수아는 '온 마음과 온 정성을 다하여'(בְּכָל־לְבַבְכֶם וּבְכָל־נַפְשְׁכֶם) 하나님의 백성으로 살아가라고 호소하고 있다. 우리의 삶의 모든 영역이 하나님의 주권 아래 있어야 하며, 온 마음과 온 정성을 다하여 그분을 섬겨야 하는 것이다.

지도자 여호수아의 허락에 따라 강을 건너 가족의 품으로 돌아가는 동쪽 지파들의 군대에게 여호수아가 축복을 빌어주었다(7절; cf. 신 33장). 구약에서는 길을 떠나는 사람들에게 복을 빌어주어 보내는 일을 자주 목격하게 된다(cf. 창 31:55; 40:10; 삼하 13:25; 19:39). 여호수아의 축복은 그동안 가나안 전쟁에서 얻은 수많은 전리품 중 그들의 몫을 챙겨 가라는 것이었다(8절).

여호수아가 언급하고 있는 전리품들은 이스라엘이 전쟁을 통하여 얼마나 부유하게 되었는가를 암시하고 있다. "너희는 많은 재산과 심히 많은 가축과 은과 금과 구리와 쇠와 심히 많은 의복을 가지고 너희의 장막으로 돌아가서 너희의 원수들에게서 탈취한 것을 너희의 형제와 나눌지니라"(8절). 또한 동쪽 지파들이 서쪽 지파들처럼 전리품을 나누어 가지는 것은 요단 강을 기점으로 동쪽에 살든, 서쪽에 살든 상관없이 이스라엘 지파들은 모두 동등하다는 것을 강조하기도 한다 (Hubbard).

그러나 므낫세 지파가 반은 동쪽에, 반은 서쪽에 기업을 받은 것은 장차 있을 지파들 간의 분란 혹은 같은 신앙을 유지하는 데 따르는 어려움을 암시하는 듯하다(Nelson, Hawk). 우리는 동쪽 지파들이 이스라엘의 중심에서 떨어져 산다 할지라도 결코 그들의 하나님 여호와께 멀어져서는 안 된다는 여호수아의 권면을 현실에서는 얼마나 지키기 어려운 일인가를 잘 알고 있다. 우리말에 '이웃사촌'이란 말이 왜 생겼겠는가? 아무리 친한 사이라도 떨어져 지내면 서로에 대한 열정과 관심이 식어지지만, 가까운 곳에서 사는 사람들끼리는 서로 친척이 아니라도 친해지기 때문이 아니겠는가. 교회도 정체성과 통일성을 유지하려면 성도 간에 끊임없는 만남과 교류가 이루어져야 한다.

IV. 거룩한 정착(22:1-24:33)
  A. 요단 강 동편에 세워진 제 2제단(22:1-34)

---

2. 정체성 위기(22:9-20)

⁹ 르우벤 자손과 갓 자손과 므낫세 반 지파가 가나안 땅 실로에서 이스라엘 자손을 떠나 여호와께서 모세에게 명령하신 대로 받은 땅 곧 그들의 소유지 길르앗으로 가니라 ¹⁰ 르우벤 자손과 므낫세 반 지파가 가나안 땅 요단 언덕 가에 이르자 거기서 요단 가에 제단을 쌓았는데 보기에 큰 제단이었더라 ¹¹ 이스라엘 자손이 들은즉 이르기를 르우벤 자손과 갓 자손과 므낫세 반 지파가 가나안 땅의 맨 앞쪽 요단 언덕 가 이스라엘 자손에게 속한 쪽에 제단을 쌓았다 하는지라 ¹² 이스라엘 자손이 이를 듣자 곧 이스라엘 자손의 온 회중이 실로에 모여서 그들과 싸우러 가려 하니라 ¹³ 이스라엘 자손이 제사장 엘르아살의 아들 비느하스를 길르앗 땅으로 보내어 르우벤 자손과 갓 자손과 므낫세 반 지파를 보게 하되 ¹⁴ 이스라엘 각 지파에서 한 지도자씩 열 지도자들을 그와 함께 하게 하니 그들은 각기 그들의 조상들의 가문의 수령으로서 이스라엘 중에서 천부장들이라 ¹⁵ 그들이 길르앗 땅에 이르러 르우벤 자손과 갓 자손과 므낫세 반 지파에게 나아가서 그들에게 말하여 이르되 ¹⁶ 여호와의 온 회중이 말하기를 너희가 어찌하여 이스라엘 하나님께 범죄하여 오늘 여호와를 따르는 데서 돌아서서 너희를 위하여 제단을 쌓아 너희가 오늘 여호와께 거역하고자 하느냐 ¹⁷ 브올의 죄악으로 말미암아 여호와의 회중에 재

앙이 내렸으나 오늘까지 우리가 그 죄에서 정결함을 받지 못하였거늘 그 죄악이 우리에게 부족하여서 [18] 오늘 너희가 돌이켜 여호와를 따르지 아니하려고 하느냐 너희가 오늘 여호와를 배역하면 내일은 그가 이스라엘 온 회중에게 진노하시리라 [19] 그런데 너희의 소유지가 만일 깨끗하지 아니하거든 여호와의 성막이 있는 여호와의 소유지로 건너와 우리 중에서 소유지를 나누어 가질 것이니라 오직 우리 하나님 여호와의 제단 외에 다른 제단을 쌓음으로 여호와를 거역하지 말며 우리에게도 거역하지 말라 [20] 세라의 아들 아간이 온전히 바친 물건에 대하여 범죄하므로 이스라엘 온 회중에 진노가 임하지 아니하였느냐 그의 죄악으로 멸망한 자가 그 한 사람만이 아니었느니라 하니라

강 동편 지파 군인들은 여호수아의 축복을 받으며 실로를 떠나 가족들이 기다리는 곳으로 향했다(9절). 학자들과 번역본들 사이에 9절을 앞 부분(1-8절)의 결론으로 취급할 것인가, 아니면, 다음 이야기의 시작으로 볼 것인가에 대하여 논란이 있다. 새번역은 앞 부분과 붙인다(cf. Hawk). 그러나 다음 섹션의 시작으로 보는 것이 더 바람직하다(Hubbard, Hess, Harstad). 왜냐하면 9절을 앞부분의 결론으로 취급한다면, 그들은 강을 건너 집으로 돌아갔다가 훗날 다시 강을 건너와 10절이 언급하는 제단을 세우게 된다. 그러나 만일 뒷이야기의 시작으로 본다면, 그들이 집으로 돌아가는 도중, 강을 건너기 전에 제단을 세웠던 것으로 해석할 수 있기 때문에 이 지파들이 제단을 세우기 위하여 다시 요단 강을 도하할 필요가 없어진다. 그러므로 9절을 뒷이야기의 시작으로 간주하는 것이 바람직하다. 이 섹션(9-20절)과 다음 섹션(21-34절)을 하나로 묶어 구조를 분석하면 다음과 같은 결과를 제시한다(cf. Hawk):[28]

---

28 여호수아 22:9-34에 대하여 다음과 같은 구조가 제시되기도 한다(Jobling).
 동편 지파들이 제단을 세움(10절)

A. 동편 지파들이 제단을 세움(22:9-10)

B. 서편 지파들이 전쟁을 준비함(22:11-12)

C. 서편 지파들이 사절단을 보냄(22:13-15a)

D. 사절단의 비난 발언(22:15b-20)

E. 동편 지파들의 설명(22:21-29)

D′. 사절단이 동편 지파들의 설명을 수용함(22:30-31)

C′. 사절단이 서편 지파들에게 돌아옴(22:32)

B′. 서편 지파들이 전쟁을 포기함(22:33)

A′. 동편 지파들이 제단의 이름을 지음(22:34)

강을 건너 가족들에게 돌아가던 중이던 르우벤, 갓, 므낫세 반 지파 군인들이 요단 강을 건너기 전 그릴롯(גְּלִילוֹת)에 이르렀다(10절). 그런데 그릴롯이 무엇을 의미하는가? 일부 번역본들은 이 단어를 고유명사로 취급하여 지역 이름인 그릴롯으로 번역한다(새번역; NIV, LXX). 그러나 대부분 번역본과 주석가는 이 단어를 '인접한 지역/경계선'을 뜻하는 일반명사(גְּלִילָה)의 연계형(construct)으로 취급하여 요단 강 '근처/인접지역'으로 번역한다(NAS, NRS, TNK). 또한 이 명사는 이스라엘이 요단 강을 건너 베이스캠프로 삼았던 길갈(גִּלְגָּל)에 대한 언어유희를 구성하고 있다(Coote). 그들이 정확히 어느 곳에 제단을 쌓은 것일까? 대부분 주

서편 지파들이 전쟁으로 위협함(12절)
서편 지파들이 대표들을 파견함(13-15a절)
대표들이 동편 지파들을 비난함(15b-20절)
동편 지파들이 억울함을 호소함(22-23절)
동편 지파들이 제단에 대하여 설명함(24-27a절)
동편 지파들이 제단에 대하여 설명함(27b-28절)
동편 지파들이 억울함을 호소함(29절)
대표들이 동편 지파들의 설명을 받아들임(30-31절)
서편 지파들의 대표가 돌아옴(32절)
서편 지파들이 전쟁 위협을 거둠(34절)
동편 지파들이 제단에 이름을 줌(34절)

384

석가는 이스라엘이 요단 강을 건넌 다음 처음으로 머물렀던 길갈에 세웠을 것으로 추정한다(cf. Howard, Hubbard).

그들은 '누가 보아도 매우 큰 제단'(מִזְבֵּחַ גָּדוֹל לְמַרְאֶה)을 길갈에 쌓았다(10절). 요단 강 동편에 정착한 사람들이 왜 요단 강 서편 가나안 땅에 이처럼 큰 제단을 쌓은 것일까? 그리고 서쪽에 정착한 지파들은 왜 이 일 때문에 동족들 간의 전쟁도 감수하겠다는 자세로 나오는 것일까? 먼저, 강 서편에 정착한 지파들은 동쪽 지파들의 이러한 행위를 율법을 범하는 것으로 풀이했다. 율법은 이스라엘 백성이 번제나 제물을 드리는 것을 장막에서만 할 수 있다고 규정한다(레 17:1-9). 여호수아 시대에 장막은 있던 실로에 있었다. 그런데 동쪽 지파들이 길갈에 제단을 세운 것이다. 그들의 행위는 이스라엘의 종교적인 정체성에 혼란을 준다. 그뿐만 아니라, 서쪽 지파들은 동쪽 지파들이 여호와께 예물을 드리는 장소를 하나 더 세우는 일을 통해 이스라엘 종교를 나누겠다는 뜻으로 풀이한 것이다(Pressler).

일상적으로 제단을 세우는 이유가 그 제단에서 제물을 드리기 위해서이다. 그러므로 동쪽 지파들이 이 제단에서 하나님께 제물을 바칠 의도로 제단을 세운 것으로 풀이할 수 있다. 그러나 이 제단에서 제물을 드리는 것은 하나님의 계명을 전면적으로 부인하는 행위로 간주될 수 있다. 만약에 동쪽 지파들이 하나님께 제물을 드리기 위하여 길갈에 제단을 세우지 않았다면, 서쪽 지파들 입장에서는 여호와가 아니라 우상들에게 제물을 바치기 위하여 동쪽 지파들이 이런 일을 한 것으로 생각할 수밖에 없다. 그러므로 어느 쪽으로 해석하든 간에 요단 강 서쪽에 정착한 지파들에게는 동쪽 지파들이 세운 제단은 매우 심각한 종교적 도발 행위로 보였다. 동쪽 지파들의 행위에 대하여 서쪽 지파들이 전쟁을 불사하는 것은 당연하다.

서쪽 9½지파들이 결집한 것을 저자가 '모든 이스라엘의 아들들'(כָּל-עֲדַת בְּנֵי-יִשְׂרָאֵל)이 모였다고 하는 것이 매우 의미심장하다(12, 18, 20

절). 동쪽 2½지파들을 제외하고도 서쪽 지파들은 '온 이스라엘'이 될 수 있다는 것이다. 저자는 제단 문제가 원만하게 해결되는 30절까지 동쪽 지파들을 이 개념에 포함하지 않는다. 그리고 문제가 해결된 다음에도 동쪽 지파들을 따로 구분하고는 '온 이스라엘'에는 포함하지 않는다. 제단 문제는 이스라엘의 정체성을 생각하게 하였고(viz., 필요에 따라서는 동쪽 지파들 없이도 온 이스라엘이 된다는 것), 또한 이미 형제 지파들 간에 차별이 시작된 것을 의미하는 듯하다. 정착 시대 때부터 이미 이스라엘은 핏줄보다는 종교를 중심으로 정체성이 유지되고 있다는 것을 암시한다.

동쪽 지파들의 행위에 위기를 느낀 서쪽 지파들이 전쟁을 하려고 모두 실로에 모였다(12절). 그러나 동쪽 지파들과 전쟁을 하기 앞서 사절단을 보내 자초지종을 들어보고 상황을 파악하기로 했다. 그래서 서쪽 지파들은 비느하스 제사장과 각 지파의 대표 한 명씩 해서 11명을 동쪽 지파들에게 보냈다(10절). 비느하스를 중심으로 한 사절단은 동쪽 지파들에게 이스라엘의 역사에 뼈아픈 죄로 남아 있는 두 반역 사건을 언급하면서 이야기를 전개해 나갔다. 그들은 브올에서 있었던 사건(민 25장)과 여리고에서 있었던 아간 사건(수 7장)을 예로 들었다.

이스라엘은 브올에서 모압의 신에게 절하며 모압 여인들과 성관계를 가졌다. 이 일로 인하여 24,000명이 죽어갔다. 아간 사건 역시 한 사람의 죄 때문에 여러 사람이 죽었다는 것을 강조한다. 이 두 사건은 이스라엘이 하나님을 어떻게 배반(apostasy)하였고 반역(rebellion)하였는가를 가장 극적으로 보여주는 사건들이다(Hubbard). 사절단은 하나님의 말씀을 거역하면 온 이스라엘에게 어떤 벌이 내려지는가를 설명하며 동시에 동쪽 지파들이 제단을 쌓은 사건을 이 일들과 동일한 수준의 배신과 반역 행위로 간주하고 있다는 것을 암시한다. 서쪽 지파들은 자신들이 생각할 수 있는 가장 심각한 범죄 두 가지-하나님에 대한 배신(breach of trust)과 반역(breach of promise)-로 동쪽 지파들을 비난하고 있다

(Hubbard). 동쪽 지파들이 별생각 없이 좋은 의도에서 저지른 일이 서쪽 지파에게는 이처럼 심각한 신앙 문제로 부각되는 것을 보면서 우리는 모든 일에 있어서 더욱더 신중하게 행해야 한다는 것을 배워야 한다.

사절단의 논리는 위에서 언급한 대로 한곳에서만 제물을 드리라는 하나님의 명령과 우상에게 절하지 말라는 율법에 바탕을 두고 있다(cf. 레 17:1-9). 제물을 드린다는 것 차체보다도 어떻게, 어디서 드리느냐에 관한 예식적 법(cultic ritual)에 따라 하는 것이 더 중요하다는 점을 강조하기 위해 비느하스 제사장이 이들과 함께 갔다. 또한 브올에서 이스라엘이 저지른 죄에 과감하게 대처하여 사건을 마무리 한 사람이 비느하스였기 때문에 그가 이 사건을 해결하는 일에 선봉으로 나서는 것은 당연하다. 또한 제단은 제사장의 사역과 직접적으로 연관이 있기 때문에 비느하스가 사절단을 인솔하는 것이 당연하다(Dallaire).

사절단은 동쪽 지파에게 정 필요하다면 요단 강 서쪽으로 이주해 오는 것도 고려해 보라고 한다. 혹시 동편 지파들이 자신들이 살고 있는 땅이 종교적으로 깨끗하지 않아 이런 일을 저질렀다면, 그 땅을 포기하고 강을 건너와 서쪽에서 기업을 나누어 가지자고 제안하는 것이다(19절). 사절단이 요단 강 동편의 땅과 서편의 땅을 구분하는 용어가 재미있다. 요단 강 동편의 땅을 '당신들[동쪽2½ 지파]의 소유지'(אֲחֻזַּתְכֶם אֶרֶץ)라고 부르고, 자신들이 차지한 요단 강 서편의 땅을 '여호와의 소유지'(אֶרֶץ אֲחֻזַּת יְהוָה)라고 부른다(19절). 마치 자신들이 거하는 요단 강 서편 만이 거룩한 땅이며, 동쪽은 부정한 땅처럼 생각하는 듯하다(Polzin). 자부심의 한계를 넘어서 일종의 교만이 싹트고 있는 듯하다. 게다가 그들이 동편 지파들의 행위를 염려하는 것도 혹시 자신들에게 화가 미칠까 해서이지 동편 지파들의 앞날을 염려해서가 아니다. 서쪽에 정착한 지파들의 교만과 이기적인 생각이 위기감을 조성했던 것이다.

IV. 거룩한 정착(22:1-24:33)
 A. 요단 강 동편에 세워진 제2제단(22:1-34)

3. 정체성 재확인(22:21-34)

²¹ 르우벤 자손과 갓 자손과 므낫세 반 지파가 이스라엘 천천의 수령들에게 대답하여 이르되 ²² 전능하신 자 하나님 여호와, 전능하신 자 하나님 여호와께서 아시나니 이스라엘도 장차 알리라 이 일이 만일 여호와를 거역함이거나 범죄함이거든 주께서는 오늘 우리를 구원하지 마시옵소서 ²³ 우리가 제단을 쌓은 것이 돌이켜 여호와를 따르지 아니하려 함이거나 또는 그 위에 번제나 소제를 드리려 함이거나 또는 화목제물을 드리려 함이거든 여호와는 친히 벌하시옵소서 ²⁴ 우리가 목적이 있어서 주의하고 이같이 하였노라 곧 생각하기를 후일에 너희의 자손이 우리 자손에게 말하여 이르기를 너희가 이스라엘 하나님 여호와와 무슨 상관이 있느냐 ²⁵ 너희 르우벤 자손 갓 자손아 여호와께서 우리와 너희 사이에 요단으로 경계를 삼으셨나니 너희는 여호와께 받을 분깃이 없느니라 하여 너희의 자손이 우리 자손에게 여호와 경외하기를 그치게 할까 하여 ²⁶ 우리가 말하기를 우리가 이제 한 제단 쌓기를 준비하자 하였노니 이는 번제를 위함도 아니요 다른 제사를 위함도 아니라 ²⁷ 우리가 여호와 앞에서 우리의 번제와 우리의 다른 제사와 우리의 화목제로 섬기는 것을 우리와 너희 사이와 우리의 후대 사이에 증거가 되게 할 뿐으로서 너희 자손들이 후일에 우리 자손들에게 이르기를 너희는 여호와께 받을 분깃이 없다 하지 못하게 하려 함이라 ²⁸ 우리가 말하였거니와 만일 그들이 후일에 우리에게나 우리 후대에게 이같이 말하면 우리가 말하기를 우리 조상이 지은 여호와의 제단 모형을 보라 이는 번제를 위한 것도 아니요 다른 제사를 위한 것도 아니라 오직 우리와 너희 사이에 증거만 되게 할 뿐이라 ²⁹ 우리가 번제나 소제나 다른 제사를 위하여 우리 하나님 여호와의 성막 앞에 있는 제단 외에 제단을 쌓음으로 여호와를 거역하고 오늘 여호와를 따르는 데에서 돌아서려는 것은 결단코 아니라 하리라 ³⁰ 제사장 비느하스와 그와 함께 한 회중의 지도자들 곧 이스라엘 천천의 수령들이 르우벤 자

손과 갓 자손과 므낫세 자손의 말을 듣고 좋게 여긴지라 ³¹ 제사장 엘르아살의 아들 비느하스가 르우벤 자손과 갓 자손과 므낫세 자손에게 이르되 우리가 오늘 여호와께서 우리 중에 계신 줄을 아노니 이는 너희가 이 죄를 여호와께 범하지 아니하였음이니라 너희가 이제 이스라엘 자손을 여호와의 손에서 건져내었느니라 하고 ³² 제사장 엘르아살의 아들 비느하스와 지도자들이 르우벤 자손과 갓 자손을 떠나 길르앗 땅에서 가나안 땅 이스라엘 자손에게 돌아와 그들에게 보고하매 ³³ 그 일이 이스라엘 자손을 즐겁게 한지라 이스라엘 자손이 하나님을 찬송하고 르우벤 자손과 갓 자손이 거주하는 땅에 가서 싸워 그것을 멸하자 하는 말을 다시는 하지 아니하였더라 ³⁴ 르우벤 자손과 갓 자손이 그 제단을 엣이라 불렀으니 우리 사이에 이 제단은 여호와께서 하나님이 되시는 증거라 함이었더라

요단 강 서편 지파들로부터 온 사절단의 문제 제기에 대하여 동쪽 지파들은 억울하다며 자신들의 입장을 항변했다. 그들은 하나님을 증인으로 부르며 대답을 시작했다(22절). 특히 하나님의 세 가지 이름을 두 차례씩 반복하며 부르는 것은 자신의 결백을 강조하고자 할 때 사람이 사용할 수 있는 가장 강력한 표현이다. "전능하신 자 하나님 여호와, 전능하신 자 하나님 여호와"(개역; NAS, NIV)(אֵל אֱלֹהִים יְהוָה אֵל אֱלֹהִים יְהוָה). 일부 번역본들과 주석가들은 '전능하신 자 하나님 여호와'를 '여호와, 신 중의 신'(The Lord, God of gods)이라고 번역하기도 한다(NRSV, REB, cf. TNK, Nelson). 충분히 가능한 번역이다. 구약에서 이처럼 하나님의 성호 세 개를 반복적으로 사용하는 곳은 이곳뿐이다. 동편 사람들은 자신들이 너무 억울하다는 것을 이렇게 표현하고 있는 것이다(Howard).

동편 지파들은 제단을 쌓은 일이 하나님께 반역하는 행위이거나 악한 것으로 한 번도 생각해 본 적이 없다고 한다. 만일 그런 마음을 품었다면, 자신들은 다른 지파들에게 하나님의 처벌을 받아 마땅하다고

389

선언한다(22절). 또한 이 제단에서 제물을 드릴 생각을 가져본 적도 없다고 한다(23절).

그렇다면 동편 사람들은 왜 이 제단을 세웠단 말인가? 그들은 이 제단이 훗날 자기 자손들을 위한 기념비이기도 하며, 혹시 강 서편에 정착한 자손들이 동편 자손들을 여호와를 섬기지 못하게 하여 이스라엘 공동체에서 제외할까 봐 증거로 세운 것이라고 한다(26-28절). 동편 지파들이 자신들의 자손들이 여호와께 등을 지는 것이 두려운 것이 아니라 서쪽 지파들이 자신들의 후손들을 종교적으로 푸대접하거나 따돌릴 것을 우려해서 이 제단을 증거로 세웠다(Hubbard). 여호수아기에서 '증인/증거'(עֵד)라는 단어가 사용되는 것은 이곳이 처음이다. 이 명사는 법률적인 용어다. 동편 지파들은 이 제단이 법적인 효력을 지닌 증거로 생각하고 있는 것이다(Howard).

동편 지파들도 서편 지파들과 동일한 생각을 가지고 있다. 이스라엘의 정체성은 여호와를 섬기는 일에서 비롯된다는 것이다. 그러므로 동편 지파들은 혹시라도 자기 자손들이 여호와께 드리는 예배에서 제외될까 해서 이 제단을 세웠다. 혹시 이런 일이 생기면 동편 자손들은 서편 자손들에게 요단 강 서편에 서 있는 이 제단을 가리키며 이 제단을 세운 자들은 동편 사람들이며, 자기 조상들이 이 제단을 세운 목적은 동편 자손들도 여호와의 백성이라는 것을 입증하기 위한 것이었다고 증거하게 될 것이라 한다. 또한 요단 강 서편 둑에 서 있는 이 제단이 누가 봐도 커야 하는 이유는 동편 자손들이 강을 건너지 않고도 먼 발치에서나마 이 제단을 보고 이 일을 기념할 수 있게 하기 위한 것이라고 생각한다. 여호와께 드리는 예배를 상징하는 제단은 이스라엘의 통일성을 상징하는 종교적 유물인데, 불행하게도 이 제단은 잠시나마 이스라엘을 나누는 결과를 초래했다(Hawk).

동편 지파들은 결코 이 제단을 사용할 목적으로 세운 것이 아니다. 그들은 이 제단을 참 제단의 모형(תַּבְנִית)일 뿐이라고 한다(28절). 사실

동쪽 지파들이 제단을 사용할 생각이었다면, 제단을 강 동편에 세우지 왜 서편에 세웠겠는가! 제물을 드릴 때마다 강을 건너야 하는 번거로움이 있는데 말이다. 게다가 이 제단의 규모가 누가 봐도 지나치게 커서 사용하기에는 불편한 점이 너무 많았을 것이다. 그러므로 동쪽 지파들의 주장은 설득력이 있다. 그들은 자신들이 여호와께 제물을 드릴 수 있는 유일한 곳은 여호와의 장막이라는 고백을 더한다(29절). 서쪽 지파들의 비난보다 동쪽 지파들의 항변이 더 상세하게 묘사되어 있는 것은 저자도 동쪽 지파들의 입장에 동조한다는 뜻이다(Assis).

동편 지파들의 말을 들은 비느하스 제사장과 사절단은 매우 기뻐했다(30절). 동족상잔을 피하기에 충분한 설명을 들었다고 생각한 것이다. 그러므로 그들은 하나님이 이스라엘에게 재앙을 내리시지 않을 것을 기뻐하며 다시 강을 건너 실로로 돌아와 모든 것을 보고했다. 물론 동편 지파들과 전쟁하러 모였던 백성도 함께 기뻐하며 해산했다(33절). 동쪽 지파들은 자신들이 요단 강 서편에 쌓은 제단을 '여호와께서 하나님이심을 우리 모두에게 증명함'(עֵד הוּא בֵּינֹתֵינוּ כִּי יְהוָה הָאֱלֹהִים)이라고 이름 지었다(34절).

이 제단 이야기는 세 가지 목적을 지니고 있다(cf. Pressler). 첫째, 하나님께 제물을 드릴 수 있는 곳은 단지 한 곳이라는 것을 강조한다. 이스라엘은 하나님의 장막이 있는 곳에서만 제물을 드려야 하며, 다른 곳에서 드리는 것은 반역 행위이다. 동쪽 지파들도 이러한 사실에 동의한다. 둘째, 하나님을 예배하는 공동체는 사는 지역에 의하여 정의되는 것이 아니다. 요단 강 동편에 살건, 서편에 살건 그들은 주의 백성으로서 한 공동체를 형성하고 있다. 그들을 하나로 묶는 것은 하나님에 대한 믿음과 충성이다. 셋째, 이 이야기는 믿음의 공동체가 어떻게 문제를 해결해 나가야 하는가에 대하여 한 모델을 제시하고 있다(Nelson). 서쪽 지파들은 자초지종을 모른 상태에서 극단적인 결론을 내리고 전쟁을 할 준비를 했다. 다행히 전쟁을 시작하기 전에 사절단을 보내어 오해를 풀 수 있었다. 그들은 전쟁이 아니라 대화로 문제를 해결했던 것이다.

B. 여호수아의 고별과 죽음(23:1-24:33)

여호수아기의 마지막 두 장은 책의 중심 인물인 여호수아의 고별 설교를 담고 있다. 그는 이 두 편의 설교를 남기고 세상을 떠나게 된다. 성경에는 주요 인물이 죽기 바로 직전에 스피치를 남기는 예를 자주 볼 수 있다. 야곱(창 49장), 모세(신 32-33장), 다윗(삼하 22-23장), 사무엘(삼상 12장) 등이 대표적인 예다. 고별 스피치는 다음과 같은 요소들을 담고 있다(Dallaire). (1) 스피치를 남기는 사람의 나이 많음, (2) 역사적으로 중요한 사건 언급, (3) 하나님을 따르라는 권면, (4) 백성의 반응.

여호수아도 이 위인들의 대열에 서서 선언문을 남긴다. 당연한 일이다. 젊었을 때 모세의 시종이 되어 오랜 세월 동안 그의 리더십 아래서 훈련을 받았고, 스승이 죽은 이후로 줄곧 이 백성을 이끌고 가나안 정복에 나서서 이때까지 왔다. 비록 실수도 있었고, 실패도 있었지만, 그는 하나님의 소명에 온 마음을 다하여 순종하며 이곳까지 왔다.

여호수아는 이제 이 세상을 떠나 하나님의 품으로 가야 한다. 그는 이 기회를 통하여 이스라엘에게 다시 한번 하나님의 말씀에 순종하라고 호소한다. 왜냐하면 그들이 가나안에서 성공하거나 실패하는 것은 오직 하나님께 충성하느냐 혹은 그분을 배반하느냐에 달려 있기 때문이다. 여호수아의 고별 스피치는 여호수아기를 시작하면서 하나님이 1장에서 그에게 당부하신 말씀과 비슷한 내용으로 구성되어 있다. 여호수아는 자기가 하나님께 받은 권면을 백성들에게 남기고 세상을 떠난 것이다. 여호수아가 이 땅에서 마지막으로 선포한 권면 두 개를 중심으로 구성되어 있는 본 텍스트는 다음과 같이 구분될 수 있다.

A. 첫 번째 스피치(23:1-16)
B. 두 번째 스피치(24:1-28)
C. 여호수아의 죽음(24:29-33)

1. 첫 번째 스피치(23:1-16)

가나안 정복이 시작된 이후 많은 세월이 지났다. 어느덧 여호수아도 나이가 많이 들었고 늙었다(1절). 날로 쇠약해져 가던 그는 자신이 오래 살지 못할 것을 알고 있다. 그래서 먼저 이스라엘의 지도자들을 불러 모아놓고 설교를 한다. 여호수아가 지도자들을 모아놓고 설교를 한다는 것은 곧 그의 죽음이 임박했음을 뜻하는 것으로 풀이할 수 있다(Polzin). 이 설교는 죽음을 앞둔 여호수아가 남길 두 고별 설교 중 첫 번째 것이다. 여호수아의 설교는 스타일과 내용에 있어서 옛적에 그의 스승 모세가 했던 것과 비슷하다. 여호수아는 세겜에 이스라엘의 모든 백성을 모아 놓고 두 번째이자 마지막 고별 설교를 한다(24장). 이 두 설교의 내용이 비슷하다 하여 일부 주석가들은 여호수아가 한 번 설교한 것을 저자가 이처럼 두 번 한 것으로 묘사하고 있다고 생각하거나(Soggin, Gray), 원래 여호수아기가 23장에서 끝났는데, 훗날 누군가가 24장을 더한 것으로 생각하기도 한다(Pressler).

그러나 이 두 스피치가 동일한 것을 반복한 것이라고 생각하기에는 현저한 차이가 있다는 견해도 만만치 않다(Howard). 첫째, 23장의 설교는 미래 지향적인 반면, 24장은 과거를 회상하는 일에 초점을 맞춘다. 첫 번째 설교는 이스라엘이 앞으로 이 땅에서 잘 살기 위해서는 하나

393

님께 충성해야 한다는 것을 강조하는 반면, 두 번째 설교는 지난날 하나님이 베풀어 주신 은총에 초점이 맞추어져 있는 것이다. 둘째, 처음 설교는 지도자들을 대상으로 하고 있는 반면, 나중 설교는 온 이스라엘을 대상으로 하고 있다. 셋째, 첫 번째 설교는 실로에서 선포되지만, 두 번째 설교는 세겜에서 선포된다. 넷째, 첫 번째 설교에 대하여는 백성들의 어떠한 반응이 기록되어 있지 않지만, 두 번째 설교에는 백성들의 반응과 언약 갱신 사건이 기록되어 있다. 여호수아의 첫 번째 설교를 형성하고 있는 본 텍스트는 다음과 같이 네 섹션으로 구분될 수 있다. 설교가 처음 시작할 때에는 평안한 분위기에서 부드러운 권면이 선포되지만, 후반부로 갈수록 강력해지다가 마지막에는 매우 엄한 경고로 이어진다(Nelson). 이러한 흐름은 왠지 모르게 이스라엘의 미래가 불확실하고 불안하다는 느낌을 준다.

    A. 역사적 배경(23:1-2a)
    B. 첫 번째 권면(23:2b-8)
    B′. 두 번째 권면(23:9-13)
    A′. 경고(23:14-16)

IV. 거룩한 정착(22:1-24:33)
  B. 여호수아의 고별과 죽음(23:1-24:33)
    1. 첫 번째 스피치(23:1-16)

---

(1) 역사적 정황(23:1-2a)

¹ 여호와께서 주위의 모든 원수들로부터 이스라엘을 쉬게 하신 지 오랜 후에 여호수아가 나이 많아 늙은지라 ²ᵃ 여호수아가 온 이스라엘 곧 그들의 장로들과 수령들과 재판장들과 관리들을 불러다가 그들에게 이르되

여호수아의 첫 번째 고별 설교의 역사적 정황을 설명하고 있는 1절은 이미 책이 언급한 개념들을 종합적으로 되풀이하고 있다. '오랜 세월이 흘렀다'라는 말은 22:3을 반영하고 있으며, '하나님이 안식을 주셨다'라는 선언은 11:23, 14:15, 21:44 등에 이미 언급된바 있다. 또한 '여호수아의 나이가 많다'는 것 역시 13:1에서 확인된바 있다. 즉, 이 설교는 여호수아기 전체에 기록된 내용을 회상하면서 그동안 하나님이 보여 주신 신실하심과 베풀어 주신 은총을 기념하고자 하는 의도를 띤 것이다. 여호수아가 자신의 인생 여정이 끝나가는 것을 의식하면서 지난날 하나님이 그와 이스라엘 백성에게 내려주신 은혜를 기념하는 설교를 고별사로 남기는 것은 당연하면서도 우리에게는 큰 교훈이 된다. 우리가 이 땅에서 남길 마지막 말이 무엇이 될 것인가를 생각하게 하기 때문이다.

가나안 정복이 시작된 이후 정확하게 얼마나 많은 시간이 흘렀는지를 가름할 수는 없다. 그러나 매우 많은 세월이 흐른 것은 확실하며 가나안 정복이 상당히 진전된 때로 생각된다. 이러한 차원에서 이 이야기와 13장 그리고 21:43-45은 맥을 같이한다. 여호수아와 갈렙은 모세의 명을 받고 함께 가나안 땅에 40일 동안 정탐을 간 적이 있다. 만일 이러한 정황이 그가 갈렙과 나이가 비슷했다는 추측을 가능하게 한다면, 우리는 가나안 정복이 시작된 지 어느 정도의 세월이 흘렀는지 가름할 수 있다. 땅 분배가 한창일 때 갈렙의 나이가 85세였다(14:10). 여호수아는 다음 설교에서 자기의 수명이 다했다는 것을 선언한다(23:14). 그리고 그는 110세를 일기로 죽었다(24:29). 그렇다면 이 설교는 정복이 시작된 지 25-30년 정도의 세월이 흐른 다음에 선포된 것일 것이다.

여호수아는 이스라엘을 대표할만한 리더들을 모아놓고 권면을 시작한다(2절). "여호수아는 온 이스라엘 곧 장로들과 우두머리들과 재판장들과 관리들을 불러서, 그들에게 말하였다"(새번역). 어느 나라든지 지도자들이 잘못되면 온 나라가 잘못되는 위험이 도사린다. 그러므로 지도자들은 비슷한 내용의 메시지를 백성보다 더 많이 들을 필요가 있다. 여호수아의 설교는 근본적으로 책의 전체적인 메시지와 맥을 같이 한다: '당신들을 위하여 싸우시고 당신들에게 땅을 주신 여호와께 충성하라'(Pressler). 이번에는 지도자들에게 권면하는 여호수아가 다음 장에서는 모든 백성을 한 곳에 모아놓고 말씀을 선포하게 된다.

IV. 거룩한 정착(22:1-24:33)
  B. 여호수아의 고별과 죽음(23:1-24:33)
    1. 첫 번째 스피치(23:1-16)

(2) 첫 번째 권면(23:2b-8)

2b 나는 나이가 많아 늙었도다 3 너희의 하나님 여호와께서 너희를 위하여 이 모든 나라에 행하신 일을 너희가 다 보았거니와 너희의 하나님 여호와 그는 너희를 위하여 싸우신 이시니라 4 보라 내가 요단에서부터 해 지는 쪽 대해까지의 남아 있는 나라들과 이미 멸한 모든 나라를 내가 너희를 위하여 제비 뽑아 너희의 지파에게 기업이 되게 하였느니라 5 너희의 하나님 여호와 그가 너희 앞에서 그들을 쫓아내사 너희 목전에서 그들을 떠나게 하시리니 너희의 하나님 여호와께서 너희에게 말씀하신 대로 너희가 그 땅을 차지할 것이라 6 그러므로 너희는 크게 힘써 모세의 율법 책에 기록된 것을 다 지켜 행하라 그것을 떠나 우로나 좌로나 치우치지 말라 7 너희 중에 남아 있는 이 민족들 중에 들어 가지 말라 그들의 신들의 이름을 부르지 말라 그것들을 가리켜 맹세하지 말라 또 그것을 섬겨서 그것들에게 절하지 말라 8 오직 너희의 하나님 여호와께 가까이 하기를 오늘까지 행한 것 같이 하라

여호수아는 자신의 나이에 대한 언급으로 말을 시작한다. "나는 나이가 많아 늙었도다"(2b절). 이 말씀 뒤에 있는 히브리어 문구(בָּאתִי בַיָּמִים

יֲאנ זָקַנְתִּי)는 아주 많이 늙었다는 것을 강조하는 표현이다(Hubbard, cf. 14
절; 창 24:1; 왕상 1:1). 여호수아는 자신의 죽음이 임박했다는 것을 의식
하고 있다. 세월을 이길 장사가 없다더니 한때는 그렇게 패기가 왕성
했던 여호수아도 이제는 세월의 순리에 자신을 복종시키고 있다. 우리
중에는 나이가 들면 세월을 역행하려고 안간 힘을 쓰는 사람들도 있는
데, 세월의 순리에 자신을 복종시키는 것이 바람직하다. 마치 와인이
숙성될수록(aged) 진가가 드러나듯 우리에게는 젊은 사람들이 롤모델
(role model)로 삼을 수 있는 아름답게 나이 들어가는(aging) 크리스천들이
많이 필요하다.

여호수아는 먼저 지난날을 돌아보며 하나님이 이스라엘에게 내려주
신 은총을 회상한다(3-4절). 하나님은 이스라엘을 위하여 싸우셨다(3
절). 가나안 땅은 하나님의 것이며, 하나님이 성전(聖戰)을 통해 이 땅
을 취하셔서 이스라엘에게 주신 것을 다시 한번 확인하고 있는 것이다
(cf. 신 7:1; 11:23-25; 수 1:5, 9; 8:7; 10:14, 19, 42). 이스라엘이 자격이 있
어서, 혹은 특별히 상을 받을 만해서 가나안 땅을 차지하게 된 것이 아
니다.

과거에 하나님이 베풀어 주셨던 은총을 회상한 여호수아는 앞으로
하나님이 어떻게 하실 것인가에 대한 기대감으로 스피치를 이어간다.
이스라엘이 아직 정복하지 못한 땅을 정복하는 일에 있어서 하나님이
과거에 그들과 함께하신 것처럼 앞으로도 함께하실 것을 확신하는 것
이다(5절). 여호수아가 이처럼 확신을 가지고 미래에 대하여 말할 수
있는 것에는 지난날의 경험이 근거가 되고 있다. 즉, 과거를 회상하면
서 미래에 대한 확신이 선 것이다. 신앙이란 이런 것이다. 오늘 이 순
간, 혹은 미래가 불확실할 때, 과거에 베풀어 주신 하나님의 은총과 인
도하심을 생각하면 현재와 미래에 대한 확신이 선다.

여호와께서 과거에 감당할 수 없는 은총을 베풀어 주셨고 앞으로도
그렇게 하실 것이라면, 주의 백성은 이러한 하나님의 은혜에 어떻게

반응해야 하는가? 여호수아는 과거에 하나님이 모세의 후계자로 세움을 받았던 그에게 권면하셨던 내용에 따라 백성들을 권면한다. "그러므로 너희는 크게 힘써 모세의 율법 책에 기록된 것을 다 지켜 행하라 그것을 떠나 우로나 좌로나 치우치지 말라"(6절; cf. 1:7). 하나님이 주의 백성의 과거와 미래를 책임져 주신다면, 그들이 할 수 있는 유일한 일은 하나님의 율법에 따라 사는 것이며, 말씀에 순종하는 일에 있어서 좌로나 우로 치우치지 않는 것이다. 또한 하나님의 끊임없는 축복을 보장하는 것도 하나님에 대한 흔들리지 않는 신뢰와 충성뿐이다.

여호수아가 지도자들에게 주는 권면이 오래전에 하나님이 가나안 입성을 앞둔 그에게 주신 말씀을 되풀이하는 것(1:7)이라는 사실은 어느덧 여호수아가 하나님이 그에게 주셨던 말씀을 다음 세대에게 믿음의 유산으로 남겨줄 시간을 맞이했다는 뜻이다. 이 말씀을 다음 세대에 전수하는 여호수아는 감개가 무량했다. 그는 자신의 지난날을 돌아보며 많은 생각을 했을 것이다. 하나님의 말씀에 진실되게 살려고 무척 애를 썼지만, 실패할 때도 많이 있었다. 그러나 그때마다 정죄와 책망보다는 격려와 새로운 기회를 주셨던 하나님의 은총이 떠올랐다. 그는 사람이 하나님의 말씀에 따라 좌로나 우로나 치우치지 않는 삶을 사는 것은 참으로 의미 있는 일이며 좋은 일이라는 결론을 내렸다. 그래서 그는 하나님이 그에게 주신 복된 말씀을 다음 세대에게 전수하고 있다.

여호수아는 이스라엘이 처한 상황에서 하나님의 말씀에 순종하는 것이 무엇인지 추가적인 설명을 한다. 하나님의 말씀에 순종하는 것은 곧 아직 남아 있는 가나안 사람들과 사귀지 않는 것이며, 그들의 신들을 숭배하지 않는 것이다(7절). 또한 이스라엘이 이때까지 해온 것처럼 오직 여호와 하나님께 매달리는(דבק) 것이다(8절). 이 '매달리다'(דבק)는 동사의 기본적인 의미는 '용접하다'이며, 한번 하나 되면 다시 나누어질 수 없는 것을 뜻한다(Dallaire, cf. NIDOTTE). 목숨을 걸고 하나님만 의지하라는 것이다.

여호수아의 권면대로 사는 것이 쉬워 보일지 모르지만, 실제적으로는 매우 어려운 일이었다. 과거에 그랬던 것처럼 앞으로도 이스라엘은 이 일에 있어서 끊임없이 실패한다(cf. 사사기). 그뿐만 아니라 이스라엘의 왕 중에서 가장 지혜로웠던 사람으로 알려졌던 솔로몬에게도 이 말씀대로 살아가는 지혜는 없었다. 하나님이 우리에게 요구하시는 것은 매우 간단명료한 것인데도 그 말씀대로 살아간다는 것은 이처럼 어렵다. 그럼에도 불구하고 이런 삶을 살려고 끊임없는 노력을 할 만한 가치가 있으며, 해야 한다.

IV. 거룩한 정착(22:1-24:33)
  B. 여호수아의 고별과 죽음(23:1-24:33)
    1. 첫 번째 스피치(23:1-16)

---

(3) 두 번째 권면(23:9-13)

⁹ 이는 여호와께서 강대한 나라들을 너희의 앞에서 쫓아내셨으므로 오늘까지 너희에게 맞선 자가 하나도 없었느니라 ¹⁰ 너희 중 한 사람이 천 명을 쫓으리니 이는 너희의 하나님 여호와 그가 너희에게 말씀하신 것 같이 너희를 위하여 싸우심이라 ¹¹ 그러므로 스스로 조심하여 너희의 하나님 여호와를 사랑하라 ¹² 너희가 만일 돌아서서 너희 중에 남아 있는 이 민족들을 가까이 하여 더불어 혼인하며 서로 왕래하면 ¹³ 확실히 알라 너희의 하나님 여호와께서 이 민족들을 너희 목전에서 다시는 쫓아내지 아니하시리니 그들이 너희에게 올무가 되며 덫이 되며 너희의 옆구리에 채찍이 되며 너희의 눈에 가시가 되어서 너희가 마침내 너희의 하나님 여호와께서 너희에게 주신 이 아름다운 땅에서 멸하리라

하나님만 바라라는 첫 번째 권면을 마친 여호수아는 다시 한번 지금

까지 하나님이 이스라엘에게 베풀어 주신 은혜를 회상한다. 수많은 적과 전쟁을 치러온 이스라엘이 이때까지 승승장구할 수 있었던 것은 여호와 하나님이 그들과 함께하시면서 대신 싸우셨기 때문이다(9-10절). 저자는 하나님이 이처럼 이스라엘과 함께하시면서 그들의 적을 상대로 싸우셨던 것은 이스라엘에게 약속하신 것을 지키기 위해서라고 한다(10절). 이스라엘의 승리는 곧 하나님의 신실하심을 입증하는 일이었던 것이다. 그러므로 은혜를 체험한 이스라엘이 하나님의 은총에 보답하는 유일한 길은 그들의 하나님 여호와를 사랑하는 것(אֶת־יְהוָה אֱלֹהֵיכֶם לְאַהֲבָה)이다(11절).

여호수아의 하나님을 사랑하라는 권면이 그의 설교 중 가장 중간에 위치하고 있다는 것도 의미심장하다. 그가 자신의 설교의 핵심을 하나님을 사랑하라는 권면에 맞추고 있다는 것을 암시하기 때문이다. 하나님을 사랑한다는 것은 하나님에 대하여 참으로 좋은 마음과 감정을 가지는 것(신 10:15)과 그분에게 충성과 헌신을 다하는 라이프 스타일을 추구하는 것을 뜻한다(Hubbard). 삶 전체를 온통 하나님 중심으로 사는 것을 의미하는 것이다. 하나님을 사랑하는 것은 모세가 선포한 메시지의 핵심이었고(신 6:5; 7:8), 예수님께서 이것이 가장 중요한 계명이라고 말씀하신 적이 있다(마 22:37). 하나님을 사랑하는 것은 우리가 하나님의 말씀에 기계적으로, 아무런 감정 없이 순종하는 것을 뜻하는 것이 아니다. 오히려 하나님이 우리에게 원하시는 것은 사랑에 바탕을 둔 관계라는 것이다(Howard). 하나님은 이스라엘과 함께하실 것을 약속하셨으며(1:9), 하나님의 약속을 받은 백성들은 그에게 충성하고 그를 사랑해야 한다.

여호수아는 또한 하나님만을 사랑하는 것이 아직도 정복과 정착을 계속 해나가고 있는 이스라엘에게 무엇을 의미하는 가를 곧바로 정의한다. 아직 정복하지 못한 가나안 사람들과 관계를 맺지 않는 것이며, 특히 그들과 결혼하지 않는 것이다(12절). 라합과 기브온 족속 사건들을 감안할 때, 이 말씀은 맹목적인 이방인 말살을 뜻하는 것이 아니다. 종교와 가치관적인 우려에서 비롯된 권면이다(cf. 출 34:11-16; 신 7:1-4). 즉, 이방인들의 관습과 영향력을 받아들이지 않고 하나님의 가치관과 기준에 따라 살아가는 것이 바로 그분을 사랑하는 것이다. 또한 이런 삶을 추구하는 것은 이스라엘이 가나안 땅에서 자신을 보호할 수 있는 가장 확실한 길이다(Hubbard).

이러한 권고를 무시했다가 가장 큰 대가를 치른 사람이 바로 솔로몬 왕이다. 열왕기 저자는 솔로몬이 몰락한 가장 큰 이유가 이방 여인들과 무절제하게 결혼하고, 그들을 따라 우상숭배를 했기 때문이라고 한다(왕상 11:1-8; cf. 왕상 3:1). 주의 백성은 세상의 가치관과 세계관을 가지고 사는 사람들과 달라야 한다. 삶의 방식이 달라야 한다.

여호수아의 권면은 경고도 동반하고 있다. 만일 이스라엘이 이웃들과 차별화된 삶을 추구하지 않고 오히려 이들과 같은 방식으로 살아간다면, 하나님이 아직까지 이스라엘이 차지하지 못한 땅에서 이방인들을 제거하지 않으실 것이다(13절). 만일 하나님이 그들을 제거하지 않으시면, 그들은 이스라엘을 괴롭힐 것이며, 결국 이 땅에서 이스라엘이 망하도록 할 것이라는 무서운 경고다(cf. 출 23:33; 신 7:16; 민 33:55). 이스라엘의 생존은 하나님을 사랑하는 것-이 경우 이방인들과 피를 섞지 않으며, 또한 그들의 가치관대로 살지 않는 것-에 의하여 결정될 것이다. 불행하게도 이러한 경고는 사사시대 때 철저하게 무시되어 이스라엘은 엄청난 대가를 치른다.

저자는 언어유희를 사용하고 있다. 그는 이스라엘에게 하나님께 매달리라고(דבק) 했다(8절). 반면에 만일 이스라엘이 열방에 매달리면(דבק), 그들은 분명 망할 것이라고 한다(12절). 이스라엘은 과연 어느 쪽에 매달릴 것인가를 선택해야 한다. 불행히도 하나님께 매달리겠다는 그들의 결단은 오래가지 못한다.

(4) 경고(23:14-16)

¹⁴ 보라 나는 오늘 온 세상이 가는 길로 가려니와 너희의 하나님 여호와께서 너희에게 대하여 말씀하신 모든 선한 말씀이 하나도 틀리지 아니하고 다 너희에게 응하여 그 중에 하나도 어김이 없음을 너희 모든 사람은 마음과 뜻으로 아는 바라 ¹⁵ 너희의 하나님 여호와께서 너희에게 말씀하신 모든 선한 말씀이 너희에게 임한 것 같이 여호와께서 모든 불길한 말씀도 너희에게 임하게 하사 너희의 하나님 여호와께서 너희에게 주신 이 아름다운 땅에서 너희를 멸절하기까지 하실 것이라 ¹⁶ 만일 너희가 너희의 하나님 여호와께서 너희에게 명령하신 언약을 범하고 가서 다른 신들을 섬겨 그들에게 절하면 여호와의 진노가 너희에게 미치리니 너희에게 주신 아름다운 땅에서 너희가 속히 멸망하리라 하니라

여호수아는 자신이 죽을 날이 가까웠다는 말로 설교를 마무리한다 (14절). 자연의 이치에 따라 모든 사람이 가야 하는 길(viz., 죽음)을 가야 할 때가 임박했다는 것이다(cf. 왕상2:2). 그는 다시 한번 하나님의 신실하심을 강조한다. 하나님이 약속하신 것 중 한 가지라도 지키지 않으신 것이 있으면 말해 보라는 것이다(14절). 여호수아는 그들이 누리고 있는 모든 풍요로움과 안식이 하나님이 이스라엘과의 약속을 잘 이행하신 것에서 비롯된 일이라는 사실을 강조하고자 한다. 이스라엘이 가나안에 정착하여 살고 있는 것 자체가 하나님의 신실하심을 입증한다는 것이다. 하나님이 이스라엘에게 이처럼 신실하게 약속을 이행해 주신 것은 그들과 맺은 특별한 관계 때문이다. 그렇다면 이스라엘이 바보가 아니라면 절대 다른 신(들)에게 마음을 주지 않아야 한다. 그러나 안타깝게도 역사는 이스라엘이 끊임없이 우상들에게 마음을 주었다고

고발한다.

여호수아는 아울러 하나님과 이스라엘의 관계에는 다른 면이 있다는 것을 강조한다. 이스라엘이 하나님과의 관계를 잘 준수하고 약속대로 그분의 말씀에 순종하면 그들이 누리고 있는 축복이 지속되겠지만, 만일 그들이 하나님을 따르기를 거부하고 다른 신을 따르면 엄청난 대가를 치러야 한다(15-16절). 하나님이 그들에게 축복으로 내려주신 이 땅에서 멸망할 수도 있다는 것이다. 마치 하나님의 심판을 받아 이스라엘의 손에 멸망한 가나안 족속들처럼 말이다. 만일 이스라엘이 하나님을 거역하면 그들은 이미 심판을 받아 멸망한 족속들과 전혀 다를 바가 없는 신분으로 전락한다. 이것이 여호수아가 이곳에서 선포하는 경고의 핵심이다(Harstad). 이스라엘과 하나님의 관계는 일방적이고 맹목적인 축복을 보장하는 것이 아니라, 경우에 따라서는 하나님의 심판과 진노(אף)를 유발할 수도 있다는 뜻이다. 그래서 여호수아는 이 순간 선지자가 되어 이스라엘에게 하나님의 심판을 두려워하라고 경고한다(Hubbard).

이러한 차원에서 하나님과의 관계는 항상 위험하다. 잘하면 많은 축복을 받지만, 잘못하면 하나님과 특별한 관계를 맺지 않은 사람들도 당하지 않는 저주와 심판을 당할 수 있기 때문이다. 하나님과의 관계는 이와 같이 양면성을 지니고 있다. 여호수아가 이스라엘 지도자들에게 제시하는 두 길은 생명과 축복의 길 그리고 심판과 멸망의 길이다. 그렇다면 그들이 해야 할 선택은 매우 쉽고 간단한 것이다. 문제는 사람들이 그렇게 하지 않는다는 데 있다. 우리는 주변에서 생명의 길이 무엇인가를 알면서도 일부러 죽음의 길을 택하는 사람들을 종종 목격한다. 신앙생활이 얼마나 어려운가 하면, 어느 쪽이 옳은 길인가를 알면서도 다른 길을 선택할 정도로 어렵다!

2. 두 번째 스피치(24:1-28)

여호수아가 이스라엘의 지도자들을 모아놓고 실로(cf. 18:1)에서 설교를
한 다음 세겜으로 갔다. 그는 세겜에 모여든 온 이스라엘 백성에게 마
지막 설교를 한다. 죽기 직전에 지난 날을 회상하며 다시 한번 이스라
엘 백성들에게 하나님께 충성하라고 권고하기 위해서다. 나라와 백성
의 미래가 하나님께 충성하는 것과 직접 연관되어 있기 때문이다. 여
호수아의 마지막 설교는 책의 메시지와 그의 삶에 대한 적절한 머릿돌
역할을 한다(Howard).

내용은 실로에서 백성의 리더들에게 한 것과 비슷하다. 여호수아의
두 번째 설교는 지금까지 수많은 학자의 연구 대상이 되었다. 무엇보
다도 이 설교의 구조가 고대 근동의 계약 양식과 흡사하기 때문이다.
특히 여호수아의 마지막 고별 설교는 종주와 종속자 사이에 체결된 주
전 2000년대의 헷 족속 계약(Hittite treaty)과 양식이 거의 동일하다. 이
분야에서 선구자 역할을 한 사람이 멘덴홀(Mendenhall)이다. 주전 2000
년대의 헷사람들 계약 양식과 이 설교의 구조는 다음과 같은 공통점을
지녔다는 것이 학자들의 주장이다(Dallaire).[29]

---

29 일부 학자들은 본문을 헷 족속 언약과 비교하여 다음과 같은 분석을 내놓기도 했다
(Nelson, Butler).
제1부: 언약의 조건(2-14절)
1. 서론(2절)
2. 역사적 배경(2-13절)
3. 중심 내용(14절)
제2부: 계약 확인(15-27절)
1. 전환: 여호수아가 백성들을 대변함(15절)
2. 역사적 배경 회상(17-18a절)
3. 중심 내용 회상(16, 18b절)
4. 증인(저주와 축복)(19-24절)
5. 문서화(25-27절)

1. 소개(2b절)
2. 역사적 서론(2c-13절)
a. 선조들(2-4절)
b. 출애굽(5-7절)
c. 요단 강 동쪽 승리(8-10절)
d. 정복(11-14절)
3. 조항(24-24절)
4. 문서 읽기와 보존(25-26절)
5. 증인들(26-27절)
6. 저주와 축복(19-20절)

본문과 헷 족속 계약과의 유사성은 어느 정도 입증되지만, 저자는 여호수아기 24장이 계약 문서라는 것을 주장하거나 암시하지 않는다. 24장은 이때까지 이스라엘의 역사에서 일어난 일을 회고하는 보고문일 뿐이다(Howard). 비록 헷사람들 계약 양식이 여호수아의 고별 설교의 양식을 이해하는 데 어느 정도의 도움은 되겠지만, 내용을 해석하는 것에 결정적인 영향을 주지는 못한다는 것이다. 게다가 일부 학자들은 이 언약 갱신이 하나님과 이스라엘 사이에 맺어진 쌍방계약을 갱신하는 것이 아니라 이스라엘이 자신들끼리 홀로 여호와께 충성을 다짐하는 행사로 이해한다(Hubbard).

여호수아의 두 번째 고별 설교이자, 세겜에 모인 온 백성을 상대로 선포한 메시지를 요약하고 있는 본문은 다음과 같이 구분될 수 있다. (1) 서론 및 과거 회상(24:1-13), (2) 언약 확인(24:14-24), (3) 언약 봉인(24:25-28). 중심 주제는 여호와께 충성하라는 여호수아의 권면과 그렇게 하겠다는 이스라엘의 다짐이다.

```
IV. 거룩한 정착(22:1-24:33)
  B. 여호수아의 고별과 죽음(23:1-24:33)
    2. 두 번째 설교(24:1-28)
```

(1) 서론 및 과거 회상(24:1-13)

¹ 여호수아가 이스라엘 모든 지파를 세겜에 모으고 이스라엘 장로들과 그들의 수령들과 재판장들과 관리들을 부르매 그들이 하나님 앞에 나와 선지라 ² 여호수아가 모든 백성에게 이르되 이스라엘의 하나님 여호와께서 이같이 말씀하시기를 옛적에 너희의 조상들 곧 아브라함의 아버지, 나홀의 아버지 데라가 강 저쪽에 거주하여 다른 신들을 섬겼으나 ³ 내가 너희의 조상 아브라함을 강 저쪽에서 이끌어 내어 가나안 온 땅에 두루 행하게 하고 그의 씨를 번성하게 하려고 그에게 이삭을 주었으며 ⁴ 이삭에게는 야곱과 에서를 주었고 에서에게는 세일 산을 소유로 주었으나 야곱과 그의 자손들은 애굽으로 내려갔으므로 ⁵ 내가 모세와 아론을 보내었고 또 애굽에 재앙을 내렸나니 곧 내가 그들 가운데 행한 것과 같고 그 후에 너희를 인도하여 내었노라 ⁶ 내가 너희의 조상들을 애굽에서 인도하여 내어 바다에 이르게 한즉 애굽 사람들이 병거와 마병을 거느리고 너희의 조상들을 홍해까지 쫓아오므로 ⁷ 너희의 조상들이 나 여호와께 부르짖기로 내가 너희와 애굽 사람들 사이에 흑암을 두고 바다를 이끌어 그들을 덮었나니 내가 애굽에서 행한 일을 너희의 눈이 보았으며 또 너희가 많은 날을 광야에서 거주하였느니라 ⁸ 내가 또 너희를 인도하여 요단 저쪽에 거주하는 아모리 족속의 땅으로 들어가게 하매 그들이 너희와 싸우기로 내가 그들을 너희 손에 넘겨 주매 너희가 그 땅을 점령하였고 나는 그들을 너희 앞에서 멸절시켰으며 ⁹ 또한 모압 왕 십볼의 아들 발락이 일어나 이스라엘과 싸우더니 사람을 보내어 브올의 아들 발람을 불러다가 너희를 저주하게 하려 하였으나 ¹⁰ 내가 발람을 위해 듣기를 원하지 아니하였으므로 그가 오히려 너희를 축복하였고 나는 너희를 그의 손에서 건져내었으며 ¹¹ 너희가 요단을 건너 여리고에 이른즉 여리고 주민들 곧 아모리 족속과 브리스 족속과 가나안 족속과 헷 족속과 기르가스 족속과 히위

족속과 여부스 족속이 너희와 싸우기로 내가 그들을 너희의 손에 넘겨 주었으며 ¹² 내가 왕벌을 너희 앞에 보내어 그 아모리 족속의 두 왕을 너희 앞에서 쫓아내게 하였나니 너희의 칼이나 너희의 활로써 이같이 한 것이 아니며 ¹³ 내가 또 너희가 수고하지 아니한 땅과 너희가 건설하지 아니한 성읍들을 너희에게 주었더니 너희가 그 가운데에 거주하며 너희는 또 너희가 심지 아니한 포도원과 감람원의 열매를 먹는다 하셨느니라

여호수아는 세겜에 모인 온 백성을 상대로 설교를 시작하면서 지난 날 하나님이 선조 때부터 이날까지 이스라엘 백성들에게 베풀어주신 은혜를 회상한다. 세겜이 이 책에서 어떤 사건의 배경이 되는 것은 처음 있는 일이다. 언약 갱신이 있었던 에발 산은 세겜 근처에 있었지만, 세겜이 직접적으로 언급되지는 않았다(8:30-35). 이스라엘이 세겜을 정복했다는 말이 여호수아기에 한 번도 나오지 않는다고 해서 이곳에서 여호수아가 고별 설교를 하는 것을 이상하게 생각하는 학자도 있다(Hawk). 그러나 여호수아기가 이스라엘의 성읍 정복 과정을 모두 기록하고 있는 것은 아니다. 또한 언약 갱신이 있었던 에발 산과 그리심 산 중간쯤에 있는 도시가 세겜이다. 아마도 이때를 계기로 이스라엘은 세겜을 정복했던 것으로 생각된다.

세겜은 이스라엘 선조들의 삶과 밀접한 연관이 있는 곳이다. 선조들에게 세겜은 가나안 땅으로 들어서는 '관문'(port of entry)이었다(Hubbard, cf. 창 12:6; 33:18; 33:19-20; 34장). 하나님은 세겜에서 아브라함에게 가나안 땅을 약속하셨다(창 12:6-7). 이제 수백 년 후에 아브라함의 자손들이 이곳에 모여 하나님이 선조 아브라함에게 약속하신 것이 모두 이루어졌음을 증거한다. 하나님은 아브라함에게 약속하신 것을 하나도 빠짐없이 신실하게 지키셨던 것이다. 세겜에 모인 온 이스라엘은 '하나님 앞'(לִפְנֵי הָאֱלֹהִים)에 서 있다(1절). 하나님의 임재를 상징하는 법궤가 이곳에 와 있음을 뜻하는 표현이다(Pressler, Howard). 이 표현은 또한 하

나님이 곧 이스라엘과 언약을 맺으실 것과 이스라엘 리더십에 변화가 있을 것임을 암시한다(Hess). 매우 중요한 일이 임박했음을 시사하는 것이다(Hubbard).

이 설교의 특징은 선지자들이 하나님의 말씀을 받아 선포하는 것처럼 하나님의 직접적인 선포(direct speech) 형태를 지니고 있다는 것이다. 여호수아는 자신이 하나님의 신탁을 대언하는 것뿐이라는 점을 강조하고자 한다. 여호수아는 이날까지의 이스라엘 역사를 네 파트로 구분하여 회고한다. (1) 선조 시대(2-4절), (2) 출애굽 시대(5-7절), (3) 요단강 동편에서의 승리(8-10절), (4) 약속의 땅 정복(11-13절). 이 네 섹션 모두 하나님이 주인공이다. 각 섹션에 회고된 모든 구원 사역은 하나님이 이루신 일이라는 것이다.

여호수아가 대언하는 하나님의 말씀은 믿음의 조상이자 이스라엘의 시조라 할 수 있는 아브라함을 지나 그의 아버지 데라에까지 거슬러 올라간다. 이유는 여호와께서 이방 신들을 숭배하고 있던 데라 집안에서 아브라함을 불러내 하나님을 섬기게 했다는 점을 상기시키기 위해서다(2-3절). 야곱의 외삼촌 라반 역시 우상 숭배자였으며, 심지어 야곱의 아내 라헬도 아버지의 집에서 드라빔을 훔친 적이 있었다(창 31:19, 34-35; cf. 창35:2-4). 이스라엘은 자신들의 선조들이 하나님을 먼저 찾은 것이 아니라, 여호와께서 그들을 먼저 찾으셨던 점을 기억해야 한다. 이것이 구원 역사의 시작이자 하나님의 은혜이기 때문이다.

하나님은 데라의 세 아들-아브라함, 나홀, 하란-중에서 오직 아브라함만 선택하여 데라의 집에서 불러내셨으며, 그에게 가나안 땅을 두루 보여 주셨고 많은 자손을 주셨다(3절). 이삭에게는 야곱과 에서, 두 아들이 있었고, 하나님이 에서의 후손들에게는 에돔 땅[세일]을 주셨고, 야곱의 후손은 특별한 목적을 위하여 택하셨다(4-5절). 하나님의 주권적 선택 사상이 강조되고 있는 것이다. 데라의 세 아들 중 아브라함이 선택된 것에도 특별한 이유가 없고, 야곱과 에서 중 야곱을 사랑하신 것도 이들이 세상에 태어나기 전부터 결정된 일이다. 하나님의 선택과 사랑에는 어떠한 전제 조건도 없다. 단순히 일방적으로 이스라엘을 선택하시고 사랑하신 것이다. 이것이 하나님의 섭리의 원칙이자 예정적인 사랑이다.

그러나 하나님이 야곱의 자손을 특별히 사랑하셨다는 것이 결코 그들의 길이 순탄했다는 것을 뜻하지는 않는다. 야곱과 후손들은 이집트로 내려가 노예가 되어 엄청난 고통을 당했다. 하나님은 모세와 아론을 보내셔서 이집트에 재앙을 내리시고 야곱의 후손들을 구원하셨다(5절). 하나님은 홍해에서 추격하던 이집트 군의 손에서 또 한 번 백성들을 구원하셨다(6-7절). 일부 학자들은 본문이 홍해 사건 다음에 오랜 광야 생활을 언급하면서 시내 산 언약과 모세를 통해 율법을 주신 것을 회상하지 않는 것을 이상하게 생각한다(Hawk). 이들은 본문이 쓰여질 때 시내 산 전승이 발견되지 않았기 때문이라 한다(von Rad). 그러나 폰 라드 자신이 인정하는 것처럼 2-13절은 출애굽에서 가나안 정착에 이르는 긴 여정을 요약하고 있을 뿐이다(그는 수 24:2-13을 '축약된 육경'[Hexateuch in miniature]라고 부른다).

시내 산 언약과 광야 생활은 너무 잘 알려진 중간 단계 이야기이기에 이 여정을 시작하는 출애굽 이야기와 여정을 마치는 정착 이야기만을 이곳에 회고하는 것은 별문제가 되지 않는다. 심지어 하나님은 오랜 광야 생활에 대한 이유도 밝히지 않으신다. 이 말씀을 듣고 있는 백성들은 전 세대의 반역에 가담한 자들이 아니기 때문에 광야 생활에 대한 상세한 내용을 피하고 단순히 언급하는 것으로 지나간다. 실제적으로 3-13절의 초점은 하나님이 이 설교를 듣고 있는 세대를 위하여 하신 일들에 맞추어져 있다(Howard).

하나님의 이스라엘에 대한 사랑은 요단 강 동편 땅을 이스라엘이 차지하도록 하신 일에서도 드러났다(8-10절). 크게 두 사건이 언급된다. (1) 시혼과 옥을 상대로 승리한 일(8절; cf. 민21:21-35). 시혼과 옥의 이름이 직접 거론되고 있지는 않지만 이 말씀은 분명히 그 사건을 회상하고 있다. (2) 발락의 악한 계획이 실패한 일(9-10절; cf. 민22-24). 물론이 사건들 역시 하나님이 이스라엘 편에서 싸워 주신 것을 극적으로 드러내는 일들이다. 비록 이스라엘이 전쟁을 하여 승리했지만, 하나님이 이들을 이스라엘의 손에 넘겼기 때문에 가능한 승리였다(8절). 발락이 발람을 통해 이스라엘을 저주하려 했지만, 오히려 하나님은 발람을 통해 이스라엘을 축복하도록 하셨다(9-10절). 발람은 하나님을 이용하려 했지만, 하나님이 그를 이용하신 것이다. 하나님이 때로는 사람들의 저주를 축복으로 바꾸기도 하신다.

하나님의 이스라엘 사랑은 요단 강 서편 가나안 땅에서도 계속되었다(11-13절). 이스라엘은 가나안 땅을 차지하기 위하여 "여리고 사람과 아모리 사람과 브리스 사람과 가나안 사람과 헷 사람과 기르가스 사람과 히위 사람과 여부스 사람"을 대항하여 싸웠다(11절). 이 일곱 민족은 이미 3:10에서도 다른 순서로 언급된 바 있다. 그때 여호수아는 하나님께 이 민족들을 몰아내실 것이라고 선언했었다. 이제 모든 일이 끝나 하나님이 이 민족들을 내쫓으셨음을 확인한다. 이스라엘이 이 민족들을 상대로 싸워 승리할 수 있었던 것은 하나님이 그들을 이스라엘의 손에 넘겨 주셨기 때문이다(11절). 요단 강 동편에서 은혜를 베푸셨던 하나님이 서쪽에서도 변함없는 은총을 내리신 것이다.

이스라엘이 자신들의 능력으로 승리했다고 말할 수 없는 것은 하나님이 은총을 베풀어 주시고 직접 싸워 주셨기 때문이다. 그 한 예로 그 앞에 '말벌'을 보내셔서 아모리 사람의 두 왕을 내쫓으셨다고 한다(12절). 어떤 사람들은 이 두 왕이 여호와께서 강 동편에서 내치신 시혼과 옥을 뜻한다고 하지만(cf. 민21:21-35; 신3:8; 31:4), 하나님이 지금 요단 강 서편에서 이스라엘에게 베푸신 은혜를 회고하고 있으신 점과 이미 이들에 대한 승리를 암시한 점을 감안할 때(cf. 8절), 별로 설득력 있는 해석은 아니다. 가나안 남쪽과 북쪽에서 이스라엘에 대항하는 연합군을 일으켰던 아도니세덱과 야빈을 두고 하는 말이다(cf. 10-11장). 물론 이 두 왕은 이스라엘을 대적한 모든 가나안 군대를 상징한다. 하나님은 이스라엘이 이들을 상대로 승리한 것은 이스라엘의 군사력 때문이 아니라 전적으로 하나님이 이스라엘을 위하여 싸워 주셨기 때문에 가능했던 일이라 하신다(12절).

말벌에 대한 언급은 하나님이 출애굽기 23:28에서 약속하신 것을 지키셨음을 확인한다. "내가 말벌을 너희보다 앞질러 보내어, 히위 사람과 가나안 사람과 헷 사람을 너희 앞에서 쫓아내겠다." 이어서 출애굽기 23:29-30은 "그러나 나는, 땅이 황폐하여지고 들짐승이 많아질까 염려되므로, 한 해 안에 그들을 너희 앞에서 다 쫓아내지는 않겠다. 나는 너희가 번성하여 그 땅을 너희의 소유로 차지할 때까지, 그들을 너희 앞에서 조금씩 쫓아내겠다"라고 기록하고 있는데, 이스라엘이 한꺼번에 가나안을 모두 정복한 것이 아니라 조금씩 정복해 나가는 것이 여호수아기 안에서도 여러 차례 확인되고 있다(11:18; 22:3; 23:1). 가나안 정복이 오랜 세월을 두고 조금씩 진행될 것이 이미 출애굽 때 선언되었던 것이다.

그러나 여호수아기에 기록된 정복 이야기에서는 지금까지 말벌에 대한 언급은 접한 적이 없다. 그래서 주석가들 사이에 말벌의 정체에 대하여 의견이 분분하다. 크게 세 가지로 해석된다. 첫째, 말벌은 적들이 이스라엘의 하나님을 만날 때 느끼는 공포와 공황 상태를 뜻하는 비유이다(Keil, Goslinga, Hess, Butler, Hubbard). 이 해석의 성경적인 근거로 수 2:9-11, 24; 5:1; 6:27; 출 15:14-16; 23:27 등이 제시된다. 학자들 사이에 가장 많은 지지를 얻고 있는 해석이다. 둘째, 말벌은 이집트 왕 바로의 권세를 상징한다(Garstang, Borowski). 이러한 해석은 바로의 상징이 벌 혹은 말벌이었다는 점에서 비롯된다. 그러나 본문은 이집트에 대한 것이 아니며, 이집트는 아예 언급되지도 않는다. 그러므로 이는 별로 설득력이 없는 해석이다.

셋째, 말벌은 이 이름으로 불리는 실제적인 곤충을 뜻한다(Neufeld, cf. NIDOTTE). 이와 같은 곤충은 고대 전쟁에서 종종 사용되었다는 것을 증거로 드는 해석이다. 그러나 전쟁에서 곤충을 이용하는 예가 일부 지역에서는 있었던 일로 밝혀졌지만, 고대 근동에서는 곤충을 전쟁에 사용했다는 기록이 전혀 없다. 그러므로 이 해석 역시 많은 지지를 받지 못한다. 하나님이 말벌들을 보내신 것이 아니라 말벌(הַצִּרְעָה)을 보내셨다고 말씀하시는 것 역시 첫 번째 해석을 지지하는 듯하다. 말벌은 적들이 이스라엘의 하나님을 만날 때 느끼는 공포와 공황 상태를 뜻하는 비유인 것이다.

하나님은 이스라엘을 위하여 싸우시고 땅을 취하여 그들에게 주셨다. 그래서 하나님은 이스라엘에게 "너희가 일구지 아니한 땅과 너희가 세우지 아니한 성읍을, 내가 너희에게 주어서, 너희가 그 안에서 살고 있다. 너희는 너희가 심지도 아니한 포도밭과 올리브 밭에서 열매를 따먹고 있는 것이다"라고 당당히 말씀하실 수 있는 것이다(13절; 새번역). 이 선언은 또한 신명기 6:10-11에서 약속하신 말씀의 성취이기도 하다. 하나님은 자신이 이스라엘과 약속하신 모든 것을 하나도 빠짐없이 지키셨음을 강조하고자 하시는 것이다. 하나님의 신실하심이 부각되고 있다.

IV. 거룩한 정착(22:1-24:33)
  B. 여호수아의 고별과 죽음(23:1-24:33)
    2. 두 번째 설교(24:1-28)

---

(2) 언약 확인(24:14-24)

[14] 그러므로 이제는 여호와를 경외하며 온전함과 진실함으로 그를 섬기라 너희의 조상들이 강 저쪽과 애굽에서 섬기던 신들을 치워 버리고 여호와만 섬기라 [15] 만일 여호와를 섬기는 것이 너희에게 좋지 않게 보이거든 너희 조상

들이 강 저쪽에서 섬기던 신들이든지 또는 너희가 거주하는 땅에 있는 아모리 족속의 신들이든지 너희가 섬길 자를 오늘 택하라 오직 나와 내 집은 여호와를 섬기겠노라 하니 ¹⁶ 백성이 대답하여 이르되 우리가 결단코 여호와를 버리고 다른 신들을 섬기기를 하지 아니하오리니 ¹⁷ 이는 우리 하나님 여호와께서 친히 우리와 우리 조상들을 인도하여 애굽 땅 종 되었던 집에서 올라오게 하시고 우리 목전에서 그 큰 이적들을 행하시고 우리가 행한 모든 길과 우리가 지나온 모든 백성들 중에서 우리를 보호하셨음이며 ¹⁸ 여호와께서 또 모든 백성들과 이 땅에 거주하던 아모리 족속을 우리 앞에서 쫓아내셨음이라 그러므로 우리도 여호와를 섬기리니 그는 우리 하나님이심이니이다 하니라 ¹⁹ 여호수아가 백성에게 이르되 너희가 여호와를 능히 섬기지 못할 것은 그는 거룩하신 하나님이시요 질투하시는 하나님이시니 너희의 잘못과 죄들을 사하지 아니하실 것임이라 ²⁰ 만일 너희가 여호와를 버리고 이방 신들을 섬기면 너희에게 복을 내리신 후에라도 돌이켜 너희에게 재앙을 내리시고 너희를 멸하시리라 하니 ²¹ 백성이 여호수아에게 말하되 아니니이다 우리가 여호와를 섬기겠나이다 하는지라 ²² 여호수아가 백성에게 이르되 너희가 여호와를 택하고 그를 섬기리라 하였으니 스스로 증인이 되었느니라 하니 그들이 이르되 우리가 증인이 되었나이다 하더라 ²³ 여호수아가 이르되 그러면 이제 너희 중에 있는 이방 신들을 치워 버리고 너희의 마음을 이스라엘의 하나님 여호와께로 향하라 하니 ²⁴ 백성이 여호수아에게 말하되 우리 하나님 여호와를 우리가 섬기고 그의 목소리를 우리가 청종하리이다 하는지라

여호수아는 하나님의 신탁을 선포한 다음, 백성들에게 권면한다. '주를 경외하면서(ירא), 그를 성실하고(תָּמִים) 진실하게(אֱמֶת) 섬기라(עבד)'(14절). '성실하고 진실하게 섬기라'라는 것은 전혀 흠이 없도록 완전하고 완벽하게, 그리고 전심으로 그분을 경배하라는 뜻이다(Howard). 또한 이 권면은 이스라엘이 하나님에 대하여 가져야 할 자세를 함축적으로 보여주고 있다. (1) 이스라엘은 하나님을 경외해야 한다(ירא). (2) 이스

라엘은 하나님을 경배하는 일에 있어서 성실해야 한다(תָּמִים). (3) 이스라엘은 하나님을 사랑하는 일에 있어서 진실해야 한다(אֱמֶת). (4) 이스라엘은 사람의 모든 영역에서 하나님을 섬겨야 한다(עבד). 이 섹션의 중심은 이스라엘이 과연 '누구/무엇을 섬길 것인가?'에 맞추어져 있다. 이러한 초점은 '섬김/섬기다'(עבד)가 11절로 구성된 이 섹션에서 최소한 15차례 사용되는 것에서 역력히 드러난다.

여호수아는 계속해서 이스라엘의 조상들이 메소포타미아에서, 또한 이집트에서 섬기던 신들은 모두 버리고 오직 여호와만을 섬기라고 호소한다(14절). 당연한 요구다. 하나님이 이스라엘을 위하여 이처럼 놀라운 일을 하셨는데, 이 백성이 하나님을 전심으로 섬기는 것은 이들의 기본적인 도리가 아니겠는가! 하나님은 이처럼 먼저 은혜를 베푸셔서 우리를 감격시키신 다음에, 우리의 자연적인 반응으로 그분을 사랑하기를 원하신다. 또한 이렇게 해야 믿음 생활이 오래 가지 않겠는가!

여호수아는 이스라엘이 그들을 이곳까지 인도하신 에벤에셀의 하나님만을 섬기는 것은 당연한 도리이지만, 정작 여호와 외에 다른 신을 섬기기를 원한다면 그렇게 하라고 한다(15절). 그 신(들)이 선조들이 메소포타미아에서 숭배하던 것들이든지, 아니면 가나안 사람들이 숭배하고 있는 것들이든지 상관없다. 앞 절(14절)에서는 이들의 조상들이 이집트에서 우상을 숭배했다는 말도 했다. 이스라엘이 아직도 우상 문제에 있어서 하나님 앞에 떳떳하지 못하다는 것을 뜻하는 것일까? 훗날 선지자들도 이스라엘이 이집트에서부터 우상숭배를 했다고 비난한다. 어쨌든지 여호수아의 제안은 매우 파격적이다. 성경에 보면 대체적으로 선택은 하나님의 몫이다. 이러한 맥락에서 하나님이 이스라엘을 먼저 선택하셨다(신4:37; 7:6-7; 10:15; 14:2). 그런데 이번에는 이스라엘에게 충성할 대상을 선택하라고 한다.

여호수아는 이들의 선택과 상관없이 "나와 나의 집안은 여호와만을 섬길 것"을 선언한다. 여호수아가 이렇게 말했다고 해서 하나님을 버리고 우상들을 따라갈 바보들은 없었을 것이다. 그러나 여호수아의 이런 담대함은 어디서 비롯된 것일까? 무엇보다도 이집트 시절에서부터 지금까지 길을 인도하시고 보호해 주신 하나님의 은총을 수많은 경험을 통하여 확실히 체험했기 때문일 것이다. 그에게는 체험적인 신앙이 있었고, 그의 체험적인 신앙은 세상의 그 어느 신도 여호와 같지 않다는 것을 확신하게 해 주었던 것이다. 이렇기 때문에 체험 신앙이 중요하다. 우리로 하여금 하나님을 더 확고히 믿게 할 뿐만 아니라, 확신과 설득력을 가지고 우리 하나님에 대하여 남에게 담대히 말할 수 있는 용기도 주기 때문이다. 그러므로 리더는 꼭 체험적인 신앙을 지닌 사람이어야 한다.

여호수아의 도전을 받은 백성들은 지금까지 설교에서 회고된 역사적 일들(cf. 2-13절)이 모두 진실이라고 고백하며 하나님께 충성할 것을 두 번 맹세한다(16, 18절). 만일 이스라엘이 하나님의 은혜에 의하여 시작되었고, 이 순간까지 그분의 보살핌으로 이곳까지 오게 되었다면, 그분에게 충성을 맹세하는 것은 당연한 일이다. 세상에 신은 하나님 한 분이시다. 설령 다른 신들이 있다 해도 어디 가서 여호와 같은 신을 찾겠는가!

그러나 여호수아는 이들의 충성 맹세에 설득이 되지 않은 듯 '당신들은 하나님을 섬길 능력이 없다'라고 단언한다(19절). 어떤 이들은 이 말을 '큰 모순'(deep paradox)이라고 하고(Nelson), '가장 충격적인 구약 구절'이라고 하기도 한다(Butler). 여호와를 전심으로 섬기라고 호소해 놓고 어떻게 이렇게 무시하는 말을 할 수 있냐는 것이다. 만일 이들에게 여호와를 섬길 능력이 없다면 처음부터 섬기라는 도전을 하지 말았어야 한다는 논리에서 비롯된 해석이다. 그러나 여호수아가 이들의 능력을 의심해서가 아니라, 이들의 각오와 의지를 확고히 다지기 위하여 이처럼 자극적인 말을 한 것이라면 해석이 별로 어렵지 않다. 즉, 이스라엘의 결단은 강요된 것이 아니라 자신들이 스스로, 그리고 의도적으로 내린 것이라는 점을 부각시키고자 하는 말이다(Pressler).

또한 여호수아의 반론은 세 포인트를 부각시킨다(Hawk). 첫째, 청중들과 독자들에게 결단의 심각성을 강조한다. 이러한 결단은 함부로 하는 것이 아니다. 엄청난 결과를 초래할 수 있기 때문이다. 하나님을 따르겠다고 작정하는 것은 매우 위험한 행위인 것이다. 둘째, 이스라엘이 다시 한번 하나님을 향한 충성 의지를 고백하게 함으로써 그들이 이 결단에서 신실했음을 강조한다. 이스라엘의 하나님을 향한 충성 다짐이 얼마나 확고했는지, 심지어 그들의 지도자 여호수아도 막을 수 없었다는 것이다. 셋째, 여호수아가 이들의 결심을 부정하는 것은 하나님이 이미 2-13절에서 회고하신 내용을 재확인하기 위해서다. 이스라엘은 자신의 생존 여부가 전적으로 하나님께 달려 있음을 의식해야 한다. 그들이 아무리 맹세를 하고 다짐해도, 하나님이 함께 하시면서 축복하시지 않으면 이스라엘은 민족으로 존재할 수 없다. 그러므로 여호수아는 이들의 충성을 부인함으로써 결국 하나님만이 이들을 보존하실 수 있음을 강조하는 것이다.

여호수아는 백성들에게 쉽게 충성을 맹세할 일이 아니라는 점을 강조한다. 여호와 하나님을 따르겠다고 맹세했다가 그 약속을 지키지 못하면 오히려 하나님의 심판과 저주를 받을 것이라고 경고한다(19-20절). "그분은 거룩하신 하나님이시며, 질투하시는 하나님이시기 때문에, 당신들의 허물과 죄를 용서하지 않을 것입니다. 만일 당신들이 주님을 저버리고 이방 신들을 섬기면, 그는 당신들에게 대항하여 돌아서서, 재앙을 내리시고, 당신들에게 좋게 대하신 뒤에라도 당신들을 멸망시키시고 말 것입니다"(새번역). 하나님께 충성을 맹세하고 그 약속을 지키지 못한다면, 차라리 처음부터 충성을 맹세하지 않는 것이 더 낫다는 것이다. 왜냐하면 하나님께 충성을 약속하지 않으면, 약속하고서 그 약속을 지키지 못할 때 내려지는 심판에 비해 걱정하지 않아도 되기 때문이다.

하나님을 섬길 것을 결심하는 일은 심각한 행위다(Pressler). 적당히 믿는 것, 섬기다가 어느 순간에 대충 얼버무리는 신앙은 용납될 수 없다. 하나님과 특별한 관계를 맺는다는 것은 관계를 맺지 않으면 임하지 않을 심판/저주가 우리에게 임할 수 있음을 의식해야 한다. 물론 여호수아의 발언이 하나님이 우리의 크고 작은 배신 모두에 대하여 이렇게 하실 것을 뜻하는 것은 아니다. 하나님은 많은 경우에 작은 것은 용서하시되, 하나님께 완전히 등을 돌리는 행위 같은 심각한 배신 등은 용납하지 않으실 것을 뜻한다(Calvin). 하나님은 시기하시는 분이시기에 그를 섬기겠다고 작정한 자들의 모든 것(전심)을 요구하신다.

여호수아의 일축하는 말에 물러날 이스라엘 사람들이 아니다. 오히려 더 각오를 확실히 하고 하나님을 섬길 것을 맹세한다. '아닙니다. 우리는 여호와만을 섬기겠습니다'(21절). 이들의 선언은 앞으로 자신들이 하나님께 신실하지 못하면, 여호수아가 경고한 모든 재앙과 심판을 감수하겠다는 의지의 표현이기도 하다. 여호수아는 그의 청중들이 어떠한 강요에 의하여 하나님께 충성을 맹세한 것이 아니고, 자신들이 스스로 이 일을 결정한 것에 대한 증인이라고 선언한다(22절). 물론 백성들도 여호수아의 선언에 동의한다. '우리가 증인입니다'(22절).

마지막으로 여호수아는 그들에게 '이제 당신들 가운데 있는 이방 신들을 버리고, 마음을 여호와 이스라엘의 하나님께 바치라/향하라(נטה)'라고 권면한다(23절). '이방 신들을 버리라'라는 요구가 이스라엘이 아직도 우상들을 섬기고 있다는 뜻은 아니다. 이들은 성전을 치르고 있는 사람들이기에 아직까지는 이러한 배신이 있을 리 없다. 그러므로 이 표현은 예배드릴 때마다 예식의 일부로 사용되던 상용구로 해석되어야 한다(Pressler). 여호수아가 백성들에게 하나님을 향하여 전적으로 헌신하는 마음 자세를 요구하고 있는 것이다(Howard). 솔로몬은 이방인 아내들 때문에 하나님께 등을 돌리고 이방 신들을 향하다가(נטה) 몰락했다(왕상 11:2, 4, 9). 여호수아는 이러한 마음 자세에 대하여 경고하고 있는 것이다.

백성들은 여호수아의 권면을 그대로 받아들인다는 뜻에서 '우리가 주 우리의 하나님을 섬기며, 그분의 말씀을 따르겠습니다'라고 맹세한다(24절). 백성들이 여호수아의 도전에 하나님만을 섬기겠다는 맹세로 응답하는 것이 네 번째다(16, 18, 21, 24절). 자신들의 마음은 정해졌다는 것이다. 그러나 우리가 잘 알듯이 인간의 의지는 이러한 다짐을 실천하기에는 너무 약하다(cf. 사사기). 그러므로 이러한 맹세를 성실하게 지키는 일에 있어서도 하나님이 도와주셔야만 가능하다.

IV. 거룩한 정착(22:1-24:33)
  B. 여호수아의 고별과 죽음(23:1-24:33)
    2. 두 번째 설교(24:1-28)

---

(3) 언약 봉인(24:25-28)

²⁵ 그 날에 여호수아가 세겜에서 백성과 더불어 언약을 맺고 그들을 위하여 율례와 법도를 제정하였더라 ²⁶ 여호수아가 이 모든 말씀을 하나님의 율법책에 기록하고 큰 돌을 가져다가 거기 여호와의 성소 곁에 있는 상수리나무 아래에 세우고 ²⁷ 모든 백성에게 이르되 보라 이 돌이 우리에게 증거가 되리니 이는 여호와께서 우리에게 하신 모든 말씀을 이 돌이 들었음이니라 그런즉 너희가 너희의 하나님을 부인하지 못하도록 이 돌이 증거가 되리라 하고 ²⁸ 백성을 보내어 각기 기업으로 돌아가게 하였더라

여호수아의 설교를 고대 근동의 계약 양식에 비교하는 학자들은 이 섹션이 증인 채택과 문서화 단계에 해당한다고 한다(Baltzer, cf. Kitchen). 설교가 시작된 후 처음으로 '언약'(בְּרִית)이란 단어가 사용된다(25절). 이스라엘이 하나님과 언약을 맺고 있는 것이다. 많은 학자가 이러한 사실에 주목하고 다방면에서 연구했다. 하나님이 이스라엘과 언약을 맺

고 있으신데, 직접적인 모습을 드러내지 않으신다는 것이 그들의 관심사다(cf. Hawk). 그러나 하나님은 이미 여호수아라는 신실한 종을 통해서 많은 일을 하셨기에, 그를 하나님을 대신하는 자로 이 언약 갱신에 임하게 하셨다면, 굳이 자신의 모습을 드러내실 필요가 없다. 이미 시내 산에서 하나님의 모습을 드러낸 적이 있기 때문에 특별히 이곳에서 다시 그렇게 하실 필요가 없는 것이다. 또한 이 언약 갱신은 이스라엘이 하나님과 새로이 맺는 것이 아니라, 이미 모세를 통해 주신 하나님의 계약 조건을 자신들이 목숨을 바쳐 따르겠다고 재확인하는 예식으로 볼 수 있다. 즉, 이 일은 이스라엘이 일방적으로 여호와께 언약적 충성을 다짐하는 예식 혹은 이스라엘이 자원해서 자신들끼리 하는 일인 것이다(cf. Hubbard).

여호수아가 백성들에게 만들어준 '율례와 법도'(חֹק וּמִשְׁפָּט)(25절)는 무엇을 뜻하는가? 성경에서 '율례와 법도'는 41차례 사용되는 표현이다. 이 중 본문에서처럼 단수로 사용되는 경우는 다섯 번에 불과하다(출 15:25; 수 24:25; 삼상 30:25; 스 7:10; 시 81:4). 이 문구가 복수로 사용될 경우 '율례들과 법도들'은 대체적으로 모세를 통해 주어진 율법의 총체성을 의미한다. 반면에 본 텍스트에서처럼 단수로 사용될 경우 그 일의 특별한 역사적 정황에서 약속된 내용을 뜻한다(Howard, cf. 출 15:25; 삼상 30:25). 이 이야기에서도 여호수아가 새로운 율법과 규례를 백성들에게 주고 있는 것을 뜻하는 것이 아니라, 이들이 오직 하나님께만 전적으로 충성하겠다는 것을 맹세한 것과 이 약속을 어길 경우 그들에게 어떠한 재앙이 임해도 좋다는 것을 서약한 내용을 정리한 것으로 풀이된다. 물론 이러한 이스라엘의 각오는 율법 전체를 준수하는 것을 전제로 한다.

여호수아는 이 모든 말씀을 율법책에 기록하고 큰 돌을 가져다 상수리나무 아래에 두고 증거로 삼았다(26절). 이 행위는 이스라엘이 하나님과 맺은 언약의 봉인 역할을 한다(Butler). 여호수아가 율법책에 기록

한 것이 그가 이스라엘에게 새로운 율법, 혹은 이미 모세가 그들에게
준 율법에 추가적인 내용을 주었다는 뜻, 즉 여호수아가 모세 오경에
내용을 추가하고 있다는 것을 뜻하는 것이 아니다. 이 설교 전체, 혹은
하나님의 말씀, 혹은 이스라엘이 맹세한 것, 아니면 이 모든 것을 자신
이 소유하고 있던 오경 사본에, 혹은 책의 내용에 근거하여 '하나님의
율법 책'으로 불리는 다른 책에 기록한 것을 뜻한다(Howard). 물론 우리
는 이 책에 기록된 내용의 본질을 이 본문에 회고되고 있는 내용을 통
하여 쉽게 파악하고 있다. 또한 여호수아가 백성들의 결단과 각오에
대하여 하나님의 율법책에 기록했다는 것은 율법책의 본질적인 강조
가 주의 백성들이 '해야 할 것들과 하지 말아야 할 것들'에 관한 신적
지침이라는 점에 있는 것이 아니라 백성들의 선택에 있음을 시사한다
(Hawk).

증거 돌이 있는 상수리 나무는 성소 옆에 있었다고 한다. 이때에 장
막이 세겜에 있었음을 뜻한다(cf. 1절). 사사 시대를 지나면서 이 성소는
실로로 옮겨간다. 여호수아는 이미 백성들이 자신들의 맹세에 대한 증
인이라고 했었다(22절). 상수리나무 밑에 있는 큰 돌은 두 번째 증인 역
할을 한다. 돌이 증인/증거 역할을 하는 것은 요단 강 동편 지파들이
큰 제단을 증거로 세운 사건을 연상케 한다(22:34). 그들은 그 제단을
'증인/증거'로 불렀으며 '여호와가 하나님이시다'라는 사실을 선언하는
것으로 삼았다. 또한 이스라엘이 요단 강을 마른 땅으로 건넜던 일을
기념하는 돌무더기를 연상케 하기도 한다(4:5-8).

이스라엘의 선조들 이야기에 상수리나무가 자주 등장한다. 아브라함
은 가나안 땅에 들어와서 제일 먼저 세겜을 표시하는 모레의 상수리나
무를 지난 적이 있다(창12:6). 야곱은 가족들과 세겜에 이르러 상수리나
무 밑에 가족들이 소유하고 있던 모든 우상과 경건치 못한 것들을 묻
었다(창35:4). 모레의 상수리나무들은 신명기 11:30에서 다시 언급된
다. 훗날 세겜 사람들은 '세겜에 있는 돌기둥 곁의 상수리나무' 아래로

가서 아비멜렉을 왕으로 추대했다(삿 9:6). 이 나무는 분명 본문이 언급하고 있는 증거 돌이 있는 나무를 뜻한다.

이스라엘이 세겜에 있는 상수리나무 아래 증거 돌을 세우는 것은 드디어 하나님이 아브라함 시대에 약속하신 것을 모두 이루셨으며, 이제부터는 이스라엘이 하나님께 맹세한 것을 지켜야 한다는 점을 상징하는 것으로 생각된다. 잠시 후 요셉의 뼈가 세겜에 묻히는 것도(32절) 선조들에게 약속한 것이 전적으로 성취되었음을 상징하는 듯하다. 하나님의 신실하심을 고백하며, 이 신실하심에 화답하는 차원에서 이스라엘이 충성을 다짐하는 것이다. 여호수아는 백성들을 모두 자신들의 땅으로 돌려보냈다(28절).

여호수아가 백성들에게 요구한 선택은 오늘날에도 필요하다. 겉으로 드러내놓고 우상을 숭배하는 기독교인들은 없겠지만, 가치관과 세계관에 있어서 정말 하나님께 모든 것을 드렸는가에 대하여 질문하게 하는 사람들은 많다. 하나님과 우상 사이에 왕래하는 자들은 별로 없다. 반면에 하나님과 '냉담'(apathy) 혹은 '자율'(autonomy)로서 왕래하는 사람들은 많다(Pressler). 여호수아가 말하는 것처럼 하나님은 우리의 모든 것을 원하시는 분이다. 심각하게 생각한다면, 하나님을 섬기는 일은 생명과 죽음의 기로에서의 선택을 요구한다. 오늘날 기독교인들이 가장 많이 범하는 십계명이 '나 외에 다른 신을 두지 말라'는 제1계명이라고 주장하는 한 학자(Harrelson)의 외침이 우리의 경각심을 자극해야 한다.

IV. 거룩한 정착(22:1-24:33)
  B. 여호수아의 고별과 죽음(23:1-24:33)

3. 여호수아의 죽음(24:29-33)

²⁹ 이 일 후에 여호와의 종 눈의 아들 여호수아가 백십 세에 죽으매 ³⁰ 그들이 그를 그의 기업의 경내 딤낫 세라에 장사하였으니 딤낫 세라는 에브라임

산지 가아스 산 북쪽이었더라 ³¹ 이스라엘이 여호수아가 사는 날 동안과 여
호수아 뒤에 생존한 장로들 곧 여호와께서 이스라엘을 위하여 행하신 모든
일을 아는 자들이 사는 날 동안 여호와를 섬겼더라 ³² 또 이스라엘 자손이
애굽에서 가져 온 요셉의 뼈를 세겜에 장사하였으니 이곳은 야곱이 백 크시
타를 주고 세겜의 아버지 하몰의 자손들에게서 산 밭이라 그것이 요셉 자손
의 기업이 되었더라 ³³ 아론의 아들 엘르아살도 죽으매 그들이 그를 그의 아
들 비느하스가 에브라임 산지에서 받은 산에 장사하였더라

여호수아기에 기록된 길고도 험난했던 가나안 정복 여정이 매우 평
화스럽게 끝을 맺는다. 정복 전쟁의 선봉에 섰던 여호수아는 이 세상
의 일을 마치고 110세의 나이에 죽었다(29절). 책이 시작할 때 그는 '모
세의 시종'(מְשָׁרֵת מֹשֶׁה)으로 불렸었다(1:1). 이제 그는 '여호와의 종'(יְהוָה
עֶבֶד)으로 일생을 마친다(29절). 그가 여호와의 종으로 불리는 것은 이
곳이 처음이다. 그는 모세의 그늘에 가려진 상태로 겸손하게 이스라엘
의 리더 역할을 시작했지만, 일생이 끝나는 이 순간 참으로 신실했던
하나님의 종이었다는 평가를 받고 있는 것이다. 그는 열심히 노력해서
이처럼 영광스러운 평가를 받게 되었다. 모든 주의 종이 여호수아를
닮아가야 한다.

이스라엘 백성들이 이집트에서 가져 온 요셉의 뼈를 세겜에 묻어 주
었다(32절). 아론의 아들 엘르아살 제사장도 죽었다(33절). 이스라엘의
리더 여호수아와 제사장 엘르아살의 죽음은 출애굽 때 시작되었던 세
대가 끝났음을 상징한다. 요셉은 이스라엘 선조 시대를 상징하는 인
물이었다. 이들이 약속의 땅에 묻히는 것은 역시 선조 시대에서부터
이때까지 이스라엘이 체험했던 하나님의 신실하심을 강조한다. 하나
님이 약속하신 모든 것을 이루시어, 이들이 약속의 땅에 묻히고 있는
것이다.

본문이 언급하고 있는 세 주검은 각기 자신이 속해 있는 지파의 땅에

묻혔다. 여호수아는 그가 유산으로 받은 딤낫 세라에 장사되었다(30절; cf. 19:50). 이 성읍은 그가 속한 에브라임 지파가 차지한 지역에 속한 땅이었다. 요셉의 뼈가 묻힌 세겜은 옛적에 야곱이 세겜의 아버지 하몰 자손에게 금 백 냥을 주고 산 곳이며, 요셉 자손의 유산이 된 곳이었다(32절; cf. 창 33:19). 요셉이 죽으면서 남겼던 유언이 드디어 성취되었다(cf. 창 50:25). 엘르아살 제사장이 묻힌 곳은 그의 아들 비느하스 제사장이 유산으로 받았고 에브라임 산간 지방에 있는 기브아였다(33절). 그도 땅 분배에 중요한 역할을 했던 사람이었다(14:1; 17:4; 19:51). 이들은 하나님이 각 지파와 집안에 주신 기업에 묻히는 영광을 누렸다.

여호수아는 그의 선조 요셉처럼 110세에 죽었다. 이스라엘은 여호수아가 죽은 후에도 하나님이 이스라엘에게 베푸신 모든 일을 아는 장로들이 살아 있는 날 동안에는 여호와를 섬겼다(31절). 여호수아가 백성들에게 재차 반문하며 다짐시켰던 하나님을 향한 충성이 한동안 지켜졌던 것이다. 하나님은 이스라엘의 믿음과 순종을 기쁘게 여기셔서 장로들이 살아있는 동안 이들에게 평안을 주셨다. 이처럼 여호수아기는 매우 평화스럽고 만족스러운 정황에서 끝을 맺는다. 그러나 과연 이스라엘이 이러한 평화와 안녕을 지속할 수 있을까? 우리는 다음 시대를 기록하고 있는 사사기에서 완전히 다른 상황을 접하게 된다. 여호수아의 죽음에 대한 언급은 사사기 2:6-9에 다시 등장한다.